M

马克思主义理论学科
研究生系列教材

MAKESIZHUYI LILUN XUEKE
YANJIUSHENG XILIE JIAOCAI

中国近现代史基本问题研究

（第2版）

纪亚光　主编
姬丽萍　张福运　副主编

北京师范大学出版集团
BEIJING NORMAL UNIVERSITY PUBLISHING GROUP
北京师范大学出版社

前　言

习近平总书记在纪念马克思诞辰 200 周年大会上发表的重要讲话中指出，马克思留给我们最有价值、最具影响力的精神财富，就是以他的名字命名的科学理论——马克思主义。马克思主义是中国共产党人立党立国的根本指导思想。高校马克思主义理论学科建设是社会主义中国高校"双一流"建设的重要内容和思想政治工作平台，高校马克思主义理论学科在凝集马克思主义理论研究学术队伍、引领哲学社会科学发展方向、推进党和国家主流意识形态建设、支撑高校思想政治理论课教育教学等方面，发挥着不可替代的重要作用。面对新时代、新形势、新任务，加强马克思主义理论学科建设，充分发挥马克思主义理论学科的引领作用，是巩固马克思主义在意识形态领域主导地位、提高社会主义意识形态凝聚力和引领力的重要任务，是一项具有重要意义的战略工程。

2005 年，国务院学位委员会和教育部下发了《关于调整增设马克思主义理论一级学科及所属二级学科的通知》，将马克思主义理论学科从政治学学科中分离出来，升格为法学门类下独立的一级学科。至今，马克思主义理论学科建设已经走过了十几年的历程。十几年来，马克思主义理论学科由弱小到壮大，发展势头迅猛，取得丰硕的成果并取得宝贵的建设经验。随着高校马克思主义学院的广泛成立，马克思主义理论学科，在体制机制保障、经费支持等方面有了较大的改善和提升。但就学科发展来讲，还有许多基础性、内涵性的工作有待推进和加强，具体体现在课程设置不规范、教材建设相对迟缓等方面。加强马克思主义理论学科建设，现阶段迫切需要的是加强马克思主义理论学科课程设置的规范化和教材建设。

2015 年，为有效推动马克思主义理论学科的发展，规范并建立研究生阶段马克思主义理论学科教育与教学体系，整合优势教育资源，反映马克思主义中国化时代化最新成果和中国特色社会主义新经验，北师大出版社邀请国内重点马院，统一编写"马克思主义理论学科研究生系列教材"。本套教材涵盖马克思主义理论一级学科下设的 7 个二级学科，对应在马克思主义理论学科硕士阶段开设的 9 门课程，以及博士阶段的 3 门延伸课程，共由 12 本教材组成。本套教材的出版，为当前马克思主义理论学科研究生阶段的教学实践提供了权威的参考，同时也规范了全国范围内的马克思主义学院的课程设置和人才培养计划。

在北师大出版社组织的"马克思主义理论学科研究生系列教材"启动会上，由顾海良、沙健孙、梅荣政、郑永廷、张雷声、逄锦聚、陈占安、吴潜涛 8 位专家组成的本套教材评审委员会，认真和严格地对每本教材的提纲进行了审议论证，提出了很多宝贵意见。在后续教材写作过程中，评审专家也进行了多轮次审定，最大程度上保证了本套教材的质量。对于专家们付出的辛劳，表示诚挚的感谢。

2020 至 2021 年，"马克思主义理论学科研究生系列教材"陆续出版。丛书出版后，在国内马克思主义理论学界产生了广泛的影响，成为众多高校马克思主义学院教师和学生的必备教材，并成为众多高校马克思主义学院研究生考试的参考书目。2022 年 10 月，党的二十大召开，大会报告提出，要"加强教材建设和管理"，将教材建设作为深化教育领域综合改革的重要环节。为深入贯彻落实党的二十大精神，系统反映马克思主义中国化时代化最新成果，2023 年起，北师大出版社组织进行"马克思主义理论学科研究生系列教材"修订工作，历时半年，各分册教材陆续交稿，也就是目前呈现在读者面前的"马克思主义理论学科研究生系列教材"的第二版。修订版教材坚持以马克思主义为指导，认真贯彻习近平新时代中国特色社会主义思想，充分吸收马克思主义中国化时代化最新成果，更加切合当前高校马克思主义理论学科教学与研究实际，期待产生更好的社会影响。

从立项到初版再到本次修订出版，本套教材历时近十年，其间吸收了马克思主义中国化时代化研究的最新成果，数易其稿，但相信仍有不足之处，敬请专家指正。

目　录

绪　论

一、中国近现代史的主题和主线

1840 年鸦片战争以来的中国近现代历史，是一部中国人民为实现中华民族独立、解放和伟大复兴而不懈奋斗的历史。完成民族独立、人民解放和国家富强、人民幸福两大历史任务，实现中华民族伟大复兴，是中国近现代历史的主题。

中华民族具有五千多年连绵不断的文明历史，创造了博大精深的中华文化，为人类文明进步做出了不可磨灭的贡献。古老的中华文明早已闻名于世，它与古埃及文明、古巴比伦文明、古印度文明并称为历史最悠久的世界四大文明。但古埃及、古巴比伦、古印度三个地方的文明后来都中断了，唯有中华文明五千多年来一脉相承、从未中断，一直延续到今天。几千年来，我国流传下来的各种历史文化典籍浩如烟海，其丰富和完备的程度，没有任何一个国家可以相比，这是中华民族的宝贵财富。

但是，由于封建制度的腐朽没落，中国在明清之际被世界快速发展的浪潮甩在了后面。1840 年鸦片战争以后，在西方列强坚船利炮的轰击下，中国山河破碎，生灵涂炭，中华民族遭受了前所未有的苦难，逐步沦为半殖民地半封建社会，救亡图存成为中国人民迫在眉睫的历史使命。围绕中华民族伟大复兴这一历史任务，走什么样的道路，以什么样的思想理论为指导，由哪个阶级哪个政党来领导人民进行斗争，才能实现民族独立、人民解放和国家富强、人民幸福这两大历史任务，就成为中国近现代历史的核心问题。为了民族复兴，无数仁人志士不屈不挠、前仆后继，进行了可歌可泣的斗争，进行了各式各样的尝试，从而勾画出中国近现代历史的主线。

从太平天国运动、洋务运动、戊戌变法、义和团运动到辛亥革命，中华民族在不断的奋争中一次次燃起新的希望。农民起义式的改朝换代，变"用"不变"体"的自强运动，以君主立宪为目标的变法改良，以及资产阶级民主共和国方案，先后在近代中国一一尝试，结果都以失败告终，都没有改变中国半殖民地半封建的社会性质和中国人民的悲惨命运。中国迫切需要新的思想引领救亡运动，迫切需要新的组织凝聚革命力量。

历史在人民的探索和奋斗中造就了中国共产党，中国共产党领导人民又造就了新的历史辉煌。

十月革命一声炮响，给中国送来了马克思列宁主义。中国先进分子从马克思列宁主义的科学真理中，看到了解决中国问题的出路。在近代以后中国社会的剧烈变动中，在中国人民反抗封建统治和外来侵略的激烈斗争中，在马克思列宁主义同中国工人运动的结合过程中，1921年中国共产党应运而生，中国革命的面貌从此焕然一新。中国共产党一经成立，就义无反顾地肩负起实现中华民族伟大复兴的历史使命，团结带领中国人民进行了艰苦卓绝的斗争，谱写了气吞山河的壮丽史诗。中国共产党领导人民，经过新民主主义革命，建立了中华人民共和国，实现了民族独立、人民解放，彻底结束了旧中国半殖民地半封建社会的历史，彻底结束了极少数剥削者统治广大劳动人民的历史，彻底结束了旧中国一盘散沙的局面，彻底废除了列强强加给中国的不平等条约和帝国主义在中国的一切特权，实现了中国从几千年的封建专制政治向人民民主的伟大飞跃，为实现中华民族伟大复兴创造了根本社会条件，也极大地改变了世界政治格局，鼓舞了全世界被压迫民族和被压迫人民争取解放的斗争。经过社会主义革命和社会主义建设，中国共产党领导中国人民完成社会主义革命，消灭一切剥削制度，实现了中华民族有史以来最为广泛而深刻的社会变革，实现了一穷二白、人口众多的东方大国大步迈进社会主义社会的伟大飞跃，为在新的历史时期开创中国特色社会主义提供了宝贵经验、理论准备、物质基础，为实现中华民族伟大复兴奠定了根本政治前提和制度基础。改革开放这场全新的伟大革命及由此所开辟的中国特色社会主义道路，极大地激发了中国人民的创造力和社会发展活力，使中国大踏步赶上时代。在短短30多年的时间里，中国这个世界上最大的发展中国家，迅速摆脱了贫困并跃升为世界第二大经济体，人民生活明显改善，综合国力显著增强，国际地位空前提高，中华民族以崭新的姿态屹立于世界的东方，实现了从站起来、富起来到强起来的伟大飞跃，为实现中华民族伟大复兴提供了充满新的活力的体制保证和快速发展的物质条件。特别是中共十八大以来，中国特色社会主义进入新时代。以习近平同志为核心的党中央领导全党全军全国各族人民砥砺前行，全面建成小康社会目标如期实现，党和国家事业取得历史性成就、发生历史性变革，彰显了中国特色社会主义的强大生机活力，党心军心民心空前凝聚振奋，为实现中华民族伟大复兴提供了更为完善的制度保证、更为坚实的物质基础、更为主动的精神力量。中国共产党和中国人民以英勇顽强的奋斗向世界庄严宣告，中华民族迎来了从站起来、富起来到强起来的伟大飞跃。

这些翻天覆地的变化，书写了中华民族几千年历史上最恢宏的史诗，从根本上改变了中国人民的前途命运，开辟了实现中华民族伟大复兴的正确道路，展示了马克思主义的强大生命力，深刻影响了世界历史进程，锻造了走在时代前列的中国共产党，中华民族伟大复兴展现出前所未有的光明前景。

二、"中国近现代史基本问题"的内涵与特征

"中国近现代史基本问题"是经由"中国近现代史基本问题研究"二级学科的设立而明确提出的。2008 年 4 月，国务院学位委员会、教育部联合发布《关于增设"中国近现代史基本问题研究"二级学科的通知》(以下简称《通知》)，决定在马克思主义理论一级学科下增设"中国近现代史基本问题研究"二级学科。

《通知》指出，"中国近现代史基本问题研究"的主要内容，是"围绕历史和人民怎样选择了马克思主义、中国共产党和社会主义道路，即中国的发展举什么旗、走什么路、由谁来领导等中国近现代史的基本问题，专门系统研究中国近现代的历史进程及其基本规律和主要经验"，由此确定了"中国近现代史基本问题研究"二级学科聚焦历史和人民选择了马克思主义、中国共产党和社会主义道路这"三个选择"的主要内涵。2011 年 7 月 1 日，胡锦涛在庆祝中国共产党成立 90 周年大会上明确指出：事实充分证明，在近代以来中国社会发展进步的壮阔进程中，历史和人民选择了中国共产党，选择了马克思主义，选择了社会主义道路，选择了改革开放。由此，"中国近现代史基本问题研究"学科的主要内涵在"三个选择"的基础上扩展为"四个选择"，即主要研究在近现代中国，历史和人民选择马克思主义指导、中国共产党领导、走社会主义道路和改革开放的历史进程及其基本规律和主要经验。其重点，一是"四个选择"的历史进程，二是蕴含于其中的基本规律和主要经验。以此为基础，"中国近现代史基本问题"的研究范围主要包括中国近现代史"四个选择"问题研究，中国特色社会主义道路历史规律研究，中国改革开放历史规律研究，中国近现代史基本规律和主要经验研究，马克思主义中国化的历史背景研究，高校思想政治理论课"中国近现代史纲要"课教学重点、难点、热点理论问题和教学实践研究，科学的历史观教育研究等。

《通知》关于"中国近现代史基本问题研究"的内容、内涵、研究范围的规定，使开展"中国近现代史基本问题"的相关研究有了坚实的基础。但是，鉴于"中国近现代史基本问题"时间跨度大——包括从 1840 年至今的历史过程，涉及内容范围广——以"四个选择"及其基本规律、主要经验为主要内容的"中国近现代史基本问题"涵盖政治、经济、文化、社会、生态等方方面面，如何在

此基础上系统开展相关研究，形成符合自身学科要求的高水平研究成果，还需通过与相近学科进行比较，进一步深入理解其基本特征，明确其外延，探求其基本研究方法。

"中国近现代史基本问题研究"与政治学一级学科下的"中共党史"二级学科、历史学一级学科下的"中国近现代史"二级学科、马克思主义理论一级学科下的"马克思主义中国化研究"二级学科存在着紧密的联系，它们既有着明显的不同，同时也有诸多相似之处。

从时间跨度上看，"中共党史"学科主要研究从1921年中国共产党成立至今的历史，例如，中共中央党史研究室编写的《中国共产党历史》就是从1921年7月开始写起，该著作第一章也上溯到1840年鸦片战争，但只是作为中国共产党成立的历史背景；而"中国近现代史基本问题研究"则是从1840年鸦片战争讲到现在。"中国近现代史"研究的起点是1840年鸦片战争，其下限是1949年中华人民共和国成立；而"中国近现代史基本问题研究"学科的下限一直延续到当下。"马克思主义中国化研究"则着重探讨中国共产党成立后马克思主义中国化的进程，对1840—1921年这一段历史较少涉及。从研究内容和研究重点看，"中共党史"以中国共产党的历史内容为主，"中国近现代史"的研究内容包括近现代中国的方方面面，而"中国近现代史基本问题研究"则侧重于对中国近现代史的基本问题——历史的主题和主线、历史进程、历史规律、历史经验和现实启示之宏观性梳理和阐释。"马克思主义中国化研究"是专门研究马克思主义中国化的历史进程、基本经验、基本规律，以及马克思主义中国化理论成果的学科，突出理论性；而"中国近现代史基本问题研究"是一门具有非常明显的历史学特性的马克思主义理论学科，更加注重围绕中国近现代史的基本问题进行对历史进程的考察与经验总结。

同时，"中国近现代史基本问题研究"与"中共党史""中国近现代史""马克思主义中国化研究"有着密切的联系。关于"中国近现代史基本问题研究"与"中国近现代史研究"的关系，《通知》指出，"中国近现代史基本问题研究""是在中国近现代史研究基础上发展而来"。因此，它必须以历史学科的中国近现代史研究为依托和基础，离开了中国近现代史研究，就不可能有中国近现代史基本问题的研究。"中国近现代史基本问题研究"与"中共党史研究"的关系同样紧密。中国共产党的历史是中国近现代历史中最辉煌的篇章，学习中国近现代史要特别注意学习中国共产党的历史。"中国近现代史基本问题研究"的研究重点，是"在广泛了解中国近现代经济、政治、文化及社会发展历史的基础上"，深入研究历史和人民怎样选择了马克思主义、中国共产党、社会主义道路和改革开放的历史进程及其基本规律和主要经验，"中共党史研究"也因此成为其基础和前提，离开"中共党史研究"，也难以深化"中国近现代史基本问题研究"。另外，同样作为马克思主义理论一级学科下的二级学科，"中国近现代史基本问题研究"与"马克思主义中国化研究"有着更加紧密的互相支撑的关系，"中国近现代史基本问题研究"为"马克思主义中国化研究"提供厚实的历史背景支撑，"马克思主义中国化研究"则为系统总结"中国近现代史基本问题"的基本规律和主要经验提供马克思主义理论支撑。

基于以上分析，"中国近现代史基本问题研究"学科呈现出如下主要特征：

一是理论性与学术性相统一。"中国近现代史基本问题研究"学科是与历史学、政治学、马克思主义理论紧密相连的交叉学科，形成了自身特定的研究领域和研究重心，注重以叙事为基础的理论分析而非单纯的历史叙事和理论总结，同时注重以具体史实为基础的"基本问题"的宏观把握而非拘泥于历史过程，力求理论性与学术性的高度统一。

二是政治性与科学性相统一。"中国近现代史基本问题研究"作为马克思主义理论一级学科下的二级学科，强化该学科的思想政治教育和意识形态功能是其题中之义。从政治性的要求出发，"中国近现代史基本问题研究"牢牢聚焦近现代中国历史发展的主题与主线，同时注重以科学的马克思主义理论为指导，在借鉴中国近现代史、中共党史的最新成果，运用丰富翔实的历史资料的基础上，探求中国近现代历史发展的内在规律和主要经验，使政治性与科学性达到高度统一。

三是历史性与时代性相统一。增设"中国近现代史基本问题研究"二级学科，出发点是为"中国近现代史纲要"课提供学科和学术支撑，通过聚焦于国史、国情及"四个选择"的系统研究，服务于培育中国特色社会主义建设者和接班人，推动党、政府与社会互相沟通与理解的思想文化建设，使历史性和时代性实现高度统一。

"中国近现代史基本问题研究"的基本特征，决定了其基本的研究方法。

以历史材料论证理论，是本学科研究方法的基本特点。但鉴于"中国近现代史基本问题研究"学科的交叉特征，在开展相关研究的过程中，还应综合运用历史学、政治学、文化学、社会学等学科的研究方法；同时，在注重宏观把握"四个选择"的历史进程等基本问题的同时，应以更加宽阔的视野和多维的研究视角，将宏观研究与微观研究相结合、民族立场与世界眼光相统一、历史审视与现实关照相贯通。此外，必须把政治性与学术性、学理性结合起来。

总之，"中国近现代史基本问题研究"，应在掌握中国近现代史研究的最新成果的基础之上，运用马克思主义的基本理论与方法，将理论研究同解析历史进程、总结历史经验结合起来，对中国近现代史的基本问题进行系统研究。

三、以科学的历史观正确认识中国近现代历史

历史是一个民族、一个国家形成、发展及其盛衰兴亡的真实记录，是前人各种知识、经验和智慧的总汇。历史是最好的老师，也是最好的教科书和营养剂，在忠实记录下每一个国家走过的足迹的同时，为其未来的发展提供借鉴。

客观呈现、科学总结历史是一项颇具难度的工作。历史本身是客观存在的，但同时也具有复杂性。毕竟，人类社会是复杂多变的系统，历史是人类社会物质与精神活动发展进程的反映，决定了其复杂性的内在特征。更有甚者，历史对人类社会物质与精神活动进行客观再现的追求，难免会受到治史者的主观因素的影响。对同一段历史的记述与解读，往往因治史者立场、观点、方法的不同，以及视野、视角或者水平的差异，而呈现出千差万别的多重面相。这一特点，既体现了历史的魅力与价值，同时也为以历史为工具进行政治攻击提供了可能。正如古人所说："灭人之国，必先去其史。"因此，历史观问题，不仅是学术问题，也不只是理论问题，"尤其是个政治问题，是国际国内的很大的政治问题"①。

近现代的中国，较之古代中国，受外部世界的影响更加直接，社会内部的变迁也更加复杂，与现实政治的联系更加紧密。一方面，中国近现代史自身因此而更加复杂，另一方面，治史者受现实诸多因素影响的可能性也更大，这使得客观呈现、科学阐释中国近现代史更具挑战性。显然，能否以科学的历史观正确认识中国近现代历史，对于真切把握其发展脉络，正确了解党和国家历史上的重大事件和重要人物，充分汲取历史留给我们的经验与教训，显得尤为重要。

众所周知，历史观是一种价值判断，它涉及以什么样的态度学习历史和对待历史、以什么样的方法观察历史和研究历史、以什么样的目的应用历史和把握历史等重大问题。

以科学的历史观正确认识中国近现代历史，首先要以马克思主义唯物史观为指导。

马克思将人类社会的发展视为一种自然历史过程，主张社会存在决定社会

---

① 中共中央文献研究室编：《十八大以来重要文献选编》（上），中央文献出版社 2014 年版，第 113 页。

意识，社会意识又能动地反作用于社会存在，认为追求着自己目的的个人的活动是历史存在的先决条件，是历史的出发点。马克思主义历史观强调活生生的人、现实生活中的人及人的劳动是全部人类历史存在的先决条件，把人民群众看作创造历史的主体，把人们的生产劳动和无产阶级的革命运动看作创造历史的过程，把实现共产主义社会看作历史的归宿，从而将客观历史与唯心主义"想象的活动"的"历史"相分离。由此历史不仅仅是精神历史或者是物质历史了，也不再是被人误解、虚假的历史了，而是客观存在的真实历史。

尊重客观历史，尊重人类伟大实践活动所创造的历史，是唯物史观观察历史的出发点。马克思主义历史观强调生产力是物质资料生产方式的决定性因素，物质资料的生产方式制约着人类社会的发展过程及政治关系、法律形态、思想观念意识的变化，推动着人类社会有规律地逐渐由低级向高级的阶段演进，使人类的历史呈现为无法割断的客观过程。基于历史不能任意选择的客观性，人们在认识历史、看待历史人物时，必须要将其放到一定的历史环境中去考察，探求其内在的一般规律性。

马克思主义历史观是世界公认的最伟大的历史发现。恩格斯在评价马克思这一发现的伟大意义时指出："历史破天荒第一次被置于它的真正基础上；一个很明显的而以前完全被人忽略的事实，即人们首先必须吃、喝、住、穿，就是说首先必须劳动，然后才能争取统治，从事政治、宗教和哲学等等，——这一很明显的事实在历史上的应有之义此时终于获得了承认。"①

马克思主义唯物史观要求我们，在认识和理解中国近现代历史事件和历史人物时，必须从特定的时代和社会历史条件出发，在全面认识中国近现代历史发展过程的基础上，科学把握中国近现代历史的发展规律，正确理解历史必然性和历史偶然性的关系。离开客观历史条件去认识和理解中国近现代史，用今天的时代条件、发展水平、认识水平去衡量和要求前人，苛求前人干出只有后人才能干出的业绩来，难免会陷入唯心主义历史观的窠臼，甚至走向历史虚无主义的极端。

以科学的历史观正确认识中国近现代历史，要以正确认识本民族的历史为基础。

中华民族具有五千多年绵延不绝的文明历史，创造了博大精深的灿烂文化，中华文化积淀着中华民族最深层的精神追求，代表着中华民族独特的精神标识，为中华民族生生不息、发展壮大提供了丰厚滋养，为人类文明进步做出

---

① 《马克思恩格斯选集》第3卷，人民出版社1995年版，第335～336页。

了不可磨灭的贡献。这种几千年连贯发展至今的文明,在世界各民族中是不多见的。

英国著名历史学家汤普森指出:"如其他关系一样,历史关系是一股流,若企图让它在任何一个特定的时刻静止下来并分析它的结构,那它就根本不可分析。"①毛泽东在中国共产党第六届中央委员会扩大的第六次全体会议上指出,"今天的中国是历史的中国的一个发展;我们是马克思主义的历史主义者,我们不应当割断历史。从孔夫子到孙中山,我们应当给以总结,承继这一份珍贵的遗产"②,表达了中国共产党人重视本民族历史和正确对待本民族历史的科学态度。

"中国的今天是从中国的昨天和前天发展而来的。"③正确认识本民族的历史,可以带来很多了解昨天、把握今天、开创明天的智慧,为一个民族积极面向未来奠定牢固的基础。值得注意的是,近年来一些文章否认中华民族悠久的文明和灿烂的文化,抹杀近现代中国志士仁人追求社会进步的革命史、斗争史及其历史功绩,尤其歪曲历史和人民选择马克思主义、选择中国共产党领导、选择走社会主义道路、选择改革开放的奋斗历程。这种历史虚无主义论调往往依据碎片化的史料,片面曲解历史,与马克思主义唯物史观根本对立,也与历史事实南辕北辙,不仅看不到历史演进的内在动力,而且无从展现历史发展的内在规律,进而使历史失去了镜鉴的内在价值。

习近平总书记指出:"历史就是历史,历史不能任意选择,一个民族的历史是一个民族安身立命的基础。"④要了解今天的中国、预测明天的中国,必须了解中国的过去,了解中国的文化。正确认识本民族的历史,体现着一个民族、一个国家的理性认识高度和自信程度。中华民族的历史是中国人民、中华民族坚持不懈的创业史和发展史,其中既有升平之世社会发展进步的丰富经验,也有衰乱之世的深刻教训以及由乱到治的经验智慧,既有当事者对时势的分析陈述,也有后人对前人得失的评论总结,蕴含着丰富的中华民族优秀的传统文化和高尚的精神追求,展现了中华文明历经磨难而不衰的精神财富,诸如

①　[英]E. P. 汤普森:《英国工人阶级的形成》(上),钱乘旦、杨豫、潘兴明等译,译林出版社 2001 年版,"前言"第 1 页。

②　《毛泽东选集》第 2 卷,人民出版社 1991 年版,第 534 页。

③　习近平:《牢记历史经验历史教训历史警示 为国家治理能力现代化提供有益借鉴》,载《人民日报》,2014 年 10 月 14 日。

④　习近平:《在纪念毛泽东同志诞辰 120 周年座谈会上的讲话》,载《人民日报》,2013 年 12 月 27 日。

"筚路蓝缕，以启山林"的开拓精神，艰难困苦、玉汝于成的顽强意志，舍生取义、视死如归的英雄气概，海纳百川、虚怀若谷的博大胸怀，修齐治平、治国安民的政治理想，"载舟""覆舟"、居安思危的忧患意识，革故鼎新、自强不息的执着追求等。

历史、现实、未来是相通的。历史是过去的现实，现实是未来的历史。对绵延五千多年的中华文明，我们应该多一份尊重，多一份思考，通过学习汲取中华民族传承下来的宝贵思想财富，从中获得精神鼓舞，升华思想境界，陶冶道德情操，完善优良品格，培养浩然正气，不断增强文化自信，增强作为一个中国人的骨气和底气，在延续民族文化血脉的同时不断开拓前进。

以科学的历史观正确认识中国近现代历史，归根结底是让历史告诉未来，坚定实现中华民族伟大复兴的信念与信心。

近代中国发展的历程告诉我们，落后就要挨打、就要受欺负，没有先进理论的指导，没有用先进理论武装起来的先进政党的领导，没有先进政党顺应历史潮流、勇担历史重任、敢于做出巨大牺牲，中华民族就无法改变被压迫、被奴役的命运，国家就无法团结统一和实现繁荣富强。近现代中国走过的历程告诉我们，选择中国共产党、选择马克思主义、选择社会主义道路、选择改革开放，是近代以来中国历史发展的必然结果，是中华民族发展史上不能忘却、不容否定的壮丽篇章，也是中国人民和中华民族继往开来、奋勇前进的现实基础。

总之，以科学的历史观正确认识中国近现代历史，就要坚信：历史和人民选择中国共产党领导中华民族伟大复兴的事业是正确的，必须长期坚持、永不动摇；中国共产党领导中国人民开辟的中国特色社会主义道路是正确的，必须长期坚持、永不动摇；中国共产党和中国人民扎根中国大地、吸纳人类文明优秀成果、独立自主实现国家发展的战略是正确的，必须长期坚持、永不动摇。

思考题：

1. 中国近现代史的主题是什么？为什么？

2. 为什么说中华民族伟大复兴是贯穿近代以来中国波澜起伏的历史进程的主线？

3. 开展"中国近现代史基本问题"相关研究的重点有哪些？

4. "中国近现代史基本问题研究"学科的主要特征是什么？

5. 如何以科学的历史观正确认识中国近现代历史？

第一章　民族复兴命题的提出

中华民族有着悠久灿烂的历史，创造了辉煌的中华文明。中华文明孕育了无数灿烂的成就，产生了诸多有益的价值，在世界上曾经长期处于领先地位。中华文明不仅是引领和凝聚中国人民的旗帜，也深刻地影响了人类文明的进程，为人类做出了巨大贡献。但近代以来，在西方文明的冲击下，中华文明自身的弊端暴露出来，呈加速衰落之势，也由此开启了探索国家出路、重建中华文明的伟大历程。

第一节　璀璨的中华文明

"中华民族是世界上古老而伟大的民族，创造了绵延五千多年的灿烂文明，为人类文明进步作出了不可磨灭的贡献。"①繁衍生息于亚欧大陆东部的中华文明，是世界上历史最悠久的文明之一。经过长时间的发展，中华文明达到了很高的水平，在科技文明、制度文明和精神文明诸方面都取得重大成就，形成了自己特有的内在品质，并为人类文明的进步做出了重大贡献。

一、中华文明的形成

距今 6000 多年前，在我国中原、长江中下游等地区开始出现社会的分化，中华文明进程呈现出加速度的状态。在辽宁牛河梁、安徽凌家滩等年代距今5000 年左右的遗址，发现了随葬精美玉器的高等级贵族大型墓葬和规模宏大的祭祀遗迹，可以推测，当时已经出现了王权或其雏形，或者已经进入初期文明阶段。良渚、陶寺等年代在公元前 2500 年前后的巨型都邑、大型宫殿基址、大型墓葬的发现表明，早在夏朝建立之前，一些文化和社会发展较快的区域，已经出现了早期国家，进入了古国文明的阶段。约公元前 21 世纪，启建立了中国历史上第一个王朝——夏朝，在夏朝后期，以二里头遗址的宫城、具有中轴线理念的宫室为代表的宫室制度，以青铜礼器、大型玉石仪仗器具为代表的

---

① 《中共中央关于党的百年奋斗重大成就和历史经验的决议》，载《人民日报》，2021年 11 月 17 日。

礼器制度，以青铜器和绿松石制作作坊为代表的官营手工业作坊的出现为标志，中华文明进入了王国文明的新阶段。商朝甲骨文、青铜器等文字、器物的发现，表明商代文明已经达到了较高的水平。周朝则在制度、伦理方面颇有建树，特别是宗法制度，在很大程度上影响了中华文明的特质。春秋战国时期，中华文明仍有长足的发展，思想文化方面出现了"百家争鸣"的局面，这是中国历史上思想文化发展的一个高峰。秦建立了大一统的多民族国家，奠定了中国传统社会政治制度的基本形态。汉朝进一步加强中央集权，在思想文化上"独尊儒术"，形成了大一统的中央集权国家的统治思想，并在经济、科技等方面得到了长足的发展，多民族国家得以巩固，中华文明进入辉煌时期，影响远播欧亚各地。隋唐时期，中华文明步入鼎盛阶段，在政治、经济、文化、科技诸方面取得了辉煌的成就，在世界范围内产生了重大影响。直至今日，盛唐气象在诸多领域仍然是中华文明的象征。此后，中华文明又经历了五代十国、宋辽夏金、元、明、清时期。在这期间，君主专制制度达到了顶峰，农耕文明更为成熟，科技水平进一步提高，在思想文化方面，宋明理学形成，深刻地影响着政治社会生活。

中华文明的灿烂成就，离不开农耕文明提供的物质基础。在数千年的历史进程中，中华民族逐步掌握了发达的农耕技术。农具的材质先后分别为木头、石器、青铜器。春秋战国时期，人们开始使用铁制农具，实现了生产力的一次飞跃。农具的器型最初有耒、耜、斧、铲、刀等，后来不断得到改进，犁、耧车、曲辕犁、水车等农具渐次在生产实践中得到运用，提高了生产效率。水利灌溉方面，中国是世界上最早建造大型水利设施的国家之一，这不仅有利于农业生产，也在文明培育、国家建构、社会动员等方面发挥了重要作用。此外，中华农耕文明在作物培育、畜力使用、耕作制度等方面，都达到了较高的水准。农耕文明提供了经济社会发展必不可少的资源，中国古代的粮食单位产量一直稳居世界前列，中华文明之所以能够长期延续、发展，成为古代世界最有影响力的文明之一，并形成自身鲜明的特点，与以农耕文明为主的经济基础密不可分。

中华文明的生生不息，与科技的推动有密切关系。中国古代的科学技术长期处于世界领先水平，其中造纸术、印刷术、火药、指南针等文明成果，不仅促进了中华文明的发展，也为世界文明进程的推进做出了卓越贡献。除此之外，中国的科学技术在诸多领域也长期处于世界先进水平。在金属冶炼方面，早在商周时期就有了水准很高的青铜器制造技术，制造的青铜器工艺精湛、形器精美，其中后母戊大方鼎和四羊方尊是杰出的代表。春秋时期的越王勾践剑所采用的防锈技术，直到 20 世纪 50 年代才在美国等国开始使用。战国时期开始使用的铸铁柔化技术，在世界冶金史上具有划时代的意义，这一技术的发明和使用，使得铁器有了大规模运用于生产和生活的条件。一直到明朝，中国的金属冶炼技术都处于世界领先水平。纺织、陶瓷、漆器的制造技术，也在世界范围内名列前茅。中国古代的科学技术多是在生产实践的基础上发明创造出来的，体现了中华文明注重实用的特点。在社会生产生活的关键领域，中国都掌握了领先的科学技术，这是中华文明在古代一直保持巨大影响力的关键因素之一。

中华文明还创造了丰富的精神文明成果，营造了中华民族共同的精神家园，也成为世界人民宝贵的精神财富。早在春秋战国时期，儒家、法家、道家、墨家、兵家等各放异彩，形成了"百家争鸣"的局面。西汉初年，儒家思想被尊为统治思想，一直持续到清朝末年，对中国的政治、社会和伦理产生了深远的影响。而法家、道家等并没有湮灭，而是与儒家思想继续交相辉映，一同成为中国传统文化的重要内容。汉代佛教传入中国，并在魏晋南北朝时期开始了其中国化的历史进程。中国古代的文学艺术更是世界文化长廊中的瑰宝。汉赋、唐诗、宋词、元曲、明清小说，用不同的形式展现着中国人的生活世界和精神世界，成为人类共同的文化遗产。中国的绘画艺术在世界美术史上也是独树一帜，体现了中国人独特的审美情趣。

中华文明的成就，与其成熟的制度文明密不可分。西周形成的宗法制度在政治制度和政治思想两个方面，奠定了中国传统政治制度的基石。秦统一后建立了君主专制的中央集权制度，在此后两千余年的历史中，虽几经损益，但整体上一直得以延续，成为中国建构和巩固统一的多民族国家的制度基础。土地制度是中国社会传统经济制度的核心。从战国中后期开始，土地制度以土地私有为主体，土地由私人占有并能够进行流通。但在宋之前，国家参与土地的调节和分配。宋以后则"不立田制"，土地私有化程度更高。土地制度又是赋税制度的基础，国家主要依据土地和人丁征收田赋和丁税，中间几经变迁，至清初实行"摊丁入亩"，完全按照土地多少征收赋税。中华文明素来注重文化教育以及文教制度的建设，据记载，在夏商周时期，就由国家兴办教育，"设为庠序学校以教之。庠者，养也。校者，教也。序者，射也。夏曰校，殷曰序，周曰庠；学则三代共之，皆所以明人伦也"[①]。至春秋战国时期，私学兴起，孔子就是兴办私学的杰出代表。后几经因革，至隋唐时期，形成了科举制度。这个

---

① 《孟子》，中华书局 2006 年版，第 105 页。

制度的主要作用是选拔人才进入官僚体制，同时也起到了强化文化认同和维护社会公平的作用。

二、中华文明的内在价值

中华文明不仅创造了灿烂辉煌的成就，也孕育了自己的民族精神、政治传统、价值取向和世界观念，体现了中华文明的鲜明特点和独特优势。正是在历久弥新的特质和品格的支撑下，中华文明才得以生生不息，绵延不绝，成为凝聚中华民族的内在力量，具有巨大的时代价值。

一是以爱国主义为代表的民族精神。

爱国主义在中华文明中有着深厚的历史传统，它是伴随着国家的产生、国家观的形成而出现的。早在先秦时期，中国就有了"天下"观念，其实质为一种国家观，体现出了"家国一体"的特点，"人有恒言，皆曰'天下国家'。天下之本在国，国之本在家"①。国的基础是家庭、家族，即国是家庭和家族的扩大和延伸。君主对家庭和家族首领的统领，以及家庭、家族对内部成员的统领，都是以宗法关系为纽带的。每个家族的家长对内部成员拥有基于血亲关系的权威，而君主则对全体社会成员拥有家长式的权威。秦统一后建立了君主集权制，自此之后，国家政治权力在社会层面上的影响逐步扩大，但宗法制的社会结构依然稳固。因此，中国历史上的爱国主义，具有强烈的伦理色彩，即由对家庭、家族的热爱和对宗法共同体的保护，上升到对国家利益的维护。

中国传统社会的国家认同与爱国主义精神，往往以"忠君"的形式表现出来。君主自称"天子"，宣称受命于"天"，"君权神授"，其权力的合法性由此得到了认同。同时，君主还是国家的象征，当君主的利益与国家利益一致时，忠君就是对于国家利益的维护。诸如抵御外来侵略，勤政爱民、廉洁奉公等行为，都是爱国主义的表现。

中国传统的爱国主义还表现为对民族文化的高度自觉与认同，以及对破坏民族文化行为的警惕和抵抗。明末清初思想家顾炎武指出，"有亡国，有亡天下。亡国与亡天下奚辨？曰：易姓改号，谓之亡国；仁义充塞，而至于率兽食人，人将相食，谓之亡天下"，"知保天下然后知保其国。保国者，其君其臣，肉食者谋之；保天下者，匹夫之贱，与有责焉耳矣"②。在士大夫看来，保卫

---

① 《孟子》，中华书局 2006 年版，第 150 页。
② 顾炎武著，陈垣校注：《日知录校注》卷十三《正始》，安徽大学出版社 2007 年版，第 722～723 页。

民族文化，比维护一朝一代的政权更为重要，这是爱国主义在更深层次的体现。

在中华文明几千年的历史中，爱国主义始终是最具代表性的民族精神，是凝聚民族最核心的力量。中华儿女正是在爱国主义精神的感召之下，不懈奋斗，使得中华民族能够战胜各种艰难险阻，生生不息，绵延不绝，造就了世界上唯一历经数千年而没有中断的文明。

二是大一统的政治传统。

中国数千年的历史，就是一个统一的多民族国家不断发展的历史。在这个过程中，形成了大一统的政治思想和政治传统。作为政治思想，实现和维护国家统一，反对和抵制分裂，成为全体社会成员的共识。作为政治传统，各种政治力量在政治实践中都追求国家统一，包括割据政权，也以统一为终极政治目标。

夏商周时期，中国就有了大一统思想的表述。西周"溥天之下，莫非王土；率土之滨，莫非王臣"①的观念，在宣示王权权威的同时，也表达了大一统的思想。春秋战国长期的战乱，给社会稳定和经济发展带来了严重的破坏，人心渴望统一；这种渴望也体现在诸子百家的主张中，如孔子坚持恢复周天子的权威，荀子提出"一天下"，《春秋公羊传》则明确提出了"大一统"的概念。

秦汉时期所建立的中央集权的专制制度，是大一统政治思想在政治实践中的推进。为配合汉武帝加强中央集权的措施，董仲舒对大一统思想进行了发挥："《春秋》大一统者，天地之常经，古今之通谊也。"②在此后两千余年的历史中，中国虽有割据动荡时期，但统一始终是主流和共识，对统一的追求和维护逐渐成为深层次的民族意识。

在政治实践中，为了实现和维护"大一统"的局面，中国逐步摸索出一套行之有效的制度，包括郡县制、科举制，以及处理边疆事务和少数民族事务的相关制度等。这些制度较好地解决处理了中央和地方、内地与边疆、汉族与少数民族的关系，对于巩固多民族统一的国家发挥了重要作用。

三是"修身、齐家、治国、平天下"的伦理取向。

中华文明是伦理型文明，具体表现为对道德的重视，特别注重和强调个体的道德修养，"自天子以至于庶人，壹是皆以修身为本"，并有一系列具体的要求和规定。在这个基础上，强调个体的责任，包括对家庭、社会、国家的责

① 周振甫译注，徐名翚编选：《诗经选译》，中华书局 2005 年版，第 223 页。

② 班固：《汉书·董仲舒传》，汉语大词典出版社 2004 年版，第 1208 页。

任，就是"修身、齐家、治国、平天下"的伦理取向。

中国文化中对于个体的道德要求，首推"孝"。孔子将"孝"置于非常重要的地位，认为"孝弟也者，其为仁之本"①。孝就是尊重和服从父母，这是人们要恪守的最基本的道德准则；只有做到这一点，其他的道德准则才有实现的可能。在此基础上，儒家提出了仁、义、礼、智、信等道德要求。仁的基本含义即"仁者爱人"，强调人与人之间的相互敬爱，并被视为作为人的基本属性。"义者宜也"，指人与人之间的交往中言行举止的适当性，强调人与人之间相互承担责任的公平、合理。"礼者序也"，即对秩序的尊崇，要求履行与社会角色相一致的责任和义务。"智"既指知识积累所形成的辨识能力，也包括道德判断力，即对于善与恶的辨别能力。信，就是诚实、守信。

在中国文化中，这些道德准则具有可延伸性。孟子提出，"穷则独善其身，达则兼善天下"②，即在条件不成熟的时候，个体可以根据这些道德标准进行自我道德的完善，当条件成熟后，可将这些道德标准延伸至社会、国家，承担起对于社会和国家的责任，从而完成"修身、齐家、治国、平天下"的伦理实践。

在道德实现途径上，中华文明也有自己的特点，即将外在的道德规制和内在的自我修养结合起来，如孔子所言："仁远乎哉？我欲仁，斯仁至矣!"③这一特点，在宋明理学时期被发扬光大，成为道德践履的主要方式。

总的来看，中华文明的伦理取向，既注重个人的责任和义务，也没有忽视个人的权利，从而在整体上塑造了中华民族注重伦理、遵守秩序、偏重责任、重义轻利的民族性格，成为推进中华文明不断发展的力量源泉。

四是"修文德以柔远人"的世界观念。

中华文明重视德性、德治的传统，在认识外部世界和处理对外事务方面，表现出"修文德以柔远人"的世界观念。

在内政方面，中国传统政治思想强调"德治"，即孔子所说的"为政以德，譬如北辰，居其所而众星共之"④。这种观念延伸到处理外部事务中，则表现为主张以德服人，反对以武力为手段处理与外部的关系，更反对以强凌弱，欺负或者侵略他国。《礼记》正是表达了这样一种思想："凡为天下国家有九经，曰修身也，尊贤也，亲亲也，敬大臣也，体群臣也，子庶民也，来百工也，柔

①　《论语》，中华书局 2006 年版，第 2 页。
②　《孟子》，中华书局 2006 年版，第 291～292 页。
③　《论语》，中华书局 2006 年版，第 99 页。
④　《论语》，中华书局 2006 年版，第 12 页。

远人也，怀诸侯也。修身则道立，尊贤则不惑，亲亲则诸父昆弟不怨，敬大臣则不眩，体群臣则士之报礼重，子庶民则百姓劝，来百工则财用足，柔远人则四方归之，怀诸侯则天下畏之。齐明盛服，非礼不动，所以修身也。去谗远色，贱货而贵德，所以劝贤也。尊其位，重其禄，同其好恶，所以劝亲亲也。官盛任使，所以劝大臣也。忠信重禄，所以劝士也。时使薄敛，所以劝百姓也。日省月试，既禀称事，所以劝百工也。送往迎来，嘉善而矜不能，所以柔远人也。继绝世，举废国，治乱持危，朝聘以时，厚往而薄来，所以怀诸侯也。凡为天下国家有九经，所以行之者一也。"①其核心思想就是将内政和外交等量齐观，以统治者的修身为前提，对内政事修备，对外才能怀柔远人，此即孔子所说的"远人不服，则修文德以来之。既来之，则安之"②。

在处理对外关系的实践中，历代政权大多奉行以德服人、睦邻安边的政策，即便发生对外战争，也以防御为主，由此形成了以明清宗藩体制为代表的中外关系。

三、中华文明对人类的贡献

中华文明在世界上长期处于领先地位，其影响也具有世界性，为人类文明的进步做出了突出贡献。

一是中国科技发明的贡献。

英国学者贝尔纳认为，"有史以来，在大部分期间，中国一直是世界三四个伟大文明中心之一，而且在这一期间的大部分时间中，它还是一个政治和技术都最为发达的中心"③。中国古代的科技发明不仅造福于本国民众，还传播到世界各地，推动了人类文明发展的进程。美国学者坦普尔高度评价了以四大发明为代表的中国科学技术对世界文明的贡献："'近代世界'赖以建立的种种基本发明和发现，可能有一半以上源于中国""中国人和西方人一样都会惊讶地看到，近代农业、近代航运、近代石油工业、近代天文台、近代音乐，还有十进制数学、纸币、雨伞、钓鱼竿上的绕线轮、独轮车、多级火箭、枪炮、水下鱼雷、毒气、降落伞、热气球、载人飞行、白兰地、威士忌、象棋、印刷术，甚至蒸汽机的基本结构，全部源于中国。如果没有从中国引进船尾舵、罗盘、多重桅杆等改进航海和导航的技术，欧洲绝不会有导致地理大发现的航行，哥

---

① 朱熹集注：《四书集注》，岳麓书社1985年版，第48～49页。
② 朱熹集注：《四书集注》，岳麓书社1985年版，第205页。
③ ［英］J. D. 贝尔纳：《科学的社会功能》，陈体芳译，商务印书馆1982年版，第297页。

伦布(Columbus)也不可能远航到美洲,欧洲人也就不可能建立那些殖民帝国。如果没有从中国引进马镫,使骑手能安然地坐在马上,中世纪的骑士就不可能身披闪闪盔甲,救出那些处于绝境中的少女,欧洲也就不会有骑士时代。如果没有从中国引进枪炮和火药,也就不可能用子弹击穿骑士的盔甲把他们打下马去,因而就不可能结束骑士时代。如果没有从中国引进造纸术和印刷术,欧洲可能要更长期地停留在手抄书本的状况,书面文献就不可能如此广泛流传"①。

中国的科学技术对世界文明的推动,首先表现为通过生产技术的传播,增加了物质财富,造福当地民众。早在秦汉时期,中国的冶铸技术、水稻耕作方法等就陆续传至日本等国,后来纺织、陶瓷制作技术也相继传播到周边地区,推动了当地的经济发展。更为重要的是,火药、指南针、印刷术等科技成果传到欧洲后,引发了影响西方乃至整个世界的重大变革。火药的传入,使欧洲的武器制造发生了革命性的变化,中世纪封建堡垒的缺口由此被打开;指南针技术在欧洲得到广泛运用,开辟了改变人类历史的航海时代;造纸术被引入后,《圣经》的印刷成本大为降低,基督教思想得以广泛传播,进而引发了一场颠覆教会垄断地位、思想启蒙式的宗教改革。正如马克思所说:"火药、指南针、印刷术——这是预告资产阶级社会到来的三大发明。火药把骑士阶层炸得粉碎,指南针打开了世界市场并建立了殖民地,而印刷术则变成新教的工具,总的来说变成科学复兴的手段,变成对精神发展创造必要前提的最强大的杠杆。"②自此,西方现代文明的建设全面展开,世界历史的格局重新确立。

二是中国制度文明的贡献。

中华文明长时间在世界上处于领先地位,与制度文明的支撑息息相关。这些制度为多个国家所效仿,促进了人类制度文明的发展。

中国的制度首先影响到朝鲜、日本、越南等周边各国。日本大化改新中的班田制、租庸调及政治上的中央集权制度,仿照了隋唐的制度。朝鲜各王朝也全面学习中国的政治制度、经济制度和文教制度。其田制和税制深受唐朝均田制和租庸调制的影响;在法律制度的效仿上,国王李成桂甚至提出,"凡公私罪犯,必该《大明律》"③,全面使用《大明律》。

中国科举制度的影响更为广泛而深远。该制度建立后,首先为越南、日

① [美]罗伯特·K.G.坦普尔:《中国:发明与发现的国度——中国科学技术史精华》,陈养正、陈小慧、李耕耕等译,二十一世纪出版社1995年版,第11~12页。哥伦布的英文名依据正确字母改动。

② 马克思:《机器、自然力和科学的应用》,人民出版社1978年版,第67页。

③ 高艳林:《〈大明律〉对朝鲜王朝法律制度的影响》,载《求是学刊》,2009年第4期。

本、朝鲜等国所效仿。12 世纪，科举制度又通过阿拉伯人传入欧洲，引起了欧洲人的兴趣。欧洲进入近代后，科举制度更受推崇。1570—1870 年，英国发表、出版的有关该制度的论文、书籍达 70 余种。仰慕中国政治文化的英国学者，还主张仿效中国的科举制，建立英国的文官制度。① 1855 年 5 月，英国吸收了中国科举制度的精神，开始实行文官考试制度。1870 年 6 月，新上台的帕麦斯顿政府规定凡要进入政府各部门工作的人员，必须全部通过竞争性考试。至此，英国文官考试走上制度化和正规化的轨道。后来，文官制度又为其他欧美国家和日本等国所仿效，并延续至今。由此美国学者柯睿格称，"以科举考试为核心的中国文官行政制度的创立，是中国对世界的最重要的贡献之一"②。

三是中国精神文明的贡献。

以儒家思想为中心的中华精神文明，在东亚文化圈中影响巨大。早在 4 世纪，高句丽就设太学，传授儒家经典。新罗统一朝鲜后，又将儒学奉为国学，并由此造就了一批精通儒学的著名学者。经过儒家文化长期的濡染，东亚地区的思想文化、价值准则、行为方式、社会习俗乃至生活习惯，都印上了儒家文化的烙印。注重伦理道德、遵守公共秩序，成为东亚文化圈的基本价值和行为规范。

中国传统的思想文化对欧洲启蒙运动的展开也发挥了作用。以自然神论反对基督教神学的欧洲启蒙思想家，认为中国传统思想具有自然神论的性质，并将其作为反对基督教神学的武器。莱布尼茨指出，"有必要请中国遣派人员来教导我们关于自然神学的目的及实践"；孟德斯鸠也高度评价中国文化中的实用理性，认为"中国的立法者是比较明智的；他们不是从人类将来可能享受的和平状态去考虑人类，而是从适宜于履行生活义务的行动去考虑人类，所以他们使他们的宗教、哲学和法律全都合乎实际"③。

中国的语言文字也对周边国家产生了重大影响。古代朝鲜没有文字，汉字自汉代传入朝鲜后，就一直是朝鲜正式的书写文字，直到甲午战争前。同样，汉字在 1 世纪传入日本后，也结束了其没有文字的历史；至隋唐时期，中日交流频繁，汉字在日本得到广泛运用。在学习和使用汉语的基础上，后来日本学者发明了片假名和平假名，汉语和假名长期共用。

此外，中国的文学、艺术、宗教等也在周边国家及世界其他地区产生了较

---

①　参见张晋藩：《中国古代文官制度综论》，载《中国社会科学》，1989 年第 2 期。

②　周道祥：《科举：世界文官制度的始祖》，载《华人时刊》，2003 年第 8 期。

③　转引自何晓明：《中国文化与欧洲启蒙运动——兼论东西方文化交流的若干通则》，载《社会科学战线》，1997 年第 3 期。

大的影响，为人类文明做出了贡献。

第二节　近代中华文明衰落的原因

中华文明尽管创造了灿烂辉煌的成就，但其内部，却始终存在着一些弊端。历史进入近代之后，在外来文明的冲击之下，这些弊端日益凸显。同时，西方的侵略在各个方面对中华文明造成了诸多损害。在内外因素的交互作用之下，中华文明由此不可避免地衰落了。

一、近代中华文明衰落的内因

在历史上的大部分时间中，中华文明一直处于世界领先地位。但同时，中华文明内部也存在着一些弊端，这些弊端长期得不到克服，抑制了中华文明在科技等方面的成长。在封建社会晚期，尽管经济社会发展达到了较高的水平，但这些固有的弊端已经积累到十分严重的地步，导致中华文明落后于时代。

首先，中国古代长期实行的君主专制制度，在治理导向上，将维护君主的统治地位放在首位，而排斥其他不利于君主统治的因素，这使得一些有利于中华文明持久发展的因素受到抑制，社会发展因此付出了沉重的代价。

政治制度的设计，在历史进程中越来越倾向于有利于君主个人专权的制度安排，至明清时期，君主集权达到了登峰造极的地步。在专制主义统治之下，庞大的国家机器往往听命于皇帝个人的意志，皇帝个人的能力、好恶、勤惰将影响到整个国家，政治缺乏稳定性，充满了不确定性，容易产生社会动荡。而君主往往又"以天下之利尽归于己，以天下之害尽归于人"①，为了一己之私，让整个社会付出沉重的代价。

君主专制制度还导致了腐败的普遍产生。官僚阶层只向君主负责，不向民众负责，因而蔑视民众利益，或者侵害民众利益以满足私欲，由此腐败丛生，造成了严重的社会不公平，最终导致社会矛盾尖锐，民不聊生，引发社会动荡。而社会动荡一旦发生，往往令较长时期内积累的经济、文化和科技等文明成果毁于一旦，造成巨大的损失，使社会发展趋于停滞甚至倒退。

为了维护君主专制体制，统治集团将儒家学说作为统治思想，结合宗法制度，突出了儒家"礼"的理论中强化等级的内容，将儒家思想和宗法制度中的一

---

① 《黄宗羲全集》第 1 册，浙江古籍出版社 1985 年版，第 2 页。

些弊端放大，发展成为僵化的等级思想和等级制度。在这一制度之下，个体的言行只有符合等级制要求，才能被社会认同，否则就会被视作离经叛道而被压制。社会成员被更多地强调要遵守秩序，承担义务，即孔子所说的"君君、臣臣、父父、子子"，但个人相应的权利却得不到重视。于是不同等级的社会成员之间权利、义务不对等，社会成员之间难以形成平等的关系，而是普遍地生活在等级制的压迫之中。整个社会因此陷入僵化和没有活力的状态，民众的创造性、主动性和聪明才智被禁锢，造成推动社会发展的精神动力不足，智力源泉枯竭。

同时，在专制制度之下，统治者把公共事务看作"私事""家事"，君主及其官僚集团垄断了公共权力，排斥和压制普通民众对于公共事务的参与，民众缺乏政治参与的渠道，并且逐渐失去政治参与的热情，政治制度因此缺乏改善的动力。中国古代历史上的政治制度虽然进行过很多次调整，但多数着眼于巩固君权，以保障和提升民众利益为出发点的制度改革少之又少。政治制度的僵化不变，直接导致了中华文明的停滞不前。

其次，封建地主土地所有制长期存在，以及统治者对商业文明的抑制，使得中华文明的发展在经济基础的层面受到极大的限制。

在中国传统社会，土地是人们主要的生产资料和生活资料，但土地的占有状况却严重失衡，"富者田连阡陌，贫者亡立锥之地"[①]，这种状况是由封建地主土地所有制造成的。这一在中国古代社会长期占据主导地位的土地所有制形式以土地私有制为前提，通过土地商品化的流转，造成土地集中在少数人手中，大多数人则处于少地和无地的悲惨境地。无地少地的农民不得不租种地主的土地，遭受沉重的地租剥削，辛苦劳动所得，只能勉强维持生活，生活因此而陷入极端贫困的状态，同时他们也无力扩大再生产，农业生产只能在低水平徘徊。农业是中国长期的历史进程中国民经济最主要的生产部门，农业生产水平低下，制约着国民经济整体的发展。因此，中华文明向更高水平的发展，缺乏必要的物质基础。

封建地主土地所有制还造成了封建社会最主要的阶级矛盾：地主阶级和农民阶级的矛盾。在封建王朝建立初期，土地占有状况相对平均，还存在着大量自有土地的自耕农，他们能够进行正常的生产生活，因而社会矛盾较为缓和，社会经济较为繁荣。但这种状况维持一段时间之后，由于土地商品化造成的流转，土地逐渐集中到少数地主手中，广大农民正常的生产生活难以维系，地主

---

① 班固：《汉书·食货志》，汉语大词典出版社 2004 年版，第 495 页。

阶级和农民阶级的矛盾逐渐激化，并引发其他一系列的社会矛盾，最终导致大规模的社会动荡，生产力遭到严重的破坏，文明不但不能够进步，反而会出现倒退。

中国古代的商品经济成熟较早，并且一直伴随着历史进程的发展而发展，到封建社会中后期，在世界范围之内，中国的商品经济达到了较高的水平和较大的规模。但同时，无论是全社会的思想意识还是官方的经济政策，都没有完全认可商品经济，认同商业文明，使得中国商品经济的发展没有达到应有的水平。

中国儒家思想中有较为浓厚的"重义轻利"观念。孔子尽管不完全否定人们对利的追求，提出"富而可求也，虽执鞭之士，吾亦为之"①，但总体上还是看重"义"，看重人们的道德实践，而轻视"利"，将追求利的言行与"小人"联系起来，强调"君子谋道不谋食""君子忧道不忧贫"②"君子喻于义，小人喻于利"③。这些思想，对于社会生活有非常深刻的影响。商品经济尽管一直有所发展，但得不到整体社会氛围的尊重。从事商业活动，追求物质利益，被认为有可能会危及道德修养，因此被视作"末业"。这样的环境，抑制了人们从事工商业活动的积极性。即便是已经从事工商业者，也会想方设法通过买地置业、参加科举等手段，回归"本业""正途"。大量的资金从工商业领域流出，再生产受到严重影响，工商业因此始终难有大的发展，健康的商业难以形成。

与全社会普遍的"重义轻利"观念相一致，历代政权在经济上都实行"重农抑商"政策，它们认为农业是国之根本，而工商业过于发达则会动摇根本，同时还会败坏人们的道德，故而必须加以抵制。"夫富民者，以农桑为本，以游业为末。百工者，以致用为本，以巧饰为末。商贾者，以通货为本，以鬻奇为末。三者，守本离末则民富，离本守末则民贫。贫则阸而忘善，富则乐而可教"，因此政府必须实行重农抑商政策，"故为政者，明督工商，勿使淫伪；困辱游业，勿使擅利"④。具体做法主要是对工商业者课以重税以"困辱之"，进而引导人们更多地从事农业生产："工商逐末者，重租税以困辱之。民见末业之无用，而又为纠罚困辱，不得不趋田亩，田亩辟则民无饥矣。"⑤在重农抑商政策的影响下，工商业发展困难重重，社会经济的发展始终难有大的突破，中

---

① 《论语》，中华书局 2006 年版，第 90 页。
② 《论语》，中华书局 2006 年版，第 244 页。
③ 《论语》，中华书局 2006 年版，第 47 页。
④ 王符：《潜夫论》，上海古籍出版社 1978 年版，第 16、19 页。
⑤ 《王安石全集》，上海古籍出版社 1999 年版，第 286 页。

华文明的进步也就始终难以取得质的飞跃。

最后，传统文化对于"奇技淫巧"的排斥，以及在科学研究中过度注重实用理性，导致科学技术发展难以有实质性的突破，中华文明发展的科技动力严重不足。

中华文明虽然创造了灿烂的科技成就，但在传统社会中，科学技术并不受重视，甚至往往被视为"奇技淫巧"而遭到排斥。儒家思想轻视技艺，认为技艺是"小道"，君子不应该过多地投身其中，"虽小道，必有可观者焉；致远恐泥，是以君子不为也"①，甚至将学习技术看作"小人"的行为。例如，孔子的学生樊迟向孔子请教种地和园艺的技术，孔子就认为他是"小人"。② 汉代独尊儒术之后，士大夫阶层的这种轻视生产劳动、轻视科学技术研究的倾向更加明显，并影响到全社会。与这种文化取向相一致，各封建王朝的统治者也轻视科学技术，并在制度上有非常明显的体现。对中国政治、文化和教育影响极大的科举制度，考试内容完全将科学技术知识排除在外，对于知识分子产生了非常明显的导向。他们都愿意去学习研究"圣贤书"，而不愿意把聪明才智用于自然科学知识的探究。科学技术研究因此缺乏必要的人力、经费和文化条件，只能长期在低水平徘徊。

尽管如此，仍然有很多人投身于科学技术的研究，并取得了丰硕的成果。中国古代科学技术长期处于世界领先地位，却始终难以突破超越经验科学阶段，进入近代实验科学阶段，水平一直徘徊不前，这与中国传统文化中盛行的实用理性有密切关系。在人们的思维和实践中，比较注意实用的目的，对于政治社会伦理有更多的探究兴趣，而对于远离社会生活的问题，则相对缺乏关注。孔子"不语怪力乱神""畏天命"，就是强调人们关注的重心应该在于经验和现象，而不鼓励对于经验和现象之外的世界本质的认识，要求对其保持敬畏的态度，敬而远之。在这种社会文化氛围中，在科学研究方面，就体现出较多的功利色彩，主要出于现实的、功利的目的进行研究。科学技术的发明，主要来源于日常生产生活经验的总结，有很强的实用性。而出于对纯粹知识的兴趣进行的研究，因其"无用"而不被鼓励。但这恰恰是西方近代实验科学产生的基石。传统文化这样的导向严重地限制了中国科学技术的进步，使得科学技术长期局限于经验科学的范围而无法突破，实验科学迟迟不能产生。而西方科学技术发展在近代进入实验科学阶段之后，很快就超越了中国。这是近代中华文明

---

① 《论语》，中华书局 2006 年版，第 291 页。
② 参见《论语》，中华书局 2006 年版，第 188 页。

衰落最为重要的原因之一。

二、西方列强的冲击

以 1840 年鸦片战争为起点，西方列强开始以各种手段侵略中国，直接冲击了中华文明，加速了近代中华文明衰落的进程。

第一，在列强的冲击下，中国的主权和领土完整遭到严重的破坏，中华文明赖以生存和发展的政治基础岌岌可危。

统一、独立的国家是中华文明生存和发展的基础，尽管中国历史上也出现过分裂割据的局面，但统一是主流。鸦片战争前夕，中国仍然是一个主权独立、领土完整的多民族国家。在这样的基础上，中华文明尽管遇到了种种内部危机，却仍然能够稳定运转。西方势力的介入打破了这一局面，中华文明迅速陷入更深的危机。

从鸦片战争开始，列强多次发动侵略战争，对中国进行了野蛮的军事侵略，威逼清政府签订不平等条约，通过割占土地、设立租界、划分势力范围等手段，严重破坏了中国的领土完整。领土是中华文明赖以生存的空间，也是维系和寄托民族精神、民族情感的重要纽带。列强对于领土完整的损害，从根本上破坏了中华文明的生存根基，成为近代中华文明加速衰落的直接诱因。

鸦片战争以来，西方势力强加给中国的一系列不平等条约，破坏了中国的司法、关税、领海主权和国家安全。中华文明得不到应有的政治屏障和军事保护，赖以生存和发展的政治基础越来越脆弱，中国人民的生命财产安全遭到了严重的破坏，优秀的文化成果惨遭蹂躏，中华文明固有的发展进程被打断，陷入了深刻的危机。

第二，在西方列强的冲击下，中国原有的经济形态被破坏，大量的利权落入列强之手，中华文明赖以生存的经济基础被削弱。

中国传统的农耕经济有很强的自主性和独立性，对外依赖程度很低。在这样的经济基础上，中国形成了较为稳固的、封闭的，也因而能有效地保障国家利益的文明形态。

但这种局面在近代发生了变化。鸦片战争之后，西方资本主义经济逐渐进入中国，从而破坏了封建时代自给自足的自然经济。但地主土地所有制仍然在中国的经济生活中占据优势，这使农业生产难以有大的突破，农民还要承受地主沉重的剥削。而外国资本主义的入侵，以及中国资本主义的初步发展，又把大批农民卷入资本主义生产体系中，使其承受商品经济所带来的风险。大量的手工业者也因为资本主义势力的冲击而破产。这两种力量交织在一起，造成的最严重的后果就是传统农业的衰败和传统手工业的破产，绝大多数农民和手工业者并没有因为中国资本主义的产生和发展而受惠，反而陷入赤贫的状态。

总的来看，在西方资本主义的冲击下，中国经济发生了新的变化，资本主义经济开始产生、发展。但这一变化并没有给中国经济社会带来多少积极的影响。相反，它跟中国落后的地主土地所有制结合起来，造成了农业发展长期停滞不前的局面。同时，外国资本主义通过商品和资本输出，把持重要的经济部门，控制中国的经济命脉，在中国掠夺财富，压制了中国资本主义经济的发展。由于缺乏稳定健康的经济基础，近代中华文明的衰落势在必然。

第三，在西方列强的冲击下，中国原有的文化生态支离破碎，中华文明失去了明确的价值重心，维系民族的文化纽带逐渐松散。

中华文明是世界上唯一历经数千年而没有中断的文明，其中文化发挥了极其重要的作用。儒家思想在中国文化中长期占据主导地位，其他的法家、道家和佛教文化等相互衬映，相得益彰。这些文化不仅载诸典籍，更渗透到中国人的日常生活之中，全社会因此拥有共同的价值观——"中华优秀传统文化源远流长、博大精深，是中华文明的智慧结晶，其中蕴含的天下为公、民为邦本、为政以德、革故鼎新、任人唯贤、天人合一、自强不息、厚德载物、讲信修睦、亲仁善邻等，是中国人民在长期生产生活中积累的宇宙观、天下观、社会观、道德观的重要体现"①，社会成员通过这些价值观凝聚在一起，这是中华文明长期发展的精神基础。

但是近代以来，这一局面发生了很大的改变。借助政治军事上的优势，列强通过办学、传教、出版等活动，把西方的思想、文化传入中国，这对中国原有的思想文化体系产生了极大的冲击，动摇了儒家思想的正统地位。西方文化与中国以儒家思想为核心的农耕文化，在精神实质和价值取向上是相悖的。两种文化的冲突，造成了中国社会思想观念上的混乱，削弱了社会成员之间的文化认同，中华民族的凝聚力由此降低。

总之，在西方文化的冲击下，儒家思想的正统地位发生了动摇，而适应现代社会的新文化、新价值观又迟迟没有形成，整个社会由此失去文化重心，近代中国长期的政治社会动荡与之有密切的关系。

---

① 习近平：《高举中国特色社会主义伟大旗帜 为全面建设社会主义现代化国家而团结奋斗——在中国共产党第二十次全国代表大会上的报告》，人民出版社2022年版，第18页。

三、近代中华文明衰落的内外因素的比较

近代中华文明的衰落，首先在于适应农耕社会和专制制度的传统文化，具有自身难以克服的内在弊端。明清之际，随着专制主义的不断强化，这种文化传统已成为文明水平提升的障碍。西方文化的冲击，加剧了近代中华文明的衰落。西方侵略势力和中国封建势力的结合，使中华文明在近代遭到毁灭性的破坏。

中华文明内部固有的弊端，是其在近代衰落的直接原因。

中华文明在长期的历史进程中，创造了灿烂辉煌的成就。但是在中华文明内部，也存在着种种不利于文明发展的思想意识、制度文化，这些因素是中华文明内生的、固有的因素，难以消除，因此对中华文明的影响是长期的。在这些因素的作用下，中华文明在长期的历史进程中，发展速度一直较为缓慢，并始终无法在政治、经济、思想文化及科技诸方面取得突破性的进展，文明一直处于前近代阶段的水平。在政治上，君主制虽然在特定的历史条件下有一定的历史合理性，但其长期存在，对中国社会进步的阻碍作用还是十分明显的，尤其是为了维护君权，抑制社会活力，社会付出了巨大的成本。与皇权相适应的宗法制度，在维护社会稳定的同时，同样也起着抑制社会活力的作用。在经济上，地主土地所有制长期在经济生活中牢牢占据主要地位，造成了农业生产的低水平重复和农民生活的贫困，阻碍了商品经济水平和规模的提升。虽然中国的商品经济出现很早，但长期重农抑商的观念和政策，使得商品经济不能发挥出对于政治社会进步的革命性的推动作用，商品经济自身发展到一定程度后也徘徊不前。在思想文化上，中国传统思想文化注重秩序、稳定，偏重用实践理性，不鼓励竞争、冒险、创新等观念和行为，对于纯粹知识的兴趣相对有限，这使得中华文明缺乏智力和精神的支撑，无法取得突破性的进展。在科技上，虽然古代中国的科技文明长期在世界上处于领先地位，但长期停留在经验科学阶段，迟迟不能进入实验科学阶段，没有发生根本性的飞跃。

中华文明这些内在的弊端长期存在，在历史上曾经多次引发政治社会危机，对文明造成了严重的创伤，导致中华文明发展迟滞。但中华文明具有较强的自我调整能力，能够通过调整将这些弊端的影响降低，渡过危机，在大部分时间里中国社会能够保持相对的稳定及正常的运转。在历史上，中国多次出现王朝的衰落以及败亡，但王朝的衰落，只是中华文明发展进程中的低谷，并不意味着中华文明的衰落。对于中华文明来说，以周期性的王朝衰落为表象的文明危机，总是通过各种调整被克服，然后进入周期性的繁荣阶段。但由于文明

内部固有的问题并没有解决，因此又会酿成下一次危机。这些周期性的危机，虽然不至于导致中华文明整体上的、不可逆转的衰落，但社会政治危机引发的严重的社会动乱，往往会对之前的文明成果造成毁灭性的破坏，不利于文明成果的积累，从而不利于文明水平的提高。

列强的侵略，动摇了中华文明存在和发展的基础，加速了近代中华文明的衰落。

在古代中国，中华民族所遭遇的危机，相当一部分是来自外族势力的冲击，一度造成生灵涂炭、经济凋敝、文化毁灭、科技倒退的后果，但中华文明最终都经受住了考验，一次次渡过了危机。

鸦片战争之前，清政府面临的社会危机，也主要是中华文明内在弊端所造成的王朝危机的历史重演。如果没有列强的入侵，这个危机仍有可能靠中华文明自身的力量得到缓解，实现周期性的复苏。但鸦片战争改变了中华文明的发展进程。与历史上周边民族的挑战不同的是，英国所代表的现代文明，在政治、军事、经济、文化等方面都超越了中国，明显优于中国传统的农耕文明，亦即与西方文明相比，中华文明以前的优势荡然无存。同时列强凭借着工业革命的先进成果，打开了东方古国的大门，割占中国领土，屠杀中国人民，破坏中国主权，掠夺中国财富，毁坏中国文化，中华民族面临着亡国灭种的危险，这从根本上动摇了中华文明的根基。可以说，外国的侵略加速了中华文明在近代的衰落。

外国侵略势力和中国封建势力的结合，阻碍了中国社会的进步和发展，是近代中华文明衰落的根本原因。

鸦片战争后，面对外来文明的冲击，中华文明也逐步做出应对，先进的中国人提出"师夷长技以制夷"，走向西方学习的道路，以阻止中华文明的进一步衰落，实现中华文明的进步与复兴。但在中国人学习西方的过程中，外国势力却采取种种手段加以阻挠，延缓中国的进步。

在政治上，列强仍然扶持清政府作为他们的代理人，本质上是在维护清朝的封建统治，阻碍政治变革，延缓了中国社会的进步和发展。列强为了在中国攫取更多的利益，维护清政府的统治。而清政府仍然顽固地实行封建统治，保守落后，改革缓慢低效，事实上已经成为中国社会进步发展的绊脚石。中国亟须改变，推翻清政府，或者促使清政府进行改革，学习西方先进的政治思想和政治制度，从而推动中国社会的变革。但列强对于清政府的扶持，却巩固了清政府的封建统治，加深了清政府的腐朽性和保守性，统治者不仅对抗革命，也不愿意真心诚意地进行改革，封建统治得以延续，政治制度上的突破和变革难以实现。政治制度的革新不能够实现，中华文明的持续衰落就难以避免。中华民国建立后，无论是北洋政权还是国民党政权，也不可避免地沦为外国势力的代理人，不可能挽回近代中华文明衰落的命运。

在经济上，西方资本主义经济进入中国，并没有去促进中国资本主义的发展，而是与封建经济结合在一起，既阻碍了中国民族资本主义的起步和发展，又剥削中国人民，造成了中国社会的贫弱和人民的贫困。鸦片战争以后，列强通过不平等条约设立通商口岸，向中国输出商品，后来又输出资本，在中国兴办企业。但中国以地主土地所有制为核心的封建经济并没有被触动，中国人民不仅要遭受封建经济的剥削，同时也被卷入资本主义经济体系中，遭受西方资本主义的剥削。代表着中国社会进步方向的民族资本主义出现并开始成长，却受到了西方资本主义和封建主义的双重压迫，发展异常艰难。经济上的落后，使中华文明的物质基础不牢靠，因此在近代步履蹒跚。

在文化上，外国对中国的文化渗透并不是要将西方文化的精华在中国传播，而是要在中国造就一种殖民文化，消泯中国人民的反抗意识，同时与封建文化结合起来，共同在思想上奴役中国人民。近代西方文化在中国的传播，尽管也带来了一些西方先进的自然科学、社会科学知识，但从根本上来看，其文化渗透的主要目的还是配合西方的政治、经济侵略，与中国固有的封建文化一起，让中国人民变成服从外国侵略和封建压迫的"顺民"，对中华文明的损害非常严重。

第三节　近代中国社会的历史任务

进入近代之后，随着外国的侵略，出现了新的阶级，旧的阶级关系也有所调整，社会结构跟传统社会相比，有了明显的不同。相应地，社会性质和社会矛盾也有了深刻的变化。反抗外来侵略，反抗封建压迫，成为中华民族在近代的主要任务，也是近代中华文明复兴的关键。

一、近代中国社会结构的变迁

鸦片战争之后，资本主义在中国缓慢起步，一些由外国人兴办的近代性质的企业开始在通商口岸零星地出现。洋务运动中，使用机器生产和雇佣劳动的洋务企业开始较大规模地兴办，传统金融业和商业也在这一时期开始资本主义化。19世纪七八十年代，一些商人、官僚、地主和买办开始兴办具有资本主义性质的企业，中国的民族资本主义开始发展。甲午战争后，外国资本主义在中国的投资大幅度增加。在晚清新政时期及民国初年，中国民族资本主义迎来了较快发展的时期。资本主义的发展，改变了中国社会的结构，中国社会中产生了新的社会阶级，这就是资产阶级和工人阶级。

中国的资产阶级，分为民族资产阶级和官僚资产阶级。民族资产阶级最早出现于商业、金融领域。鸦片战争后，一些从事进出口贸易的商行迅速发展起来，中国传统的金融机构如钱庄、票号的业务也有很大的转变。这些商行、钱庄、票号的业务被卷入资本主义经济体系当中，如向资本主义工商企业提供贷款、汇兑等服务，同时其自身的经营和管理也越来越具有资本主义的特点和性质，因此在这些领域中，产生了中国最早的民族资产阶级。随后在洋务运动中后期，出现了官督商办、官商合办的工矿企业，这些企业的投资者，也属于民族资产阶级。此后，一批商人、地主、官僚和买办开始兴办私人企业，这些企业主成为民族资产阶级的主力。进入20世纪后，随着清政府的新政改革及民国初年资本主义发展的"黄金时期"的到来，民族资产阶级的人数不断增加，影响不断扩大，由自在阶段进入自为阶段，有了明确的阶级意识，民族资产阶级正式形成。

中国的民族资产阶级从一开始就受到本国封建主义和外国资本主义的压迫，因此拥有要求民族独立，发展资本主义，建立资产阶级共和国的愿望，具有反帝反封建的革命性；但又由于其在发展的过程中，与帝国主义和封建主义有千丝万缕的联系，经济政治力量弱小，因而反帝反封建不彻底，具有妥协性。因此民族资产阶级可以加入革命队伍，但不可能领导中国革命，同时在革命处于低潮的时候往往会离开革命队伍。

官僚资产阶级最早出现在洋务运动当中，在国民党统治时期发展到顶峰。官僚资产阶级与政权高度结合，剥削和压迫劳动人民，欺压民族资产阶级，是旧政权维护其统治的经济基础，其反动性是极其明显的。

中国工人阶级的产生要早于资产阶级。鸦片战争之后，在一些外国资本兴办的企业中，就出现了中国最早的产业工人，但数量较少。洋务运动时期，在洋务企业中出现了数量较多的工人。而在民族资本主义企业普遍创办之后，工人数量随之迅速增加。而外国企业数量此时也大为增加，亦使得工人数量出现了较快的增长。此后，随着中国资本主义的发展，工人阶级队伍不断壮大，至五四运动前，中国工人阶级约有200万人，并且产生了阶级意识，逐渐成为中国革命的领导力量。

中国工人阶级具备了无产阶级的一般优点：与最先进的生产方式相联系，

具有先进性；从事社会化大生产，因此富于组织性、纪律性；没有私人占有的生产资料，革命性和战斗性最强。同时，中国工人阶级由于身处特殊的国情之中，还具有自己的特殊优点。首先，他们高度集中，从地域来讲，绝大多数分布在上海、广州、天津、香港、青岛、唐山、大连等地；从行业来讲，主要分布在采矿、铁路、邮电、纺织等行业。这种集中性有利于工人阶级的团结和组织，可形成强大的战斗力。其次，中国工人的劳动时间之长、工资之低、劳动条件之恶劣，在世界各国都非常罕见。1920 年，上海工人的日工作时间多为 9～10 小时，最高的甚至达 18 小时。而他们的月平均工资最高仅为 18 元，最低则不足 12 元。一些童工每月只能得到 3 元钱。大多数工人都面临着入不敷出的窘境：1922 年，上海一个熟练工或半熟练工的月支出最低为 19.26 元，一个五口之家则需支出 35.85 元。① 极端低下的生产生活条件使得工人阶级的战斗性特别强。他们很早就进行了反抗斗争。从 1895 年到 1911 年，全国共发生有人数记载的罢工 59 次。1912 年至 1919 年，罢工增至 130 多次。这其中除了经济斗争，还出现了政治罢工。1915 年，上海、长沙等地的工人为反对"二十一条"而举行罢工。1916 年，天津法租界及法商企业的工人因法国强占天津老西开而举行罢工，并最终迫使法国放弃了这一企图。通过这些斗争，工人阶级日趋成熟，为之后走上政治舞台准备了条件。最后，中国工人大多出身于破产农民，与农民阶级有着天然的联系，便于与广大农民结成亲密的联盟，这使得中国工人阶级领导中国革命具有极其广泛的社会基础。中国工人阶级的这些优点和特点决定了它是中国历史上最革命、最进步的阶级，是能够领导中国革命的力量。

在近代中国社会，封建土地所有制仍占主导地位，少数的地主占有大多数的土地，对无地和少地的农民进行剥削。土地集中的现象十分严重。1924 年，江苏省昆山县农户中，自耕农占 8.3%，佃农为 77.6%。② 佃农数量的庞大表明土地集中的程度很高。另据 1929 年和 1930 年的调查，在北方的保定，占人数 3.7% 的地主，占地 13.4%，而人数占 65.2% 的贫雇农，仅占地 25.9%；在南方的无锡，占比 5.7% 的地主占有 47.3% 的土地，而占比 68.9% 的贫雇农，只占有土地的 14.2%。1932 年国民政府内政部对 17 省 869 县（不包括东北地

① 参见上海社会科学院历史研究所编：《五四运动在上海史料选辑》，上海人民出版社 1980 年版，第 16～17 页。

② 参见严中平、徐义生、姚贤镐等编：《中国近代经济史统计资料选辑》，科学出版社 1955 年版，第 276 页。

区)进行了调查，得出的土地占有状况如下：占有 10 亩[①]以下土地的农户占农户总数的 59％，仅占有 16％的土地；占有 11～30 亩土地的农户占 24％，占有 22％的土地；占有 31～50 亩土地的农户占 10％，占有 22％的土地；占有 50 亩以上土地的农户仅 7％，占有 38％的土地。[②] 这些都显示出土地集中的程度已十分严重，并且有越来越集中的趋势。值得注意的是，军阀、官僚以及新兴的资产阶级工商业者大量购买土地，这是造成土地严重集中的重要因素。

绝大多数地主的土地经营仍沿袭传统的分散出租给无地和少地的农民，收取地租的方式。地租形态仍以定额实物地租为主，货币地租在缓慢地增加。地租租率全国各地不尽一致，总体上都处在较高的水平。据南京国民政府立法院统计处 1930 年对部分省份的调查，各省的上中下三等土地的平均地租率如下：黑龙江，23.6％（水田）；吉林，34.6％（水田）；热河，48％（水田）、42.3％（旱地）；察哈尔，40.1％（旱地）；山西，41.7％（旱地）；河南，48.7％（水田）；山东，52％（水田）、49.9％（旱地）；江苏，47.6％（水田）；浙江，49.3％（水田）；安徽，41％（水田）；江西，43.4％（旱地）；湖北，42.4％（旱地）；贵州，52.5％（水田）。可见，佃农承受的剥削是比较严重的。另外，许多地区的佃农还需向地主交纳预租和押租，他们的负担更加沉重。由于生活所迫，佃农被迫向高利贷者借贷，又受到重利盘剥。地主还千方百计地将他们应当承担的赋税转嫁到佃农头上，因此，佃农的生活是相当困苦的。

自耕农是农村中不稳定的一个阶层，处于不断分化的过程中，少数上升为地主，大部分失去土地，沦为佃农。但由于破产、分家等因素，一部分地主也转化为自耕农，因此自耕农的数量变化并不剧烈。自耕农的生活同样十分艰难。军阀为了维持战争所需的巨额费用，拼命向农民征收苛捐杂税，除田赋外，还有各种各样的名目，例如，在江苏省有水利捐、自治捐、户籍捐、教育捐等，在山东省有军鞋捐、货物捐。各地军阀甚至经常预征田赋，在 1926 年，河南省的钱粮预征至 1929 年，陕西省预征至 1931 年，四川省预征至 1932 年。自耕农为维持生产和生活，常常借贷，被迫承受高利贷者的剥削。

总之，在近代农村，封建土地所有制处于绝对优势地位。农村中除少数地主外，大部分农民承受着各种各样的剥削和压迫，生产十分艰难，生活相当困苦。

---

① 1 亩约为 666.67 平方米。

② 参见章有义：《二十世纪二三十年代中国地权分配的再估计》，见《明清及近代农业史论集》，中国农业出版社 1997 年版，第 80 页。

中华民国建立以后，广大农村与国内外市场的联系日益紧密，越来越多的农民被卷入商品经济中。各资本主义国家大量从中国进口农产品作为原材料。中国出口商品中，农产品的比重不断上升，1910 年为 39.1％，1930 年达到 45.1％。① 进口商品绝大多数为日常用品，生产用品很少。这些日常用品以广大农村作为其销售市场。同时，国内贸易也逐渐发展起来。据研究表明，20 世纪以来，国内产品的埠际贸易长期保持着 8％的高增长率，于 1928 年达到最高峰，贸易额为 17 亿海关两。这其中农产品为最大宗，1920 年占国内市场商品值的 42.3％。② 在市场的冲击下，农村原有的自给自足的自然经济进一步遭到破坏，农民的生产、生活紧紧地与市场联系在一起。调查资料显示，1921 年至 1925 年，安徽、河北、河南、山西、浙江、福建、江苏的 14 个县的农家农产品中，有 47.4％为自用，出售的农产品的比例高达 52.6％。在这些地区农家的生活资料中，有 65.9％为自产，34.1％为购买所得。③ 农产品商品化的程度日益加深，一些经济作物的种植面积急剧增加。农作物的商品化主要是外国在中国掠夺原料所致。因此中国农民的命运与国际市场的变化紧密地联系起来，每一次市场的波动都严重影响着农民的生产和生活。与一般的规律相反，农村商品经济的发展并没有导致农民财富的增加和农村资本主义生产的发展。相反，农民又受到商业资本、工农业产品剪刀差的剥削，变得更加贫困。

近代中国的农民阶级由于受到帝国主义、封建主义和官僚资本主义的三重压迫，生活极度贫困，政治上毫无权利，因此具有鲜明的反抗意识和强烈的革命要求，是中国革命的主力军、无产阶级可靠的同盟军。但由于农民阶级身上有一些小生产者固有的缺点，诸如散漫、保守等，农民阶级不可能领导中国革命，只有与工人阶级结成同盟，并在工人阶级的领导下，才能获得自身的解放。

二、近代中国的社会性质与基本矛盾

从鸦片战争开始，列强通过侵略战争，强加给中国一系列不平等条约，中国丧失了大量利权，外国势力操纵和控制了中国的诸多事务，清政府成为外国在华利益的代理人。中国人民除了要遭受封建剥削和压迫，还要受到资本—帝

---

① 参见严中平、徐义生、姚贤镐等编：《中国近代经济史统计资料选辑》，科学出版社 1955 年版，第 72 页。

② 参见许涤新、吴承明主编：《中国资本主义发展史》第 3 卷《新民主主义革命时期的中国资本主义》，人民出版社 1993 年版，第 221、223～224 页。

③ 参见章有义：《近代中国农产品商品化的趋势和特点（提纲）》，见《明清及近代农业史论集》，中国农业出版社 1997 年版，第 207 页。

国主义的欺侮。中国从一个拥有完全独立主权的封建国家，演变成为一个半独立、半封建的国家。正如毛泽东所说："帝国主义列强侵略中国，在一方面促使中国封建社会解体，促使中国发生了资本主义因素，把一个封建社会变成了一个半封建的社会；但是在另一方面，它们又残酷地统治了中国，把一个独立的中国变成了一个半殖民地和殖民地的中国。"①"中国的特点是：不是一个独立的民主的国家，而是一个半殖民地的半封建的国家；在内部没有民主制度，而受封建制度压迫；在外部没有民族独立，而受帝国主义压迫。"②只有认清中国社会的性质，才能认清中国革命的对象、中国革命的任务、中国革命的动力、中国革命的性质、中国革命的前途和转变。总之，认清中国的社会性质问题，才能解决近代中国历史发展的基本规律问题。

半殖民地社会，是相对于殖民地社会而言的。世界历史进入近代之后，西方资本主义开始了大规模的殖民侵略。一些国家和地区遭受了资本主义国家的侵略，丧失了主权和独立，在政治上和经济上由资本主义国家进行直接统治，本地区本民族完全处于被支配的地位，这就是殖民地。而近代中国，一方面遭受了资本—帝国主义的侵略压迫，领土完整和主权遭到了严重的破坏，大量的利权掌握在外国人手中，国家失去了完全意义上的独立和自主，具有强烈的殖民地色彩；但另一方面，又没有完全丧失独立，本国政权仍然被保留下来，并且在资本—帝国主义的扶持下，对本国人民进行统治。帝国主义在侵略中国的过程中，也曾有过瓜分中国、在中国进行直接的殖民统治的图谋，但受到了中国人民的强烈反抗，帝国主义不可能把中国变成完全的殖民地，因此转而扶持中国本国的封建统治者，实行间接的统治。因此近代中国社会是半殖民地社会。

而半封建社会，也是相对于封建社会而言的。一方面，资本—帝国主义扶持本国的封建统治者，封建剥削制度和封建专制统治得以保留，中国人民仍然遭受着封建主义的政治压迫与经济剥削，陷入深重的苦难，中华民族的进步与发展受到了封建主义严重的阻碍；但另一方面，在外来力量的冲击下，原有的封建剥削和封建专制统治逐渐失去了其典型性和完整性，资本主义因素在中国社会开始产生，并且缓慢地壮大。资本主义经济在中国出现并逐渐壮大，民族资本主义一步步地发展起来，封建经济结构受到影响，自给自足的自然经济开始解体，出现瓦解的迹象。封建专制统治也不断受到农民阶级和新兴资产阶级的冲击，因此不得不进行局部的改良，政治上、经济上也出现了一定的资本主

---

① 《毛泽东选集》第2卷，人民出版社1991年版，第630页。
② 《毛泽东选集》第2卷，人民出版社1991年版，第542页。

义的因素。正如列宁所指出的，在近代中国，资产阶级"不是在衰落下去，而是在向上发展"，在这一新兴阶级力量的斗争下，原来完整的、典型的封建社会遭到破坏，而变为半封建社会。但资本主义在中国又难以实现充分的、完全的发展，其根源就在于帝国主义、封建主义和官僚资本主义的压制。

半殖民地与半封建的社会性质，显示出中国社会两个截然不同的发展方向。这一社会性质是帝国主义和封建主义密切勾结、高度结合的产物。封建主义对于帝国主义的侵略妥协退让，大量出卖国家利权，使得中国社会越来越殖民地化。而帝国主义又扶持封建政权，使得中国社会仍然保持着高度的封建性。对外国家没有独立自主，对内人民没有民主权利，中国社会不断走向沉沦。同时我们也要看到，在半殖民地半封建社会，人民群众的辛勤努力和不懈斗争，促使资本主义产生和壮大，封建统治遭到削弱，因此半殖民地半封建的社会性质中，又孕育着中国社会新的力量和方向。

半殖民地半封建的中国，有如下特点：

第一，封建时代的自给自足的自然经济基础是被破坏了，但是，封建剥削制度的根基——地主阶级对农民的剥削，不但依旧保持着，而且同买办资本和高利贷资本的剥削结合在一起，在中国的社会经济生活中，占据明显的优势。

第二，民族资本主义有了某些发展，并在中国的政治、文化生活中起了颇大的作用；但是，它没有成为中国社会经济的主要形式，它的力量是很软弱的，它的大部分都与外国帝国主义和国内封建主义有着或多或少的联系。

第三，皇帝和贵族的专制政权被推翻了，代之而起的先是地主阶级的军阀官僚的统治，接着是地主阶级和大资产阶级联盟的专政。

第四，帝国主义不但操纵了中国的财政和经济的命脉，并且操纵了中国的政治和军事的力量。

第五，由于中国实际上处于长期的不统一状态，又由于中国的土地广大，中国的经济、政治和文化的发展，表现出极端的不平衡。

第六，由于帝国主义和封建主义的双重压迫，特别是由于日本帝国主义的大举进攻，中国的广大人民，尤其是农民，日益贫困化以至大批地破产，他们过着饥寒交迫的和毫无政治权利的生活。中国人民的贫困和不自由的程度，是世界所少见的。[1]

与半殖民地半封建的社会性质相联系的，是近代中国社会的主要矛盾。在中国的封建时代，社会主要矛盾是地主阶级与农民阶级的矛盾，这一矛盾推动

---

[1]　参见《毛泽东选集》第 2 卷，人民出版社 1991 年版，第 630～631 页。

了中国历史的发展。进入半殖民地半封建时代，中国社会的主要矛盾发生了改变，由地主阶级和农民阶级的一个矛盾变成了两个矛盾：帝国主义与中华民族的矛盾、封建主义与人民大众的矛盾。这两个矛盾就是近代中国社会的主要矛盾。中国社会还存在着其他矛盾，如资产阶级与无产阶级的矛盾、反动统治阶级内部的矛盾等，但帝国主义与中华民族的矛盾、封建主义与人民大众的矛盾，始终是主要的矛盾。而帝国主义与中华民族的矛盾，又是各种矛盾中的最主要的矛盾。这些矛盾的斗争及其尖锐化，就不能不造成日益发展的革命运动。伟大的近代中国革命，是在这些基本矛盾的基础之上发生和发展起来的。

我们同时也要看到，尽管帝国主义与中华民族的矛盾是各种矛盾中的最主要的矛盾，但在特定的条件下，封建主义与人民大众的矛盾也会成为一定时期内最为尖锐的矛盾。帝国主义发动侵略战争，或者用其他手段严重地损害中国权益的时候，会激起中国人民的强烈反抗，全民族团结起来，一致对外，用民族战争或者其他的方式与帝国主义进行斗争，帝国主义与中华民族的矛盾就居于首要地位。而当侵略战争结束后，帝国主义用其他较为温和和隐蔽的方式侵略中国时，帝国主义与中华民族的矛盾就会暂时得到较少的关注，人民群众会更多地将视线聚焦到国内封建主义的腐朽统治上来，以不同的方式反抗封建势力的剥削和压迫，直至采用国内战争的方式，封建主义与人民大众的矛盾就会成为最为尖锐的矛盾。

近代中国社会的主要矛盾决定了近代中国革命的历史任务。封建主义和帝国主义阻碍着中国的进步和发展，帝国主义与中华民族的矛盾、封建主义与人民大众的矛盾不解决，中华民族将会长期陷入黑暗的深渊。因此反对帝国主义和反对封建主义，争取民族独立、人民解放和实现国家富强、人民富裕，就成为近代中国的两大历史任务。

三、民族复兴的历史任务的提出

鸦片战争后，中华文明的衰落与中国人民对民族复兴的思考和努力几乎同步。魏源的"师夷长技以制夷"思想，就包含着对民族复兴问题的朴素思考。虽然他还没有认识到近代中华文明的衰落是全面的、深刻的，但已意识到在军事技术等方面中国已经落后，进而产生了危机意识，提出了向西方学习的主张。第二次鸦片战争后，统治集团内部的一些官员，更进一步地认识到了民族危机的严重，称"长江通商以来，中国利权，操之外夷，弊端百出，无可禁阻"①，

---

① 《李鸿章全集》第 29 册，安徽教育出版社 2008 年版，第 212 页。

中国面临着"三千余年一大变局"，因此提出要"自强"，指出"中国欲自强，则莫如学习外国利器，欲学习外国利器，则莫如觅制器之器"①。显然，在洋务派"自强"的主张中，蕴含着对于民族复兴问题的思考和实践。

在洋务运动后期出现的早期维新思想家，对于民族危机和民族复兴的认识更加深入。他们认为，民族危机的加深，不仅来自外国的侵略，同时也是因为文明内部固有的弊端。郑观应作为早期维新派的代表人物，对此多有论述，他认为文化教育务虚不务实是导致近代中华文明衰落的重要原因，"中国文士专尚制艺，即本国之风土、人情、兵刑、钱谷等事亦非素习。功令所在，士之工此者得第，不工此者即不得第。虽豪杰之士亦不得不以有用之心力，消磨于无用之时文。即使字字精工，句句纯熟，试问能以之又安国家乎？不能也。能以之怀柔远人乎？不能也。一旦业成而仕，则又尽弃其所学。呜呼！所学非所用，所用非所学，天下之无谓，至斯极矣"②。郑观应还认为，中国传统的轻视商业的观念，也是近代中华文明衰落的关键因素："中国不乏聪明材智之士，惜士大夫积习太深，不肯讲习技艺，深求格致，总以工商为谋利之事，初不屑与之为伍。其不贪肥者，则遇事必遏抑之；惟利是图者，必借端而朘削之。于是但有困商之虐政，并无护商之良法。虽欲商务之兴，安可得哉？"③故此，他提出民族复兴之路的根本在于"商战"，而非"兵战"，"习兵战不如习商战"④，"欲制西人以自强，莫如振兴商务"⑤。这表明，中国人对于民族复兴道路的探索有了新的高度。

戊戌变法是在中国民族危机进一步加深的背景下进行的，中国面临着被瓜分和亡国灭种的危险，因此康有为、梁启超、严复等人打出了"救亡"的旗号，对于民族危机的认识更加痛切，民族复兴的意识也更为自觉和清晰。严复信奉社会达尔文主义，相信"物竞天择，适者生存"，国与国之间也是如此。中国积贫积弱，在列强的觊觎之下，存在着亡国灭种之危险，"岁月悠悠，四邻耽耽（眈眈），恐未及有为，而已为印度、波兰之续；将锡彭塞（即斯宾塞）之说未行，而达尔文之理先信"。他认为，中国之所以面临这样的困境，主要是因为中国的政治制度和文教制度出现了问题，"中国之弱，非弱于财匮兵窳，而弱于政教之不中"。而政教制度最大的弊端是君主专制，人民毫无权利，"中国自

---

① 文庆等：《筹办夷务始末》（同治朝）卷 25，上海古籍出版社 2008 年版，第 9～10 页。
② 郑观应：《盛世危言》，辽宁人民出版社 1994 年版，第 35～36 页。
③ 郑观应：《盛世危言》，辽宁人民出版社 1994 年版，第 251 页。
④ 郑观应：《盛世危言》，辽宁人民出版社 1994 年版，第 238 页。
⑤ 郑观应：《盛世危言》，辽宁人民出版社 1994 年版，第 255 页。

秦以来，无所谓天下也，无所谓国也，皆家而已。一姓之兴，则亿兆为臣妾"，"秦以来之为君，正所谓大盗窃国者耳。国谁窃？转窃之于民而已。既已窃之矣，又惴惴然恐其主之或觉而复之也，于是其法与令毛而起。质而论之，其什八九皆所以坏民之才、散民之力、漓民之德者也"。中国要自强，就必须从封建专制中解放出来，"夫所谓富强云者，质而言之，不外利民云尔。然政欲利民，必自民各能自利始。民各能自利，又必自皆得自由始。欲听其皆得自由，尤必自其各矣自治始。反是且乱。顾彼民之能自治而自由者，皆其力、其智、其德诚优者也。是以今日要政，统于三端，一曰鼓民力，二曰开民智，三曰新民德。夫为一弱于群强之间，政之所施，固常有标本缓急之可论。唯是使三者诚进，则其治标而标立，三者不进，则其标虽治，终亦无功"①。以严复为代表的维新派人士，以深刻的危机意识，审视中国面临的局面，最终将民族危机的原因归结于封建专制制度，指出中国要实现富强，必须要终结封建专制制度，给人民以权利，充分发挥人民的智慧和力量。这表明中国人对于民族复兴道路的认识，进入了更为深刻的层面。

孙中山最早提出了"振兴中华"的口号，这表明他对于民族复兴的意识，相较于之前和同时代人的思想更加明确和自觉。孙中山振兴中华、实现民族复兴的意识，基于他对民族危机的清醒认识："方今强邻环列，虎视鹰瞵，久垂涎于中华五金之富、物产之饶。蚕食鲸吞，已效尤于接踵；瓜分豆剖，实堪虑于目前。有心人不禁大声疾呼，亟拯斯民于水火，切扶大厦之将倾。"②在这样一种民族责任感的驱使下，孙中山发起成立兴中会，发动资产阶级民主革命。在他的推动下，辛亥革命推翻了帝制，建立了资产阶级民主共和国，实现了 20 世纪中国的第一次历史性巨变，迈出了中华民族复兴道路上极为重要的一步。

民国时期，民族危机依然深重，人们关于民族复兴的思考和努力也没有停止。特别是 1931 年九一八事变之后，民族复兴逐渐形成一种思潮。这一时期的民族复兴思潮，都深刻地认识到中华民族面临深重的危机，在日本帝国主义的侵略下，中国有沦亡的危险。但民族复兴论者又坚信，中华民族内部蕴含着一些特质，这些特质是中华民族复兴的基础。其中，他们又特别强调中国文化在民族复兴进程中所起到的增强民族认同和民族凝聚力的作用。

民族复兴的命题提出的前提，是对于民族危机的认知。随着民族危机的不断加深，这种认知逐步深化；相应地，关于民族复兴的认识，也从一种朴素的

---

① 《严复集》第 1 册，中华书局 1986 年版，第 9～15 页。
② 《孙中山全集》第 1 卷，中华书局 1981 年版，第 19 页。

观念逐渐上升为自觉的思考。人们逐渐认识到，中华文明的危机一方面来自外来的冲击，另一方面来自中华文明内部固有的弊端。因此，关于中华民族复兴的道路选择，也由最初的抵御外来侵略，深化到革除积弊的改良，进而演变为发动资产阶级革命，推翻帝制，建立资产阶级共和国，从而扫清中华民族复兴道路上的障碍，最终实现在综合国力上与列强比肩，在文化上彰显民族特质，在精神上恢复民族自信、民族自尊。这些思潮深刻地影响了中国社会，推动了中国的进步和发展，是引导中华民族实现复兴的先声。

中华民族的伟大复兴是近代以来中国人的梦想。中国共产党以民族复兴为己任，经过艰苦的探索，终于找到了一条引领全国人民共同奋斗，实现民族复兴的正确道路。

早在中国共产党成立之前，李大钊就提出中华民族复活的思想，成为"'中华民族复兴'论最早的创发人之一"①。1917 年，他写了《新中华民族主义》和《大亚细亚主义》两篇文章，提出"中华国家之再造，中华民族之复活"的口号。②

中国共产党一成立，就为中华民族的复兴而奋斗。中共二大鲜明地提出了反帝反封建的革命纲领，这一纲领，实质上也指明了中华民族复兴的正确道路，其指出："各种事实证明，加给中国人民（无论是资产阶级工人或农人）最大的痛苦的是资本帝国主义和军阀官僚的封建势力，因此反对那两种势力的民主主义的革命运动是极有意义的：即因民主主义革命成功，便可得到独立和比较的自由。"③民主革命的任务就是"（一）消除内乱，打倒军阀，建设国内和平；（二）推翻国际帝国主义的压迫，达到中华民族完全独立；（三）统一中国本部（东三省在内）为真正民主共和国"④。

在领导中国革命的过程中，中国共产党意识到，中华民族近代以来面临着两大历史任务：第一个是求得民族独立和人民解放，第二个是实现国家繁荣富强和人民共同富裕。在这两大历史任务中，前者为后者实现的前提，后者是前者的目标。毛泽东在中共七大所作的《论联合政府》的政治报告中明确指出："在一个半殖民地的、半封建的、分裂的中国里，要想发展工业，建设国防，

---

① 黄兴涛：《民国各政党与中华民族复兴论》，载《近代史研究》，2014 年第 4 期。

② 参见李大钊：《新中华民族主义》，载《甲寅》，1917 年 2 月 19 日；《大亚细亚主义》，载《甲寅》，1917 年 4 月 18 日。

③ 中央档案馆编：《中共中央文件选集》第 1 册，中共中央党校出版社 1989 年版，第 114 页。

④ 中央档案馆编：《中共中央文件选集》第 1 册，中共中央党校出版社 1989 年版，第 115 页。

福利人民，求得国家的富强，多少年来多少人做过这种梦，但是一概幻灭了。"①只有进行彻底的反帝反封建斗争，求得民族独立和人民解放，才能够实现国家繁荣富强和人民共同富裕，才能够实现中华民族的伟大复兴，除此之外，没有别的道路可走。

中国共产党经过艰苦卓绝的奋斗，终于取得了新民主主义革命的胜利，带领中国人民实现了民族独立和人民解放，从此开始进行社会主义革命和社会主义建设，向着实现国家繁荣富强和人民共同富裕的目标迈进，中华民族的复兴之路进入一个新阶段。以毛泽东为主要代表的中国共产党人提出了建设社会主义伟大国家的目标，形成了建设"四个现代化"的思想。1954 年，在第一届全国人民代表大会上，中国共产党第一次提出了"四个现代化"的目标。1964 年，第三届全国人民代表大会提出：要在不太长的历史时期内，把我国建设成具有现代农业、现代工业、现代国防和现代科学技术的强国。"四个现代化"的目标，实质上是中国共产党在特定历史条件下，对于民族复兴目标的具体表述。

但中国共产党对民族复兴道路的探索不是一帆风顺的，中间经历了艰难曲折。只有社会主义道路才能引领中国人民走上民族复兴的道路，但中国共产党在什么是社会主义、如何建设社会主义的问题的认识上一度出现了偏差，导致阶级斗争扩大化，经济社会发展受到了严重干扰，民族复兴的进程有所迟滞。

1978 年中共十一届三中全会之后，中国开始了改革开放。在改革开放的进程中，中国共产党对社会主义本质的认识逐渐深入。正如邓小平所说："社会主义的本质，是解放生产力，发展生产力，消灭剥削，消除两极分化，最终达到共同富裕。"②只有认清了社会主义的本质，才能更为坚定地走社会主义道路，实现中国的繁荣富强和人民共同富裕，"只有社会主义才能救中国，这是中国人民从五四运动到现在六十年来的切身体验中得出的不可动摇的历史结论。中国离开社会主义就必然退回到半封建半殖民地"③。事实证明，改革开放给中国带来了巨大的变化，国家综合实力有了巨大的提升，社会趋于和谐稳定，人民生活水平稳步提高，中华民族在伟大复兴的道路上，迈出了坚实的一步。

在这个过程中，中华民族的伟大复兴逐渐形成了系统的理论。1997 年中共十五大报告中，正式提出了"中华民族伟大复兴"的概念，强调"逐步缩小同世

① 《毛泽东选集》第 3 卷，人民出版社 1991 年版，第 1080 页。
② 《邓小平文选》第 3 卷，人民出版社 1993 年版，第 373 页。
③ 《邓小平文选》第 2 卷，人民出版社 1994 年版，第 166 页。

界先进水平的差距，在社会主义基础上实现中华民族伟大复兴"。此概念的提出，使中国特色社会主义建设的目标更为明确和集中。

中共十八大之后，习近平总书记提出了"中国梦"战略思想，"实现中华民族伟大复兴，是近代以来中国人民最伟大的梦想，我们称之为'中国梦'，基本内涵是国家富强、民族振兴、人民幸福"。把实现中华民族的伟大复兴作为"中国梦"来阐释，是对民族复兴理论的进一步升华。2017年中共十九大把"为中华民族谋复兴"作为党的初心和使命。2022年，中共二十大召开，将"全面推进中华民族伟大复兴"写入大会主题，并明确提出："中国共产党的中心任务就是团结带领全国各族人民全面建成社会主义现代化强国、实现第二个百年奋斗目标，以中国式现代化全面推进中华民族伟大复兴。"①在习近平总书记的擘画下，中华民族伟大复兴已经形成了系统性战略，成为新时代中国共产党带领中国人民奋斗的行动指南和精神动力。

思考题：

1. 为什么说中华文明是凝聚中华民族的精神源泉？

2. 中华文明对人类文明进步做出了哪些突出贡献？

3. 近代中华文明衰落的原因是什么？

4. 近代中国社会的性质是什么？有哪些特点？

5. 中华民族是如何提出伟大复兴的历史任务的？

---

① 习近平：《高举中国特色社会主义伟大旗帜　为全面建设社会主义现代化国家而团结奋斗——在中国共产党第二十次全国代表大会上的报告》，人民出版社2022年版，第21页。

第二章　向西方学习的尝试

鸦片战争拉开了近代中国历史的序幕，古老的东方帝国自此开始发生深刻而剧烈的变动。国际关系上，以中国为中心的东亚朝贡体系在列强的步步紧逼下逐渐解体，中国被强行拉入以西方为中心的条约体系中；政治上，国家领土、领海、司法、关税、贸易主权遭到破坏，内政外交被操控，中国从一个独立自主的国家成为半殖民地国家；经济上，传统的自然经济在外国商品的冲击下趋于瓦解，而新兴的民族工商业在外国资本和国内封建势力的压制下发展缓慢，中国社会演变为半封建社会；文化上，在西方现代文明的强势入侵与扩张下，儒家思想的正统地位发生动摇。面对"数千年来未有之变局"，中国的先进分子为实现民族复兴，试图通过学习和效法西方，寻求救国之路。

第一节　向西方学习的主张和方案

第一次鸦片战争失败后，清政府乃至整个士大夫阶层仍沉醉于"天朝上国"的迷梦，抱着"华夏上国，怀柔万方"的心态，坚守着"夷夏之辨""用夏变夷"的古老信条。唯林则徐、魏源、洪仁玕等少数有识之士，透过被列强打开的国门，注意到世界格局的变化和中国所面临的危局，发出变革的先声。

一、"开眼看世界"与"师夷长技"

林则徐之所以成为"近代中国开眼看世界第一人"，源于其接触"夷务"后迅速打开了眼界，意识到效法西方的必要性。在广州主持禁烟期间，基于备战应敌的需要，林则徐"日日使人刺探西事，翻译西书，又购其新闻纸"[1]。他冒着"以夷变夏"的政治风险，组织翻译"夷书"，使广东一时成为观察和研究"夷情"的中心。他把搜集到的外国政治经济情报，按"论中国""论茶叶""论禁烟""论用兵""论各国夷情"的分类，整理成《澳门月报》。他还主持编译英国人慕瑞的《世界地理大全》，取名《四洲志》。这本被梁启超誉为"新地理之嚆矢"的译著，

---

① 《默觚——魏源集》，辽宁人民出版社 1994 年版，第 237 页。

给国人提供了新的世界地理知识，以及西方现代政治制度的概貌，并提示了俄国侵华的隐患：清初俄罗斯进犯黑龙江受挫，与中国签订《尼布楚条约》后，其野心并未收敛，"由是欲穷东界所极"①。

在"悉夷情"以"制外夷"的目标下，林则徐开始了"师夷长技"的实践。从中国武备废弛与西方船坚炮利的鲜明对比中，林则徐意识到建设现代海防的重要性。他吁请朝廷用关税建船造炮，力主"制炮必求极利，造船必求极坚"。② 为备战不时之需，他一面通过英国军火商采购了 200 门洋炮，装备虎门炮台和广东水师；一面利用西方的铸炮、造船资料，研究自制之法。参照传教士汤若望留下的《火炮挈要》抄本，林则徐结合欧洲新技术，组织铸造利于远攻的重型大炮，研制便于移动的推轮炮车。基于对英国各式战船结构的研究，他仿制了 4 艘擅长火攻的安南轧船，后又结合中西技术研制出车轮战船，将之运用于 1842 年的吴淞保卫战。

林则徐的贡献，主要是开了晚近中国研究"夷情"和翻译"夷书"的先河，后经魏源、徐继畬、姚莹等思想家的共同努力，中国才出现了主动认识与客观评价外部世界的潮流。在这个意义上，林则徐是当之无愧的"近代中国开眼看世界第一人"。此外，《四洲志》的问世，冲击了"中国为天下中心"的儒家世界观；而"天下"观念的改变，促使人们重新思考和认识中国在世界上的位置，这是现代世界观形成的起点。

林则徐认识和学习西方的成果，经魏源继承、发展，演变为"师夷长技"的救国方案。1841 年 7 月林则徐充军新疆途中，在镇江遇见魏源，他将《四洲志》及其他资料悉数相送，托其撰写一部系统介绍外部世界的著述。魏源依据这些资料，先编成 50 卷本的《海国图志》，后又两度扩展，到 1853 年终成 100 卷的巨著。

《海国图志》开篇点明了"为以夷攻夷而作，为以夷款夷而作，为师夷长技以制夷而作"的编纂目的，并把"悉夷情"放在学西方的首位。魏源认为，鸦片战争中国的惨败，很大程度上在于英国人"洞悉中国情形虚实，而中国反无一人了彼情伪"③，这就要求国人抛弃"华夷之辨"的旧观念，虚心了解和认识外部世界，即"欲制外夷者，必先悉夷情始；欲悉夷情者，必先立译馆翻夷书始"④。

---

① 林则徐：《四洲志》，华夏出版社 2002 年版，第 140 页。

② 《林则徐全集》第 3 册，海峡文艺出版社 2002 年版，第 478～479 页。

③ 《魏源全集》第 4 册，岳麓书社 2004 年版，第 441 页。

④ 《魏源全集》第 4 册，岳麓书社 2004 年版，第 27 页。

为何要"师夷长技"？魏源指出：首先，时代已发生深刻的变化，西方势力强势东扩，"遇岸争岸，遇洲据洲，立城埠，设兵防，凡南洋之要津，已尽为西洋之都会"，既然"地气天时变，则史例亦随世而变"[①]；其次，这些西方"远客之中，有明礼行义，上通天象，下察地理，旁彻物情，贯串今古者"，对其应以"天下为一家，四海皆兄弟"的胸怀，"旁咨风俗，广览地球"[②]；最后，"西洋器械"是"奇技而非淫巧"，其本源在中国，西方无非"借风力、水力、火力，夺造化，通神明"，"以前民用"[③]，故亦可为我所用。

魏源将"夷之长技"概括为"一、战舰，二、火器，三、养兵、练兵之法"，据此提出"师夷长技"的具体方案。一是设局造船制炮，掌握西方技术。在广州虎门一带设造船厂、火器局，聘请西方技师指导轮船枪炮的制造，传授轮船驾驶和枪炮使用技艺；待工匠"习其技巧"后，便"不必仰赖于外夷"。二是扩大军工生产，发展民用工业。魏源认为，商船制造不仅能带动现代交通业的发展，也有利于国防建设，"以通文报，则长江、大河，昼夜千里，可省邮递之烦；以驱王事，则北觐南旋，往还旬日，可免跋涉之苦；以助战舰，则能牵浅滞损坏之舟，能速火攻出奇之效，能探沙礁夷险之形"。更重要的是，只有现代技术得到推广与应用，才能从根本上保障富国强兵目标的实现，即"战舰有尽，而出鬻之船无尽"，"造炮有数，而出鬻器械无数"。从这样的判断出发，魏源认为应允许民间投资办厂，"沿海商民有自愿仿设厂局以造船械，或自用、或出售者听之"[④]。三是借鉴西方养兵练兵之法，整顿军队。魏源指出，清军存在的主要问题是"师出无律"和"临出无谋"，这样的军队"即尽得夷炮夷艘，遂可大洋角逐乎？"[⑤]为此，他提出以西方"饷兵之厚、练兵之严、驭兵之纪律"之法，"为绿营水师对治之药"[⑥]；同时改革科举制度，"增水师一科"，选拔现代军事技术人才[⑦]。

"悉夷情"和"师夷长技"的目标是"制夷"。如何"制夷"？在魏源看来，关键是"善师"，即"善师四夷者，能制四夷；不善师外夷者，外夷制之"。何谓"善师"？即能"塞其害、师其长"[⑧]。他认为，"西夷之所长，不徒船炮也"，还在

---

① 《魏源全集》第 4 册，岳麓书社 2004 年版，第 342 页。
② 《魏源全集》第 7 册，岳麓书社 2004 年版，第 1866 页。
③ 《魏源全集》第 4 册，岳麓书社 2004 年版，第 31 页。
④ 《魏源全集》第 4 册，岳麓书社 2004 年版，第 28～33 页。
⑤ 《魏源全集》第 4 册，岳麓书社 2004 年版，第 15 页。
⑥ 《魏源全集》第 6 册，岳麓书社 2004 年版，第 1078 页。
⑦ 《魏源全集》第 4 册，岳麓书社 2004 年版，第 29～30 页。
⑧ 《魏源全集》第 6 册，岳麓书社 2004 年版，第 1078 页。

于政明与人和。鸦片战争中英军"众船一心，而我兵则一人一心"，中国官府甚至与民为敌，"且化良民为奸民，且诬义民为顽民"，使己方陷于孤立无援的境地①，这说明"器利不如人和"②。据此，魏源建言朝廷下决心清理官场积弊，改革国政朝纲。至于如何改革，则应效法美国的民主政治：全国"公举一大酋总摄之，匪惟不世及，且不四载即受代，一变古今官家之局"；"议事听讼，选官举贤，皆自下始，众可可之，众否否之"。③

《海国图志》的主要贡献，在于将学习西方的行动从"悉夷情"推进到"师长技"的方案层面，且将"师夷长技"的范围从军事和官办扩展到民用民营，目标从强兵上升到富国，"制夷"的思路也从国防建设推及国政改革和人心整合，在勾勒近代中国工业化图景的同时，指明了社会变革的方向和现代化的路线。所以，魏源"师夷长技以制夷"的救国方案具有里程碑式的意义。

如果说林则徐、魏源是晚近体制内精英学习西方之先驱的话，那么洪仁玕则是体制外先进分子的代表。与前者以民族战争为起点的认知和学习途径不同，洪仁玕是在香港和上海租界见识了西方现代文明的成果，历经近 6 年西方文化的熏陶，形成了超越旧时代的思想。1859 年回到天京（今南京）后，他以总理太平天国朝政的特殊身份，将这些新知识和新思想提炼为效法西方的施政方案——《资政新篇》④。

《资政新篇》开篇提出"治国必先立政，而为政必有取资"的变革方针，即借鉴西方文明成果，改革朝政和革新社会，建立现代政治、经济、社会制度。通过对比欧亚主要国家兴衰起伏的历史经验，洪仁玕强调"度势行法"的重要性。英国"由法善"，"于今称为最强之邦"；美国依托"以多人举者为贤能""以多议是者为公"的民主政体，成为"礼仪富足"之邦；俄罗斯效仿法国"邦法"和"技艺"后，一跃成为"北方冠冕之邦"；后起的泰国和日本，在与西方国家的通商中"变为富智之邦"。这些国家提供了"顺势行法则强"的参照。相反，不思进取而"邦势不振"的波斯、马来西亚、澳大利亚、印度等国，成为因循守旧则衰的典型。

洪仁玕所说的"度势行法"，主要指学习西方的"邦法"，建立现代民主法制。他强调，"国家以法制为先，法制以遵行为要，能遵行而后有法制，有法

---

① 《默觚——魏源集》，辽宁人民出版社 1994 年版，第 254、268 页。
② 《魏源全集》第 4 册，岳麓书社 2004 年版，第 10 页。
③ 《魏源全集》第 6 册，岳麓书社 2004 年版，第 1585 页。
④ 参见洪仁玕：《资政新篇》，见《太平天国印书》（下），江苏人民出版社 1979 年版，第 678～692 页。

制而后有国家，此千秋不易之大经，而尤为今兹万不容已之急务"①；也就是说，法制是现代国家建设的前提与基础，对挽救太平天国的危局也至关重要。在洪仁玕看来，法制建设重在"遵行"，而"遵行"的要旨在于为官者"亲身以倡之，真心以践之"，这样才不至于"法立弊生"，"作乱而不已"。

在政权建设方面，针对天京事变后太平天国内部涣散现象日益严重的问题，洪仁玕力主建设一个权力集中且上下贯通的新政体。他一方面主张加强中央集权，"自大至小，由上而下，权归于一"；另一方面试图通过引入"新闻馆"和"新闻官"制度，改造天王专制政体，实现"上下情通，中无壅塞弄弊"，监督各级官员，使"一念之恶"也"难逃人心公议"。

在经济领域，《资政新篇》以西方制度为参照，试图建立一套现代经济体系。一是发展现代交通业，包括"兴车马之利"，构建贯通各省、市、县和村镇的公路网，"以为全国之脉络"；"兴舟楫之利"，仿造外国火轮汽船，以为"搭客运货"和"战守缉捕"之工具；"兴邮亭以通朝廷文书，书信馆以通各色家信"，以利于信息传递和上下通情。二是发展现代金融业，鼓励私人投资兴办银行；创办保险业，以利"商贾士民"。三是鼓励民间兴办实业，开矿藏，制造火车轮船，推广"器皿技艺"。四是规范经济关系，推行专利制度，保护发明创造；废除封建人身依附关系，实行雇佣制，"准富者请人雇工"；鼓励自由贸易，维护市场"信义"。

因《资政新篇》未付诸实践特别是未涉及土地问题，学界对其褒贬不一。但作为近代中国首个效法西方的施政方案，其所切入的制度变革、法制立国等根本性问题，所表达的"与番人并雄"的民族振兴愿望，都具有划时代的意义。此外，该方案中开矿藏、兴铁路等经济变革的一些设想，在洋务运动中得以实现；改造专制政体、建设现代国家的主张，成为维新运动和辛亥革命的目标追求。这反映了该方案引领历史潮流的先进性，也预示着一个学习西方、建设"新天新地新世界"时代的来临。

二、早期改良思想与维新思潮

对于洋务运动的思想渊源，学界通常追溯到林则徐"师敌长技以制敌"的设想及魏源"师夷长技以制夷"的方案，且多将后者视为洋务运动的旗帜。其实，冯桂芬对洋务运动的影响更为直接，其思想传承的特点更加明显。冯桂芬不仅与林则徐有师生之谊，还是魏源的好友，受二人的影响颇深。咸丰末年避居上

---

① 《洪仁玕选集》，中华书局 1978 年版，第 27 页。

海期间，冯桂芬又获得了丰富的西学知识，对西方世界和时代变化形成了较为完整的认识，进而影响到曾国藩、李鸿章。

论及冯桂芬，学界多知其"以中国之伦常名教为原本，辅以诸国富强之术"的主张，开了"中学为体，西学为用"的先河。实际上，他最重要的贡献是从西方政治思想的角度，讨论了现代国家建设的根本议题。在《校邠庐抗议》一书中，他从分析西方国家"小而强"然中国"大而弱"之原因入手，提出"四不如夷"说，即"人无弃材不如夷，地无遗利不如夷，君民不隔不如夷，名实必符不如夷"①，直指专制制度的内在弊端，并据此阐发了政治变革的主张。对于人才选拔，他建议将知府以上官员由任命制改为推举制，以"千百人之公论"作为衡量为官资格的标准②，借以强化官僚机构的责任意识，扩大政治参与；同时改革科举制度，扩大取士范围，允许官员自荐。关于官员的使用，他力主裁汰冗员、减少吏务、改变胥吏结构，废除捐纳买官制，以提高官吏素质，改善官场生态。为实现"君民不隔"，他主张以"复陈诗之法"博采民情民意，"通上下之情"③。此外，他还仿效西方的代议制，设计了由乡民保举产生"亲民""治民"之乡官的制度，试图达到"分治"而不乱的治理目标。④ 但冯桂芬政治变革的主张并未引起共鸣，连李鸿章都表示无法接受，这也预示了只变"用"而不变"体"的洋务运动难逃失败的命运。

对照《校邠庐抗议》和《资政新篇》的变革思路和政治主张便可以发现，虽然前者为清朝发议，后者为巩固太平天国政权而作，但在向西方学习、寻找国家出路这个根本问题上，他们的思考并无二致，且对西方文明的关注点都从坚船利炮转向了背后的制度和社会。两个方案遭受冷遇的相同命运，说明制度变革的条件还不成熟，即"这种要求也许还未被人强烈地、普遍地感觉到，因此还不能保证立即获得成功"⑤。在这个意义上，洪仁玕和冯桂芬可谓近代中国改良思想的先驱。

洪仁玕和冯桂芬的思想，经过早期改良思想家的推动，到 19 世纪 80 年代

---

① 冯桂芬：《制洋器议》，见《采西学议——冯桂芬　马建忠集》，辽宁人民出版社1994 年版，第 75 页。

② 冯桂芬：《公黜陟议》，见《采西学议——冯桂芬　马建忠集》，辽宁人民出版社1994 年版，第 5 页。

③ 冯桂芬：《复陈诗议》，见《采西学议——冯桂芬　马建忠集》，辽宁人民出版社1994 年版，第 56 页。

④ 冯桂芬：《复乡职议》，见《采西学议——冯桂芬　马建忠集》，辽宁人民出版社1994 年版，第 15～16 页。

⑤ 《马克思恩格斯选集》第 1 卷，人民出版社 1995 年版，第 483 页。

和 90 年代初，发展为一种与洋务思潮相抗衡的舆论。以马建忠、薛福成、王韬、郑观应、何启、胡礼垣为代表的早期改良思想家，多属中下层官员和知识分子，且大都有海外游学或在租借地生活的经历。他们在接触西学后迅速打开眼界，逐步摆脱了旧体制的束缚，与只重"西艺"的洋务派分道扬镳。他们更看重"西艺"背后的"西法"，批评洋务派"弃其菁英而取其糟粕，遗其大体而袭其皮毛"，揭露官办和官督商办企业的腐朽性，主张护商富民、听商自办。

政治上，早期改良思想家首倡国体和政体的根本性变革。通过对比君主专制、民主共和与君主立宪三种政治制度的特点，王韬指出英国的君民共治"上下相通，民隐得以上达，君惠亦得以下逮"，因而是最好的政治制度，也奠定了国家富强的基础。① 郑观应论证了实行君民共治和设立"公议政事"之议院的必要性，认为"君主者权偏于上，民主者权偏于下，君民共主者权得其平"，强调"欲行公法，莫要于张国势；欲张国势，莫要于得民心；欲得民心，莫要于通下情；欲通下情，莫要于设议院"；中国"欲安内攘外，君国子民持公法以永保太平之局，其必自设立议院始"②。最后经过何启、胡礼垣的论证，早期改良思想家达成共识：富强之本在政治，政治之本在法度，最好的法度是民主，英国的君主立宪制最值得中国效仿；设议院则民志伸、民心结，上下一心、君民一体，"合四万万之众如一人"，中国自无"敌国外患之敢相凌侮"。

经济上，早期改良思想家主张工商立国、护商富民，修订税则、收回利权。基于"欧洲立国以商务为本，富国强兵全借于商"③的认识，他们做出"治国以富强为本，而求强以致富为先"④的判断。郑观应指出，西方国家"以商富国，以兵卫商，不独以兵为战，且以商为战"；中国欲"争衡于富强之世"，不仅要"讲武备以图强，为有形之战"，更要"振工商以求富，为无形之战"。⑤ 如何振兴工商？一是"俯顺商情"，"凡通商口岸，内省腹地，其应兴铁路、轮舟、开矿、种植、纺织、制造之处，一体准民间开设"，且"全以商贾之道行之，绝不拘以官场体统"⑥。二是清除"官不能护商，而反能病商"之积弊，于六部之外特设商部，"兼辖南北通商事宜"，于各省水路通衢分设商务局，"由地方官

① 王韬：《重民下》，见《弢园文录外编》，辽宁人民出版社 1994 年版，第 34～35 页。
② 郑观应：《盛世危言》，辽宁人民出版社 1994 年版，第 50 页。
③ 薛福成：《出使英法义比四国日记》，岳麓书社 1985 年版，第 210 页。
④ 马建忠：《富民说》，见《采西学议——冯桂芬 马建忠集》，辽宁人民出版社 1994 年版，第 125 页。
⑤ 郑观应：《盛世危言》，辽宁人民出版社 1994 年版，第 243～245 页。
⑥ 郑观应：《盛世危言》，辽宁人民出版社 1994 年版，第 254～255 页。

公举素有声望之绅商为局董，凡有所求，力为保护"①。三是借修约之机，收回关税利权，改订税则，取消厘金，对"夺我国之利"之洋商"重其科征"，对中国商民"轻其税赋"，以为"中国转亏为盈，转弱为强之基"②。

至此，中国早期先进分子学习西方的思想轨迹基本展现出来：随着西方势力的扩张和西方思想文化的渗透，他们对西方文明的认识和关注，逐步从技术知识转向政治知识，进而依据西方经验，提出变革国体、政体的主张，将经济改革与强国富民、维护国家主权结合起来。思想界的这种新变化，既是对洋务思潮的发展与超越，也成为变法维新思潮的先声。

1895 年甲午战争中中国的惨败，成为维新思潮形成的触发点。一方面，洋务运动的失败，为早期改良思想家对洋务派学西方"遗其大体而袭其皮毛"的批判提供了事实依据；另一方面，日本的胜利验证了明治维新的成功，证明了变法改制、实行君主立宪的必要性。由此，以变法维新实现救亡图存，成为越来越多有识之士的共识，维新思潮由此而起。

维新思潮的理论来源，除早期改良思想家的基本主张外，主要是康有为在甲午年（1894）前后撰写的《新学伪经考》和《孔子改制考》。《新学伪经考》通过论证东汉以来之经学系"新学伪经"，试图破除"恪守古训"的政治传统，颠覆纲常名教的正统地位，以开辟思想界的新天地。《孔子改制考》一面宣扬先秦诸子的托古改制精神，为变法维新寻求文化上的支持；一面以西方政治思想附会公羊学派的三世说，解释人类社会从据乱世经升平世到太平世的演变趋势，论证君主立宪取代君主专制的历史必然性。

在救国问题上，以康有为、梁启超为代表的维新派，更注重现行制度的转换。政治上，他们提出了设议院、开制度局等变革政体的具体方案。在 1895 年 5 月的"公车上书"中，康有为提出了有中国特点的议院制构想：分府县公举"博古今、通中外、明政体、方正直言"之"议郎"，在武英殿"轮班入直，以备顾问""准其随时请对，上驳诏书，下达民词""凡内外兴革大政，筹饷事宜，皆令会议于太和门"③。在同年 6 月的第四次上书中，康有为正式提出"设议院以通下情"的主张，并注意到其与中国政治传统中的议郎制的结合："凡有政事，皇上御门令之会议，三占从二，立即施行，其省府州县咸令开设，并许受条陈

---

①　郑观应：《盛世危言》，辽宁人民出版社 1994 年版，第 257 页。

②　马建忠：《复李伯相札议中外官交涉仪式洋货入内地免厘禀》，见《采西学议——冯桂芬　马建忠集》，辽宁人民出版社 1994 年版，第 213 页。

③　汤志钧编：《康有为政论集》上册，中华书局 1981 年版，第 135 页。

以通下情。"①1898 年 1 月的第六次上书中，康有为又提出开制度局"商榷新政，草定宪法"的主张，并依照西方三权分立的原则，提议设法律、度支、学校、农、工、商、陆军、海军等十二局，建立一套以"制度局总其纲""十二局分其事"的新型权力机构。②

其间，梁启超在《时务报》上发表《变法通议》等系列文章，进一步阐发伸民权、设议院、实行君主立宪的政治变革主张。他强调，"变法之本，在育人才；人才之兴，在开学校；学校之立，在变科举；而一切要其大成，在变官制"③。中国积贫积弱源于"君权日益尊，民权日益衰"④，因而变官制的关键是伸民权、设议院，使"君权与民权合""议法与行法分"，如此"情易通""事易就"，中国自然可强。⑤

经济上，维新派在继承早期改良思想家的工商立国、护商富民等主张的基础上，引入西方的经济学说和经验，形成了较为系统的工业化方案。在"公车上书"中，康有为依据"以商立国"、养民固本的变革目标，提出"务农""劝工""惠商""恤穷"的主张，倡导建立以币制、交通、机器、矿业、邮政为中心的现代经济体系。⑥ 到戊戌变法时，康有为进一步阐发了"以工定国"思想，认为在工业化潮流下，"国尚农则守旧日愚，国尚工则日新日智"，因此中国亟待"定为工国，而讲求物质""成大工厂以求实业，开专门学以育人才"，如此方能"立国新世，有恃无恐"⑦。

文化上，维新派以西方文明为参照，检讨中国的学术思想、政治意识和伦理标准，力图建设符合世界潮流并有助于救亡图存的新文化。早在甲午战争前，康有为就从对比中国的伦理取向和西方的价值观入手，查找中国积贫积弱的根源："中国之教，所谓亲亲而尚仁，故如鲁之秉礼而日弱。泰西之教，所谓尊贤而尚功，故如齐之功利而能强。"⑧到"公车上书"时，他做出这样的判

① 汤志钧编：《康有为政论集》上册，中华书局 1981 年版，第 158 页。

② 汤志钧编：《康有为政论集》上册，中华书局 1981 年版，第 213～216 页。

③ 梁启超：《论变法不知本原之害》，见《变法通议》，华夏出版社 2002 年版，第 24 页。

④ 梁启超：《西学书目表后序》，见《饮冰室合集》第 1 册《饮冰室文集之一》，中华书局 1989 年版，第 128 页。

⑤ 梁启超：《古议院考》，见《饮冰室合集》第 1 册《饮冰室文集之一》，中华书局 1989 年版，第 94 页。

⑥ 汤志钧编：《康有为政论集》上册，中华书局 1981 年版，第 123～130 页。

⑦ 汤志钧编：《康有为政论集》上册，中华书局 1981 年版，第 289～290 页。

⑧ 汤志钧编：《康有为政论集》上册，中华书局 1981 年版，第 48 页。

断："泰西之所以富强，不在炮械军兵，而在穷理劝学。"①其后，康有为进一步论证了中国文化中的伦理取向与国家命运之间的关系："亲亲而尚仁"导致"蔽于耳目，狃于旧说，以同自证，以习自安"，结果"无一事能究其本原，无一法能穷其利弊，即聋从昧，国皆失目"②。为扭转国势，康有为主张以"智"为重进行文化重建："治竞长之世以动，务使民心发扬，争新竞智，而后百事皆举。"③

与康有为的文化改良主义相比，严复的文化观带有革命倾向。甲午战争期间，严复就意识到西方的优势不仅在于器械，还在于文化风俗，而"中国今日之事，正坐平日学问之非，与士大夫心术之坏，由今之道，无变今之俗"④，因此决心以言论警世。1895年2月，他在天津《直报》发表《论世变之亟》，对中西文化做了系统对比："中国最重三纲，而西人首明平等；中国亲亲，而西人尚贤；中国以孝治天下，而西人以公治天下；中国尊主，而西人隆民……中国多忌讳，而西人众讥评""其于为学也，中国夸多识，而西人尊新知。其于祸灾也，中国委天数，而西人恃人力"⑤。甲午战后，他对中国传统文化发起猛烈的批判：自有科举制度以来，中国文化虽貌似繁荣，但因远离现实，"非今日救弱救贫之切用"，实则"无用"；儒家文化"侈陈礼乐，广说性理"，特别是宋明理学"徇高论而远事情""经营八表，牢笼天地"，实则"无实"，且"其为祸也，始于学术，终于国家"⑥。其后，他依据物竞天择、适者生存的普遍进化论，强调中国"今日要政"在于"鼓民力""开民智""新民德"；实施之法，一是废八股、"讲实学"，二是"另立选举之法，别开用人之涂"⑦。

到1898年戊戌变法时，近代中国的改良思潮发展到阶段性高峰。维新派从挽救民族危亡的现实出发，谋求制度转换和文化重建，符合时代的要求；兴民权、设议院、实行君主立宪的变革主张，成为中国宪政思想的起源。随着变法失败和民主革命思潮的兴起，维新派的改良思想趋于没落和反动。

---

① 汤志钧编：《康有为政论集》上册，中华书局1981年版，第130页。
② 汤志钧编：《康有为政论集》上册，中华书局1981年版，第204页。
③ 《大同梦幻——康有为文选》，百花文艺出版社2002年版，第78页。
④ 严复：《谕长子璸书》，转引自孙应祥：《严复年谱》，福建人民出版社2003年版，第71页。
⑤ 《论世变之亟——严复集》，辽宁人民出版社1994年版，第3～4页。
⑥ 《论世变之亟——严复集》，辽宁人民出版社1994年版，第60～61页。
⑦ 《论世变之亟——严复集》，辽宁人民出版社1994年版，第36、40页。

三、三民主义与《建国方略》

19 世纪末，民主革命思想渐趋兴起，并成为 20 世纪上半叶中国社会思潮的主流。就近代中国民主革命思潮的起源而言，孙中山是公认的代表，以他为首的革命党人成为践行民主革命思想的先锋。

1894 年 11 月孙中山拟定的《兴中会章程》和《兴中会盟书》，标志着其民主革命思想的初步形成。一是兴中会的纲领"驱除鞑虏，恢复中国，创立合众政府"，成为孙中山三民主义思想体系的雏形；二是孙中山摆脱了种族革命的局限，将"反清"上升到建立民主共和国的革命高度；三是他将"拯斯民于水火，切扶大厦于将倾"的现实与"振兴中华"的民族革命目标结合在了一起。[①]

从 1895 年 10 月广州起义失败到 1905 年同盟会成立，孙中山在流亡海外期间，广泛考察了欧美、日本等国的社会政治状况，阅读了大量西方学者有关政治、经济、历史、军事、外交等方面的著述，认识到民权的缺失是造成中国积贫积弱的根源。同时为克服西方国家社会严重分化的弊端，孙中山潜心研究美国亨利·乔治的土地国有论和土地单一税论，从中找到了民生主义的理论源头。其间，他还从邹容对民主共和国方案的介绍，以及与梁启超、章炳麟等人关于土地问题的讨论中汲取了养分，丰富了民族和民生思想。

1905 年 8 月 20 日中国同盟会在东京成立时，确立了"驱除鞑虏，恢复中华，创立民国，平均地权"的革命纲领。同年 11 月，孙中山在同盟会机关刊物《民报》发刊词中，将此纲领概括为民族、民权、民生三大主义。1906 年秋冬之际，孙中山又对这一纲领做了系统阐述，形成了三民主义思想体系。

民族主义即同盟会纲领中的"驱除鞑虏，恢复中华"，尽管与兴中会纲领中"驱除鞑虏，恢复中国"的表述基本相同，但孙中山赋予其反对列强瓜分的新内涵，即"欲免瓜分，非先倒满洲政府，别无挽救之法"[②]。同时，孙中山把"驱除鞑虏"与反对封建专制结合在一起，强调清朝贵族竭力维护的君主专制政体"不是平等自由的国民所堪受的"，要推翻这种政体也"不是专靠民族革命可以成功"的，必须把民族革命与政治革命相结合，即"推倒满洲政府，从驱除满人那一面说是民族革命，从颠覆君主政体那一面说是政治革命"[③]。此外，孙中山还把民族革命与建立资产阶级民主共和国、实现民族复兴的目标联系起来，

---

① 《孙中山全集》第 1 卷，中华书局 1981 年版，第 19～20 页。
② 《孙中山全集》第 1 卷，中华书局 1981 年版，第 234 页。
③ 《孙中山全集》第 1 卷，中华书局 1981 年版，第 325 页。

即"鼓吹民族主义，建一头等民主大共和国，以执全球的牛耳"①。所以孙中山的民族主义超越了一般意义上的"反满排满"，具有反对封建专制和建立民主共和国的意义，这符合建立现代民族国家的世界潮流，也展示了实现中华民族复兴的美好前景。

民权主义即建立资产阶级民主共和国，这是三民主义的核心。以"建立民国"取代"创立合众政府"，突出了民众在共和国中的主体地位，这是孙中山民主革命思想成熟的又一标志。孙中山从"国民一律平等"的民权基本理论出发，抨击专制制度对民众权利的侵犯，强调民权主义是政治革命之本，号召国民推翻专制政体，实现"四万万人一切平等，国民之权利义务无有贵贱之差、贫富之别，轻重厚薄，无稍不均"，建立拥有"国民平等之制"的现代国家。② 如何推翻专制政体？孙中山提出"由平民革命以建国民政府"的主张，并强调了民众在其中的责任，即"一国之人皆有自由、平等、博爱之精神，即皆负革命之责任"③。如何建设"国民政府"？孙中山提出了效法美国的民主共和国方案："凡为国民皆平等以有参政权。大总统由国民公举。议会以国民公举之议员构成之。制定中华民国宪法，人人共守。"④这个新型的民主共和国"为人民之公产，凡人民之事，人民公理之。由人民选举议员，以开国会，代表人民议定租税，编为法律。政府每年预算国用，须得国会许可，依之而行；复以决算布告国会，待其监查，以昭信实。如是则国家之财政实为国民所自理，国会代表人民之公意，而政府执行之"⑤。

民生主义即"平均地权"，这是孙中山民主革命思想的新发展。其主要内容有以下三方面。一是鉴于这一时期西方国家社会分化严重和劳资矛盾尖锐、"社会革命其将不远"的现实，中国"诚可举政治革命、社会革命毕其功于一役"，以避免"欧美社会之祸"⑥。二是为防止贫富分化，解决土地问题是中国革命成功后的迫切任务；解决之法为"核定天下地价""其现有之地价，仍属原主所有；其革命后社会改良进步之增价，则归于国家，为国民所共享"⑦。三是中国实行平均地权后，"私人永远不用纳税，但收地租一项，已成地球上最

---

① 《孙中山全集》第 1 卷，中华书局 1981 年版，第 279 页。
② 《孙中山全集》第 1 卷，中华书局 1981 年版，第 317～318 页。
③ 《孙中山全集》第 1 卷，中华书局 1981 年版，第 296～297 页。
④ 《孙中山全集》第 1 卷，中华书局 1981 年版，第 297 页。
⑤ 《孙中山全集》第 1 卷，中华书局 1981 年版，第 318 页。
⑥ 《孙中山全集》第 1 卷，中华书局 1981 年版，第 289 页。
⑦ 《孙中山全集》第 1 卷，中华书局 1981 年版，第 297 页。

富的国”①，且整个社会“家给人足，四海之内无一夫不获其所”②。

　　把民权、民生与民族问题放在同等重要的位置并试图“毕其功于一役”，这是孙中山三民主义思想体系的突出特点，也标志着中国先进分子学习西方进入批判性借鉴的阶段。但在三民主义的宣传与实际中，基于推翻清王朝和安抚立宪派、地方实力派的现实需要，民权主义被置于次要地位。同时“由于这一代革命知识分子是由爱国走向革命的，他们在追求资产阶级民主革命思想的道路上不能不留下为了救亡而以民主革命思想为武器的实用主义痕迹”，也因而“忽视了在广大群众中进行民主启蒙工作的重要性”③。

　　20 世纪初辛亥革命的失败、复辟帝制潮的泛起和第一次世界大战的爆发，促使孙中山思考革命失败的深层次原因和世界格局的新变化，重新规划中国的发展道路。1917—1919 年，孙中山先后撰写了《民权初步》《实业计划》和《孙文学说》，后汇总为《建国方略》一书。

　　在《民权初步》序言部分，孙中山首先指出，近代中国未能臻于富强的原因，在于“人心涣散，民力不凝结”，并认为这是异族专制统治的结果：“在满清之世，集会有禁，文字成狱，偶语弃市，是人民之集会自由、出版自由、思想自由皆已削夺净尽。”在此，孙中山将集会、出版和思想自由视为最基本的民权，并将民权伸张视为国家富强的前提，即“今后民国前途之安危若何，则全视民权之发达如何耳”④。

　　随后，孙中山解释了民权的实践形态——选举、罢免官吏之权及创制、复决法案之权，并阐述了四大民权与现代国家建设之间的关系：“必具有此四大民权，方得谓为纯粹之民国”；而缔造民国的目的就是保障民权，使国家“为民所有、为民所治、为民所享”。中华民国成立后，民权为何得不到保障？孙中山认为，除了一些野心家“欲覆民政而复帝制”，主要是因为一般民众尚缺乏基本的民权意识和民权观念，所以普及民权知识是民主政治建设的第一步，《民权初步》就是为“教国民行民权”而作。⑤

　　《民权初步》对集会、选举、发言、表决、提议、附议等民权知识和应用程序做了详细的讲解，并强调“此书譬之兵家之操典，化学之公式，非流览诵读

---

① 《孙中山全集》第 1 卷，中华书局 1981 年版，第 329 页。

② 《孙中山全集》第 1 卷，中华书局 1981 年版，第 297 页。

③ 吴雁南、冯祖贻、苏中立等主编：《中国近代社会思潮(1840—1949)》第 1 卷，湖南教育出版社 1998 年版，第 358～359 页。

④ 孙中山：《建国方略》，中华书局 2011 年版，第 245 页。

⑤ 孙中山：《建国方略》，中华书局 2011 年版，第 245～246 页。

之书，乃习练演试之书也。若以流览诵读而治此书，则必味如嚼蜡，终无所得。若以习练演试而治此书，则将如啖蔗，渐入佳境。一旦贯通，则会议之妙用可全然领略矣"①。这表明，孙中山写作此书是为了培养民众的民主意识和习惯，立足于民主实践，亦即《民权初步》实际为介绍民主政治的启蒙读物，集中体现了孙中山的政治启蒙思想。

被孙中山视为"国家经济之大政策"和"此后中国存亡之关键"的《实业计划》，描绘了一幅利用外资开发中国的蓝图：建设贯通全国、连接世界的铁路、公路和航运系统，开发矿产和边疆地区，发展工业和现代农业。孙中山提出该计划的初衷，是利用欧洲"宏大规模之机器及完全组织之人工，以助长中国实业之发达，而成我国民一突飞之进步；且以助各国战后工人问题之解决"②。其目的，一是借以"打破现在之所谓列强势力范围"，改善中国的生存环境；二是"消灭现在之国际商业战争与资本竞争"，以"销兵气为日月之光，化凶厉于祯祥之域"；三是"消除今后最大问题之劳资阶级斗争"，解决工业化中的社会问题。③

《实业计划》本着"开放主义"原则和共存共荣的合作精神，着眼于解决世界性难题。孙中山认为，国际争端、商业战争和阶级斗争，已成为西方世界所面临的重大问题，其中商业战争的残酷性及其所造成的损失不亚于国家之间的战争。进入工业社会后，商战日见激烈，往往导致垄断，而垄断不利于国计民生。为此，孙中山提出"将一切大公司组织归诸通国人民公有"的解决方案，这与马克思的公有制理论基本吻合。对于阶级斗争，孙中山认为这是工业化所造成的贫富悬殊和社会两极分化的必然结果，解决之道在于使"人民将一律享受近代文明之乐"，具体办法为经济发展所得利润主要用于增加工人工资和公用事业。所以《实业计划》并非一个简单的经济建设方案，更多地体现了孙中山以国际合作"使外国之资本主义以造成中国之社会主义"的建设理念，以及调和私利与公益两种经济能力，"使之互相为用，以促进将来世界之文明"的大同思想。④

《孙文学说》以"行易知难"立论，着重讨论了"心理建设"问题。孙中山指出，中华民国成立后革命建设之所以无成，"去一满洲之专制"后反而"转生出无数强盗之专制"，且"其为毒之烈较前尤甚"，很大程度上是因为革命党人对

---

①　孙中山：《建国方略》，中华书局 2011 年版，第 247 页。
②　孙中山：《建国方略》，中华书局 2011 年版，第 93 页。
③　孙中山：《建国方略》，中华书局 2011 年版，第 91～92 页。
④　孙中山：《建国方略》，中华书局 2011 年版，第 229～230 页。

革命宗旨和革命方略信仰不笃、奉行不力。该问题源自中国传统的"知之非艰，行之惟艰"观，这也是近代中国"积弱不振、奄奄待毙"的思想根源。[①]

随后，孙中山从伙食、用钱、作文、建屋、造船、筑城、开河、电学、化学、进化十事，来证明"知"之不易。他指出，"知"是脑力思维的运用，是对客观事物穷究式的认知，即科学之知；"行"为手足动作，是对客观事物的处理，即具体之行。科学出现之后，人类进入"知而后行"阶段，欧美工业文明由此形成，人类社会"得有今日突飞之进步"。通过这样的论证，孙中山力图以"行易知难"论取代中国传统的"知易行难"观，借以传播科学思想："当今科学昌明之世，凡造作事物者，必先求知而后乃敢从事于行。所以然者，盖欲免错误而防费时失事，以冀收事半功倍之效也。是故凡能从知识而构成意像，从意像而生出条理，本条理而筹备计划，按计划而用工夫，则无论其事物如何精妙、工程如何浩大，无不指日可以乐成者也。"[②]

从"知而后行"的时代要求出发，孙中山讨论了在缺乏民主传统的中国实行"训政"的必要性。通过对比美国独立战争后国体"一成不变"、法国大革命后"大乱相寻，国体五更"的结局，孙中山强调："一国之趋势，为万众之心理所造成"，"断非一二因利乘便之人之智力所可转移也"。他进而指出，尽管法国"于革命之前曾受百十年哲理民权之鼓吹，又模范美国之失例"，但因其"国体向为君主专制，而其政治向为中央集权，无新天地为之地盘，无自治为之基础"，所以"不能由革命一跃而几于共和宪政之治"。中国的国体和政治与法国基本相同，但"吾人民之知识、政治之能力更远不如法国，而予犹欲由革命一跃而几于共和宪政之治者，其道何由？此予所以创一过渡时期为之补救也。在此时期，行约法之治以训导人民，实行地方自治"[③]。这就是说，民主宪政固然令人神往，但要建立在"知而后行"的新观念和科学精神之上，此亦《孙文学说》反复强调"行易知难"与强调科学精神启蒙的原因所在。

第二节　向西方学习的实践

在农民起义和外来战争的共同刺激下，中国走上效法西方的现代化之路。由于中国现代化是在外敌入侵、民族危机不断加深的背景下被动展开的，而中

---

① 孙中山：《建国方略》，中华书局 2011 年版，第 3～4 页。
② 孙中山：《建国方略》，中华书局 2011 年版，第 48 页。
③ 孙中山：《建国方略》，中华书局 2011 年版，第 51～52 页。

国在学习西方的过程中，既难以与传统决裂，又面临着"以夷变夏"的文化压力和"以敌为师"的情感障碍，还有着急于改变现状的大一统情结，因而中国走了一条与西方不同的、先器物后制度再观念的现代化之路。

一、洋务运动：器物层面的效仿

成为中国现代化开端的洋务运动，实质为清政府挽救统治危机的自救运动。第二次鸦片战争中京师沦丧的奇耻大辱，迫使清政府重新审视其外交政策，正视应对危机的变革之道。恭亲王奕䜣和军机大臣文祥等朝中开明人士，从战争中认识到西洋的武器和兵法远在中国之上。《北京条约》签订后英法依约撤军、交还首都之举，又使他们相信对洋人有以"信义笼络"的可能，于是决心以中外合作方式谋求"自强"。随后清政府在"借师助剿"过程中，再次见识了西式武器的威力。曾国藩、李鸿章、左宗棠等在一线作战的汉人督抚，更深刻地体会到走"师夷长技"之路的必要性。

学界通常把 1861 年 1 月"总理各国事务衙门"的设立视为洋务运动的开端，实际上洋务运动期间的外交乏善可陈。反而是曾国藩创办的安庆内军械所，带动了一批洋务事业，也符合洋务派"自强以练兵为要，练兵又以制器为先"的变革思路。1862 年安庆内军械所研制出中国第一台蒸汽机，同年年底建成第一艘轮船，标志着中国开始进入机器制造时代。随后相继成立的江南制造局、金陵制造局、福州船政局、天津机器局、湖北枪炮厂，成为洋务运动时期中国五大军事工业。

海军建设原计划在 1861 年开始，但由于奕䜣委托海关总税务司赫德购买炮舰即阿思本兵轮之事的失利，计划搁浅。直到 1874 年日本海军侵犯台湾的战事发生后，清廷才真正意识到海防的重要性，海军建设正式启动。次年，李鸿章受命督办北洋海防，沈葆桢负责南洋海防，福建海军同时成立。1884 年福建海军毁于中法海战，北洋海军成了建设重点。1888 年北洋海军建成时，拥有 25 艘新式舰艇，成为"远东最大的海洋武力"。这支海军在甲午海战中全军覆没，海军建设宣告失败。但上述军事工业并未因此废止，江南制造局、湖北枪炮厂等在甲午战后继续发挥作用，奠定了 20 世纪中国工业化的基础。

现代外交的展开、新式武器的制造使用，都需要新型专门人才，于是西式教育相继启动。为培养急缺的翻译人才，1862 年奕䜣在北京设同文馆，挑选八旗子弟学习外语，成为中国新式教育的开端。其后，奕䜣有感于机器、兵器制造，包括行船、行军均与天文、数学关系紧密，便于 1866 年在同文馆增设天文算学馆，招举人、贡生及五品以下官员入馆学习。在其带动下，各地相继创办了培养外语、军事、医疗、通信等专门人才的新式学堂，如福建船政学堂、天津北洋水师学堂、天津武备学堂、广东陆师学堂、广东水师学堂、南京江南水师学堂、湖北自强学堂、天津医学堂、电报学堂等。在培养洋务人才方面，公派留学是重要的一环。从1871年起，曾国藩、李鸿章先后派出4批120个学童赴美留学，后因游学委员吴嘉善的反对而终止。这一时期，洋务派还组织翻译西书，依托同文馆，翻译西方外交、法律、政治、历史等人文社科著作；通过江南制造局附设的译书局，翻译汽机、铸造、矿业、兵器、医学等应用科学书籍。这些活动开启了中国教育现代化的进程，传播了新知识、新思想，为后来的政治变革准备了条件。

现代军事需要配套的现代交通通信，于是继军工生产和军队编练之后有了航运、铁路、电报的兴起。航运方面的成就，主要是1873年李鸿章在上海成立的轮船招商局；由于面临外国轮船公司的激烈竞争，其发展并不顺利。铁路建设的阻力主要来自内部。1872年李鸿章就提出了修筑铁路的计划，但因反对声音过大，直到1881年才建了唐山至胥各庄的一条运煤专线。其后李鸿章以解决北洋舰队的煤炭供应为名，在海军衙门总理大臣奕譞的支持下，将铁路延伸至大沽的北洋水师码头。此例一开，加上奕譞、张之洞的推动，到1889年清政府放开了对修铁路的限制。电报业的发展同样因顽固派的抵制而步履维艰。1870年起沈葆桢等人不断上书要求架设电线，但均无结果，直到台湾战事发生，李鸿章力陈电报在军事指挥中的重要性，清廷的态度才有所转变。1879年李鸿章首先在天津、大沽之间架设电线，试验成功后，次年铺设了津沪线路。到1884年，上海至汉口，天津至北京、山海关、旅顺，广州至广西龙州等线路相继竣工，电报业务有了实质性进展。

现代国防需要矿物能源和更多的经费，而传统的财税系统难以提供有效的资金支持，于是便有了采矿、纺织等民用工业的兴办。洋务运动之初，李鸿章就有开矿冶铁之议："船炮机器之用，非铁不成，非煤不济"，如"采炼得法，销路必畅，利源自开，榷其馀利且可养船练兵，于富国强兵之计殊有关系"①。1874年海防建设启动后，开矿随之提上日程。这一时期兴办的矿厂，除开平煤矿外，还有台湾基隆煤矿、山东淄川煤矿、湖北江夏马鞍山煤矿、山东峄县中兴煤矿、江苏徐州利国驿煤矿，云南铜矿，黑龙江漠河金矿，湖北大冶铁矿等。纺织业的兴办，除筹措国防经费的目的外，还有抵制洋货、换回利权的意义。这类企业主要有1878年左宗棠创办的兰州机器织呢局，1879年李鸿章兴

---

① 《李鸿章全集》第5册，安徽教育出版社2008年版，第109页。

办的上海机器织布局，1890—1894 年张之洞设立的湖北织布局、湖北纺纱局和湖北缫丝局。这些企业普遍采用了机械生产和雇佣劳动制，引入市场模式，吸纳民间资本。尽管企业发展缓慢，对洋务运动的实际贡献也很有限，但它催生了资本主义生产方式和现代民族工业，培育了资产阶级和无产阶级两大新生的社会力量。

由军事工业推及现代交通和民用工业，从培养专门人才到传播西方文化和现代科技，这条发展道路显示了洋务运动根据现实需要逐步推进的特点。但到19 世纪 80 年代中期，在需要突破官办、官督商办企业效率低下和管理混乱的瓶颈，改革科举制度只重人文不重实务的弊端，解决官僚机构臃肿、腐化的体制性问题，即要求进行体制变革时，洋务运动却停步不前了。这一方面是因为王朝自救的既定目标，强大的保守势力和浓厚的守旧氛围，尤其是满洲君臣所固守的"祖宗之法万不可变"之信条，束缚了洋务派的手脚。另一方面，洋务派自身也存在认识上的局限，"以为吾中国之政教文物风俗，无一不优于他国，所不及者，惟枪耳、炮耳、船耳、铁路耳、机器耳"①，从而自觉地遵循了"中体西用"的思路，选择了"一手欲取新器，一手仍握旧物"的变革之路，而这样一条道路注定走不远。尽管甲午战败并不意味着洋务运动的彻底破产，但足以说明仅推行器物层面的现代化，不可能实现"自强"目标，也无法应对"数千年未有之变局"。

二、戊戌变法：制度层面的改良

甲午战争前，国人多以为洋务运动中建设起来的海军，即便不能与西方列强相匹敌，也足以抗衡日本。但战争的结果却是中国再次惨败，号称"东亚第一"的北洋水师全军覆没。堂堂中华败给"蕞尔岛国"，激起国人"普天忠愤"，也促使有识之士正视战争结局背后的制度性弊端，思考以"变法"挽救危局的根本问题。基于"非变根本之法不足以救国"的认识，康有为、梁启超发起了一场试图变革专制制度的政治革命，史称"戊戌变法"（又称"维新运动"）。

戊戌变法起于 1895 年四五月间康有为组织的"公车上书"。在日本逼签《马关条约》的消息刺激下，康有为、梁启超联合在京参加会试的 18 省 1200 多名举人，发起上书请愿，酝酿已久的维新思潮发展为知识分子的联合政治行动。在请愿书中，康有为提出"拒和、迁都、变法"的主张，要求光绪帝"下诏鼓天

---

① 梁启超著，李安安编译：《李鸿章传：晚清第一权臣的功与过》，中国华侨出版社2013 年版，第 184 页。

下之气，迁都定天下之本，练兵强天下之势，变法成天下之治"，并强调前三项只是"权宜应敌之谋"，变法才是"立国自强"的根本之计。[①] 此次上书虽被都察院拒绝转呈，但请愿书的内容很快便流传于京沪等地，社会上要求变法的呼声开始高涨。

"公车上书"后，康有为除利用工部主事的身份继续向光绪帝上书，阐述自己的变法主张外，还与梁启超等人通过建学会、设学堂、办报刊、著书立说，宣传维新思想。学会有开风气和联合志士之长，成为维新派活动的重点。影响较大的学会有北京的强学会、保国会和长沙的南学会。学堂主要有长沙时务学堂、广州万木草堂和澳门广仁学堂，其中梁启超主持的时务学堂对变法影响最大。相比而言，报刊在舆论宣传方面的作用更为明显。梁启超任主笔的《时务报》与严复主办的《国闻报》，形成南北呼应之势。

1897 年 11 月德国强占胶州湾事件，显示出"瓜分豆剖"危机日益严重的现实。康有为趁机上书，推动变法。在第五次上书中，康有为强调：中国"譬犹地雷四伏，药线交通，一处火燃，四面皆应"，若再不痛下决心推行变法，"欲为偏安，无能为计"。他请求光绪帝"下发愤之诏，先罪己以励人心，次明耻以激士气；集群材咨问以广圣听，求天下上书以通下情"，并指出变法之道在于"大集群才而谋变政"，并"听任疆臣各自变法"[②]。在 1898 年 1 月 29 日第六次上书中，康有为提出变法的具体措施：一是召集群臣，宣誓变法，"除旧布新，与民更始"；二是设上书处，许天下士民上书，如所言可采，即召见擢用；三是设制度局，选通才主持，重新议定政事和制度。[③]

1898 年 6 月 11 日，光绪帝采纳维新派的建议，颁布"明定国是"诏书，宣布变法。变法的主要内容包括以下几个方面。经济上，设农工商局，提倡实业，奖励发明创造；设商会，保护商务，推广口岸商埠；设农会，购农器，提倡西法垦殖；设铁路、矿产总局，修筑铁路，开采矿产；设邮政局，裁撤驿站；改革财政，编制国家预算。文化教育上，改革科举制度，废八股，改试策论，设经济特科；开办京师大学堂，将各地书院、义学、社学改为新式学堂；允许自由办报、组建学会；派宗室出国游历，选人赴东洋游学。军事上，裁减绿营，编练新军，推行团练；军队改练洋操，使用新式武器；制造兵轮枪炮，建设新式海军。政治上，开放言路，准许百姓上书言事，允许报纸指陈利弊；精简机构，裁撤詹事府、通政司、光禄寺、太仆寺、鸿胪寺、大理寺，撤销湖

---

① 汤志钧编：《康有为政论集》上册，中华书局 1981 年版，第 116、122 页。
② 汤志钧编：《康有为政论集》上册，中华书局 1981 年版，第 202～209 页。
③ 汤志钧编：《康有为政论集》上册，中华书局 1981 年版，第 213～214 页。

北、广东、云南"督抚同城"的巡抚和东河总督，及不办运务之粮道和向无盐场之盐道；裁汰冗员，澄清吏治，提倡廉政；取消旗人由国家供养的特权，准其自谋生计。

综观变法各要项，经济、军事和文化方面基本上延续了洋务派的改革思路，政治变革也没有涉及立宪政体。为避免过度刺激旧势力，并考虑到召集国会和设议院有一个过程，变法期间康有为没有重提"兴民权、设议院、立宪法"的主张，光绪帝的变法诏书中也回避了这一敏感问题。但变法还是不被守旧势力所接受。1898 年 9 月 21 日，慈禧太后发动政变，宣布重新"训政"，将光绪帝囚禁于中南海瀛台，并下令逮捕维新人士，变法失败。

戊戌变法的失败，主要是因为新旧力量对比过于悬殊。在谋求"速变""全变"的目标下，康有为等一帮"秀才"只能依靠光绪帝，而光绪帝并不掌握实权。光绪帝虽然从 1889 年开始亲政，但最高权力仍牢牢掌握在慈禧太后之手，"满洲亲贵，乃至宫中宦寺，皆知有太后，不知有皇帝"①。政变前夕，维新党人制订了"围园劫后"计划，试图劫持太后，拥戴光绪帝全面推行变法，这在当时的情势下几无成功的可能。正如康广仁所言，"伯兄（康有为）规模太广，志气太锐，包揽太多，同志太孤，举行太大"，"而上又无权，安能有成？"②

反对势力的强大，除慈禧太后的作用外，还在于变法涉及面过宽，触及了众多官员、士人和满洲特权阶层的利益。废八股、讲实学，"触数百翰林、数千进士、数万举人、数十万秀才、数百万童生之怒"，他们对变法"合力以谤"③。那些因机构裁撤而失去权力的官员、要自谋生计的绿营和旗人，更是拼命反对变法。所以当时不仅"满人反对变法之意态极鲜明"，"凡于变法下将失其地位之汉人，以及可以于反对变法下高升其地位之野心家，均依附于满族政权之下"，足以"阻碍革新运动之进展"④。

变法的失败，从根本上说是民族利益与王朝利益冲突的结果。之前，维新派与守旧势力围绕着要不要变法，要不要废八股、兴西学，要不要兴民权、设议院、实行君主立宪的争论，并非单纯的变革与保守之争，而是统治集团本能地预感到，变法特别是兴民权、开国会、立宪法，必然会削弱满人的权力，甚至使其既得利益一并丧失。1898 年年初康有为在北京组织保国会时，最有力的

---

① 钱穆：《国史大纲》（下），商务印书馆 2011 年版，第 901 页。

② 康幼博：《致易一书》，见《戊戌六君子遗集》，文海出版社 1966 年版，第 601～602 页。

③ 梁启超：《戊戌政变记》，见《饮冰室合集》第 6 册《饮冰室专集之一》，中华书局 1989 年版，第 84 页。

④ 钱穆：《国史大纲》（下），商务印书馆 2011 年版，第 904 页。

反对声音便是御史文悌的"保国会之宗旨在保中国不保大清"①。也就是说,变法对中华民族有利,但非清王朝之福。所以当变法启动后,统治集团感到其利益受到威胁时,便迅速采取行动。

戊戌变法虽以失败告终,但仍有不可磨灭的意义。首先,这场运动发生在甲午战败、民族危机日趋严重的背景下,显示了维新派探索国家出路的决心和意志。其次,维新派正式提出变专制政体为民主宪政政体的目标任务,拉开了制度重建的序幕,将中国现代化推进到制度变革的层面,也为其后的政治变革指明了方向。最后,维新派上书立说、建学会、设学堂、办报刊等一系列宣传变法的活动,冲击了皇权政治的根基,还为民主思想的传播及社会转型提供了制度化媒介。报刊数量和影响力的激增,新式学校和自由结社的出现,脱离旧体制、与新媒介相连的现代知识分子的产生,标志着转型时代的到来。在推动中国向现代社会转型方面,戊戌变法具有划时代的意义。

三、辛亥革命:制度的全面变革

戊戌变法失败后,满汉矛盾开始激化。在清朝贵族看来,试图"变天"的维新派、以颠覆现政权为目标的革命党,是他们不共戴天的敌人。庚子事变期间,刘坤一、李鸿章等汉人督抚倡导"东南互保",也足以证明其不听朝廷号令,甚至有私通外国之嫌。到辛亥革命前夕,清朝统治者对汉人的猜忌与防范达到顶点,"皇族内阁"的推出就是一个标志。

另外,民间的"反满"情绪日渐浓厚。甲午战争后,蒙受了丧权辱国之耻的中华民族,又面临着亡国灭种的危险。由于意识到清政权有崩溃的危险,列强掀起了瓜分狂潮。好在光绪帝锐意变法,民众又看到了一线希望。无奈变法仅维持了100多天就被剿杀,民族振兴的良机再次错失。不久,中国又迎来更屈辱的《辛丑条约》,京畿要塞被分割占领,每个中国人还要出一两银子为列强承担战争损失。这使越来越多的民众意识到,鸦片战争以来中国的积贫积弱,与清朝贵族保守无能密切相关。由此,中国社会出现"迷梦已有渐醒之兆",对外主张收回利权、对内要求改革国政的呼声开始高涨。

为挽救统治危机,1901年清政府启动新政。这场由慈禧太后发起的变革,力度和成效超过了洋务运动和戊戌变法。经济政策从压制民间资本转变为"恤工惠商",《奖励公司章程》《商标注册试办章程》《商人通例》《公司律》《破产律》等法规章程相继颁布,为民族资本主义发展提供了制度保障。军事上,实施淘

---

① 梁启超:《戊戌政变记(外一种)》,上海古籍出版社2014年版,第73页。

汰绿营、编练新军计划，现代军事制度开始形成。教育上，继 1901 年废八股、改试策论后，1905 年 9 月又下令"立停科举，以广学校"，搭起现代教育的框架。法制方面，推动司法与行政分离，颁布了《大清刑事民事诉讼法》《大清新刑律》《民律草案》三部法典，奠定了现代法律体系的基础。

敏感的政治制度问题，也是新政的焦点。日俄战争中立宪的"小日本"战胜了不立宪的"大俄国"，使越来越多的国人相信立宪可以强国救亡，立宪运动由此兴起。在革命党人和立宪派的逼迫下，1906 年 9 月 1 日清廷颁发《仿行立宪上谕》，随后宣布从改革官制入手，"预备仿行宪政"。一年后，清政府又下令设资政院，督促各省成立谘议局。预备立宪的启动，为清廷带来一片赞誉。但到官制改革付诸实施时，情况发生了变化。改组后的 11 个部的 13 个大臣、尚书中，满人占 7 席，蒙古人占 1 席，汉人仅占 5 席。在"满汉不分"的名义下，"满汉各一"的惯例被打破。清廷以改革之名行"排汉"与集权之实，其立宪诚意受到质疑。

1908 年 8 月颁布的《钦定宪法大纲》，更是令立宪派大失所望。颁行法律，召集解散议院及军事、行政、外交、司法大权，全部集中于君主之手，官员任免及军事、外交权也不受议院干预。这表明，清廷"立宪"还是为了"永固皇位"，维护"君上神圣尊严，不可侵犯"，这与立宪派限制君权、实行议会政治的主张背道而驰。即便是这样一个宪政框架，清政府也没有表现出实施的诚意。1910 年，立宪派以各省谘议局为中心，连续发起三次速开国会的请愿运动。前两次均遭拒绝，第三次因有各省督抚和资政院的参与支持，清廷才同意"通融"，宣布将原定 9 年的预备立宪期缩短为 5 年，于 1913 年召开国会。但到 1911 年 5 月代替军机处的责任内阁推出时，又成了不伦不类的"皇族内阁"。13 个阁员中，满人占 9 席，且 7 人为皇族。立宪派以"皇族组织内阁，不合君主立宪公例"，奉劝朝廷"另简大员，组织内阁"，又被拒绝，立宪运动彻底失败。

为赶在行宪之前掌控能左右未来局势的资本，清廷在推出"皇族内阁"前后，还加紧收回各种权力和资源。1908 年 11 月，光绪帝和慈禧太后相继去世，摄政王载沣随即罢免了袁世凯的职务，自任海陆军大元帅，其弟载洵、载涛分掌海军部和军咨处，引起北洋新军将领和汉人督抚的不满。1911 年 5 月，清廷又宣布铁路"干线均归国有"，将之前准许商办的主干铁路一律收回。这种出尔反尔、与民争利之举，得罪了绅商等地方精英，激起湖南、湖北、广东、四川等地的保路风潮。

在政治制度变革的紧要关头，清廷倒行逆施，进一步激化了社会矛盾，引发了辛亥革命。武昌起义的发生和辛亥革命的成功，有一定的偶然性，但各省纷纷响应与宣布独立，随后地方权力交接及清帝逊位以近乎和平的方式迅速完成，都显示了人心所向的力量。换句话说，辛亥革命之所以能迅速埋葬清王朝、结束封建帝制，主要是因为社会力量几乎都倒向了革命阵营。

辛亥革命的成功，拉开了制度全面变革的序幕。1912年3月中华民国临时政府颁布的《中华民国临时约法》(以下简称《临时约法》)，就体现了民主共和国制度的精神实质。依据西方启蒙思想家的"自由平等""天赋人权"思想，《临时约法》确立了"中华民国之主权属于国民全体"的基本原则，规定中华民国全体国民，除平等地享有人身、财产自由，及迁徙、居住、言论、出版、集会、结社、信仰等"私权"外，还有选举、参政的"公权"。《临时约法》还按照三权分立的原则，规定在政权组织形式上采用内阁制，由内阁辅佐总统行使行政权，法院行使司法权，参议院行使立法权，并有弹劾总统和国务员的权力。这样，《临时约法》就以根本大法的形式，确立了民主政体与国体的基本架构，标志着中国初步实现了从封建君主专制到现代民主政治的制度转换。

对民主共和制的选择，有一定的历史必然性与合理性。在学习西方这条道路上，当时中国所能借鉴的现代政治制度，一是君主立宪，一是民主共和。理论上，君主立宪制与中国的政治文化传统相契合，实行起来也有利于权力平稳交接，避免社会动荡，这也是早期改良思想家和维新派推崇该制度的主要原因。但理想一次次被残酷的现实打败。维新派发起的政治变革被扼杀，清廷自己主张的"仿行宪政"在拖延中夭折。既然政治改良的希望已断绝，政治革命便成了唯一的选择；且在推翻清王朝之后，保留或再造君主均不现实。再者，一直坚持反清斗争的孙中山及其革命党人，随着满汉矛盾的不断激化逐步得到民众的认同与尊重；三民主义中的"驱逐鞑虏，恢复中华"，成了辛亥革命的旗帜。新政权在选择孙中山作为领袖时，自然要接受他所推崇并为之奋斗的民主共和制度。

南京临时政府仅存在三个月，且大部分时间用来与袁世凯方面交涉清帝退位和权力交接问题，故制度变革的具体举措并不太多。这一时期较为重要的变革措施包括：一是提倡平等，保护人权，废除历代官厅"大人""老爷"的称谓，以官职相称，禁止刑讯，废除奴婢，严禁买卖人口，革除蓄辫、缠足等陋规；二是颁布了保护和发展工商业的政策规章，鼓励民间办厂、开矿山、垦殖、建银行等；三是改革文化教育制度，废止小学读经，剔除陈腐的教育内容，提倡以自由、平等、博爱为核心的新道德规范，编写合乎"共和民国宗旨"的教科书。

至此，辛亥革命的任务基本完成，其贡献主要表现为：政治上，结束了延续两千多年的封建君主专制制度，打破了近代中国走上现代化道路的制度瓶颈，中华民国临时政府首次宣告主权在民，中国自此告别了"朕即国家"的时代，改变了"家天下"的权力结构，开辟了中国政治文明的新道路；思想文化上，冲击了以皇权为中心的专制主义思想体系，推动了民主精神的高涨及自由主义、三民主义、社会主义等思潮的传播，为中国先进分子提供了新的精神信仰和理想追求。

在社会转型的视野下，辛亥革命的历史地位更为突出。鸦片战争虽是近代中国历史的开端，但在相当长的时间内，社会层面上的变化并不明显。直至帝制被颠覆、政治制度的转换实现后，政治架构、政治规范、政治秩序，包括中央和地方的关系，才发生了实质性变化。等级制度随之受到冲击，尊卑有序的旧观念发生动摇，思想启蒙和社会革命得以展开。同时，随着实业救国浪潮的兴起和民族资本主义的发展，社会结构也出现了显著变化。士农工商的社会分野被打破，新型知识分子群体初步形成，并逐步成为社会变革的先导。原处于"四民社会"末端的商人资本家群体，社会地位迅速上升。农民和手工业者阶层急剧分化，工人阶级开始形成。此外，汽车、火车、轮船、电报、电话、邮政等新型交通、通信工具的应用，报纸、杂志等新型传媒的普及，拓展了中国与外部世界的联系，使中国社会逐步摆脱封闭、隔绝状态，开始聚合为现代国家意义上的民族共同体。

袁世凯"窃国"与复辟帝制，标志着辛亥革命和制度转换的失败。究其原因，首先在于革命党自身存在的弱点及新政权面临的财政困境。革命党既缺乏群众基础，也没有一支健全的军队。革命军主要由会党和绿林军组成，装备、训练、指挥、军纪都不如北洋军。新政权的财政危机更为严重。中华民国临时政府成立时，南京国库已空，所辖十余省解款极少，公债发行困难，海关的关税收入仍被帝国主义控制，军队粮饷无着；1912年年初"直捣幽燕"的计划，因此半途而废。在革命前途问题上，领导集体内部也意见不一。宋教仁的关注点转向国会和组阁，孙中山表示不争权贪位，但求共和早日实现。

其次，国内局势对革命党人不利。"排满"是引发辛亥革命的重要因素，孙中山及其革命党的影响力和号召力，正是抓住了"驱除鞑虏"、结束"异族"统治这一关键问题。但1912年2月12日清帝退位后，情况就发生了变化。急于恢复社会秩序的立宪派，对南北议和寄予厚望，期待着与袁世凯方面的合作。民众一般认为清帝退位意味着革命已经成功，其他都无关紧要，故人心思定成为当时社会的主流。正如胡汉民所说："同盟会未尝深植其基础于民众，民众所接受者，仅三民主义中之狭义的民族主义耳。正惟'排满'二字之口号，极简明切要，易于普遍全国，而弱点亦在于此。民众以为清室退位，即天下事大定"，"故当时民众心理，俱祝福于和议。逆之而行，乃至不易"①。

当时外部局势更为严峻。为得到列强承认，南京临时政府在 1912 年 1 月 5 日的《对外宣言书》中，明确表示"凡革命以前所有满政府与各国缔结之条约，民国均认为有效""满政府所借之外债及所承认之赔款，民国亦承认偿还之责""满政府所让与各国国家或各国个人种种之权利，民国政府亦照旧尊重之"②。但列强毫无反应，对临时政府"盼予以承认"的要求根本不予理会。相反，英美法等国一致看好袁世凯，支持他出面恢复秩序，维护其在华利益。

1912 年年初的南北议和中，当南京方面坚持以袁世凯赞成共和作为孙中山让位的条件、谈判陷入僵局时，各国公使纷纷斥责其要求不近情理。英美报纸还指责南京临时政府缺乏控制局势的能力和国家管理经验，法国甚至建议由各国径自提名袁世凯为总统。俄国试图浑水摸鱼，煽动外蒙古独立，日本则准备与俄国联手分割东三省。如果南北方相持不下，中国很可能因兵连祸结而面临再次被瓜分的危险。为避免出现这样的局面，孙中山决定让步。

再就民主共和制本身来看，虽然在当时条件下是一种较为合理的选择，但这种源于西方的政治制度，"与我先民政治理论及政制精神靡不合"③，嫁接到中国必然存在"水土不服"的问题，即"中国人民在此种西方化政治制度之下仍旧保持在东方化的政治制度底下所抱的态度"，而"此种态度不改，西方化的政治制度绝对不会安设上去！"④正是认识到思想观念转变对制度重建的重要性，陈独秀等人发起了思想启蒙性质的新文化运动，以弥补辛亥革命中文化建设的缺失。

四、新文化运动：文化重建的尝试

梁启超在《五十年中国进化概论》一文中，将近代中国学习西方的实践分为三个时期。鸦片战争后，中国人首先感到器物不如人，于是有了洋务运动的发动。甲午战败，又使国人感到制度上存在不足，随后维新变法、辛亥革命相继兴起。在制度变革时期，思想界有一种共识，"觉得我们政治法律等等，远不如人，恨不得把人家的组织形式，一件件搬进来，以为但能够这样，万事都有

---

① 《胡汉民自述》，人民出版社 2014 年版，第 67～68 页。

② 《孙中山全集》第 2 卷，中华书局 1982 年版，第 10 页。

③ 钱穆：《国史大纲》(下)，商务印书馆 2011 年版，第 912 页。

④ 《梁漱溟全集》第 1 卷，山东人民出版社 2005 年版，第 337 页。

办法了"。但中华民国成立后，"所希望的件件都落空"，思想界"渐渐有点废然思返。觉得社会文化是整套的，要拿旧心理运用新制度，决计不可能"，即"从文化根本上感觉不足"，由此进入"要求全人格的觉悟"的思想启蒙时期。

以陈独秀、李大钊为代表的中国先进知识分子，从辛亥革命后的政治乱象中认识到，中国人学习西方，过于注重形式上的模仿，未触及西方文明的根本；改革政治，必先改造社会，改造社会首先要清除违背时代潮流的旧观念、旧文化，确立符合时代精神的新思想、新文化。以 1915 年 9 月《青年杂志》（1916 年 9 月更名为《新青年》）创刊为标志，陈独秀等人发起新文化运动，试图以西方的民主思想和科学精神改造中国传统文化，再造中国文明。

新文化运动以民主思想和科学精神作为文化重建的切入点。陈独秀在《青年杂志》创刊号上发表《敬告青年》一文，号召中国青年从消极、保守、退缩、闭塞的旧思想中解放出来，以"自主的而非奴隶的""进步的而非保守的""进取的而非退隐的""世界的而非锁国的""实利的而非虚文的""科学的而非想象的"姿态，成就新社会，建设新国家。他进而指出，中国"欲脱蒙昧时代"，"当以科学与人权并重"①。"人权"的提法后来改为"民主"。"科学"主要是指独立思考判断的理性精神和合乎逻辑的思维方式，按陈独秀的说法，即摒弃无常识的思想和无理由的信仰，"以科学说明真理，事事求诸证实"。

新文化运动提倡的"民主"有两层含义：一是以西方政体为参照的民主政治，二是作为现代政治思想基础的民主意识、民主观念和民主自觉。陈独秀在《吾人最后之觉悟》一文中指出，民主共和制的确立，端赖多数国民政治与伦理上的觉悟。伦理上的觉悟，即自觉地挣脱伦理纲常的束缚，破除封建等级观念，"以独立平等自由为原则"。政治上的觉悟，一是具有现代国家观念，视"国家为人民公产"；二是顺应世界潮流，"弃数千年相传之官僚的专制的个人政治，而易以自由的自治的国民政治"；三是形成民主自觉，对国家政治"自居于主人的主动的地位"，"自进而建设政府，自立法度而自服从之，自定权利而自尊重之"②。

1916 年秋，康有为发出定儒学为国教的倡议后，新文化运动的重点转向对中国传统文化的批判。陈独秀在《宪法与孔教》等文章中指出，尊孔和定儒学为国教，违背了思想和信仰自由的原则。儒学"别尊卑、明贵贱"的社会功能，与以平等人权为基础的现代政制精神水火不容。③ 李大钊也发表了《宪法与思想

---

① 陈独秀：《敬告青年》，载《青年杂志》，第 1 卷第 1 号，1915 年 9 月 15 日。
② 陈独秀：《吾人最后之觉悟》，载《青年杂志》，第 1 卷第 6 号，1916 年 2 月 15 日。
③ 参见陈独秀：《宪法与孔教》，载《新青年》，第 2 卷第 3 号，1916 年 11 月 1 日。

自由》《孔子与宪法》《自然的伦理观与孔子》等一系列文章，进一步指出：反孔并非抨击孔子本人，而是反对历代帝王所塑造的偶像权威。孔子被历代"专制君主所利用资以为护符"，成为"保护君主政治之偶象"，所以反孔就是要打破"专制政治之灵魂"①。以反孔言论激烈而名噪一时的吴虞，主张从打破家族专制开始，清理专制主义之根基，认为"儒教不革命，儒学不转轮，吾国遂无新思想、新学说，何以造新国民？"②

　　在文化重建方面，文学革命的成果最为突出。为适应新思想的传播和文化重建的需要，陈独秀、胡适发起了一场从形式到内容的文学革命。在发挥陈独秀文学写实之思想的基础上，胡适提出"文学改良"的口号，提倡白话文，对旧文学进行全面改造，主张在形式上"不用典""不用陈套语""不避俗字俗语"，须"讲求文法之结构"，内容上"不摹仿古人""不作无病之呻吟"，须"言之有物"③。随后陈独秀又提出"文学革命"的口号，将文学改良提升到思想革新的高度。他指出，由于缺乏文学领域的革命，"盘踞吾人精神界根深蒂固之伦理、道德、文学、艺术诸端，莫不黑幕层张，垢污深积"，所以"欲革新政治，势不得不革新盘踞于运用此政治者精神界之文学"。他力主"推倒雕琢的阿谀的贵族文学，建设平易的抒情的国民文学""推倒陈腐的铺张的古典文学，建设新鲜的立诚的写实文学""推倒迂晦的艰涩的山林文学，建设明了的通俗的社会文学"④。文学革命引起广泛的社会反响，《新青年》销量激增，青年学生争先购阅传颂。该项成果也很快为北洋政府所接受，1920 年国文教科书改用白话文。

　　拉长历史观察的时段，这场运动在文化重建方面的贡献更为明显。新文化运动不仅将中国早期现代化推进到最核心的思想观念层面，触及现代文明的内核，还在传播民主思想和科学精神，冲击封建伦理纲常和等级观念的过程中，推动了国人身份认同由臣民向公民的转变，个人权利和尊严也开始受到重视。民主、自由、平等、法制、科学这些新概念，逐步成为中国知识界交流的共同用语，也成了社会转型的知识基础。此外，白话文的推广，实现了表达工具与语言文字的合一，满足了工商社会信息传递的需要。平民文学的兴起，推动了文学艺术的繁荣，现代小说、诗歌、戏剧、散文进入创作的黄金时代。

　　从近代中国救亡图存的时代主题来看，新文化运动同样具有不可磨灭的意义。它对孔教的反对，对封建伦理道德、等级观念的批判，都是为了清理专制

---

① 《李大钊文集》(上)，人民出版社 1984 年版，第 264 页。
② 吴虞：《儒家主张阶级制度之害》，载《新青年》，第 3 卷第 3 号，1917 年 6 月 1 日。
③ 胡适：《文学改良刍议》，载《新青年》，第 2 卷第 5 号，1917 年 1 月 1 日。
④ 陈独秀：《文学革命论》，载《新青年》，第 2 卷第 6 号，1917 年 2 月 1 日。

主义，打破迷信盲从，培养民主思想和科学精神。弘扬民主思想与科学精神的根本目的是建立现代民主国家，实现民族复兴。陈独秀指出：中国之所以沦落到任人宰割的地步，就是因为长期受专制主义和儒家思想的贻害，丧失了强梁敢进的精神与抵抗力。[①] 中华民族要自立于竞争生存的新世界，一方面要"遵新陈代谢之道""力排陈腐朽败者"，建设有生机活力的现代社会；另一方面要在多数国民实现伦理与政治自觉的基础上，建立真正的国民政治。在这个意义上，新文化运动兼具启蒙与救亡的性质，此亦其在开始后不久就转向政治革命并最终汇入五四运动洪流的关键。

第三节　效法西方的经验教训

从鸦片战争到新文化运动，中国在不到 70 年的时间里就走过了西方国家用了三四个世纪才基本完成的现代化进程。但中国早期现代化是在外敌入侵、民族危机不断加重的背景下被动展开的，对西方世界的认识和对国家出路的探索由浅入深，且学习西方的过程中又受到列强和内部保守势力的钳制，致使近代中国走了一条与西方相反的道路：从器物效仿到制度变革，再到文化重建。这条独特的现代化道路，面临着诸多困境，也提供了深刻的经验教训。

一、中国早期现代化的困境与出路

日本教育家福泽谕吉在论及效法西方问题时指出："汲取欧洲文明，必须先其难者而后其易者，首先变革人心，然后改革政令，最后达到有形的物质。按照这个顺序做，虽然有困难，但没有真正的障碍，可以顺利到达目的。倘若次序颠倒，看来似乎容易，实际上此路不通，恰如立于墙壁之前寸步难移。"[②] 近代中国早期现代化道路的艰难坎坷，以及其后新民主主义革命的高歌猛进，从正反两方面佐证了福泽谕吉的观点，也提示了认识近代中国现代化困境与出路的基本思路。

对处于以欧美为中心的条约体系和世界经济圈之边缘的近代中国而言，外力的压制成为现代化进程中最大的阻力。列强的入侵和势力扩张，虽然刺激了中国现代化因素的滋长，但其攫取的一系列特权，包括战争赔款、协定关税、治外法权、片面最惠国待遇、控制海关、在华驻军等，不仅破坏了中国现代国

---

① 参见陈独秀：《抵抗力》，载《青年杂志》，第 1 卷第 3 号，1915 年 11 月 15 日。
② ［日］福泽谕吉：《文明论概略》，北京编译社译，商务印书馆 1959 年版，第 14 页。

家建设所要求的主权和领土完整,也削弱了工业化的资本积累能力。因此,民族独立始终是中国现代化的首要任务和基本前提。

中国早期现代化就是一个效法西方的过程,这使大多数中国人面临着文化和情感两方面的障碍。具有历史文化优势的中国,历来是周边"番邦蛮夷"学习的榜样。如今却要"师夷",以"敌夷之法"变"祖宗之法",这无疑是欺师灭祖、倒行逆施之举。情感方面的障碍更为严重。因为要学习的对象恰恰是侵略中国的敌人,向它们学习显系"认贼作父",这是关乎气节和立场的重大问题。正因如此,直至民国时期保守势力都非常强大,改革面临着巨大的社会压力。

文化和心理上更大的障碍,来自儒家思想和传统社会结构及其所沉淀的社会心态。儒家思想以维护统治秩序和整合社会的强大功能,成为历代王朝治国安邦的利器。儒家"中国为天下中心"的世界观,"天不变,道亦不变"的哲学观,以及中国雄霸亚洲的辉煌历史,都使统治者和士大夫阶层坚信中国就是世界的中心和楷模。在他们看来,"夷务"无须关注,更没有与之竞争的必要。同时,由儒家思想所贯通并提供理论支持的皇权、绅权、族权一体化的社会结构,成功应对了周期性社会动荡和外族入侵,也使安于现状的社会心态渐渐占据上风。经过科举制度的不断强化,这种对外部世界的认知逻辑和缺乏危机意识的社会心态内化于心,成为回应外来挑战和谋求社会变革的巨大障碍,此亦是从洋务运动开始"体""用"之争就几无休止的原因所在。

到明清之际,尽管儒家意识形态已趋于僵化,排他性越来越强,鸦片战争后在西方文化的冲击下其正统地位也发生了动摇,但在对待中国文化传统的问题上,"中体西用"的思维模式仍具压倒性优势。在士大夫心中,中国的纲常名教尽善尽美,应为万世不变的立国之本;西方文明不过是"奇技淫巧",充其量只能作为治国之辅料,即"以中国之伦常名教为原本,辅以诸国富强之术"。在这种思维模式的主导下,制度变革难以展开,文化重建更难以推进。

再从中国早期现代化的进程来看,由于中国的大门骤然被打开,列强最初所展示的也是其器物现代化的成果,对林则徐、洋务派这些以救亡和挽救统治危机为己任的体制内精英来说,"师夷长技""中体西用"不失为明智的选择。但"体""用"分离的现代化道路,不可能真正实现救亡图存、富国强兵的目标,用严复的话说,"中学有中学之体用,西学有西学之体用,分之则两立,合之则两亡"①。同时因难以使人认清中西强弱的本源,"中体西用"的结果是"学而不足以应用于术者,无益之学也;术而不以科学上之真理为基础者,欺世误人之

———————
① 《严复选集》,人民文学出版社2004年版,第146页。

术也"①。

为解决"体""用"分离的问题，维新派和革命党人相继走上"西体中用"的制度变革之路。但由于缺乏相应的文化改造和观念革新，移植"西体"的结果，要么在保守势力的阻挠下中途夭折，要么因政体与文化心理的不合而坍塌。从学习西方屡屡失败的教训中，陈独秀等先进分子意识到，单纯的器物效仿与制度变革并不能救中国，只有以西方民主思想、科学精神取代儒家的伦理纲常和等级观念，再造新文明，才能走出现代化的困境，于是便有了新文化运动的发动。但新文化运动在试图摧毁"中学"之时，未能建立起新的文化体系，近代中国陷入文化断层和信仰缺失的困境，这便为马克思主义的引入与以之为中心的新信仰体系的确立提供了前提。

中国早期现代化道路曲折坎坷的另一个重要原因，在于一系列的经济、制度和文化变革都集中于上层结构，几乎未波及农村。即便是结束皇权政治、开启民主政治的辛亥革命，也基本上没有对农村产生影响。以乡绅、宗族为主导的社会结构，自给自足的自然经济，宗法伦理及相应的价值观念和生活方式，都没有实质性变化。在急切的救亡图存目标下，中国现代化的先驱把目光投向西方和西化的口岸城市，忽视了幅员辽阔的农村和农民这一潜在的革命主力，由此造成城市与农村、上层与下层的二元分离：少数沿海城市的繁华与广大内陆农村的破落、上层建筑的剧烈变动与农村社会的沉闷，形成鲜明对比。在以农民为主体的中国，只有发动一场真正意义上的农村革命，打破传统的社会结构和宗法伦理，建立起农村与城市、底层与上层双向变革的通道，才可能走上现代化的坦途。

二、资本主义建国方案挫败的教训

建立什么样的政治制度，是近代中国所面临的一个重大课题。为解决这一历史性课题，中国人民进行了艰辛的探索，其中太平天国运动为这些探索的开端。洪秀全领导下的农民阶级，试图通过废除陈规陋俗的社会革命，建立军事、政治、经济、社会一体化的管理制度，实现对土地和产品的平均分配，建设一个理想天国。太平天国运动的失败，宣告了旧式农民起义时代的终结，也表明违背时代潮流的王朝制度已不适用于近现代中国，此亦早期改良思想家、维新派和资产阶级革命派欲效法西方政治制度的逻辑起点。

---

① 梁启超：《学与术》，见《饮冰室合集》第 3 册《饮冰室文集之二十五（下）》，中华书局 1989 年版，第 12 页。

　　早期改良思想家推崇英国的君民共治，以及维新派试图借鉴日本的君主立宪，出发点都是为了保留部分皇权，对接中国的王朝政治传统。但以慈禧太后为首的清朝统治集团对戊戌变法的无情扼杀，变法失败后保守势力的全面反扑，特别是新政后期清朝权贵借君主立宪之名行加强皇权之实，以及对立宪运动的打压，使"全体人民感觉满清是我民族复兴的一种障碍"①。辛亥革命前夕的这种历史情境，实际上已宣告君主立宪制在中国行不通。其后，袁世凯等人复辟帝制活动的失败，从根本上说是中国人民不再接受皇权和君主立宪制度的结果。

　　在效法西方政治制度这条道路上，历史留给资产阶级革命派的只剩下美国的民主共和制。但即便在帝制行将结束时，移植该项制度仍面临着如下难题：

　　一是如何与中国文化传统相衔接。每个国家的政治制度都建立在特定的历史文化传统的基础上，"都是在这个国家历史传承、文化传统、经济社会发展的基础上长期发展、渐进改进、内生性演化的结果"②。对有着两千多年专制主义传统的近代中国而言，民主共和制与中国的"历史文化生命无关"，且"与我先民以往政治理论及政制精神靡不合"，"冒昧推行""终不可久"③。用梁启超的话说，政治制度与社会文化是整套的，"要拿旧心理运用新制度，决计不可能"④。

　　二是如何为中国文化传统注入现代性。本民族的文化传统是建立现代政治制度的基础，但向现代社会转型特别是建立符合民族特征的现代化模式，还需要为其注入现代因子，实现文化传统的革命性转换，以便为社会变革提供联系历史与现实的文化资源。在这个过程中，如何调适现代性与民族性之间的张力，防止走向抛弃传统、全盘西化与固守传统、拒绝变革两个极端，实行起来并非易事。辛亥革命在颠覆帝制的同时，"将旧传政制一切推翻"，"即如考试与铨选，乃中国政治上传袭甚久之一种客观用人标准，民国以来亦弃去不惜。如是则民治未达，官治已坏，政局焉能不乱？"⑤

　　三是如何改造旧的社会基础。政治制度是用来调节政治关系和建立政治、

---

　　①　蒋廷黻：《中国近代史大纲》，东方出版社1996年版，第90页。

　　②　习近平：《在庆祝全国人民代表大会成立60周年大会上的讲话》，人民出版社2014年版，第16页。

　　③　钱穆：《国史大纲》(下)，商务印书馆2011年版，第911～912页。

　　④　梁启超：《五十年中国进化概论》，见《饮冰室合集》第5册《饮冰室文集之三十九》，中华书局1989年版，第45页。

　　⑤　钱穆：《国史大纲》(下)，商务印书馆2011年版，第912页。

社会秩序的，因此它既不能脱离特定的社会政治条件，还要有相应的社会结构和经济基础。辛亥革命后，虽然皇权政治被推翻，但作为其根基的绅权、族权仍主导着中国社会，自给自足的小农经济也没有变化。民主共和制度的确立，不仅要打破旧的社会结构，变臣民社会为公民社会，还要以商品经济取代小农经济，建立以法治为基础的市场体系。这种转变需要全面而持续的社会经济变革，特别是乡村社会的大变动，但这并非资产阶级革命党人所能为。

梁启超在论及中国效法西方的教训与要领时指出：谈洋务者，虽"于西政非不少有所知也，而于吾中国之情势政俗，未尝通习，则其言也，必窒碍不可行，非不可行也，行之而不知其本，不以其道也"；谈变法者，"欲参西法以救中国，又必非徒通西文肄西籍遂可以从事也。必其人固尝邃于经术，熟于史，明于律，习于天下郡国利病，于吾中国所以治天下之道，靡不挈枢振领而深知其意。其于西书亦然，深究其所谓迭相牵引互为本原者，而得其立法之所自，通变之所由，而合之以吾中国古今政俗之异而会通之，以求其可行，夫是之谓真知"。[1]

在此，梁启超强调学习西方不能仅停留在通西文、习西书的层面，而要在通习"中国之情势政俗"、熟悉中国国情的前提下，领悟"西学"的精髓，理解西方制度设计的由来与本源；在融合"中学"与"西学"的基础上，设计出切合中国实际的救国方案。对此钱穆也认为，"一民族政治制度之真革新，在能就其自有问题得有新处决，辟新路径。不管自身问题，强效他人创制，冒昧推行，此乃移植'假革命'"；辛亥革命"全弃我故常之传统，以追效他邦政制之为我所素不习者，此当时一大错也"[2]。辛亥革命在这方面的深刻教训，成为中国最终选择人民共和国制度的新起点。

三、改良的局限性与革命发生的必然性

从鸦片战争到五四运动，既是中国早期现代化逐步展开的重要阶段，也是改良推动与促成革命的历史时期。洋务事业的兴办，催生了中国的大工业生产和资本主义生产关系，产生了新的社会力量——无产阶级和资产阶级，从而为资产阶级民主革命和无产阶级领导的新民主主义革命提供了物质基础和领导力量。同时，洋务运动在传播西学的过程中，培育了早期改良思想家，也孕育了

---

① 梁启超：《变法通议》，见《饮冰室合集》第 1 册《饮冰室文集之一》，中华书局 1989年版，第 63、65 页。

② 钱穆：《国史大纲》(下)，商务印书馆 2011 年版，第 911～912 页。

维新思潮。维新运动揭开了近代中国制度变革的新篇章，并为辛亥革命的展开准备了结社、集会、报刊等制度化媒介。

清末新政对辛亥革命的推动作用更为明显。一方面，革命党人的行动迫使清政府加快立宪步伐，因为只有加紧"仿行宪政"，才能使"内乱可弭"，统治秩序方可维持。而预备立宪的推进，又促使革命党人抓紧准备武装起义，以免清朝贵族成为"万世一系"的合法统治者。这就是学界所说的革命与立宪之赛跑。另一方面，新政时期编练的新军和科举废除后新兴的知识分子，成了辛亥革命的主力与骨干。民族资本主义经济的发展与预备立宪的展开，又为革命党人准备了同盟军与合作者——资产阶级和立宪派。

此外，戊戌变法失败后，一些原本主张改良的有识之士逐步转向革命阵营。谭嗣同觉察到变法改良不可行后，畅言流血"请自嗣同始"。曾追随康有为、梁启超的秦力山，在戊戌变法失败后与唐才常组织自立军，走上革命道路。包括力主保皇的梁启超，从新政后期清朝贵族的顽固颟顸中，最终认识到清王朝已"积敝丛蠹"，就像一座"破漏霉朽之老屋，非破坏后，则建设末由得施"①。当各种社会力量对结束清朝统治达成共识时，辛亥革命的成功便水到渠成。

近代中国改良与革命的这种演化趋势，暴露出改良自身的局限性。改良实质上是权力和利益的再分配，这不仅要求统治者具有驾驭全局的能力，还需要整个统治集团有推进变革的诚意和勇气，愿意舍弃部分权力和既得利益。但这种要求在专制制度下几无实现的可能。19世纪80年代中期，洋务运动在开始涉及政治体制层面时，就再也无法推进。维新运动触及清朝贵族的核心利益时，被迅速剿杀。新政后期，在预备立宪即将付诸实施时，清朝权贵再次反悔，采取了一系列抵制变革的行动。

改良还要有适宜的社会环境，时机把握并不容易。第一次鸦片战争结束后，应该说是推行改良的有利时机。此时内外危机不甚严重，官僚集团也发生了分化，"师夷长技"的声音已经出现。无奈统治者昧于大势，错失了图强应变的历史机遇。第二次鸦片战争后清王朝开始"补课"时，内有各地民变和灾害频发引起的社会危机，外有日、俄、法等国的蚕食及列强利益扩张中的外交纠纷，致使洋务派穷于应付各种危机而难有大的作为。戊戌变法和清末新政也是危机倒逼型的改良，都一度形成要求变法的上下互动之势。特别是1906年9月清廷确立立宪国策时，国内万众欢腾。然而清廷没有珍惜这迟来的民意，丧

① 梁启超：《中国立国大方针商榷书》，共和建设讨论会1912年版，第1~2页。

失了改良的最后时机。

晚清的历史表明，只要有拖延的空间和回旋的余地，统治者就不会主动谋变，甚至拒绝社会变革的要求；待再不改革统治就无法维系时，才匆忙采取行动。改良启动越迟，付出的代价就越大。但清朝权贵对此毫无认识，既不争取主动，又不想为改革支付成本，结果一再错失良机，最终完全丧失了改革的主导权。

拖延甚至阻挠改良，必然导致社会矛盾不断激化。在晚清历史上，以太平天国运动为代表的农民起义及孙中山领导的资产阶级民主革命，就体现了革命的生成逻辑。

晚清农民战争史的研究表明，太平天国运动实际上是嘉庆、道光年间农民起义的延续，亦即太平天国运动的发生，主要是清朝中叶以来中国人口-土地关系日益紧张和吏治腐败不断加剧的结果。持续达百余年的康乾盛世，特别是康熙、雍正年间"永不加赋"办法和"摊丁入亩"政策的相继实施，造就了中国的第四次人口增长高峰。1711 年中国人口仅 2470 万，到 1850 年太平天国运动前夕达到 42993 万，增长了 16 倍多。而同期耕地的增加却非常缓慢。1661 年全国耕地有 54900 万亩，到 1833 年增加到 73700 万亩，仅增长了 35%。在没有大工业可吸纳多余人口的农耕时代，耕地不能与人口同步增长的结果，必然是人地关系的高度紧张。与此同时，自乾隆后期以来，清代政治出现了加速腐败的迹象。乾隆帝宠臣和珅居官 20 年积累的私产，就超过了当时清政府 10 年财政收入的总和。在这一时期的清代官场，大小官吏拼命搜刮，致使民力渐趋凋敝，土地兼并日益严重，人地关系矛盾不断加剧。道光年间，全国 50%～60% 的耕地为富豪所控制，10% 的土地掌握在旗人和贵族手中，百姓手里的土地仅占 30% 左右。[①] 由此大批农民沦为无业流民，中国社会再次陷入以战乱缓解人地关系矛盾的周期性循环，此即嘉庆、道光年间民变迭起的主要原因。这一时期，初有湖北、川陕等地的白莲教起义，续有山东、直隶一带的天理教起义，后有西北回部民变。为平息这些民变，清政府耗尽了国库积蓄，且兵额不断增加进一步拖累了财政，而财政匮乏就要增加摊派，从而又陷入官民矛盾更加尖锐的恶性循环。

鸦片战争对太平天国运动的影响，主要表现在以下几方面。一是战争期间官府征夫催粮，特别是战争赔款之摊派加征，导致民穷财尽，官民对立态势加剧。在赔款摊派最多的江苏，漕粮平均加征两倍，地丁银比乾隆朝增加了四五

---

① 参见张玉法：《中国近代现代史》，台湾东华书局 1989 年版，第 105 页。

倍。在官府的严征苛收下，一向富庶的苏州、松江竟有不少农户因产出不敷完税而弃田不顾。二是战后外贸入超和银价腾贵，直接影响到民生。鸦片贸易的合法化，造成鸦片进口量迅速增加，白银大量外流，其中仅 1848 年就流出 1 亿两。白银短缺加剧了银贵钱贱的局面。18 世纪 1000 文铜钱可兑换 1 两白银，到 1845 年则需 2000 文。地丁银征收通常要折合成银两，仅此一项，农民负担就加重了一倍。同时，进入中国的洋纱洋布，挤占了土布土棉市场，造成沿海手工业趋于衰落。此外，五口通商后广州对外贸易的垄断地位消失，内地土产出口和洋货销售取道广东者日渐稀少，成千成万以挑运、护送、开旅为业者失去了生路。

但鸦片战争的这些影响并不是全局性和根本性的。加征摊派、白银外流、银价腾贵问题，在鸦片战争前就已经出现。洋货的冲击，在太平天国运动爆发前夕主要是在通商口岸附近，尚未深入内陆乡村。也就是说，这个时期起决定作用的，仍然是专制主义制度下农耕社会人地关系紧张、官民对立的深层次社会矛盾。这样的发生逻辑，决定了太平天国运动更多地带有帝制时代农民起义的色彩，也决定了它不可能完成民主革命的任务。

与太平天国运动的生成逻辑不同，辛亥革命的发生，从根本上说是近代中国两大主要矛盾逐步积累和不断激化的结果。鸦片战争后，在列强的步步进逼下，清廷无力对抗，转而采取安抚政策，对外国资本、传教士乃至中国教民都尽可能地顺从安抚。中国人入教，多为得到洋人的庇护，于是教民成为一个特权阶层。即便他们触犯法律，官员也不敢追究，否则就会被视为"闹教"，引发外交纠纷，结果无非是惩凶、赔款和更多主权丧失。长此以往，中国陷入官常护教、民常怨官的怪圈。同时，享有外交特权的外国资本，利用中国廉价劳动力和原料大获其利，这就压制了中国民族资本的发展空间，致使中国利源丧尽。加上战争赔款越来越多，清政府财政入不敷出，只好加征赋税。加税不敷便向外借款，借外债时又要将中国关税、盐税等抵押给外国，从而造成更多利权的丧失。此时清政府已成为列强的管家：保护洋教和外国资本，抑制民族资本，向百姓征收重税赔偿洋人，并出卖中国的各种利权。到 20 世纪初，中华民族与帝国主义列强、人民大众与封建主义这两大矛盾聚集为满汉对立，即民众与清朝统治者的矛盾。越来越多的中国人意识到，腐败不堪的清王朝，对外无力捍卫国家主权，对内不能维护民众的尊严和权利，只有将其推翻，中华民族才有得救的希望。

1900 年的庚子事变是一个重要的转折点。此后，"反满"氛围日渐浓厚，国人的民族意识开始增强。1901 年《辛丑条约》签订后不久，直隶南部就发生了抗拒摊派赔款的民变，发出"扫清灭洋"的呼声。紧随其后的四川、湖南暴动，打出"灭清、剿洋、兴汉"的大旗。随后以留日学生、国内商人和青年学生为主体的爱国人士，以反对俄国拒不撤兵和废除中美《限禁来美华工保护寓美华人条约》为契机，相继发起拒俄、拒法，抵制外货，收回铁路、矿山权利的运动。同时，民众对孙中山领导的革命党人的认识，也发生了根本变化。孙中山自称，1895 年广州起义失败时，"举国舆论莫不目予辈为乱臣贼子、大逆不道，咒诅谩骂之声，不绝于耳；吾人足迹所到，凡认识者，几视为毒蛇猛兽，而莫敢与吾人交游也"；但 1900 年惠州起义失败后，"则鲜闻一般人之恶声相加，而有识之士且多为吾人扼腕叹惜，恨其事之不成矣。前后相较，差若天渊"①。

此时，满汉矛盾之所以没有全面爆发，一个很重要的原因是清末新政的推行，分化了社会力量。以绅商为主体的立宪派，仍希望以改良方式推进制度变革，对清政府的立宪承诺寄予厚望。直到"皇族内阁"推出、立宪派最后的抗争也宣告失败，他们才放弃了原来的立场，转而号召民众对于"宁肯与人民以一尺之空文，不肯与人民一寸之实事"的清政府，"宜与争实事，而不与争空文"②。正因为"由政治领导改进社会之希望"已为"满洲狭义的部族政权所横梗"，中国"不得不转由社会领导来改进政治"③。

由此看来，无论是旧式农民起义还是新式资产阶级革命，都是"从客观上（即不以政党和阶级的意志为转移）已经成熟了的危机和历史转折中发展起来的"④。太平天国运动出现在清王朝加速衰败的道光、咸丰年间，即帝制中国治乱周期的最低点。辛亥革命发生在清王朝宛若"一座即将倒塌的房屋，整个结构已从根本上彻底地腐朽"，"正迅速地走向死亡"之时。⑤ 这表明，革命的发生有两个基本前提：一是社会矛盾和社会危机不断加剧，现政权的统治根基已发生动摇，面临着严重的统治合法性危机；二是社会上弥漫着浓厚的不满情绪，相当多的民众特别是知识精英已明显感受到旧制度不合理，产生了改变现状的强烈愿望。

革命的发生有其历史必然性，而且在打破旧制度方面，革命具有改良所不可替代的作用。当旧制度已无法化解自身危机，成为社会进步的障碍，即正常的社会改良也无法推进时，就需要用革命手段打破旧制度，为社会发展开辟新

---

① 《孙中山全集》第 6 卷，中华书局 1985 年版，第 235 页。
② 《杨度集》(一)，湖南人民出版社 2008 年版，第 400 页。
③ 钱穆：《国史大纲》(下)，商务印书馆 2011 年版，第 906 页。
④ 《列宁选集》第 2 卷，人民出版社 2012 年版，第 487 页。
⑤ 《孙中山全集》第 1 卷，中华书局 1981 年版，第 254 页。

道路。太平天国运动尽管缺乏制度方面的建树，但它打击和动摇了清王朝的专制统治，拉开了学习西方、工业救国的序幕，显示了古老的中国试图走出王朝更替循环的努力。辛亥革命的意义更为深远，它不仅颠覆了帝制，建立了现代国家的基础架构和全新的民主政治制度，还开启了中国历史的根本性变革。

思考题：

1. 为什么说林则徐是"近代中国开眼看世界第一人"？

2. 早期改良思想与维新思潮的关系是什么？

3. 向西方学习的实践经过了哪些阶段，特点是什么？

4. 结合近代中国向西方学习的历史，理解资本主义建国方案挫败的原因。

5. 结合史实，说明近代中国革命发生的必然性。

第三章　对马克思主义的选择

以马克思主义为指导，是近代中国救亡图存的需要，也是走在时代前列的志士仁人在各种社会思潮中反复比较后的理性选择。中国共产党在领导中国革命、建设、改革开放的历程中，之所以能够完成近代以来各种政治力量不可能完成的艰巨任务，就在于始终把马克思主义这一科学理论作为自己的行动指南，并坚持在实践中不断丰富和发展马克思主义。

第一节　马克思主义的广泛传播

第一次世界大战的爆发与俄国十月革命的胜利两相比较，令苦苦寻找中国出路的先进知识分子在面向世界时，看到了中国未来的新希望。经过理论上的求索与实践中的检验，一批走在时代前列的知识分子和志士仁人决心"走俄国人的路"，以马克思主义为指导，共同缔造了中国共产党。

一、十月革命的警醒

清末民初，西方思想文化逐渐得到中国知识界的认同与肯定。新文化运动的发生，进一步促进了中国文化在真正意义上的现代转型，广大知识分子开始冲破"夷夏之辨""中体西用"的思维羁绊，为新一轮的西方思想文化的传入提供了条件。新文化运动的领袖陈独秀直言："无论政治学术道德文章"，中国和西方"绝对是两样"，我们"一切都应该采用西洋的新法子，不必拿什么国粹、什么国情的鬼话来捣乱"①。李大钊认为："中国文明之疾病，已达炎热最高之度，中国民族之运命，已臻奄奄垂死之期"，应该"竭力以受西洋文明之特长，以济吾静止文明之穷"②。鲁迅激烈反对作为传统思想基础的儒学体系，认为中国的历史写满"吃人"二字。钱玄同甚至主张废除汉字，使用西方语言，指出"欲废孔学，不可不先废汉文；欲驱除一般人之幼稚的愚昧的顽固的思想，尤

---

① 陈独秀：《今日中国之政治问题》，载《新青年》，第 5 卷第 1 号，1918 年 7 月 15 日。
② 李大钊：《东西文明根本之异点》，载《言治》（季刊），第 3 册，1918 年 7 月 1 日。

不可不先废汉文"①。

但是，第一次世界大战使得中国人的西化观大大受挫。第一次世界大战历时四年，牵连国家甚广，造成了空前的人类劫难，暴露了西方资本主义的内在弊端，使整个西方世界陷入"世纪末"的颓废与悲凉之中。此时，德国历史学家斯宾格勒在《西方的没落》一书中指出，每种文化都像一个有机体，都会经历由盛而衰的嬗变，第一次世界大战无疑就是西方文化走向衰落的标志。"西方没落"论"一时风行之盛，势力之伟，其在战后之德国，盖与安斯坦氏 Einstein（即爱因斯坦）所为相对论并称"②。与"西方没落"论相对应，"东方文化救世"论一时兴起，人们开始重新考虑与省思东西方文明的优劣。正如胡愈之所言，当时"欧洲人对于自己的文化，很有些怀疑；醉心于东方文化的，着实不少"③。

第一次世界大战暴露出西方文明消极的一面，这对于把中国之前途寄希望于西方文明的中国人来说，无疑是当头一棒。李大钊就此指出："此次战争，使欧洲文明之权威大生疑念。欧人自己亦对于其文明之真价不得不加以反省。"④许多中国人，特别是放眼看世界的中国人，看到了"法兰西"式的文明并不适合中国，"不再相信十八世纪法国式革命能够挽救中国"⑤，因而对资本主义文明深感失望、惶恐甚至愤慨，资本主义文明已经破产的观念开始盛行，由此"晚清以降学习西方的现代化运动陷入了范式危机"⑥。中国知识分子不得不重新思索与审视我们到底需要"什么样的西方"这一问题。

同时，洋务运动、戊戌变法、辛亥革命等学习西方的尝试与努力一次又一次地失败，民族复兴大业屡屡受挫的现实，促使更多的中国先进分子对走西方道路产生了怀疑。毛泽东在回忆这一情景时深刻指出："帝国主义的侵略打破了中国人学西方的迷梦。很奇怪，为什么先生老是侵略学生呢？中国人向西方学得很不少，但是行不通，理想总是不能实现。多次奋斗，包括辛亥革命那样全国规模的运动，都失败了。国家的情况一天一天坏，环境迫使人们活不下去。怀疑产生了，增长了，发展了。"⑦"辛亥革命后几年的痛苦经历，对中国

---

① 钱玄同：《中国今后之文字问题》，载《新青年》，第4卷第4号，1918年4月15日。
② 李思纯：《论文化》，载《学衡》，第22期，1923年10月。
③ 胡愈之：《台莪尔与东西文化之批判》，载《东方杂志》，第18卷第17号，1921年9月10日。
④ 李大钊：《东西文明根本之异点》，载《言治》（季刊），第3册，1918年7月1日。
⑤ 张允侯、殷叙彝、洪清祥等编：《五四时期的社团》（一），生活·读书·新知三联书店1979年版，第552～553页。
⑥ 许纪霖、陈达凯主编：《中国现代化史》第1卷，上海三联书店1995年版，第351页。
⑦ 《毛泽东选集》第4卷，人民出版社1991年版，第1470页。

的先进分子来说，是件好事。旧的路子走不通了，就会寻找新的道路。"①李大钊敏感地意识到："东洋文明既衰颓于静止之中，而西洋文明又疲命于物质之下"，世界"非有第三新文明之崛起，不足以渡此危崖"②。

就在中国先进分子苦苦探求中国出路之时，"十月革命一声炮响，给我们送来了马克思列宁主义"③。十月革命推动了马克思主义的传播，扩大了马克思主义的影响。此后，马克思主义的影响从欧美扩展到全球，成为 20 世纪最有影响力的思想。同时，十月革命加深了中国人对马克思主义的理解，带给中国建立美好社会理想蓝图的新希望。

受十月革命胜利的影响，1918 年年底，中国一批知识分子开始注意到"现在有一股浩浩荡荡的世界新潮起于东欧"。李大钊公开表示："由今以后，到处所见的，都是 Bolshevism 战胜的旗。到处所闻的，都是 Bolshevism 的凯歌的声""试看将来的环球，必是赤旗的世界"④。他明确主张："吾人对于俄罗斯今日之事变，惟有翘首以迎其世界的新文明之曙光，倾耳以迎其建于自由、人道上之新俄罗斯之消息，而求所以适应此世界的新潮流，勿徒以其目前一时之乱象遂遽为之抱悲观也。"⑤

在中国先进分子越来越多地质疑西方资本主义道路，转而关注社会主义思想的背景下，五四运动的爆发，使迷茫徘徊的中国先进分子彻底看清了西方资本主义的本质，从而对十月革命所代表的社会主义思潮明确了"只能迎，不可拒"的态度。

二、中国先进分子选择马克思主义

马克思主义在中国的传播，始于 19 世纪末，最初是作为一种西方思潮被介绍到中国。它在中国于百舸争流中独领风骚，是在五四运动之后。

19 世纪 70 年代，香港的《华字日报》《中外新报》等报纸报道了巴黎公社的有关情况，社会主义思想由此开始传入中国。1899 年 2—5 月，上海广学会主办的《万国公报》连载了由英国传教士李提摩太节译的《大同学》，马克思和恩格斯的名字首次见诸中文报纸。20 世纪开端，中国留日学生在译介马克思主义方面作用突出，翻译出版了《社会主义神髓》《社会主义》等有关社会主义的著作，

---

① 金冲及主编：《毛泽东传（1893—1949）》，中央文献出版社 2004 年版，第 27 页。
② 李大钊：《东西文明根本之异点》，载《言治》（季刊），第 3 册，1918 年 7 月 1 日。
③ 《毛泽东选集》第 4 卷，人民出版社 1991 年版，第 1471 页。
④ 李大钊：《Bolshevism 的胜利》，载《新青年》，第 5 卷第 5 号，1918 年 11 月 15 日。
⑤ 李大钊：《法俄革命之比较观》，载《言治》（季刊），第 3 册，1918 年 7 月 1 日。

维新派的《新民丛报》和同盟会的《民报》也多次介绍马克思主义。1905 年 11 月，《民报》登载了署名"蛰伸"（即朱执信）的文章《德意志社会革命家小传》，其中"马尔克"（马克思）一节，比较详细地介绍了马克思、恩格斯的生平事迹，及《共产党宣言》的基本内容，并节译了《共产党宣言》中的十大纲领，评述了马克思的剩余价值和资本积累学说。民国初年，社会主义宣传在中国掀起热潮。上海《东方杂志》、中国社会党绍兴支部机关刊物《新世界》等杂志连续介绍社会主义学说。孙中山等革命党人积极鼓吹社会主义，设想应分为"国家社会主义"和"大同"两个阶段。1911 年江亢虎组建中国社会党，自诩是中国唯一奉行社会主义的政党。

虽然在辛亥革命前后中国对马克思主义的介绍越来越多，但是，对其"在中国国内通常见到的刊物上进行宣传，则不得不等到 1919 年"①。五四运动后，随着众多刊物和社团的介绍与宣传，国外的各种思想、学说如潮水般涌入中国，其中马克思主义和社会主义也是人们公认的新思潮。

不过，五四爱国运动之后中国社会主义思想的宣传热潮，并没有轻易地把国人引向俄式社会主义。当时在社会主义名号下的新思潮，既包括马克思主义的科学社会主义，也包括基尔特社会主义、泛劳动主义、新村主义、合作主义、互助主义、无政府主义等各种各样的资产阶级和小资产阶级的思想流派，甚至帝国主义时代的反动资产阶级思想也被看作新思潮而流传。起初，讨论社会主义的多数人对各种学说并没有深入的认识，"就像隔着纱窗看晓雾"，对哪种学说有利于中国社会的改造，心中都还没有数，更谈不上信仰。

伴随着五四运动的爆发，众多报纸杂志纷纷发表文章介绍和宣传马克思主义。1919 年 5 月，《新青年》出版了"马克思主义研究"专号。此后，《新青年》不断发表介绍马克思主义、社会主义革命和中国工人状况的文章，逐步成为一个宣传马克思主义的重镇。《每周评论》在五四运动以后，也不断刊登介绍十月革命和苏俄情况的文章。《晨报》副刊从 1919 年 5 月起，开辟了半年时间的"马克思研究"专栏，连续刊登了许多宣传马克思主义的论著及有关社会主义的文章。《国民》杂志从 1919 年 10 月以后开始登载《共产党宣言》等马克思主义著作和宣传介绍社会主义的文章。上海《民国日报》副刊《觉悟》也宣传马克思主义。与此同时，马克思主义的经典著作和介绍马克思主义的书籍，也在中国陆续出版。1920 年 4 月，陈望道翻译的《共产党宣言》在上海出版。接着，《社会主义从空

---

① ［日］石川祯浩：《中国共产党成立史》，袁广泉译，中国社会科学出版社 2006 年版，第 1 页。

想到科学的发展》《国家与革命》等著作也得到翻译出版。

马克思主义传播的另外一个途径是研究马克思主义的社团。五四运动后，各地研究和宣传马克思主义的社团纷纷建立。1920 年 3 月，李大钊在北京发起成立北京大学马克思学说研究会；1920 年 5 月，陈独秀在上海发起成立马克思主义研究会。此外，在长沙，毛泽东等人组织了俄罗斯研究会；在天津，周恩来等人创立了觉悟社。经过比较和鉴别，一些先进的知识分子接受了马克思列宁主义，中国第一代马克思主义者涌现出来，李大钊、陈独秀、毛泽东、蔡和森、李达、瞿秋白、周恩来等人是其中的杰出代表。

同资产阶级改良主义、无政府主义的论争，进一步推动了马克思主义在中国的广泛传播。

马克思主义与资产阶级改良主义的论争主要有两次，一次为"问题与主义"之争，一次为与基尔特社会主义的论战。

胡适是初期新文化运动的主要代表人物之一。五四运动后，他不愿意看到新文化运动发展成为以宣传马克思主义为主流的运动，遂于 1919 年 7 月在《每周评论》上发表了《多研究些问题，少谈些"主义"！》一文。他说，"空谈好听的'主义'，是极容易的事，是阿猫阿狗都能做的事，是鹦鹉和留声机器都能做的事"，但没有什么用处，"是很危险的"。他劝说人们"多提出一些问题，少谈一些纸上的主义"，认为如果不去研究具体的问题，"却去高谈社会主义"，讲什么"根本解决"，"这是自欺欺人的梦话，这是中国思想界破产的铁证，这是中国社会改良的死刑宣告"！

李大钊对胡适的观点进行了批驳。他指出，问题与主义是不能分离的，一个社会问题的解决，必须先有一个人们所共同趋向的理想的主义作为指导，否则，那个社会问题永远没有解决的希望。宣传理想的主义和解决实际的问题，"是交相为用的""是并行不悖的"。李大钊还论述了主义必须同具体实际相结合的道理："大凡一个主义，都有理想与实用两面"，在运用时"会因时、因所、因事的性质情形生一种适应环境的变化"。

关于中国的社会问题要不要根本解决，李大钊指出，对于中国这样一个没有生机的社会，"必须有一个根本解决，才有把一个一个的具体问题都解决了的希望"。经济问题的解决，是根本解决。经济问题一旦解决，什么政治问题、法律问题、家庭制度问题、女子解放问题、工人解放问题，都可以解决。而要解决经济问题，必须进行阶级斗争，进行暴力革命。

"问题与主义"之争，是马克思主义在中国传播的过程中出现的第一次思想论战，是社会革命论和社会改良主义的论战。在这场论争中，李大钊等马克思主义者根据他们的认识，论证了马克思主义适合中国的需要，阐述了中国社会需要一次彻底革命的必要性。这对于扩大马克思主义的影响，推动人们进一步思考如何改造中国社会起了积极作用。

继"问题与主义"之争后，马克思主义者和张东荪、梁启超等打着社会主义旗号、反对科学社会主义的资产阶级知识分子之间，又发生了一场"社会主义论战"。张东荪、梁启超等人的基本观点是：中国当时还没有条件搞社会主义革命。其理由主要是：中国因为受帝国主义的压迫，资本主义经济发展不起来，工人阶级还未真正形成，人数很少，更未产生阶级意识，倒是游民很多，多数人失业、无业，生计成问题。因此，其时中国最迫切的问题是发展经济，解决人们的生计问题，那就要发展资本主义。社会主义是以工人阶级为主体的，没有这个主体，社会主义是搞不成的。社会主义思想、社会主义的党在当时也不需要，且等以后才有用。张、梁等人发展资本主义经济的主张是符合当时的社会发展要求的。但是，他们没有认识到，在帝国主义和封建主义压迫之下，资本主义经济是发展不起来的，只有通过革命的手段，完成反帝反封建的任务，实现民族独立和人民民主，才能达成振兴实业、国家富强的目标。

陈独秀、李大钊、李达、蔡和森等马克思主义者对张东荪、梁启超等人的观点进行了反驳。他们指出，在帝国主义、官僚、武人、绅士的压迫下，中国人民的确很穷，要使大多数劳动者不饿死、不冻死，根本的解决办法，就是社会主义。中国经济虽然落后，但无产阶级的存在是客观事实；中国无产阶级和农民的处境极其悲惨，有强烈的革命要求，革命的爆发是大势所趋。在中国，结合共产主义信仰者，组织巩固的政党，建立共产党，不仅有必要，而且有条件。他们还指出，要解决中国社会的问题，单凭一些改良主义的办法是不行的，必须走十月革命的道路。

这场论战持续了一年多时间。从本质上说，这是一次关于中国走社会主义道路还是走资本主义道路、实行社会革命还是实行社会改良，以及需不需要建立无产阶级政党的论争。马克思主义者坚持了社会革命论，指出了中国的发展方向应该是社会主义，批判了基尔特社会主义，澄清了它同科学社会主义的区别。这就为马克思主义的进一步传播，为中国共产党的成立扫除了一些障碍，帮助一大批进步青年走上了信仰马克思主义的道路。

无政府主义是一种小资产阶级政治思潮，它以极端个人主义和主观唯心主义为基础，反对一切国家，反对一切政治和权威，宣扬个人万能、个人奋斗，鼓吹绝对自由。五四时期，无政府主义在人数众多的小资产阶级知识分子中广泛传播，影响很大。

无政府主义曾在冲击封建思想，宣传新思潮，批判封建军阀的专制统治，介绍十月革命等方面起过一定的进步作用。但它在反对中国反动政权的同时，把攻击的矛头也指向了马克思主义国家学说和俄国的无产阶级专政，鼓吹在社会革命后立即实行"各取所需"的分配原则；它还主张绝对自由，反对任何组织纪律。这些思想产生了很大的消极影响，阻碍了马克思主义的传播。

马克思主义者对无政府主义的错误主张进行了批判。他们阐明了无产阶级领导人民用暴力革命夺取政权的必要性，论证了无产阶级专政的国家与剥削阶级国家的本质区别，指出推翻封建贵族、资产阶级的国家，巩固无产阶级专政，是通向共产主义的正确道路。他们还指出，在人类社会中，自由总是相对的，个人的绝对自由根本不存在；超越社会的发展阶段和生产力水平而主张立即实现所谓"各尽所能，各取所需"，更是绝对办不到的。

这次论争捍卫了马克思主义的国家学说和无产阶级专政思想，阐明了在中国建立一个无产阶级政党的必要性，从而使许多知识青年摆脱了无政府主义的影响，逐渐走上了马克思主义的道路。

通过这三次论战，马克思主义者打退了反马克思主义思潮的进攻，划清了科学社会主义与资产阶级改良主义和形形色色的假社会主义的界限，扩大了马克思主义的影响，使马克思主义逐步成为新文化运动的主流。

三、"走俄国人的路"共识之形成

马克思主义在各种社会思潮中脱颖而出，在中国社会广泛传播，是因为受到了俄国十月革命胜利的鼓舞。十月革命之前的俄国，其封建压迫、经济文化状况与中国的情况大体相同，因而十月革命对中国先进分子产生了特殊的吸引力和亲和力。十月革命的胜利证明，物质文明落后并不妨碍社会主义的建立，落后国家也可以在社会主义思想的指引下走上解放之路。十月革命对中国思想界的最大影响在于：它提供了一个将社会主义由理想转化为实践、由理想变成现实的可操作性"范式"。中国的先进分子最终发现，马克思主义优于资本主义文明，这使苦闷彷徨的中国先进分子看到了民族解放的新希望。正如毛泽东所说："十月革命一声炮响，给我们送来了马克思列宁主义。十月革命帮助了全世界的也帮助了中国的先进分子，用无产阶级的宇宙观作为观察国家命运的工具，重新考虑自己的问题。走俄国人的路——这就是结论。"[①]

当时，几乎所有参与讨论中国社会出路问题的人都不能不承认，其时最具

---

① 《毛泽东选集》第4卷，人民出版社1991年版，第1471页。

伟力的是"劳工",最神圣和光荣的是"劳动"。许多人开始宣传劳动者是万物的创造者,而资本家、官僚、军阀则是可耻的掠夺者。社会之所以存在贫富不均的现象,根本原因在于"只有'私有财产私人企业'"。俄、奥、匈、德各国的革命,"就是无产阶级彻底改革这贫富不平均的革命","这种风潮不久一定也要飞奔过来的"。①

李大钊是在中国大地上举起社会主义旗帜的第一人。1918 年下半年,当俄国布尔什维克尚处于抵抗帝国主义武装干涉和国内白匪叛乱的困境之际,李大钊就相继发表了《法俄革命之比较观》《庶民的胜利》《Bolshevism 的胜利》等文章,用马克思主义的观点讴歌十月革命。他说,"俄罗斯之革命是二十世纪初期之革命,是立于社会主义上之革命,是社会的革命而并著世界的革命之采色者也""俄罗斯之革命,非独俄罗斯人心变动之显兆,实二十世纪全世界人类普遍心理变动之显兆""二十世纪初叶以后之文明,必将起绝大之变动,其萌芽即苗发于今日俄国革命血潮之中"②;并认为,"试看将来的环球,必是赤旗的世界"!

新文化运动的旗手陈独秀,在第一次世界大战爆发、俄国十月革命和五四运动的多重冲击下,思想也发生了质的转变,由信奉资产阶级民主主义转向马克思主义和列宁主义学说。1919 年,陈独秀相继发表了《二十世纪俄罗斯的革命》《立宪政治与政党》《吃饭问题》等文章,告诫人们不要迷信资产阶级的所谓"立宪政治",而应把关注劳苦人民的生计问题看作"二十世纪劈头第一个大问题"。1920 年 9 月,陈独秀在复刊的《新青年》第 8 卷第 1 号上发表《谈政治》一文,指出:"我承认用革命的手段建设劳动阶级(即生产阶级)的国家,创造那禁止对内对外一切掠夺的政治、法律,为现代社会第一需要。"在这期《新青年》杂志上,还开辟了专门介绍俄国革命的"俄罗斯研究"专栏,同时,"封面上有一小小图案,是一东一西,两只大手,在地球上紧紧相握……暗示中国革命人民与十月革命后的苏维埃俄罗斯必须紧紧团结,也暗示全世界无产阶级团结起来的意思"③。这表明陈独秀已彻底转变为一个马克思主义者。

受陈独秀、李大钊的影响和新时代、新思潮的洗礼,以蔡和森、毛泽东为代表的一批青年学生,迅速成为马克思列宁主义的坚定信仰者。对于列宁学说,蔡和森一见如故,欣然接受。1918 年 7 月 21 日,在北京为留法勤工俭学

---

① 一湖:《二十世纪之大问题》,载《晨报》,1919 年 5 月 1 日。
② 李大钊:《法俄革命之比较观》,载《言治》(季刊),第 3 册,1918 年 7 月 1 日。
③ 茅盾:《我走过的道路》(上),人民文学出版社 1997 年版,第 191 页。

奔走的蔡和森致信毛泽东，表示"近来俄之列宁颇能行之，弟愿则而效之"①。
1919 年 12 月，蔡和森带着对马克思主义和俄国革命的憧憬踏上留法勤工俭学
之路。1920 年 2 月初，蔡和森与萧子升就效法俄国革命道路一事展开争论。据
萧子升回忆，蔡和森对他说："俄国人的计划已经齐备，都写在了纸上让我们
去读，而且他们自己已经付诸实践。我们为什么还要浪费时间去做别的尝试
呢？"②1920 年 7 月 5 日至 10 日，在法国的新民学会会员于蒙达尼开会，针对
"改造中国与世界"的方法，蔡和森"主张组织共产党，使无产阶级专政，其主
旨与方法多倾向于现在之俄"。在如何组建中国共产党的问题上，蔡和森也是
按照俄国的经验来构想的。他在 1920 年 8 月 13 日写给毛泽东的信中说："我意
中国于二年内须成立一主义明确，方法得当和俄一致的党，这事关系不小，望
你注意。"③经过进一步思考，在 9 月 16 日写给毛泽东的信中，蔡和森明确提出
"非组织与俄一致的（原理方法都一致）共产党，则民众运动、劳动运动、改造
运动皆不会有力，不会彻底"④，并提出建党的四个具体步骤。蔡和森所力求
建立的中国共产党，是以马克思列宁主义为指导的"主义明确"的党，是注重通
过"阶级战争""无产阶级专政"实现理想的"方法得当"的党，是"原理方法"都
"与俄一致"的党。毛泽东在对各种思想学说进行推陈比较、躬身实践后，最终
确立了马克思主义信仰，决心走俄国人的道路。1920 年 12 月 1 日，毛泽东写
信给蔡和森、萧子升及其他在法会友，表示："我看俄国式的革命，是无可如
何的山穷水尽诸路皆走不通了的一个变计。"⑤在 1921 年 1 月 21 日给蔡和森的
信中，毛泽东明确表示"你这一封信见地极当，我没有一个字不赞成"⑥。

　　中国先进分子"走俄国人的路"共识的形成，推动了中国共产党的成立。最
早酝酿在中国建立共产党的是陈独秀和李大钊。1920 年 2 月，为了躲避反动军
阀政府的迫害，陈独秀秘密离开北京，前往上海。李大钊亲自伴送他到天津。
在北京至天津的路上，两人交换了建立共产党组织的意见，相约在北京和上海
分别进行建党的筹备活动。1920 年 8 月，在陈独秀的主持下，上海的早期党组

---

① 《蔡和森文集》（上），人民出版社 2013 年版，第 9 页。

② 萧瑜：《我和毛泽东的一段曲折经历》，昆仑出版社 1989 年版，第 152 页。

③ 《蔡和森文集》（上），人民出版社 2013 年版，第 58 页。

④ 《蔡和森文集》（上），人民出版社 2013 年版，第 73 页。

⑤ 《毛泽东给萧旭东蔡林彬并在法诸会友》（1920 年 12 月 1 日），见《蔡和森文集》
（上），人民出版社 2013 年版，第 63 页。

⑥ 《毛泽东给蔡和森》（1921 年 1 月 21 日），见《蔡和森文集》（上），人民出版社 2013
年版，第 77 页。

织成立，当时取名为"中国共产党"，成员主要有陈独秀、李汉俊、沈玄庐、邵力子、施存统、俞秀松、陈公培、陈望道、李达等人。1920 年 10 月，北京的共产党早期组织成立，成员先后有李大钊、张申府、张国焘、邓中夏、罗章龙、刘仁静、高君宇、何孟雄、张太雷等人，大都是北京大学的进步师生。1920 年秋，湖北共产党早期组织在武汉成立，成员有董必武、陈潭秋、刘伯垂、包惠僧等人。同时，广州也酝酿建立共产党组织，成员主要有谭平山、陈公博、谭植棠、袁振英、李季等人。1921 年春，山东的共产党组织在济南成立，参加者有王尽美、邓恩铭、王翔千等人。1920 年初冬，在毛泽东的筹划下，长沙的共产党早期组织成立，到 1921 年 7 月，成员有毛泽东、何叔衡、彭璜等人。与以上六个城市建立了共产党早期组织同时，旅日、旅法的华人中也成立了共产党的早期组织。1921 年年初，旅法华人中的共产党早期组织成立，成员多为留法勤工俭学人员，有张申府、赵世炎、陈公培、刘清扬、周恩来等人。旅日华人中的共产党早期组织是由在国内加入党组织后去日本的施存统、周佛海等人组成的。

各地早期党组织成立后，便开始系统地宣传介绍列宁主义理论和俄国革命的经验。他们一方面继续在知识分子中宣传马克思主义，另一方面按照俄国的方法，帮助工人组织各种团体，创办各种工人刊物，努力促进马克思主义同中国工人运动相结合。他们号召工人们"准备共产革命的运动""和资本家阶级开战"；宣称中国不发生社会主义则已，"苟能发生，则只有俄国式的社会主义"①。上海早期党组织成立后，将《新青年》改组为它的机关刊物，宣传马克思主义的基本理论；随后又出版《共产党》月刊，介绍革命理论和党的基本知识，推动建党工作的开展。武汉有《武汉星期评论》，济南有《励新》半月刊，广州有《广东群报》。到工人中去宣传的通俗刊物，有北京的《劳动音》、上海的《劳动界》和广州的《劳动者》等。这些刊物文字通俗易懂，讲解马克思主义的道理深入浅出，同时结合工人的切身经历，诉说工人的需求，引起了工人们广泛的共鸣。

利用"提倡平民教育"的合法名义，到工人中创办各种劳动补习学校，成立工人组织，也是各地早期党组织开展活动的重要方式。上海党组织在沪西小沙

---

① 《共产党的粤人治粤主张》，载《劳动者》，第 2 号，1920 年 10 月 10 日。张赤：《打破现状才能进步》，载《劳动界》，第 6 册，1920 年 9 月 19 日。立达：《劳动者与社会主义》，载《劳动界》，第 16 册，1920 年 11 月 28 日。陈启修：《社会主义底发生的考察和实行条件底讨论与他在现代中国的感应性及可能性》，载《评论之评论》，第 1 卷第 4 号，1921 年 12 月 15 日。

渡地区创办了工人半日学校，1920 年 11 月，组织了机器工人联合会，12 月又组织了印刷工人联合会。北京党组织由邓中夏负责开办了长辛店劳动补习学校，1921 年正式开学。同年五一劳动节，长辛店铁路工人举行庆祝大会，通过了组织工会的决议。其他各地的早期党组织也有类似的活动，进一步促进了马克思主义同中国工人运动的结合。

1921 年 7 月 23 日，中国共产党第一次全国代表大会在上海召开，中国共产党正式成立，标志着马克思主义对于中国革命实践的指导地位的确立。

第二节　马克思主义的中国化时代化

中国共产党在领导中国革命、建设、改革的长期实践中，不断推进马克思主义中国化时代化，实现了历史性的飞跃。习近平总书记指出："实践告诉我们，中国共产党为什么能，中国特色社会主义为什么好，归根到底是马克思主义行，是中国化时代化的马克思主义行。"[1]在新民主主义革命时期，形成了被实践证明了的关于中国革命和建设的正确的理论原则和经验总结——毛泽东思想。在中共十一届三中全会后，形成了被实践证明了的关于在中国建设、巩固、发展社会主义的正确的理论原则和经验总结，这就是包括邓小平理论、"三个代表"重要思想、科学发展观和习近平新时代中国特色社会主义思想在内的中国特色社会主义理论体系。

一、马克思主义在中国的初步运用

中国共产党从成立起，就以马克思列宁主义作为自己的指导思想。无论是从整个世界社会历史的发展趋势、中国社会的实际情况，还是从自身的发展规律而言，中国共产党借鉴俄国十月革命的成功经验均是必然的选择。确定了"走俄国人的路"，就意味着中国革命确立了马克思列宁主义的理论指导，有了前进的方向，但要取得中国革命的成功，还要面对如何"走俄国人的路"的问题。是照搬照抄，还是依据实际情况，走自己的路？这个看似细节的问题，实际关系到中国革命的成败。

中国共产党成立之初，李大钊等人就开始思考马克思主义与中国国情"相

---

[1]　习近平：《高举中国特色社会主义伟大旗帜　为全面建设社会主义现代化国家而团结奋斗——在中国共产党第二十次全国代表大会上的报告》，人民出版社 2022 年版，第16 页。

结合"的问题。李大钊于 1923 年在《社会主义与社会运动》一文中指出，社会主义"因各地、各时之情形不同，务求其适合者行之，遂发生共性与特性结合的一种新制度(共性是普遍者，特性是随时随地不同者)，故中国将来发生之时，必与英、德、俄……有异"[1]。张太雷提出了"把国际无产阶级政党的纲领和方法正确地运用于各国具体特点的基础之上"[2]的主张。瞿秋白也指出："革命的理论永不能和革命的实践相离。……应用马克思主义于中国国情的工作，断不可一日或缓。"[3]显然，中国的早期马克思主义者已经意识到应该将马克思主义与中国的具体国情相结合。

然而，与任何一种新生事物一样，中国共产党也经历了由不成熟到成熟、由模仿到推陈出新的过程。在一个半殖民地半封建的东方大国进行革命，既面对着农民占人口的绝大多数，落后分散的小农经济、小生产及其社会影响根深蒂固的特殊国情，又遭受着西方列强的侵略和压迫，经济文化十分落后，选择一条什么样的道路才能把中国革命引向胜利成为首要问题，这也是马克思主义发展史上前所未有的难题。年轻的中国共产党一度将苏联模式教条化，将共产国际的指示教条化，给中国革命造成巨大损失。

在工农关系问题上，中国共产党成立后，虽然多次提到工农联盟，但是受到俄国十月革命的影响，在开展革命工作时，将工人运动摆在首位，农民运动放在次席。中共中央书记局总书记陈独秀认为，农民散漫异常，文化十分落后，教育和宣传都难以产生效果，便将全部精力放在工人运动上。国民革命失败后，瞿秋白、李立三领导的中共中央仍然错误地判断中国国情与革命形势，提出了片面的"城市中心论"，力图通过工人革命，夺取大城市，实现革命成功。这种脱离客观实际的做法，虽以"左"的面目出现，但与陈独秀的右倾机会主义思维如出一辙，致使中国共产党的组织受到很大破坏。

早在国民革命后期，毛泽东等中共负责人已经认识到农民运动的重要性，并于国民革命失败后，在远离城市的农村建立根据地，逐渐开辟出农村包围城市、武装夺取政权的革命新路。但伴随着王明等留苏学生归国，在共产国际远东局的支持下成为中国共产党的实际领导者，教条主义开始在全党范围内滋长、蔓延。

1931 年 1 月 7 日，中国共产党扩大的六届四中全会在上海召开。这次会议的主要目的是重组中共中央领导机构，贯彻共产国际路线。因共产国际远东局

---

① 《李大钊全集》第 4 卷，人民出版社 2006 年版，第 197 页。
② 《张太雷文集(续)》，江苏人民出版社 1992 年版，第 32 页。
③ 《瞿秋白选集》，人民出版社 1985 年版，第 310～311 页。

负责人米夫以不正常的组织手段控制了会议的进行，王明不仅得以列席会议，而且在会上发表名为《两条路线》（后更名为《为中共更加布尔塞维克化而斗争》）的长篇大论，宣称必须从思想上、政治上、组织上全面彻底地改造党。在这次会议上，王明被选为中央委员，并进入中央政治局，实际操纵了中共中央的领导权。此后，中共中央提拔了一批拥护国际路线的同志到中央领导岗位，并派遣许多中央代表或"新的领导干部"到全国各地去，对革命根据地和国民党统治区的地方党组织进行所谓"改造"。这样，六届四中全会就成为以王明为主要代表的"左"倾教条主义错误在中共中央占据统治地位的开端。

在《两条路线》中，王明以"拥护共产国际的正确的列宁主义的路线，反对以李立三为领导的反共产国际的路线"为旗号，系统地阐发了他的"左"倾教条主义观念。他认为，中国革命的动力只有工农和下层小资产阶级，资产阶级、上层小资产阶级同帝国主义、封建主义一样，都是革命的对象，当时中国的资产阶级民主革命，只有在坚决进行反对资产阶级的斗争中才能取得彻底的胜利。他强调，全国性的革命高潮已经到来，要在全国范围内推行进攻路线，先在一省或几省取得胜利，进而推进与争取全国范围内的胜利。王明坚持"城市中心论"，将组织领导工人阶级的经济斗争、准备总同盟罢工以至武装起义，作为中国共产党最主要的任务。对于红军，王明虽表示重视，但没有认识到敌强我弱形势下红军的作战规律和根据地的发展规律，指责党和红军"到一九三〇年冬还没有能够建立起一个能够真正成为最有保障的革命中心的根据地"。在土地革命问题上，王明提出"坚决打击富农""使富农得到较坏的土地"等主张。在组织上，他要求以"能积极拥护和执行国际路线的斗争干部——特别是工人干部，来改造和充实各级的领导机关"[①]。

《两条路线》作为"左"倾教条主义的政治纲领，经中共六届四中全会实际上的批准而成为中国共产党的指导思想，并通过重新改组的各级领导机构得到贯彻实施，从组织上为教条主义思维方式的存在与蔓延提供了保障；同时，因王明等人在苏联系统学习了马克思列宁主义理论，谈话、写作动辄引经据典，显示出相当高的理论素养，从而树立了马克思列宁主义理论权威的形象，对于许多马克思主义理论素养不深，对中国革命实际了解不够的人来说，具有极大的迷惑作用；此外，王明等人颇受直接领导中国共产党的共产国际远东局负责人的青睐，在共产国际与中国共产党处于领导与被领导地位的体制下，共产国际

---

① 中共中央文献研究室、中央档案馆编：《建党以来重要文献选编（一九二一——一九四九）》第 8 册，中央文献出版社 2011 年版，第 135～136、161、177 页。

的支持就使得王明等人在中国共产党内不仅有理论家的权威，而且还握有实际的领导权，因此一部分本来批评或不赞成王明的人转而赞同并支持他。如上种种因素，造成了"左"倾教条主义倾向未能及时得到纠正，形成了"把马克思主义教条化，把共产国际指示和苏联经验神圣化"的错误潮流，而且随着形势的发展，在中国共产党内由城市影响到农村革命根据地，对中国革命造成巨大的损失与危害。

1931年9月18日，日本帝国主义悍然发动九一八事变，全国规模的抗日救亡运动随即兴起，中国社会的阶级关系发生剧烈变动。根据形势发展，以抗日战争为中心，制定出符合客观实际的战略策略，推动中国革命事业向前发展，是摆在中国共产党面前的当务之急。但是，在"左"倾教条主义思维方式的影响下，中共六届四中全会以后的临时中央依据共产国际的指示，认为资本主义世界和社会主义世界对立，是国际关系的不变法则，日本侵占东北，接下来将是华北，这是"向反苏战争又前进了一步"；强调帝国主义国家反对苏联和反对中国革命的一致性，要求中国共产党不仅要反对日本帝国主义，而且要反对一切帝国主义，提出"武装保卫苏联"口号，完全脱离中国实际。

从教条出发对形势的曲解与误读，必然会反映在具体的政策上。在统一战线问题上，教条主义者犯了"关门主义"错误。他们看不到民族危机引发的中国社会阶级关系的新变化，否认以民族资产阶级为主体的中间势力的抗日要求，否认国民党内部在抗日问题上的矛盾与分化，认为当时形势的特点是革命与反革命的决战，中间势力帮助国民党维持它的统治，使群众不去反对与推翻国民党的统治，因而是最危险的敌人，应该以主要的力量来打击这些妥协的反革命派。在革命策略上，教条主义者犯了"冒险主义"错误。他们片面强调国民党政权与苏维埃政权的对立，认为国民党统治的崩溃正在加速地进行着，红军和苏维埃政权能够立刻取得决定性的胜利。他们重新提出争取"中国革命在一省数省的首先胜利"的方针，指令根据地红军采取"积极进攻的策略"，攻打中心城市；规定党在国民党统治区的第一等的任务，是用最大的力量去开展城市工人的罢工斗争。在领导城市工人运动时，他们继续采取冒险主义的方针，组织赤色工会，无条件地举行冲厂、罢工、全行业罢工等。

"冒险主义"和"关门主义"路线的推行，对国统区共产党的组织和工作造成了巨大损害。从1931年年初到1932年年底，中共河北省委遭到三次大破坏，1933年更是遭到四次破坏。从1931年4月到1933年7月，中共山东省委遭到五次大破坏，并与中共中央失去联系。从1934年3月到1935年2月，负责领导党在国统区的工作、同共产国际联系的临时中央派出机关——上海中央局遭到六次大破坏，陷入瘫痪状态，并不得不在 7 月后停止活动。

中央政治局被迫由上海迁到瑞金后，教条主义者并没有接受城市革命失败的教训。特别是在第五次反"围剿"战争中，博古、李德等人过高地估计了红军的实力，照搬军事教科书的做法，采取"御敌于国门之外"的错误战略，以及"短促出击"的错误战术，和十倍于己的敌人硬拼，造成红军大量伤亡，无法继续在中央根据地立足，被迫放弃苦心建设数年的革命根据地，进行战略转移，长征两万五千里①，最终在遵义会议的正确路线的指引下，方才保留住革命的星星之火。

历史经验证明，不顾中国国情，理论脱离实际，照搬照抄外国经验的教条主义是错误的。中国共产党必须把马克思列宁主义基本原理同中国革命的具体实践相结合，坚持实事求是的思想路线，才能领导中国革命走向胜利。

二、毛泽东思想的形成与发展

从革命斗争失误的教训中，毛泽东等中国共产党人深刻认识到，面对中国的特殊国情，面对压在中国人民头上的三座大山，中国革命将是一个长期的过程，不能以教条主义的观点对待马克思列宁主义，必须从中国实际出发，实现马克思主义中国化。

为了从理论上阐明中国革命发展的正确道路，以指导革命根据地斗争的发展，1928 年 10 月、11 月，毛泽东先后完成《中国的红色政权为什么能够存在？》和《井冈山的斗争》两篇文章，第一次把武装斗争、建立政权和深入开展土地革命密切结合在一起，提出了"工农武装割据"的思想。1930 年 1 月，毛泽东写了《星星之火，可以燎原》的党内通讯，提出了以农村为共产党的工作重心的问题，明确了建立小块红色政权是夺取全国政权的必要条件和必经之路，辨明了城市斗争和农村斗争的关系，提出了农民革命斗争的发展路线、方式与方法，标志着毛泽东关于农村包围城市、武装夺取政权的道路理论的基本形成。同年 5 月，毛泽东又写下了他在几十年后仍然感到自豪的文章——《调查工作》（即《反对本本主义》），进一步阐明了坚持唯物主义思想路线、坚持理论与实际相结合原则的重要性，旗帜鲜明地提出反对本本主义即教条主义的口号，指出"我们的斗争需要马克思主义""但是必须同我国的实际情况相结合。……一定要纠正脱离实际情况的本本主义。怎样纠正这种本本主义？只有向实际情况作

---

① 1 里等于 500 米。

调查"①，从哲学高度揭示了中国革命新道路理论形成的原因，从而使这一理论建立在坚实的马克思主义认识论基础之上，标志着毛泽东思想的形成。

为使全党进一步从教条主义中解放出来，1938 年 9 月 29 日至 11 月 6 日，中国共产党召开了六届六中全会，毛泽东代表党中央做了《论新阶段》的政治报告，向全党明确提出了"把马克思主义中国化"的任务，指出"对于中国共产党说来，就是要学会把马克思列宁主义的理论应用于中国的具体的环境……使马克思主义在中国具体化，使之在其每一表现中带着必须有的中国的特性"，主张作为中国人，一定要有"中国作风和中国气派"②。这次全会的召开，在马克思主义中国化历史上具有重大的意义，标志着中国共产党把马克思主义同中国实际相结合，进入更加自觉地深入了解中国国情并从事理论创造的新阶段。

为解决马克思主义中国化面临的文化认同与重构问题，以毛泽东为代表的中国共产党人把"民族特点"和"民族形式"看作马克思主义普遍真理在中国大地上发挥作用的必经环节。在《新民主主义论》一文中，毛泽东系统阐释了创建"民族的科学的大众的文化"问题，认为："必须将马克思主义的普遍真理和中国革命的具体实践完全地恰当地统一起来，就是说，和民族的特点相结合，经过一定的民族形式，才有用处，决不能主观地公式地应用它。……中国文化应有自己的形式，这就是民族形式。民族的形式，新民主主义的内容——这就是我们今天的新文化。"③这段话，道出了马克思主义中国化问题的实质，说明了马克思主义中国化的过程，不仅是马克思主义被中国的民族文化认同和吸收的过程，而且是马克思主义在新的实践中得到创造性丰富和发展的过程，从而给马克思主义中国化做了最准确的界定。

在 1942 年春天开始的全党整风运动中，毛泽东围绕如何运用和发展马克思主义进行了系统的阐述，指出：不能把马克思列宁主义理论当成僵死的教条，"中国共产党人只有在他们善于应用马克思列宁主义的立场、观点和方法，善于应用列宁斯大林关于中国革命的学说，进一步地从中国的历史实际和革命实际的认真研究中，在各方面作出合乎中国需要的理论性的创造，才叫做理论和实际相联系。如果只是口头上讲联系，行动上又不实行联系，那末，讲一百年也还是无益的。我们反对主观地片面地看问题，必须攻破教条主义的主观性和片面性"④。整风运动彻底破除了中国共产党内"把马克思主义教条化，把共

---

① 《毛泽东选集》第 1 卷，人民出版社 1991 年版，第 111~112 页。
② 《毛泽东选集》第 2 卷，人民出版社 1991 年版，第 534 页。
③ 《毛泽东选集》第 2 卷，人民出版社 1991 年版，第 707 页。
④ 《毛泽东选集》第 3 卷，人民出版社 1991 年版，第 820 页。

产国际指示和苏联经验神圣化"的错误倾向，解放了思想，在全党范围内树立了实事求是的思想路线，为抗日战争和新民主主义革命的胜利奠定了坚实的思想基础。

经过长期的革命实践和理论总结，毛泽东等中国共产党人创造性地解决了马克思列宁主义基本原理同中国实际相结合的一系列重大问题，深刻分析了中国社会形态和阶级状况，弄清了中国革命的性质、对象、任务、动力，提出了通过新民主主义革命走向社会主义的两步走战略，制定了新民主主义革命总路线，开辟了以农村包围城市，最后夺取全国胜利的革命道路；创造性地解决了在中国这种特殊的社会历史条件下建设马克思主义政党的一系列重大问题，把党建设成为用科学理论和革命精神武装起来的、同人民群众有着血肉联系的、在思想上政治上组织上完全巩固的马克思主义政党；创造性地解决了缔造一支在党的绝对领导下的人民武装力量的一系列重大问题，建成了一支具有一往无前的精神、能压倒一切敌人而决不被敌人所屈服的新型人民军队；创造性地解决了团结全民族最大多数人而共同奋斗的革命统一战线的一系列重大问题，为党和人民事业凝聚了一支最广大的同盟军。在全党范围内，毛泽东思想为中国共产党指导思想的共识逐步形成。

在广泛学习和宣传毛泽东思想的基础上，在中共七大上，毛泽东思想被确立为党的指导思想。1945 年 3 月 31 日，刘少奇在中共六届七中全会上讨论中共七大报告时说："总纲是党的基本纲领，作为党章的前提与组成部分，可以更加促进党内的一致。党章以毛泽东思想来贯串，这是一个前所未有的历史特点。"①5 月 14 日，刘少奇在中共七大全体会议上做《关于修改党的章程的报告》，对毛泽东思想做了科学的概括和全面的论述。他说："毛泽东思想，就是马克思列宁主义的理论与中国革命的实践之统一的思想，就是中国的共产主义，中国的马克思主义。""毛泽东思想，就是马克思主义在目前时代的殖民地、半殖民地、半封建国家民族民主革命中的继续发展，就是马克思主义民族化的优秀典型。它是从中国民族与中国人民长期革命斗争中……生长和发展起来的。它是中国的东西，又是完全马克思主义的东西。"毛泽东思想"是我们党的唯一正确的指导思想，唯一正确的总路线"。毛泽东思想"是中国人民完整的革命建国理论。这些理论，表现在毛泽东同志的各种著作和党的许多文献上。这就是毛泽东同志关于现代世界情况及中国国情的分析，关于新民主主义的理论

① 中共中央文献研究室编：《刘少奇年谱（一八九八——一九六九）》上卷，中央文献出版社 1996 年版，第 463 页。

与政策，关于解放农民的理论与政策，关于革命统一战线的理论与政策，关于革命战争的理论与政策，关于革命根据地的理论与政策，关于建设新民主主义共和国的理论与政策，关于建设党的理论与政策，关于文化的理论与政策等。这些理论与政策，完全是马克思主义的，又完全是中国的。这是中国民族智慧的最高表现和理论上的最高概括"。刘少奇强调指出："毛泽东思想，就是这次被修改了的党章及其总纲的基础。学习毛泽东思想，宣传毛泽东思想，遵循毛泽东思想的指示去进行工作，乃是每一个党员的职责。"①6 月 11 日中共七大通过的党章正式规定："中国共产党，以马克思列宁主义的理论与中国革命的实践之统一的思想——毛泽东思想，作为自己一切工作的指针。"

确立毛泽东思想在全党的指导地位，使中国共产党从主观主义、教条主义的思维方式中解放出来，完成了思想解放和思想统一的双重任务，并在中国共产党内确立了把马克思主义的普遍真理同中国革命的具体实践相结合的发展方向，高度地凝聚了党心和民心，正确地指明了中国革命的斗争方向，成为中国革命不断走向胜利的伟大旗帜。

新民主主义革命的胜利、社会主义基本制度的确立，为当代中国一切发展进步奠定了根本政治前提和制度基础。

社会主义基本制度确立以后，如何在中国建设社会主义，是共产党面临的崭新课题。以毛泽东为代表的中国共产党人以苏联的经验教训为鉴戒，对适合中国情况的社会主义建设道路进行了艰苦探索，提出要创造新的理论、写出新的著作，把马克思列宁主义基本原理同中国实际进行"第二次结合"，找出在中国进行社会主义革命和建设的正确道路，制定把我国建设成为一个强大的社会主义国家的战略思想，建立起独立的比较完整的工业体系和国民经济体系，独立研制出"两弹一星"，成为在世界上有重要影响力的大国，积累起在中国这样一个社会生产力水平十分落后的东方大国进行社会主义建设的重要经验，为中国共产党和人民事业的胜利发展、为中华民族阔步赶上时代发展潮流创造了根本前提，奠定了坚实的理论和实践基础。

三、中国特色社会主义理论体系的形成与发展

在"文化大革命"结束，中国面临向何处去的历史关头，邓小平冲破"两个凡是"的禁锢，领导和支持关于真理标准问题的大讨论，恢复和重新确立党的解放思想、实事求是的思想路线，并结合新的时代特征，从以阶级斗争为纲到

---

① 《刘少奇选集》上卷，人民出版社 1981 年版，第 333～335、337 页。

以经济建设为中心，从僵化半僵化到全面改革，从封闭半封闭到对外开放，这种历史性转变使社会主义在中国的发展充满生机和活力，形成了新的中国特色社会主义理论——邓小平理论。

中共十五大报告对邓小平理论在马克思主义发展史上的历史地位进行了充分的科学论证，指出："邓小平理论是当代中国的马克思主义，是马克思主义在中国发展的新阶段。"这是对邓小平理论在马克思主义发展史上、在马克思主义中国化的历史发展中、在马克思主义科学体系中的科学定位，也是对邓小平理论的社会历史价值的高度评价。

邓小平理论是马克思主义，而且是中国化的、发展了的马克思主义。这是因为：邓小平理论来源于马克思主义，它同马克思列宁主义、毛泽东思想是一脉相承的，与它们有着共同的辩证唯物主义和历史唯物主义的哲学基础，有着共同的目的、目标和历史使命。相对于毛泽东思想而言，"邓小平理论是马克思主义在中国发展的新阶段"。二者是马克思主义在中国发展的两个不同的历史阶段。邓小平理论作为我国改革开放和社会主义建设新时期的伟大旗帜，第一次科学地回答了像中国这样经济、文化落后的大国如何建设社会主义，如何巩固和发展社会主义的一系列基本问题。邓小平理论的伟大意义根本在于它初步解决了一个关系社会主义前途命运的历史性课题。

中共十三届四中全会以来，以江泽民同志为主要代表的中国共产党人，在建设中国特色社会主义的伟大实践中，总结治党、治国、治军新的宝贵经验，创立了"三个代表"重要思想，成为新世纪新阶段指引全党全国人民继往开来、与时俱进、实现全面建设小康社会宏伟目标的根本指针。

"三个代表"重要思想作为一个系统的科学理论，在建设中国特色社会主义的思想路线、发展道路、发展阶段和发展战略、根本任务、发展动力、依靠力量、国际战略、领导力量和根本目的等重大问题上都取得了丰硕成果；它用一系列紧密联系、相互贯通的新思想、新观点、新论断，进一步回答了什么是社会主义、怎样建设社会主义的问题，创造性地回答了建设什么样的党、怎样建设党的问题。"三个代表"重要思想的提出，不仅表明中国共产党对共产党执政规律、社会主义建设规律和人类社会发展规律的认识达到了新的理论高度，而且反映了我国最广大人民的共同意愿，体现了当今世界和中国发展的时代精神，是全党全国人民在新世纪新阶段继续团结奋斗的共同思想基础。要在进入21世纪的头二十年实现全面建设小康社会的宏伟目标，全党全国的各项工作就必须以"三个代表"重要思想为根本指针，在它的指引下集聚起强大的力量，战胜一切艰难险阻，不断把改革开放和现代化建设推向前进。

中共十六大以后，我国改革发展进入了全面建设小康社会的关键时期，以胡锦涛同志为总书记的党中央继承和发展马克思主义理论，立足社会主义初级阶段基本国情，总结中华人民共和国成立以来经济社会发展的经验教训，汲取人类社会发展的有益成果，适应我国现阶段现代化建设的需要，针对当前我国经济社会发展中存在的突出问题和矛盾，提出了科学发展观这一重大理论创新成果，确立了以科学发展观统领新世纪新阶段我国经济社会发展全局的战略指导方针。

科学发展观对我国的发展道路、发展模式、发展战略、发展动力、发展目的和发展要求等一系列重大理论和实践问题做出了科学回答，揭示了当代中国经济社会发展的客观规律，反映了中国共产党对发展问题的新认识。在新世纪新阶段我国全面建设小康社会的关键时期，要抓住发展机遇，破解发展难题，推动我国经济社会全面协调可持续发展，最根本的就在于坚持以科学发展观统领经济社会发展全局，全面贯彻落实科学发展观的基本要求，把握发展规律，创新发展理念，转变发展方式，提高发展质量和效益，推动中国特色社会主义事业又好又快地向前发展。

中共十八大以来，中国特色社会主义进入全面建设社会主义现代化强国、逐步实现全体人民共同富裕、实现中华民族伟大复兴的中国梦、中国日益走近世界舞台中央并不断为人类做出更大贡献的新时代。

以习近平同志为主要代表的中国共产党人，坚持把马克思主义基本原理同中国具体实际相结合、同中华优秀传统文化相结合，科学回答了新时代坚持和发展什么样的中国特色社会主义、怎样坚持和发展中国特色社会主义等重大时代课题，创立了习近平新时代中国特色社会主义思想。

习近平新时代中国特色社会主义思想，明确中国特色社会主义最本质的特征是中国共产党领导，中国特色社会主义制度的最大优势是中国共产党领导，中国共产党是最高政治领导力量，全党必须增强"四个意识"、坚定"四个自信"、做到"两个维护"；明确坚持和发展中国特色社会主义，总任务是实现社会主义现代化和中华民族伟大复兴，在全面建成小康社会的基础上，分两步走在本世纪中叶建成富强民主文明和谐美丽的社会主义现代化强国，以中国式现代化推进中华民族伟大复兴；明确新时代我国社会主要矛盾是人民日益增长的美好生活需要和不平衡不充分的发展之间的矛盾，必须坚持以人民为中心的发展思想，发展全过程人民民主，推动人的全面发展、全体人民共同富裕取得更为明显的实质性进展；明确中国特色社会主义事业总体布局是经济建设、政治建设、文化建设、社会建设、生态文明建设五位一体，战略布局是全面建设社会主义现代化国家、全面深化改革、全面依法治国、全面从严治党四个全面；明确全面深化改革总目标是完善和发展中国特色社会主义制度、推进国家治理体系和治理能力现代化；明确全面推进依法治国总目标是建设中国特色社会主义法治体系、建设社会主义法治国家；明确必须坚持和完善社会主义基本经济制度，使市场在资源配置中起决定性作用，更好发挥政府作用，把握新发展阶段，贯彻创新、协调、绿色、开放、共享的新发展理念，加快构建以国内大循环为主体、国内国际双循环相互促进的新发展格局，推动高质量发展，统筹发展和安全；明确党在新时代的强军目标是建设一支听党指挥、能打胜仗、作风优良的人民军队，把人民军队建设成为世界一流军队；明确中国特色大国外交要服务民族复兴、促进人类进步，推动建设新型国际关系，推动构建人类命运共同体；明确全面从严治党的战略方针，提出新时代党的建设总要求，全面推进党的政治建设、思想建设、组织建设、作风建设、纪律建设，把制度建设贯穿其中，深入推进反腐败斗争，落实管党治党政治责任，以伟大自我革命引领伟大社会革命。

习近平新时代中国特色社会主义思想是对马克思列宁主义、毛泽东思想、邓小平理论、"三个代表"重要思想、科学发展观的继承和发展，是当代中国马克思主义、二十一世纪马克思主义，是中华文化和中国精神的时代精华，是党和人民实践经验和集体智慧的结晶，是中国特色社会主义理论体系的重要组成部分，是全党全国人民为实现中华民族伟大复兴而奋斗的行动指南，必须长期坚持并不断发展。

第三节　马克思主义指导地位确立的历史必然

马克思主义指导地位的确立，基于其内在的科学性与真理性，体现在指导中国革命、建设、改革开放的伟大实践中，具有与时俱进的理论品质。马克思强调："理论在一个国家实现的程度，总是决定于理论满足这个国家的需要的程度。"[1]毛泽东在《反对本本主义》一文中指出："我们说马克思主义是对的，决不是因为马克思这个人是什么'先哲'，而是因为他的理论，在我们的实践中，在我们的斗争中，证明了是对的。我们的斗争需要马克思主义。"[2]

---

[1]　《马克思恩格斯选集》第1卷，人民出版社1995年版，第11页。
[2]　《毛泽东选集》第1卷，人民出版社1991年版，第111页。

一、马克思主义的科学性

马克思主义的科学性,首先在于它批判继承了人类历史上的优秀成果,形成了科学的理论。马克思主义超越了资产阶级的哲学、政治经济学和空想社会主义,"回答了人类先进思想已经提出的种种问题。他的学说的产生正是哲学、政治经济学和社会主义极伟大的代表人物的学说的直接继续"①。

马克思主义的诞生并不偶然,而是当时社会历史发展的必然产物。其时,欧洲资本主义机器大工业和资本主义生产方式固有的矛盾日趋激化,反映出不可调和的生产社会化和生产资料私人占有制之间的尖锐矛盾。以法国里昂工人起义、英国宪章运动和德国西里西亚纺织工人起义为标志,无产阶级作为一支独立的政治力量登上了历史舞台,在同资产阶级的阶级斗争中,急切期待科学理论体系的指导。细胞学说、能量守恒和转化定律及进化论等自然科学的新发现,为新理论的诞生奠定了科学的基础。

马克思、恩格斯批判地继承人类优秀的文化遗产,以德国古典哲学、英国古典政治经济学和英法三大空想社会主义思想家的思想为基础,创立了马克思主义理论体系,从生产力与生产关系的运动、变化的角度,揭示出社会主义是现代资本主义经济条件的必然产物,找到了变革资本主义社会、建立社会主义社会的基本力量——无产阶级,指明了实现社会主义的可行途径——阶级斗争、暴力革命。

马克思主义的诞生,是人类思想史上的革命变革,标志着人类思想发展进入了一个新阶段。

第一,马克思主义哲学是辩证唯物主义和历史唯物主义,它是唯物主义和辩证法、辩证唯物的自然观和历史观的有机统一,是彻底的唯物主义,在人类思想史上第一次揭示了自然、社会和思维发展的一般规律,为人类提供了科学的世界观和方法论。

马克思主义哲学产生于 19 世纪 40 年代,无产阶级是其坚实的阶级基础;自然科学的跨越式发展促进了马克思主义哲学的产生;全部哲学史中唯物主义和辩证法的传统,还有近代古典经济学家、历史学家及空想社会主义者等对社会历史动因所做的有益探索,为马克思主义哲学的产生做了思想上的准备;而德国古典哲学——主要是黑格尔的唯心主义的辩证法和费尔巴哈的形而上学唯物主义,则成为马克思主义哲学的直接理论来源。列宁指出:"他

---

① 《列宁选集》第 2 卷,人民出版社 2012 年版,第 309 页。

用德国古典哲学的成果，特别是用黑格尔体系(它又导致了费尔巴哈的唯物主义)的成果丰富了哲学。这些成果中主要的就是辩证法，即最完备最深刻最无片面性的关于发展的学说，这种学说认为反映永恒发展的物质的人类知识是相对的。"①马克思主义哲学的产生，是人类思想史、哲学史上的伟大的革命性变革。

第二，马克思主义政治经济学第一次规定了政治经济学的对象不是物，而是人与人之间的生产关系及其发展规律，科学地阐明了劳动价值论，创立了剩余价值学说，揭示了资本主义剥削的秘密和无产阶级同资产阶级之间对立的经济根源，指出了资本主义发展与灭亡的必然性，从而使政治经济学成为一门科学。

马克思主义政治经济学研究社会生产关系，阐明人类社会各个发展阶段经济运动的规律，在马克思主义思想理论宝库中占有很重要的地位。恩格斯说过：无产阶级政党的"全部理论内容来自对政治经济学的研究"②。列宁在论述马克思的经济学说时曾经指出，马克思的经济学说是马克思主义的主要内容，并说，"使马克思的理论得到最深刻、最全面、最详尽的证明和运用的是他的经济学说"③。政治经济学之所以在马克思主义理论体系中占有如此重要的地位，就是由于它是研究生产关系、阐明社会经济发展规律的科学，它深刻地反映了马克思主义理论的实质，对于人们正确地认识世界和改造世界有着极其重要的意义。马克思花费40年心血写成的伟大著作《资本论》，是马克思主义的百科全书，是马克思主义三个组成部分的有机结合和辩证统一。《资本论》不仅科学地总结了并形成了政治经济学，而且探讨了哲学和科学社会主义，是一部集大成的理论巨著。

第三，马克思主义使社会主义思想由空想变为科学。

此前，无论是东方还是西方都有社会主义思想，但都是空想性质的。这些空想社会主义或者单纯留恋原始共产主义社会的平等、平均观念，虽能深刻地揭露资本主义的矛盾、弊病和罪恶，并提出取代资本主义的未来社会主义的理想蓝图，但均不能深刻揭露资本主义的基本矛盾及其剥削的本质，不能从社会发展规律的高度科学地阐明资本主义必然灭亡和社会主义必然胜利的历史趋势。马克思主义第一次在唯物史观和剩余价值学说的基础上阐明了无产阶级的历史地位和历史使命，指出了无产阶级是资本主义的掘墓人，社会主义必然代

①　《列宁选集》第 2 卷，人民出版社 2012 年版，第 310 页。

②　《马克思恩格斯选集》第 2 卷，人民出版社 1995 年版，第 37 页。

③　《列宁选集》第 2 卷，人民出版社 2012 年版，第 428 页。

替资本主义，使社会主义学说由空想变为科学。列宁指出："空想社会主义没有能够指出真正的出路。它既不会阐明资本主义制度下雇佣奴隶制的本质，又不会发现资本主义发展的规律，也不会找到能够成为新社会的创造者的社会力量……马克思的天才就在于他最先从这里得出了全世界历史所揭示的结论，并且彻底地贯彻了这个结论。这个结论就是阶级斗争学说。"①科学社会主义自创立之后，经过马克思、恩格斯的继续充实和完善，又经过列宁、斯大林在领导俄国社会主义革命和建设实践过程中的丰富和发展，从理论逐步变为了现实，并形成了一系列基本原则。

马克思主义的科学性，还在于它在指导人们认识世界和改造世界的过程中，得到实践的检验，被称为科学真理，是科学的世界观和方法论。

一切科学的源泉都是人们的社会实践。一门学说是否科学，归根到底由人们的社会实践来检验。马克思主义的科学性，正是由于它坚持了实践是检验真理的唯一标准。马克思主义在内容、对象和使命等方面，都具有根本不同于以往旧哲学的新特点，它公开申明自己是无产阶级和劳动群众求解放的理论，第一次使无产阶级和劳动群众有了自己的科学理论，代表了无产阶级的利益，为人们认识世界和改造世界，特别是为认识和改造纷繁复杂的现代社会提供了一个崭新的科学方法论，从而成为指导无产阶级和劳动人民群众推动历史向更高阶段发展的科学的世界观和方法论，使人类思想发展史发生了伟大变革，也推动着世界社会主义运动进入一个新的阶段。列宁曾指出，他们的整个学说，"不是死的教条，不是什么一成不变的学说，而是活的行动指南，所以它就不能不反映社会生活条件的异常剧烈的变化"②。

马克思主义揭示了人类社会发展的本质和规律，是近现代中国认识世界和改造世界的强大思想武器。在中国共产党的历史上，以毛泽东、邓小平为代表的老一辈无产阶级革命家历来十分重视并大力提倡学习掌握马克思主义科学的世界观和方法论。中国共产党的历史表明，学习实践马克思主义理论的一条极其宝贵的经验，就是把马克思主义的基本原理同中国革命、建设和改革的具体实践相结合，用科学的世界观和方法论研究解决不同历史时期的重大问题。中国革命、建设和改革开放的历程和沧桑巨变有力地证明了马克思主义无可置疑的科学性。

---

① 《列宁选集》第 2 卷，人民出版社 2012 年版，第 313~314 页。
② 《列宁选集》第 2 卷，人民出版社 2012 年版，第 281 页。

二、与时俱进的理论品质

马克思主义具有与时俱进的理论品质，善于将理论与实际相结合，指导着中国革命、建设和改革开放不断取得胜利。这是近现代中国历史和人民选择马克思主义指导的实践基础。

本质上，与时俱进就是从客观实际出发，与历史同步，顺应社会发展规律和世界潮流与大趋势。马克思主义是揭示人类社会发展进步、放之四海而皆准的科学真理，同时也随着时间、空间的变化而不断发展完善。恩格斯曾经反复强调："马克思的整个世界观不是教义，而是方法。它提供的不是现成的教条，而是进一步研究的出发点和供这种研究使用的方法。"①与时俱进的理论品质，是马克思主义科学性、实践性的进一步体现。

马克思主义与时俱进的理论品质，源自马克思、恩格斯把实践引入了自己的哲学，在纷繁复杂的社会现象中找到了社会生产这个基点，从而揭示出人类历史的发展规律，建立了历史唯物主义。马克思、恩格斯还从实践出发，解决了客观规律性和人的主观能动性的统一问题，把唯物论与辩证法内在地统一起来，建立起辩证唯物主义。在这样一个全新的世界观的指引下，马克思、恩格斯就能够在每一个研究领域都有自己独到的建树，实现了哲学史上的革命。他们又把实践引入哲学，不仅使马克思主义的理论观点得以建立起来，从而把马克思主义的学说与其他的学说区别开来，而且使得马克思主义的理论形式也与其他学说的理论形式不同。理论由此不再是解释世界的僵化教条，成为随着实践的发展而不断自我更新的、发展的、开放的体系。

马克思主义内在地要求自己的学说从新的社会实践中汲取营养，在与时俱进中不断丰富和发展。可以说，没有与时俱进，必然陷入僵化教条的误区，从而脱离了马克思主义的本质属性。同时，马克思主义有其质的规定性。没有自己的质的规定性，同样谈不上与时俱进。马克思主义质的规定性，最为根本的除了对人类社会发展规律的揭示和对资本主义社会特殊的运动规律的揭示，就是这个学说的价值立场。我们通常所说的坚持马克思主义的立场、观点、方法，就是坚持无产阶级和人民大众（实践主体）的立场，坚持马克思、恩格斯揭示出来的关于人类社会发展规律和资本主义社会特殊运动规律的基本观点，特别是坚持贯穿于马克思主义中的彻底的唯物主义和彻底的辩证法相统一的方法。

---

① 《马克思恩格斯选集》第 4 卷，人民出版社 1995 年版，第 742～743 页。

　　马克思主义与时俱进的理论品质，表现为马克思主义基本原理随着社会的发展与时代的变迁，在理论反映时代主题的过程中实现理论的自我超越，引领时代的方向。

　　马克思主义在中国广泛传播并产生深刻的现实影响，是与列宁主义和十月革命分不开的。在马克思主义发展史上，列宁主义关于帝国主义的理论、社会主义可以在"一国或几国首先胜利"论、从资产阶级民主革命向社会主义革命转变的理论、民族和殖民地理论，以及建立新型无产阶级政党的理论、过渡时期的理论等进一步发展了马克思主义，使马克思主义进入了新的阶段。列宁之所以能够发展马克思主义，根本在于他能够以科学的态度对待马克思主义，将马克思主义与时代和俄国的国情相结合，将理论与实践紧密结合，体现了实事求是的马克思主义精神实质，从而真正掌握了马克思主义的精髓，开创了马克思主义的新境界。列宁主义对马克思主义的新发展，不仅在理论上，而且在方法论意义上使中国在马克思主义指导下开展革命成为可能。

　　在中国共产党的历史上，历来存在两种不同的对待马克思主义的态度。一是主观主义的态度，也就是理论与实际相脱离的态度。这就是脱离实际，把马克思主义经典作家的言论和某些国家建设社会主义的经验作为解决中国革命和建设问题的答案。中国共产党历史上的本本主义、教条主义、经验主义、"两个凡是"等错误思想，都是主观主义态度的具体表现。二是实事求是的态度，也就是理论与实际相结合的态度。这就是应用马克思主义理论和方法去调查研究，去分析和解决中国革命和建设中的重大实际问题。这是对待马克思主义的唯一科学的态度。毛泽东提出学理论要"有的放矢"，邓小平强调学马列要"管用"，都是这种实事求是、理论与实际相结合的态度的具体体现。

　　马克思主义博大精深、内容广泛，但贯穿其中的主线和精髓只有一个，就是实事求是。在马克思主义经典著作中，实事求是是本本主义、教条主义的对立物，也与夸大经验事实作用的实证主义、经验主义不相容。毛泽东把实事求是定义为认识客观规律并指导实践，而邓小平则明确指出："毛泽东思想的基本点就是实事求是，就是把马列主义的普遍原理同中国革命的具体实践相结合。"[①]因此从根本上说，讲实事求是是马克思主义的核心与精髓，同说理论与实际相结合是马克思主义的核心与精髓是一回事。

　　以毛泽东为主要代表的中国共产党人，在领导全党、全国人民完成新民主主义革命任务、进行社会主义建设和社会主义改造的过程中，进一步论述了理

---

① 《邓小平文选》第 2 卷，人民出版社 1994 年版，第 126 页。

论与实际相结合的问题。毛泽东指出："把马克思列宁主义的理论和中国革命的实践密切地联系起来，这是我们党的一贯的思想原则。"①刘少奇指出：我们学习马列主义理论，"就可以运用掌握了的马列主义理论去观察、解释、处理实际问题……这就是目的"②。他还指出："基本理论的宣传教育要联系实际，不要搞得空空洞洞。我们在实际工作的宣传上要联系基本理论，同时基本理论的宣传也要联系实际工作，两者要相互联系，而且要联系得很好。理论同实际分离是错误的，机械地、生硬地联系也是错误的。"③

中共十一届三中全会以后，中国共产党在总结中华人民共和国成立以来正反两方面的经验，领导全国人民进行改革开放和中国特色社会主义现代化建设的伟大实践中，不断深化了对理论与实际相结合问题的认识。邓小平指出："马列主义、毛泽东思想的基本原则，我们任何时候都不能违背……但是，一定要和实际相结合，要分析研究实际情况，解决实际问题。"④"只有结合中国实际的马克思主义，才是我们所需要的真正的马克思主义。"⑤江泽民指出："世界变化很大很快，特别是日新月异的科学技术进步深刻地改变了并将继续改变当代经济社会生活和世界面貌……邓小平理论正是根据这种形势，确定我们党的路线和国际战略，要求我们用新的观点来认识、继承和发展马克思主义，强调只有这样才是真正的马克思主义，墨守成规只能导致落后甚至失败。"⑥胡锦涛指出："《共产党宣言》发表以来近一百六十年的实践证明，马克思主义只有与本国国情相结合、与时代发展同进步、与人民群众共命运，才能焕发强大的生命力、创造力、感召力。"⑦

中共十八大以来，中国共产党明确提出实现中华民族伟大复兴的中国梦的宏伟目标，不断推进实践创新和理论创新。习近平总书记指出，"在当今世界深刻复杂变化、中国同世界的联系和互动空前紧密的情况下，更要密切关注国际形势发展变化，把握世界大势，统筹好国内国际两个大局，在时代前进潮流中把握主动、赢得发展"，强调要"学习掌握认识和实践辩证关系的原理，坚持

---

① 《毛泽东文集》第 7 卷，人民出版社 1999 年版，第 116 页。

② 《刘少奇选集》下卷，人民出版社 1985 年版，第 49 页。

③ 《刘少奇选集》下卷，人民出版社 1985 年版，第 88 页。

④ 《邓小平文选》第 2 卷，人民出版社 1994 年版，第 114 页。

⑤ 《邓小平文选》第 3 卷，人民出版社 1993 年版，第 213 页。

⑥ 《江泽民文选》第 2 卷，人民出版社 2006 年版，第 11 页。

⑦ 胡锦涛：《高举中国特色社会主义伟大旗帜　为夺取全面建设小康社会新胜利而奋斗——在中国共产党第十七次全国代表大会上的讲话》，人民出版社 2007 年版，第 12 页。

实践第一的观点，不断推进实践基础上的理论创新"①。顺应时代发展趋势、直面实践中的问题，围绕坚持和发展什么样的中国特色社会主义、怎样坚持和发展中国特色社会主义这个新时代的重大课题，中国共产党紧密结合新的时代条件和实践要求，以全新的视野深化对共产党执政规律、社会主义建设规律、人类社会发展规律的认识，开辟了马克思主义中国化时代化的新境界，取得了重大理论创新成果，形成了习近平新时代中国特色社会主义思想。

三、与中国传统文化的契合

马克思主义本身就有"具体化""民族化"的内在要求。马克思、恩格斯创立马克思主义之始就指出："我们的理论是发展着的理论，而不是必须背得烂熟并机械地加以重复的教条"②，"必须完全脱下它的外国服装"③。人类社会历史不是一本已经完成的书，人类社会的发展规律也是不可完全预知的，只能是在理论与实践的互动过程中不断摸索。马克思不可能穷尽自己创建的马克思主义，马克思主义应用到各国，必须与各国的具体实际、历史文化相结合，实现马克思主义的"民族化""本土化"。只有不断为马克思主义理论宝库增添新的理论内容和实践形式，马克思主义才能不断保持自身的生命力。

怎样对待本国历史？怎样对待本国传统文化？这是任何国家在实现现代化过程中都无法回避的问题。马克思主义传入中国，带来了不同于以往的科学经验和真理，为中国的社会发展和现代化指明了方向，也为中华民族运用马克思主义的科学分析方法分析和扬弃中国传统文化提供了契机。中国共产党人在把马克思主义基本原理与中国实际相结合的过程中，在汲取中华优秀传统文化的思想精华和道德精髓的基础上，进行了创造性转化和创新性发展，使之成为应对各种挑战和实现中华民族伟大复兴的中国精神。

毛泽东善于运用马克思主义解读和扬弃中国传统文化，为中国革命和建设事业服务。他强调中国共产党不能割断历史，应珍视"从孔夫子到孙中山"的历史，并提出创造中华民族新文化的历史任务。这个新文化是通过批判地继承中国传统文化获得的，是"新鲜活泼的、为中国老百姓所喜闻乐见的中国作风和中国气派"，是民族的、科学的、大众的文化。毛泽东所倡导的"马克思主义的

---

① 《习近平总书记系列重要讲话读本(2016年版)》，学习出版社、人民出版社2016年版，第39、281页。

② 《马克思恩格斯选集》第4卷，人民出版社1995年版，第681页。

③ 《马克思恩格斯选集》第4卷，人民出版社1995年版，第394页。

中国化""具体化""民族化"，都强调了马克思主义必须与中国传统文化相结合。而毛泽东思想也是"应用马克思列宁主义的科学方法，概括中国历史、社会及全部革命斗争经验而创造出来"①的，"是中国民族智慧的最高表现和理论上的最高概括"②。

在继承和发展毛泽东思想的基础上，中国特色社会主义理论体系的创立者继续推进马克思主义与中国传统文化的结合。邓小平十分注重中国的历史文化传统，认为"要懂得些中国历史，这是中国发展的一个精神动力"。邓小平在马克思主义民族特色问题上最大的贡献，就是提出必须从本国实际出发，实事求是，建设有中国特色的社会主义，强调"马克思主义必须是同中国实际相结合的马克思主义，社会主义必须是切合中国实际的有中国特色的社会主义"③。在建设社会主义问题上，邓小平也注重从民族文化传统中汲取养分，以丰富社会主义的内涵。"大同小康"是中华民族传统文化的重要组成部分，也是中国人民为之奋斗的理想目标。邓小平吸收了"大同小康"思想的精华，将其与社会主义初级阶段的奋斗目标相结合，提出建设小康社会，实现共同富裕的目标，赋予社会主义以鲜明的中国风格和中国气派。

"三个代表"重要思想，进一步强调了马克思主义与中国实际相结合过程中的民族性问题，认为"一个民族，没有振奋的民族精神，没有高尚的民族品格，没有坚定的民族志向，不可能自立于世界先进民族之林"④。这一时期中国特色社会主义的文化建设，也更注重爱国主义与马克思主义的结合，强调爱国主义精神是推动中华民族自强不息、不断发展壮大的精神支柱。

在继承马克思主义社会发展理论的基础上，科学发展观对中国传统文化中的"民本"思想及"天人合一"、人与自然和谐相处等理念进行了科学的凝练与提升。社会主义核心价值体系中以爱国主义为核心的民族精神，以改革创新为核心的时代精神，以"八荣八耻"为主要内容的社会主义荣辱观，无不彰显出鲜明的民族特色。

中共十八大以来，习近平总书记高度重视和弘扬中华优秀传统文化，将其作为坚持和发展马克思主义、推进国家治理体系和治理能力现代化、实现中华民族伟大复兴和建设中国特色社会主义现代化的重要思想文化资源，指出："中华优秀传统文化源远流长、博大精深，是中华文明的智慧结晶，其中蕴含

---

① 《刘少奇选集》上卷，人民出版社 1981 年版，第 334 页。
② 《刘少奇选集》上卷，人民出版社 1981 年版，第 335 页。
③ 《邓小平文选》第 3 卷，人民出版社 1993 年版，第 63 页。
④ 《江泽民文选》第 3 卷，人民出版社 2006 年版，第 400 页。

的天下为公、民为邦本、为政以德、革故鼎新、任人唯贤、天人合一、自强不息、厚德载物、讲信修睦、亲仁善邻等,是中国人民在长期生产生活中积累的宇宙观、天下观、社会观、道德观的重要体现,同科学社会主义价值观主张具有高度契合性。"因此,"坚持和发展马克思主义,必须同中华优秀传统文化相结合。只有植根本国、本民族历史文化沃土,马克思主义真理之树才能根深叶茂"。① 从推进国家治理体系和治理能力现代化的角度,习近平总书记强调,社会主义核心价值观的培育和弘扬、国家文化软实力的建设、经济发展战略的设计,都需要继承中华优秀传统文化,汲取其中的积极精神;包括党风廉政建设,也要注意借鉴中国历史上反腐倡廉的宝贵遗产。在中华民族伟大复兴的视野下,习近平总书记将中华优秀传统文化视为中国崛起和发展的基石,认为"没有中华文化繁荣兴盛,就没有中华民族伟大复兴。一个民族的复兴需要强大的物质力量,也需要强大的精神力量。没有先进文化的积极引领,没有人民精神世界的极大丰富,没有民族精神力量的不断增强,一个国家、一个民族不可能屹立于世界民族之林"②。同时,基于"文化是一个国家、一个民族的灵魂"的命题,习近平总书记首次将"文化自信"与中国特色社会主义的道路自信、理论自信和制度自信相并列,认为"文化自信是更基本、更深沉、更持久的力量"③。文化自信,源于中华民族五千多年文明历史所孕育的中华优秀传统文化,这也是中国人民在中国共产党的领导下,能够继续拓展和走好中国特色社会主义道路的信心所在。

思考题:

1. 近代中国先进分子为什么选择马克思主义?

2. 请结合历史进程说明马克思主义中国化的内在动力是什么。

3. 为什么说马克思主义是科学的世界观与方法论?

4. 请结合历史进程说明马克思主义与时俱进的理论品质体现在哪些方面。

5. 请结合历史进程说明马克思主义与中华优秀传统文化的关系。

6. 结合历史进程,如何理解"中国共产党为什么能,中国特色社会主义为什么好,归根到底是马克思主义行,是中国化时代化的马克思主义行"?

---

① 习近平:《高举中国特色社会主义伟大旗帜　为全面建设社会主义现代化国家而团结奋斗——在中国共产党第二十次全国代表大会上的报告》,人民出版社 2022 年版,第 18 页。

② 中共中央文献研究室编:《十八大以来重要文献选编》(中),中央文献出版社 2016 年版,第 121 页。

③ 习近平:《在哲学社会科学工作座谈会上的讲话》,人民出版社 2016 年版,第 17 页。

第四章　中国共产党领导地位的确立

在中国近现代历史上，中国共产党的成立是开天辟地的大事变，从此，中国革命面貌为之一新。中国共产党提出了新民主主义革命纲领，探寻了中国革命的新道路，克服了党内"左"、右倾错误，推动了马克思主义中国化，努力引领时代潮流，广泛团结社会力量，不断把中国革命推向胜利，最终结束了国民党的统治，建立了中华人民共和国，中国共产党之于中华民族伟大复兴伟业的领导地位由此得以确立。

第一节　国民党建政与执政失败

从同盟会到国民党、中华革命党、中国国民党，从广州革命政府到武汉国民政府再到南京国民政府，国民党的历史沿革和国民政府的历史脉络、国民党的建国方略大体经历了孙中山与蒋介石两个不同的时代，不同时代的建国方略差异很大。实际上，蒋介石背离了孙中山的建国理念和构想，实行国民党的一党专政和蒋介石的个人独裁，因此，国民党执政的失败就成为历史必然。

一、国民党政权的建立

1905 年 6 月，孙中山在日本东京发起成立同盟会，这是中国近代历史上第一个资产阶级性质的革命政党。一方面，同盟会的成立，使分散于海内外各地的资产阶级革命势力有了统一的领导，产生了众望所归的革命领袖；另一方面，同盟会确定了"驱除鞑虏，恢复中华，建立民国，平均地权"的资产阶级革命纲领，提出了建立资产阶级民主共和国的革命目标。孙中山在同盟会机关报《民报》发刊词中又将革命纲领概括为民族主义、民权主义、民生主义，即三民主义。三民主义尽管不是彻底的完善的革命纲领，但鲜明地反映了历史特点，从理论上解决了资产阶级革命的纲领问题，确立了资产阶级革命的目标。从此，三民主义成为革命党人和国民党政权的一面旗帜。因此，同盟会的成立，大大推动了资产阶级革命形势的发展，促进了革命高潮的到来，最终爆发了辛亥革命。

1912年1月1日，中华民国南京临时政府成立，孙中山就任临时政府大总统。但是，革命成功后，同盟会内部派系分歧和争权夺利的矛盾冲突尖锐起来，致使同盟会内部分化，失去了领导核心的作用。因此，在袁世凯就任临时大总统后，如何改组同盟会，在中国实现政党政治即议会政治，成为以宋教仁为代表的资产阶级革命派的努力方向。宋教仁主张通过改组同盟会和联络赞助同盟会的其他政党，组成一个"强大真正之政党"，从而在国会中形成两大政党对峙的局面，以追求政党责任内阁的实现。这一主张得到了统一共和党、上海国民公党、国民共进会以及共和实进会的支持。这样，五党代表经过反复磋商，同意合并为一个政党，并决定党的名称为"国民党"。1912年8月25日，国民党在北京举行成立大会，孙中山出席成立大会并发表演说，他指出："今五党合并，兄弟切望诸君同心合志，破除党界，勿争意见，勿较前功，服从党纲，修明党德，合五党之力量气魄，以促民国之进行。是中华民国前途之无量幸福……五党合并，从此成一伟大政党，或处于行政地位，或处于监督地位，总以国利民富（福）为前提，则我中华民国将可日进富强。故兄弟于五党合并，有无穷之希望也。"①大会通过了国民党的名称和《国民党规约》等文件，《国民党规约》规定国民党以巩固共和、实行平民政治为宗旨，以保持政治统一、发展地方自治、励行种族同化、采用民生政策、维持国际和平为党纲，终极目的是在中国"完成共和立宪政治"，强调"国民为国家之主人翁"，反对独裁，保障民权。国民党在政治上主张实行责任内阁制，内阁总理对议会负责，重在削弱总统权力。

同盟会改组为国民党，以实行政党政治为目标，并将政党政治作为共和制的政治基础，因此，从现代政治发展来看，国民党的成立具有重要意义。然而，"二次革命"失败后，袁世凯的势力进一步加强，政治野心也随之膨胀，乘势对国民党进行残酷的打击。为了登上正式大总统的宝座，他把矛头指向了国会和《临时约法》。1913年11月，袁世凯为了复辟帝制之需，借口国民党议员与"二次革命"有牵连，下令解散国民党，取消国会，接着，取消各省议会中国民党籍议员的资格，使各省民意代表机关陷于瘫痪。至此，国民党以合法途径推进民主、维护共和的努力失败了。

"二次革命"失败后，孙中山流亡日本，认真总结经验教训，认为失败"非袁氏兵力之强，实同党人心之涣"，指出国民党自改组以来，"徒以主义号召同志，但求主义之相同，不计品流之纯粹。故当时党员虽众，声势虽大，而内部

---

① 《孙中山全集》第2卷，中华书局1982年版，第408页。

分子意见纷歧，步骤凌乱，既无团结自治之精神，复无奉令承教之美德，致党魁则等于傀儡，党员则有类散沙"①。他进一步认识到，"欲竟辛亥之功"，需要建立一个比国民党纯洁，信仰一致、纪律严格的新的政党。1913 年 9 月 27日，孙中山在东京发起成立中华革命党，吸收了第一批党员，拟定了入党誓词，严格规定欲加入中华革命党者，无论其在同盟会、国民党中的历史与资格如何深久，皆须重写誓约，加按指模。随后，孙中山开始积极发展党员和开展宣传活动，着手建立中华革命党的中央机构。1914 年 7 月 8 日，中华革命党在东京召开成立大会，正式宣告中华革命党的成立，孙中山担任总理一职，通过了《中华革命党总章》，规定"以实行民权、民生两主义为宗旨""以扫除专制政治、建设完全民国为目的"。鉴于辛亥革命后革命党完全丧失政权的教训，总章中将同盟会时期的"军法""约法""宪法"的革命程序，发展为"军政""训政""宪政"三大时期。在组织原则上，要求入党者"必须以牺牲一己之身命、自由、权利而图革命之成功为条件，立约宣誓，永久遵守"。但是，总章没有提出反对帝国主义的要求，所以，中华革命党是一个以反对封建专制独裁、维护民主共和制度为纲领的资产阶级革命政党，以秘密组织形式出现，开展了积极的反袁斗争活动。中华革命党的成立，标志着"二次革命"后革命党人重新振作起来，再度举起民主主义的革命旗帜，重建党的组织。

　　第一次护法运动失败后，孙中山认识到南北军阀"如一丘之貉"，都是护法的敌人，都是封建割据，根本不要民主共和；中国要建立民主政治，必须依靠拥有革命学说指导和革命精神的革命党，需要进一步探索革命道路。为此，孙中山著书立说，进行革命理论研究。经过两年多的努力，孙中山完成《建国方略》一书，包括《孙文学说》《实业计划》《民权初步》三部分，体现了孙中山从文化、经济和政治等方面建国的构想和理念。同时，这期间国际国内形势发生了深刻变化，第一次世界大战结束，俄国十月革命胜利，中国五四运动爆发，孙中山从中受到启示，推进了他组建中国国民党的进程。1919 年 10 月 10 日，中华革命党发出通告，正式改名为中国国民党。《中国国民党通告》规定："从前所有中华革命党总章及各支部通则，一律废止。所有印章、图记，一律照本规约所定，改用中国国民党名义，以昭统一，而便进行。除由本部赶制颁发外，特此通告。"该党在国民党前冠有"中国"二字，以示与民国元年（1912）由五党合并成立的国民党有别，中国国民党一名正式确立并沿用至今（以下仍按习惯用法简称为"国民党"）。同时，《中国国民党规约》规定"以巩固共和，实行三民主

---

　　① 《孙中山全集》第 3 卷，中华书局 1984 年版，第 92 页。

义为宗旨",改变了中华革命党"实行民权、民生两主义"的政纲,重新恢复三民主义,且对民族问题有新认识,即认识到帝国主义是民族问题的基本问题。国民党的组织制度为总理制,总部设在上海,下设总支部、支部、分部。《中国国民党规约》放弃了中华革命党的秘密组织形式,转为公开;取消了中华革命党规定的按指模、宣誓服从孙中山等做法,取消了中华革命党党章规定的首义党员、协助党员、普通党员的等级名义和不同的政治待遇,在党的组织形式上,更加具备了现代政党的面貌。

1923年11月,在中国共产党的帮助下,国民党发表改组宣言。1924年1月,中国国民党第一次全国代表大会召开,国民党改组成为工人阶级、农民阶级、小资产阶级和民族资产阶级联盟的政党,提出了"联俄、联共、扶助农工"的政策,接受中国共产党反帝、反封建的政治主张,标志着第一次国共合作的实现。1925年3月12日,孙中山逝世,之后,国民党分化为左中右三派,廖仲恺、何香凝等左派坚持三大政策和国共合作,而右派则大搞反共分裂活动。

1925年6月14日,国民党中央做出将大元帅府改组为国民政府的决议,颁布了《国民政府组织法》,强调国民政府受国民党的指导及监督,掌理全国政务,确立了党治的原则,即以党治国,对中国历史产生了深远影响。1925年7月1日,国民政府在广州正式成立,发表《中华民国国民政府宣言》,提出:"国民政府之唯一职责,即在履行先大元帅之遗嘱,凡遗嘱所叮咛告语者,即国民政府所悉力以赴而期其实现者。国民革命之最大目的,在致中国于独立、平等、自由,故其最先着手,即在废除不平等条约。"①这就体现了鲜明的反帝立场。国民政府实行委员制,汪精卫、胡汉民、谭延闿、许崇智、林森任常务委员。汪精卫任国民政府主席,胡汉民为外交部长,许崇智为军事部长,廖仲恺为财政部长,聘请鲍罗廷为高等顾问。

随着北伐战争的节节胜利和工农运动的蓬勃发展,南北对峙局面出现,1926年11月8日,国民党中央政治会议为"适应革命时势之要求",决定迁国民政府及中央党部于武汉。然而,国民党内部围绕政治权力中心的北移问题展开了争论。蒋介石最初主张迁都武汉,但当看到武汉地区革命势力的发展,以及国民党左派和共产党人掌握着革命政权时,蒋介石就另有所图,提出迁都南昌,将嫡系部队布置在江西、福建一带,并大肆收编地方军阀武装,扩充势力,抢占地盘,这样就引起了迁都之争。迁都之争,"表面上是国民政府和国

---

①　中国第二历史档案馆编:《国民党政府政治制度档案史料选编》(上),安徽教育出版社1994年版,第369页。

民党中央执行委员会驻地问题，而实际上是恢复以汪精卫为首的左派的权力和大大削弱蒋介石的地位的问题。以武汉的国民党领袖和共产党人为一方和以蒋介石集团为另一方之间的冲突不断加剧"①。11月，北伐军平定江西战场，政治、军事形势发生变化，各方面要求迁都武汉的呼声高涨起来。迫于多方压力，蒋介石被迫同意迁都武汉，1926年12月，国民政府从广州迁至武汉。尽管迁都之争以国民党左派的胜利而告终，但自此国民党内部矛盾公开化，蒋介石加速了分裂国民党和国民政府的步伐。

二、南京国民政府的成立

1927年4月12日，蒋介石发动"四一二"反革命政变后，企图另立中央和国民政府，与武汉的国民党中央和国民政府相抗衡。4月17日，由部分人士参加的中央政治会议在南京举行，推选胡汉民为国民政府主席，钮永健为国民政府秘书长，决定政府全称为"中华民国国民政府"。4月18日，中华民国国民政府在南京举行成立庆典，由蔡元培代表国民党中央授印，胡汉民代表国民政府受印，发表《国民政府定都南京宣言》。建都南京，本为孙中山先生所定，广大国民党员闻此"欣喜若狂"。国民政府常务委员中，到会者已占多数，即使汪精卫、谭延闿等人不能即刻东来，国民政府亦可开始办公。宣言公布了四项政纲："一曰使党军愈与人民密切的相结合，二曰造成廉洁之政府，三曰提倡保护国内之实业，四曰保障农工团体之利益并扶助其发展。"《国民政府定都南京宣言》污蔑共产党破坏国民革命，表明反共态度，对于共产党分子，实行坚决"驱除""肃清"的政策，宣称"唯国民党为领导被压迫民众革命之先锋，惟三民主义为适合于中国之革命主义"②。

南京国民政府的成立，标志着国共两党合作的统一战线遭到严重破坏，国民党陷入公开分裂，大革命进入了非常紧急的时期。蒋介石、胡汉民等人在南京建立国民政府，是在凭借军事实力发动"四一二"反革命政变的基础上，政治军事形势发展与蒋介石个人权势扩充后的产物。南京国民政府与尚在实行"联俄、联共"政策的武汉国民政府对立，推行旨在消灭中国共产党的"清党"政策，造成了国民党的重大分裂，是中国近现代史上的一个重大事件，本来顺利进行

① 《联共（布）、共产国际与中国国民革命运动（1926—1927）》（下），中共中央党史研究室第一研究部译，北京图书馆出版社1998年版，第3页。

② 中国第二历史档案馆编：《国民党政府政治制度档案史料选编》（上），安徽教育出版社1994年版，第73～75页。

的北伐事业遭遇重大挫折，蒋介石在国民党内的地位益形突出，影响更大，为后来其确立党、政、军的统治地位奠定了基础。

南京国民政府成立后，全国形成了北洋军阀政权与国民党政权并存，国民党内出现了三个"党中央"、两个"国民政府"及多种割据势力并存的混乱局面，不仅新旧军阀之间矛盾重重，国民党新军阀间亦纷争不已。

此时，国民党内部形成三派：以蒋介石、胡汉民为代表的南京派(简称宁派)，以汪精卫、唐生智为代表的武汉派(简称汉派)，以张继、许崇智为代表的西山会议派(因总部设于上海故简称沪派)。三派都争当国民党"正统"，以便掌管国民党中央大权，建立"统一"的全国政权。

蒋介石另立中央和建立南京国民政府，汪精卫等人认为蒋是叛变革命，宁、汉之间形成革命与反革命的对立，然而，"七一五"反革命政变后，宁、汉双方的矛盾性质发生变化，即从革命与反革命斗争，转化为国民党内部的矛盾和斗争。尽管国民党各派系之间矛盾很深，争夺激烈，但是在反共反革命的立场上则是一致的。因此，大革命失败后，国民党各派势力很快就在反共的基础上开始合流。

宁汉冲突之中，握有重兵的冯玉祥具有举足轻重的影响力，因而，冯玉祥担任宁汉合流的调解人。冯玉祥希望宁汉息争，合兵一处，共讨奉张，于是，他从中牵线，与各方反复电商，提出解决宁汉合作的具体办法。汪精卫等人表示愿意"和平统一""迁都南京"。蒋介石、胡汉民等人欢迎武汉国民政府的重要人员到南京"柄政"，赞成各方"共同北伐"。8月上旬，宁、汉双方基本达成妥协。此时，汪精卫等人虽然同意与宁方合作，但仍坚持反蒋的态度，要求蒋介石下野。同时，蒋介石排斥异己，引起桂系不满，李宗仁、白崇禧等人对蒋不再采取积极支持的态度。加之蒋介石因指挥津浦线上战事失败而陷入困境，他感到地位还不巩固，便采取以退为进策略，8月13日，通电下野。

蒋介石下野，加快了宁汉合流的进程。8月25日，武汉国民政府迁往南京，并入南京国民政府。9月16日，国民党中央特别委员会在南京成立，代行中国国民党执行委员会、监察委员会职权，宣告宁、汉、沪三个国民党中央合流，"从前峙立之三党部，均不复行使职权；从前三方面互相攻击之言论，皆成陈迹，不得复引为口实"①。中央特别委员会是国民党各派在党内分裂之后达成的妥协，暂时形成"统一"。中央特别委员会的成立，并不是国民党统一的完成，而是各方尖锐矛盾的产物，潜伏着更激烈的斗争。中央特别委员会的成

---

① 邹鲁：《回顾录》，岳麓书社2000年版，第171页。

立，虽然把宁汉对立下的两个政权合并为一个名义上各派联合的政权，形式上使国民党"统一"，但实质上并没有解决国民党内部的矛盾和斗争，基础很脆弱，因为国民党内蒋介石、胡汉民、汪精卫都未到南京参加中共特别委员会，中央特别委员会的产生违反了国民党章程。

1928年2月2日，国民党二届四中全会在南京开幕，出席会议的国民党中央执行委员、监察委员共29人。召开二届四中全会是国民党各派在"分共"前提出的动议，一度成为国民党内各派相互讨价还价的一个重要筹码。蒋介石试图争取更多人参加会议，但取消了汪精卫、陈公博等人参加二届四中全会的资格，却又对汪派的骨干成员王法勤等人发出了邀请。胡汉民不满蒋介石对汪派的"优待"，拒绝出席而与孙科赴欧洲考察。会议通过了20多项议案，确定了国民党和国民政府的基本框架。

会议选举了新的中央党部，中央常委共9人，蒋介石任组织部长，丁惟汾任训练部长，3月7日，蒋介石被推为中央政治会议主席。从此，蒋系基本上控制了中央党部。国民党二届四中全会通过的《改组国民政府案》，推举丁惟汾等49人为国民政府委员，谭延闿、张静江、李烈钧、于右任为常务委员，谭延闿任主席。国民政府设内政、外交、财政、交通、司法、农矿、工商等部，并设最高法院、检察院、大学院、法制局、军事委员会等。其中，军事委员会是国民政府的最高军事机关，掌管全国陆海空三军，由国民革命军总司令蒋介石兼任军事委员会主席。这样，以蒋介石为首的国民党中央形成，国民党内出现了暂时的统一。会议决定实行联合，继续北伐奉张集团，暂时形成了蒋、桂、阎、冯四系的团结局面。在暂时统一的基础上，国民党四派新军阀开始了讨伐奉系军阀张作霖的战争。

国民党二届四中全会是在全面实行"清党"反共政策后召开的一次重要会议，不仅在会上对"清党"反共政策予以确认，而且国民党在经过一段时间的派系斗争后实现了初步整合，逐渐形成由蒋介石实际控制国民党与国民政府的局面。经过二届四中全会，国民党的军政大权重新集于蒋介石，标志着蒋在国民党内的主导地位正在形成。蒋介石初步掌握了中央党权，国民党内暂时实现了一定程度的统一，为蒋介石实现国民党在全国的统治打下了基础。

国民党二届四中全会后，蒋介石一面"清党"，一面北伐。1928年2月9日，蒋介石到徐州举行"二次北伐誓师大会"，提出"打倒张作霖，统一全中国"的口号。北伐前蒋介石把部队编为四个集团军，蒋、冯、阎和桂系分属第一至第四集团军。二次北伐，是蒋介石、冯玉祥、阎锡山、李宗仁四派联合北伐奉系军阀张作霖的战争，攻占京、津，彻底打垮北洋势力，是其最重要的目标。

6 月 8 日，阎锡山部进入北京，奉军留守部队撤离，全城悬挂国民党党旗。6 月 12 日，傅作义在天津宣誓就任天津警备司令一职，天津和平接收宣告完成。6 月 15 日，南京国民政府发表宣言，宣布统一完成："中国之统一，因全国人民奋斗与牺牲，正告完成。"①奉系张作霖控制的北京政府倒台，北洋军阀政权与国民党政权并存的局面宣告结束，但统一尚未完成。张作霖离开北京，象征着自 1912 年起以袁世凯为代表的北洋集团长达 16 年控制北京政府、操纵中国的时代结束。和平接收北京、天津，是国民政府北伐的最重要胜利，标志着南京国民政府取代北洋政权，成为新的全国性政权，尚存于东北及其他边远地区的军阀政权，均属地方性、区域性的政权。

然而，奉系军阀张作霖在回沈阳的途中，在皇姑屯被日军炸伤，不治身亡，年轻的张学良子承父业，面临着严峻的局势，既要维持东三省内部的稳定，又得面对异常复杂的外部环境。东北是否改旗易帜，不单纯是奉系能否归属南京的问题，而且包含着是否抵制日本侵吞东北的民族问题。张学良审时度势，做出了与南京国民政府合作，拥护"统一"的重要决定。他一方面决定改旗易帜，另一方面又与日本周旋，缓步而行。1928 年 12 月 29 日，张学良通电全国，宣布"力谋统一，贯彻和平，已于即日起，宣布遵守三民主义，服从国民政府，改易旗帜"。至此，南京国民政府完成了统一全国的任务，虽说是形式上的统一，但是意义重大。

三、国民党的一党专政

南京国民政府时期，蒋介石鼓吹"党外无党"，国民党实行的是一党专政。这一理论源自孙中山"以党治国"的思想。孙中山"向来主张以党治国"②，从早期来看，他提出"以党治国"是基于将中国引向西方政党政治的道路。然而，宋教仁遇刺身亡，孙中山的设想宣告失败。十月革命后，孙中山认为俄国式的"以党治国"实施了充分的民权，是"人民独裁的政体"，他提出"此后欲以党治国，应效法俄人"③，效法俄国式的"以党治国"，就是以国民党的主义治国："所谓以党治国，并不是要党员都做官，然后中国才可以治；是要本党的主义实行，全国人都遵守本党的主义，中国然后才可以治。"④显然，孙中山是希望

---

① 《时局关系重要文件汇存》，载《国闻周报》，第 5 卷第 24 期，1928 年 6 月 24 日。
② 《孙中山全集》第 8 卷，中华书局 1986 年版，第 281 页。
③ 《孙中山全集》第 8 卷，中华书局 1986 年版，第 268 页。
④ 《孙中山全集》第 8 卷，中华书局 1986 年版，第 282 页。

国民党以三民主义来引导国民，形成国民党的优势。孙中山病逝之后，胡汉民继承了孙中山的思想，为南京国民政府实施训政体制创设了"一党专政"制度。

　　1928 年 6 月 3 日，胡汉民从巴黎致电谭延闿，向国民党二届五中全会提交《训政大纲草案》。国民党二届五中全会是要解决蒋介石所谓"整理军事"和"实施训政"问题，而不是讨论《训政大纲草案》的问题，但是，8 月 11 日，国民党二届五中全会通过了《各级党部与同级政府关系临时办法案》，规定："凡各级党部，对于同级政府之举措，有认为不合时，得报告上级党部，由上级党部请政府依法查办。各级政府对于同级党部之举措，有认为不满意时，亦得报上级政府转咨其上级党部处理。"①8 月 13 日，胡汉民再从柏林寄回《训政大纲提案说明书》，阐述了"以党治国"的具体方案。9 月，胡汉民回国之后致力于宣传"以党治国"主张。首先，他提出以党的主义治国，认为"民族先有革命的需要，才有革命的思想，才定革命的主义；有了革命主义，才成立革命党"②。因此，政党是实现"主义"的工具，"主义"当然是指三民主义，"我们不但要敬仰总理，我们简直要绝对信仰他和他的主张，甚至于迷信他也是应该的"③。他认为三民主义无所不包，能够解决中国全部的问题。其次，他提出国民党一党专政。胡汉民认为以三民主义为指导的国民党是"多数人照他们所信仰的主义，适应人群的需要，而自规律发展其行动的一种组织"④，是"中国革命分子惟一的组合体"⑤，他还提出"党外无政，政外无党"⑥。因此，国民党是唯一正确的政党，其他政党及社会团体都不应当存在，民众的一切组织要以国民党为中心，一切活动要从国民党的利益出发，一切政策要由国民党通过，一切工作要由国民党分配。⑦ 在胡汉民的宣传和倡导下，1928 年 10 月 3 日，国民党中央执行委员会通过《训政纲领》，初步确定训政时期实行"以党治国"的政治体制。

　　① 《中国国民党二届五中全会重要决议案》，见中国第二历史档案馆编：《中华民国史档案资料汇编》第 5 辑第 1 编《政治（二）》，江苏古籍出版社 1994 年版，第 55 页。

　　② 胡汉民：《从国民党党史上所得的教训》，见王养冲编：《革命理论与革命工作》，民智书局 1932 年版，第 1235 页。

　　③ 胡汉民：《从国民党党史上所得的教训》，见王养冲编：《革命理论与革命工作》，民智书局 1932 年版，第 1240 页。

　　④ 胡汉民：《从国民党党史上所得的教训》，见王养冲编：《革命理论与革命工作》，民智书局 1932 年版，第 1240 页。

　　⑤ 胡汉民：《国民党的真解》，见时希圣编：《胡汉民言行录》第 2 篇，广益书局 1929 年版，第 46 页。

　　⑥ 胡汉民：《党外无政，政外无党》，载《大公报》，1928 年 9 月 21 日。

　　⑦ 参见胡汉民：《国民党民众运动的理论》，见时希圣编：《胡汉民言行录》第 2 篇，广益书局 1929 年版，第 121～122 页。

《训政纲领》的主要内容有六条："中华民国于训政期间，由中国国民党全国代表大会代表国民大会，领导国民行使政权"；"中国国民党全国代表大会闭会时，以政权付托中国国民党中央执行委员会执行之"；"依照总理建国大纲所定选举、罢免、创制、复决四种政权，应训练国民逐渐推行，以立宪政之基础"；"治权之行政、立法、司法、考试、监察五项，付托于国民政府总揽而执行之，以立宪政时民选政府之基础"；"指导监督国民政府重大国务之施行，由中国国民党中央执行委员会政治会议行之"；"中华民国国民政府组织法之修正及解释，由中国国民党中央执行委员会政治会议议决行之"。①《训政纲领》规定了训政时期政权运作的最高指导原则是"以党治国"，这就从根本制度上确立了国民党的一党专政地位。因而，训政时期国民党的执政是通过党政结合的方式实现的，体现了政党对国家的直接控制。②

国民党中央执行委员会能够通过和颁行《训政纲领》，是与蒋介石的支持密不可分的，因此，《训政纲领》实际上是蒋介石、胡汉民双方合作的产物。蒋介石之所以支持《训政纲领》，是想借助胡汉民的力量来确立国民党一党专政的基本框架，从而扫清党内的反蒋势力。蒋介石认为："国家这样大，人民这么多，而我们国民的智识和普通的教育，却又这样幼稚和缺乏，如果我们要使四万万同胞，个个人明白我们三民主义，懂得革命的道理，个个人有决心来革命，正不晓得要几多年后才能够做到！到了几多年数以后，国家也就亡了"；"所以要革命完成，要主义成功，就是一定要有组织。这组织是什么？就是一个'党'"③。可见，蒋介石认可和接受了孙中山"以党治国"的思想。他说："'以党治国'这句话，不是说我们党员统统做官，到政府里面去治国，而是要拿党来做中心，根据党的主义、政纲、政策，决定了政治方案，交给政府去实行，党不是直接施政的，是透过政府做发号施令的机关，所以党对于政府有辅导扶助之必要，我们要能够辅助政府，党才发生效力！"④1928年7月18日，蒋介石发表《中国建设之途径》，强调："我们要建设健全的一个国家，要在国际上

① 《中国国民党第三次全国代表大会重要决议案》，见中国第二历史档案馆编：《中华民国史档案资料汇编》第5辑第1编《政治（二）》，江苏古籍出版社1994年版，第95页。

② 参见付春杨：《民国时期政体研究（1925—1947年）》，法律出版社2007年版，第106页。

③ 蒋介石：《为什么要有党》，见高军、李慎兆、严怀德等编：《中国现代政治思想史资料选辑》上册，四川人民出版社1983年版，第557～558页。

④ 蒋介石：《党员的责任和地位与组织纪律之重要》，见张其昀主编：《蒋总统集》第1册，台北"国防研究院"、中华大典编印会1968年版，第477～478页。

得到平等的地位，我们必须以党治国。"①尽管蒋介石一再宣称"'以党治国'，就是以中国国民党治国，就是以三民主义治国"②，但是，其终极目标是实行国民党的一党专政与蒋介石的个人独裁。《训政纲领》明确规定了国民党的一党专政地位，因而，蒋介石支持这一纲领的颁布和施行就不难理解了。

但是，蒋介石对《训政纲领》及胡汉民的不满渐渐显露，1931 年 2 月 28 日，蒋介石软禁了胡汉民。5 月 5 日，国民会议召开，讨论通过了《中华民国训政时期约法》，规定"训政时期由中国国民党全国代表大会代表国民大会行使中央统治权"，"中国国民党全国代表大会闭会时，其职权由中国国民党中央执行委员会行使之"。③ 因此，《中华民国训政时期约法》进一步强调了国民党一党专政的地位。同时，《中华民国训政时期约法》规定："选举、罢免、创制、复决四种政权之行使，由国民政府训导之"；"行政、立法、司法、考试、监察五种治权由国民政府行使之"。这就反映出国民政府的实际权力扩大了，"以党治国"只是昭告天下的幌子而已。另外，国民党政府颁布《危害民国紧急治罪法》《出版法》《维持治安紧急办法》，对人民的权利与自由做了种种限制，而逐步确立了国民党的一党专政和蒋介石的个人独裁。

一般认为，"以党治国"必须建立在对当权政党领袖人物的认同的基础之上，但是，孙中山去世后，不论是蒋介石、汪精卫还是胡汉民，都不具备非凡的感召力，他们必须通过消除其他派别的影响来实现重树权威的愿望。④ 然而，当蒋介石的个人权威尚未树立时，中国政局已每况愈下，"外患愈压愈紧""地方的毁坏愈来愈大""社会的不安愈变愈急""政治的失望一天更甚一天"。⑤ 蒋介石则不顾事实的存在和现实的变化，一步步建立起一党专政和个人独裁，最终变成"以三民主义为体、法西斯主义为用"，把"党义治国"变成以"法西斯主义治国"。⑥ 对此，即使是国民党内部也有不满的意见，更是遭到自由主义

① 蒋介石：《中国建设之途径》，见张其昀主编：《蒋总统集》第 1 册，台北"国防研究院"、中华大典编印会 1968 年版，第 515 页。

② 蒋介石：《为什么要有党》，见高军、李慎兆、严怀德等编：《中国现代政治思想史资料选辑》上册，四川人民出版社 1983 年版，第 562 页。

③ 《中华民国训政时期约法》，见中国第二历史档案馆编：《中华民国史档案资料汇编》第 5 辑第 1 编《政治（一）》，江苏古籍出版社 1994 年版，第 271 页。

④ 参见王毅：《"党政之新歧路"：1930 年代自由主义知识分子眼中的国民党——以〈再生〉为例》，载《广东社会科学》，2012 年第 6 期。

⑤ 《现在的问题》，载《再生》，第 1 卷第 3 期，1932 年 7 月 20 日。

⑥ 赵玉霞：《从"以党治国"到专制独裁——试论 1928—1937 年国民党政府的"以党治国"》，载《齐鲁学刊》，2001 年第 4 期。

知识分子和共产党的反对。因此，国民党是将一党的利益置于国家与民族的利益之上，这种统治难以获得人们的真正拥护，也很难长久。①

四、国民党执政的失败

国共内战初期，国民党政府对前景感到十分乐观，参谋长陈诚扬言："也许三个月，至多五个月，即能整个解决中共领导的人民军队。"国民党速战速决的意图明显，然而，战局的发展走向了他们愿望的对立面。人民解放军用了三年多时间，消灭国民党军队几百万，彻底摧毁了国民党的统治。1949年10月1日，中华人民共和国宣告成立，标志着中国历史进入全新的时代，也标志着国民党执政的失败。

(一)国民党独裁内战违民意，共产党民主和平顺民心

抗战胜利后，全国人民翘首望治，期待和平。中国共产党率先提出"和平、民主、团结"三大口号，主要精神是：在不放松自卫战争准备的前提下，借助国际国内的有利条件，挫败国民党的内战阴谋，通过和平途径否定国民党的一党专政，实现建设新中国的目标。中共提出三大口号是基于多种因素的考虑。

第一，历史渊源。实际上，中共七大提出了反对内战、建立联合政府的方针，就是要争取实现和平民主。毛泽东对战后的国际形势做了基本估计：苏、美、英三大国的团结是主要的，是统治一切和决定一切的；由于这一有利的国际条件，国民党有可能会让步，与共产党达成妥协；中国因此可能在战后走上和平统一的道路，建立包括各党派在内的联合政府。同时，共产党必须警惕内战，准备应付内战。一旦国民党发动内战，就要用革命的战争打倒反动派，建立新中国。

针对蒋介石抢夺抗战胜利果实，毛泽东提出"针锋相对、寸土必争"，认为时局存在和与战两种可能，强调内战的严重危险和准备打仗。1945年8月23日，中共中央在延安召开政治局扩大会议，提出和平、民主、团结三大口号，并决定与国民党进行谈判。毛泽东指出："现在的情况是抗日战争的阶段已经结束，进入和平建设阶段。全世界欧洲、东方都是如此，都进到和平建设时期。"②"希腊、法国的共产党人得了雅典、巴黎，但政权落在或主要落在别人手里；我们现在在全国范围内大体要走法国的路，即资产阶级领导而有无产阶

---

① 参见王兆刚：《国民党训政体制研究》，中国社会科学出版社2004年版，第151页。
② 《胡乔木回忆毛泽东》，人民出版社1994年版，第395页。

级参加的政府。中国的局面，联合政府的几种形式，现在是独裁加若干民主，并将占相当长的时期。我们还是钻进去给蒋介石洗脸，而不要砍头。这个弯路将使我们党在各方面达到更成熟，中国人民更觉悟，然后实现新民主主义的中国。"①毛泽东在《论联合政府》中提出在抗战胜利后要建立新民主主义的国家。显然，根据形势变化，毛泽东降低了要求。后来，在政协谈判达成的协议中，关于政府的设置，比起中共七大构想的国家机构的层次要低一些，实际上是承认国民党占领导地位的联合政府。即便这样，中国共产党仍真心愿意履行政协协议，愿意通过迂回的道路实现建立新民主主义国家的目标。事实表明，中国共产党争取和平、民主的愿望是真诚的、一贯的。

第二，中国需要和平，人民需要和平。抗战胜利后，避免内战，争取和平道路来建设国家，逐步实现中国的社会政治改革，发展中国的民族经济，是中国人民的普遍愿望。各民主党派、人民团体纷纷呼吁和平。1945 年 8 月 15 日，中国民主同盟发表《在抗战胜利声中的紧急呼吁》，提出"民主统一，和平建国"的口号和关于时局的十项主张。文化界叶圣陶等二百多人发出要求和平的呼吁，提出立即结束一党专政，无条件保障人身、言论、出版、集会、结社、信仰等人民基本权利，立即承认各党派合法地位等六项政治主张。国民党如果接受和平的要求，同各方面合作进行建设和改革，那么，即便前进的道路更加迂回曲折，斗争更加复杂，却仍然有利于国家和人民，然而结果并不是如此。

第三，第二次世界大战后的国际形势及美、苏对华政策，有利于中国政局朝着和平方向发展。战后，国际局势的主流是趋于缓和，和平、民主、独立成为主旋律，这对于中国革命而言是有利的外部条件。然而，美国的扶蒋反共政策及苏联对华政策的消极方面，则不利于中国革命。美苏的对华政策成为影响中国政局发展的最重要因素。

美国成为战后头号强国，其经济和军事实力他国都望尘莫及，因而，美国推行积极对外扩张、企图称霸世界的政策。控制中国是美国称霸世界的全球战略的重要组成部分，其长期目标是推动建立一个稳定、统一的亲美政府，而短期目标首先是"阻止共产党完全控制中国"。因而，扶蒋反共成为美国对华政策的首选。但是，美国政界深知蒋介石独裁政权不得人心和中国人民反对内战、要求和平的心理。于是，美国声明不希望中国发生内战，敦促国民党政府按照英美式的民主实行一定程度的改革，并要求国民党与共产党谈判，用谈判的办法解决中共的军队和解放区的问题。尽管美国的目的是不战而消灭中共，但美

① 《胡乔木回忆毛泽东》，人民出版社 1994 年版，第 398 页。

国的态度是促使蒋介石提出重庆谈判的重要原因之一。

苏联是战后唯一能和美国抗衡的国家，与美国保持既争夺又谋求妥协的关系。为此，苏联的对华政策体现为既不愿意战后的中国被纳入美国的势力范围，又不敢公开支持中国革命，害怕引发美苏之间的直接冲突，导致新的世界大战。加之联共(布)和斯大林对中国共产党一直抱有偏见，因此，苏联的对华政策带有相当明显的民族利己主义倾向。

1945年2月，苏、美、英在雅尔塔会议上达成涉及中国主权的一系列协议。4月15日，赫尔利在莫斯科与斯大林、莫洛托夫会谈。苏联明确表示支持美国对华政策，愿意与美英合作，完成中国军队的统一。5月底，斯大林声明，苏联将忙于本国的复兴工作，中国的复兴大部分要依靠美国，并表示："蒋委员长是中国唯一有资格能负起统一中国的领袖；中共的领袖不如他或不够资格负此责任。"[1]在美国的敦促下，国民党政府派宋子文和蒋经国前往莫斯科，与苏联开始谈判。8月14日，双方签订《中苏友好同盟条约》。国民党承认了《雅尔塔协定》的基本内容，苏联则支持国民党政府，同意美国扶蒋统一中国。条约签订的当天，蒋介石向毛泽东发出了到重庆谈判的第一封电报。同时，斯大林致电中共中央，认为中国应该走和平发展的道路，要求毛泽东赴重庆同蒋介石谈判，寻求维持国内和平稳定，并称如果打内战，中华民族有毁灭的危险。斯大林认为："中国没有发展起义的条件，中国同志应当同蒋介石达成维持正常关系的暂定条款并解散自己的军队。"[2]

因此，战后初期苏联的对华政策是拉蒋压共，即以中共的原则性让步，换取蒋介石领导的、有中共参加的、在美苏之间持中立态度的中国。苏联甚至希望中国能更倾向于苏联。随着美蒋联合的日益紧密，苏联不断调整对华政策。错综复杂的国际形势，特别是美苏两国的对华政策对中国政局的走向产生了重大影响。基于各自利益的考虑，美苏都反对中国内战，这有利于中国政局朝着和平的方向发展，成为中国共产党制定和平、民主方针的依据之一。

(二)国民党贪污腐化，共产党清正廉洁

抗战结束后，国民党立即要求内部团结一致，一切服从蒋介石的指挥，然而，党内派系问题始终无法解决。在党政系统中，以陈立夫、陈果夫兄弟为首

---

① 世界知识出版社编印：《中美关系资料汇编》第1辑，世界知识出版社1957年版，第178页。

② ［南斯拉夫］弗拉迪米尔·德迪耶尔：《苏南冲突经历(1948—1953)》，达洲译，生活·读书·新知三联书店1977年版，第98页。

的 CC 系，以张群、吴铁城为首的政学系和以陈诚为首的黄埔系三派力量均衡；在财政系统中，孔、宋两大家族各据一方，不分伯仲；在军事系统中，以李宗仁、白崇禧为首的桂系，阎锡山领军的晋系，旧东北军，冯玉祥旧部，川军，粤系旧属与国民党嫡系黄埔军杂处一体。由于利益不同、出发点不同，各派之间争权夺利、互相倾轧，不仅严重损害了国民党的形象，也阻碍了政治、军事、经济的运行效率。加之国民党发动内战师出无名，士无斗志，部队的装备再好、再先进，也不可避免失败的命运。1948 年 8 月，蒋介石在军事检讨会议上说："现在我们大多数高级将领精神堕落，生活腐化，革命的信心根本动摇，责任的观念完全消失！……尤其使我痛心的，这两年以来，有许多受我耳提面命的高级将领被俘受屈，而不能慷慨成仁；许多下级官兵被匪军俘虏，编入匪部来残杀自己的袍泽，而不能相机反正。这真是我们革命军有史以来所未有的奇耻大辱！"[1]

抗战胜利后，国民党奉行一党垄断、接收敌伪资产的方针，许多国民党的党、政、军大员把接收变为"劫收"。他们趁接收之机，贪污盗窃，敲诈勒索，贪赃枉法，中饱私囊。收复区的群众称其为"三洋开泰"（爱东洋、捧西洋、要现洋）、"五子登科"（金子、房子、票子、车子、女子）。老百姓说："想中央、盼中央，中央来了更遭殃！""天上来、地下来，就是老百姓活不来。"驻华美军司令魏德迈在给美国政府的报告中指出："国民政府的胡作非为已经引起接管区当地人民的不满，此点甚至在对日战事一结束后，国民政府即严重地失去大部分的同情。"[2]负责接收的重要人物邵毓麟不得不向蒋介石进言："像这样下去，我们虽已收复了国土，但我们将丧失人心！"这等于"在一片胜利声中，早已埋下了一颗失败的定时炸弹"[3]。

国民党利用接收之便，将巨额敌伪资产转归官僚资本集团控制的部门占有，其中很大部分则被官员个人侵吞。战后，各沦陷区等待接收的产业约 4 万亿元。在宋子文主导下，一大批以"中国"为名号的国营垄断企业纷纷挂牌，以划拨的方式无偿得到了数以千计的、质量最好的资产。据经济部统计，到 1946 年 6 月，在接收的 2243 个工矿企业中，有 1017 个做"拨交"处理，只有 114 个卖给民营，约占接收工厂总数的 5％。从产量计，国家资本控制了全国煤的 33％，钢铁的 90％，石油和有色金属的 100％，电力的 67％，水泥的 45％，纱

①　王树增：《解放战争》（上），人民文学出版社 2009 年版，第 657 页。
②　世界知识出版社编印：《中美关系资料汇编》第 1 辑，世界知识出版社 1957 年版，第 192 页。
③　邵毓麟：《胜利前后》，传记文学出版社 1967 年版，第 76、87 页。

锭的 37%，织布机的 60%，铁路和银行早被完全掌控，一个强大而垄断的国家资本主义格局全面形成。有评论指出："不幸的是，抗战胜利后，这些日本私人资本大多被转化为中国的官僚资本，不但在接收过程中因贪污和不同单位争夺资产而受损，而且以后成为官商不分、制度化国家机会主义的工具……这个国营化也是中国后来制度化国家机会主义的基础，它成为经济发展的主要制度障碍之一。"①

国营化政策导致的后果是：国营事业效率低下，民间企业家阶层对政府彻底失望。最大的私营集团控制者——荣德生向政府上书说："若论国家经济，统治者富有四海，只需掌握政权，人民安居乐业，民生优裕，赋税自足……能用民力，不必国营，国用自足；不能使用民力，虽一切皆归官办，亦是无用，因官从民出，事不切己，徒然增加浪费而已。"②这段话可圈可点，可惜不为当政者所闻。

可见，国民党内组织结构瘫痪，致使政治无力，行政失效，贪污腐化成风。蒋介石不得不承认："自抗战胜利以来，本党在社会上的信誉已经一落千丈……老实说，古今中外，任何革命党都没有我们今天这样颓唐和腐败，也没有像我们今天这样的没有精神，没有纪律，更没有是非标准的。这样的党，早就应该被消灭，被淘汰了！"③

但是，中国共产党及其领导的解放区则是另一番景象。从毛泽东到一般共产党员都严格要求自己，发扬艰苦奋斗的精神，努力实践全心全意为人民服务的宗旨。解放区基本上没有贪污腐败现象。抗战时期，延安就盛传"十没有"："一没有贪官污吏，二没有土豪劣绅，三没有赌博，四没有娼妓，五没有小老婆，六没有叫化子，七没有结党营私之徒，八没有萎靡不振之气，九没有人吃磨擦饭，十没有人发国难财。"④就像一首歌唱道："解放区的天是明朗的天，解放区的人民好喜欢。"这是中国共产党领导的解放区的真实写照，与国民党严重的贪污腐败现象形成鲜明对照。

解放战争时期，毛泽东为郏县县委题词"站在大多数劳动人民的一面"，这里面隐藏着一段艰苦岁月。当时的西北战场非常艰苦，郏县必须攻打下来，这

---

① 吴晓波：《跌荡一百年——中国企业 1870—1977》(下)，中信出版社 2009 年版，第70 页。

② 《荣德生自述》，安徽文艺出版社 2014 年版，第 153 页。

③ 韩剑飞编著：《中国宪政百年要览(1840—1954)》，山西人民出版社 2008 年版，第291 页。

④ 《毛泽东选集》第 2 卷，人民出版社 1991 年版，第 718 页。

里是胡宗南深入解放区的一根"钉子"。毛泽东亲自为西北野战军筹粮，找到郏县的县长说："我准备打三天仗，将郏县拿下来，但是你要给我想办法筹来三天的粮食。"于是，县长把老百姓的口粮和所有坚壁清野找到的粮食拿出来，供军队吃了一天；第二天，又把田里的所有青苗都割了，再供军队维持了一天；最后一天，则把村里的羊和驴都杀了，又维持了一天。老百姓相信共产党，把粮食都给了部队，自己只能吃"观音土"。最后一天，郏县被打下来了。直至今天，郏县县志里还有这样一句话："此役之后，郏县全县三年不见羊和驴。"①

腐败必然导致亡党亡国，这是历史上国民党留下的深刻教训。

(三)国民党横征暴敛，共产党一心为民

国民党发动的内战，因军费沉重而直接导致政府财政陷入危机。国民党军费开支巨大，官兵要发饷，要开饭，这是一笔巨大的费用。蒋介石的亲信、曾任江西省政府主席的王陵基说，他的重要任务就是征粮送至东北内战战场，不问丰歉，都要征到九成以上。由于征粮任务重，江西省田粮处处长被他逼得在吉安跳水。国民党短期内又不能打赢内战，局势无法平稳，致使经济出现严重危机，造成恶性通货膨胀，物价狂涨。胡秋原曾说：国民党政府的军费，百分之七十用于东北，每月飞机运送金圆券发饷，次日原机返回上海，换成黄金，再飞东北。

为了筹措军费，挽救财政危机，国民党采取发行内外债、征收捐税和增发纸币等各种措施。单就征税来说，国民党政府不仅调整原来的征税办法，而且大量开征全国统一新税和地方性新税，导致各地税项五花八门，"漫无标准，毫无预算，官吏上下其手，层层剥削。比如专员、县长下乡之招待费，官吏用之一分，民间负担十分，怨声载道，忍痛忍受，失去民心，莫此为甚"②。

国民党中央财政完全被军费绑架，实体经济复苏乏力，政府采取极为宽松的货币政策，1947年，法币发行量达30多万亿元，为1946年的10倍，比1945年则增加25倍。到1948年第二季度，发行的法币是660万亿元，三年猛增1180倍。大量滥发钞票引发了中国几千年历史上最严重的恶性通货膨胀，军人和公务员受影响最为严重，政府提薪的速度永远赶不上物价的上涨速度，直接导致执政效率的下降和吏治败坏。1948年8月，国民政府改组内阁，宣布停用法币，进行金圆券改革，全国物价一律冻结在8月19日的水平，是为"八

---

① 王树增：《解放战争》(上)，人民文学出版社2009年版，第157页。
② 中国第二历史档案馆编：《中华民国史档案资料汇编》第5辑第3编《财政经济(一)》，江苏古籍出版社2000年版，第559页。

一九限价"。为了防止权贵和投机商人囤积居奇，扰乱改革，蒋经国亲自督阵上海，宣誓"打虎"。可是，国民党的党纪和国法已经彻底败坏。11 月 1 日，行政院公开承认经济改革失败，内阁总理辞职，物价呈现报复性的上涨，经济极度混乱，国事终不可为。恶性通货膨胀和物价飞涨，使广大人民一次又一次遭到洗劫，对国民党由失望进而到绝望。

然而，中国共产党坚持一切从人民的利益出发。众所周知，农民问题是中国革命的基本问题，农民问题的中心是土地问题。毛泽东指出："土地制度的彻底改革，是现阶段中国革命的一项基本任务。如果我们能够普遍地彻底地解决土地问题，我们就获得了足以战胜一切敌人的最基本的条件。"①1946 年，中国共产党发布《五四指示》，1947 年 9 月，制定《中国土地法大纲》。《中国土地法大纲》宣布，废除封建性及半封建性剥削的土地制度，废除一切地主的土地所有权，实行"耕者有其田"的土地制度，其中第十一条明确规定："分配给人民的土地，由政府发给土地所有证，并承认其自由经营、买卖及在特定条件下出租的权利。"这就是承认改革后的农民对土地拥有经营权。在"保田参战"的口号下，成千上万的农民参军参战，组建民兵，支援前线，保卫解放区。中国共产党获得了足以战胜敌人的取之不尽的人力、物力资源。淮海战役胜利后，陈毅说：淮海战役的胜利是农民用小车推出来的。其实，何止淮海战役，离开广大农民的支援，解放战争的胜利是不可想象的。

《中国土地法大纲》甚至规定："家居乡村的国民党军队官兵、国民党政府官员、国民党党员及敌方其他人员，其家庭分给与农民同样的土地及财产。"②可见，国民党在土地改革上无所作为，输给了共产党。

因此，国民党政府在敌产国营化中失去了私营企业家的支持，在货币改革中失去了城市居民的支持，在土地改革中又让共产党获得了农民的支持。1948年 3 月，国民党召开所谓"行宪国大"，宣布"还政于民"，打出最后一张王牌——"民主牌"，然而，务实的人民在"民主牌"与"土地牌"的选择中，毫不犹豫地抓住了后者。傅斯年说："古今中外有一个公例，凡是一个朝代，一个政权，要垮台，并不由于革命的势力，而由于他自己的崩溃！"③共产党常说堡垒最容易从内部攻破，道理是一样的。所以，国民党的失败，"有许多方面的原

---

① 《毛泽东选集》第 4 卷，人民出版社 1991 年版，第 1252 页。

② 中共中央文献研究室、中央档案馆编：《建党以来重要文献选编（一九二一——一九四九）》第 24 册，中央文献出版社 2011 年版，第 419 页。

③ 《傅斯年文选》，四川文艺出版社 2010 年版，第 182 页。

因，但其主要原因还在于国民党和蒋介石自己"①。

第二节　中间势力的建国方案及其破产

在国共两党争夺中国革命的领导权及中国革命的前途时，中国社会活跃着一支重要力量——中间势力，他们所提出的建国方案，对中国政局的走向产生了一定影响，然而，历史的发展决定了中间势力的建国方案行不通。最终，他们明大势，顺时势，毅然选择支持和拥护中国共产党的领导，为中国共产党实现由革命到执政提供了必要的政治支持和社会基础。

一、中间势力的建国方案

抗战胜利后，国际国内政治形势发生重大改变，摆在中国人民面前的主要任务已经不再是团结一致、共御外侮，而是建立一个什么样的国家和怎样建国的问题，国内各种政治力量从各自的阶级立场出发，纷纷提出自己的建国主张。除了国民党的宪政承诺和共产党的联合政府主张，中间势力提出，"中间派也是中国人，对于国内的任何政治问题都应当表示自己的意见"②，"国是问题，绝对不是国共双方的问题，而应该由包括国共两党在内的各党各派领袖和无党无派领袖，都以人民代表的地位，来共同解决问题"③。

中间势力的勃兴，是抗日战争胜利后中国政治的新特点。就国内因素而言，中间势力的兴起一方面得益于抗日战争期间所形成的和平、民主的时代大潮，另一方面在于国共对峙的政治局面为中间势力的崛起提供了发展空间。正如有的学者所言："中间势力在战后中国政坛上一度活跃的重要原因，是国共两党的态度。由于国内外形势所逼，政治斗争一度代替武装斗争成为战后中国政治大舞台的焦点，而在政治斗争中，国共双方都需要支持者，因此也就为中间党派的活动留出了一定的空间，客观上提高了中间党派的地位。"④

抗战胜利之初，中间势力就围绕战后中国向何处去的问题，大力宣传他们的政治主张，但明确以"中间路线"相标榜却是在 1946 年 6 月之后。此时国共

①　杨天石：《国民党是如何失掉大陆的》，载《理论视野》，2013 年第 6 期。
②　施复亮：《中立、调和与中间派》，载《文萃》，1946 年第 12、13 期合刊。
③　柳亚子：《解决国是问题的最后方案》，载《新华日报》，1945 年 10 月 27 日。
④　汪朝光：《中华民国史》第 3 编第 5 卷《从抗战胜利到内战爆发前后》，中华书局 2000 年版，第 114 页。

内战爆发，重庆政协会议决议无法付诸实际而成为一纸空文，中间势力更加认为，在当时的政治环境中，只有独立的中间路线才最能表达他们的政治理想和愿望。张东荪的《一个中间性的政治路线》，施复亮的《何为中间派》《两条道路，一个动力》都是写于 1946 年 6 月至 8 月。《大公报》上一些有关中间路线的文章也是 7、8 月之后开始登载的。

抗战胜利后，中间势力认为当时的形势是国民党和共产党都不能用武力消灭彼此，同时国际形势也不允许中国出现一个完全右倾的国民党政权或完全左倾的共产党政权，那么中国只能走一条中间路线，"把他们中偏右者稍稍拉到左转；偏左者稍稍拉到右转，在这样右派向左，左派向右的情形下，使中国得到一个和谐与团结，并由团结得到统一"①，"中国既不能走旧式资本主义的道路，又不能走社会主义的道路"，只能走"中间的改良道路"②。也就是说，中间势力既反对国民党的一党专制独裁统治，又不愿意走共产党的新民主主义路线，而是以不同于国共两党的中间路线相号召。

中间势力的建国方案除中国民主同盟临时全国代表大会(即民盟一大)的建国主张外，还有中间势力理论家施复亮的"新资本主义的经济"与"新民主主义的政治"主张，以及徘徊于"学问国"与"政治国"之间的张君劢极力追求的民主宪政，等等。其中，民盟一大通过的《中国民主同盟纲领》和《政治报告》两个文件，集中体现和阐明了民盟的建国主张，"把中国造成一个十足道地的民主国家"，成为中间势力的共同奋斗目标。中间路线代表人物所代表的党派不同，提出的建国方案也不尽相同，但是，中间势力在一些重大问题上的基本主张还是一致的，都赞同和平和民主，希望以和平的方式建立一个既不同于欧美，也不同于苏联的资产阶级民主共和国。

在政治方面，中间势力提出借鉴英美苏的经验来实现政治民主化，反对任何形式的一党独裁或阶级独裁。他们认为英国、美国和苏联建设民主制度的经验，"都是中国今后建立民主制度的好的参考资料"，但是英美和苏联的民主制度各有千秋，应"平心静气的取其所长，弃其所短，以创造一种中国的民主"③。实行英美式的民主政治是中间势力的共同主张，他们都指出，"在政治方面比较上多采取英美式的自由主义与民主主义""中间派所要建设的新民主主

---

① 张东荪：《一个中间性的政治路线》，载《再生》(周刊)，第 118 期，1946 年 6 月 22 日。

② 施复亮：《两条道路，一个动力》，载《周报》，第 48 期，1946 年 8 月 3 日。

③ 中国民主同盟中央文史资料委员会编：《中国民主同盟历史文献(1941—1949)》，文史资料出版社 1983 年版，第 75～76 页。

义的政治，在形式上是英美式的民主政治"。① 他们认为英美国家的议会制度"有了相当良好的成绩""是我们建立中国民主制度的宝贵的参考材料"，而中国的五权宪法制度，"从民主运用的观点来说，就远不如英美现行的议会制度"。不过，他们亦承认英美的议会政治和政党政治有其缺点。因此，他们提出，"拿苏联的经济民主来充实英美的政治民主，拿各种民主生活中最优良的传统及其可能发展的趋势，来创造一种中国型的民主"。② 此外，中间势力反对地主官僚资本家操纵民主政治，决不允许民主政治"成为少数特权阶级所独占的民主政治，必须把它变成为多数平民所共治的民主政治，进一步，且须变成为全体人民所共治的民主政治"③。

在经济方面，中间势力主张实行改良的新式资本主义，"也不赞成在客观条件尚未成熟的时候来实行社会主义"，"在发展生产力方面，主张尽量利用资本主义生产方式的各种优点以促进整个国民经济的迅速工业化，在调整生产关系方面，主张尽量革除资本主义生产方式的各种弊端，采用进步的社会政策以保障劳动大众的职业和生活"④，"在发展工业上，中国的经济政策必力求计划经济与自由经济相配合"，"做到在计划经济下的有系统的发展，但同时又需鼓励奖助私营企业，使一切私人企业家得到自由竞争的平等机会"⑤，"主张有民主的经济建设计划，与在计划指导之下的充分企业自由"⑥。中间势力赞成发展民族资本主义，但反对官僚资本的垄断，指出"在经济上必须发展民族资本主义，奖励民生必需品的扩大再生产，但绝不容许官僚资本家的横行与发展，且须保护农工大众以及一切被雇佣者的利益，提高其购买力和生活水准"。

在对外政策上，中间势力主张"兼亲美苏"。施复亮的《何谓中间派》一文指出："对美苏二国采取同等亲善政策，既不助美反苏，亦不助苏反美，始终保

① 蔡尚思主编：《中国现代思想史资料简编》第 5 卷，浙江人民出版社 1983 年版，第 204、306 页。

② 中国民主同盟中央文史资料委员会编：《中国民主同盟历史文献（1941—1949）》，文史资料出版社 1983 年版，第 76～77 页。

③ 蔡尚思主编：《中国现代思想史资料简编》第 5 卷，浙江人民出版社 1983 年版，第 306～307 页。

④ 蔡尚思主编：《中国现代思想史资料简编》第 5 卷，浙江人民出版社 1983 年版，第 299、307 页。

⑤ 中国民主同盟中央文史资料委员会编：《中国民主同盟历史文献（1941—1949）》，文史资料出版社 1983 年版，第 84～85 页。

⑥ 杨荣华主编：《中国民主党派史丛书·中国民主建国会卷》，河北人民出版社 2001 年版，第 507 页。

持独立自主的精神，充作美苏合作的桥梁，决不做美苏冲突的牺牲品。"①中国民盟强调，"民盟绝无反美或反苏意思，反之，非常需要美苏作朋友"②。事实上，他们在"兼亲美苏"的原则下，更偏向于倒向美国。张东荪在《美国对华与中国自处》一文中表示，"中国并不要对美苏同等亲善，中国只要求不反苏，对美则可更亲善一些，或可说亲美甚于亲苏。因为苏联没有余力以资助中国和平后的建设，所以在积极方面，中国希望于美国者甚多"③。

总之，中间势力认为应该走和平的改良的道路，即"不赞成暴力的革命的行动，因此，中间派解决问题的方式是民主的，不赞成独断或独裁"④。然而中间势力试图建立的民主制度，"既非国民党的路线，亦非共产党的路线，既非英美的路线，亦非苏联的路线"，而是"在英美资本主义同苏联社会主义两者之间寻找一条新的路线"⑤。事实上，中间路线只不过是一幅资产阶级共和国的蓝图，是旧民主主义革命纲领在新的历史时期的继续和发展。⑥ 在战后的一定时期，中间势力的建国方案有一定的影响力，但是，历史的发展最终没有让中间势力的建国方案变为现实。

二、中间势力的分化

中间势力认识到组建联盟、形成强大的政治力量的重要性，"没有一切中间派的大团结，便不能形成强大的中间派的政治力量。没有强大的中间派的政治力量，便不能合理地解决当前的政治问题。一切关心当前政治的国共两党以外的民主人士，都有责任来促成中间派的大团结"⑦，但受限于历史和现实的诸多因素，特别是政治倾向的复杂性，实际上他们组成的联盟组织机构相当松散和缺乏凝聚力。罗隆基认为，组成民盟的各党派"还是盟外独立自主的党派……

---

① 蔡尚思主编：《中国现代思想史资料简编》第 5 卷，浙江人民出版社 1983 年版，第 299 页。

② 中国民主同盟中央文史资料委员会编：《中国民主同盟历史文献(1941—1949)》，文史资料出版社 1983 年版，第 235～236 页。

③ 张东荪：《美国对华与中国自处》，载《文汇报》，1947 年 3 月 30 日。

④ 蔡尚思主编：《中国现代思想史资料简编》第 5 卷，浙江人民出版社 1983 年版，第 301 页。

⑤ 中国人民政治协商会议全国委员会文史资料研究委员会编：《文史资料选辑》第 20 辑，中华书局 1961 年版，第 205 页。

⑥ 参见武力主编：《中国发展道路》下册，湖南人民出版社 2012 年版，第 792 页。

⑦ 蔡尚思主编：《中国现代思想史资料简编》第 5 卷，浙江人民出版社 1983 年版，第 301 页。

民主政团同盟的决议和行动，在法律上和实际上并不能拘束各党派的独立自主的行动，反之，各党派的决议和行动，亦不能拘束民盟"。民盟内各党派关系复杂，盟员与党派成员可以兼跨，致使"遇到民盟的政策同某一个党有了分歧的时候，某些跨党的盟员何去何从就成了问题。民盟由于有了这类实际上的困难，就无法执行严格的纪律"①。可以说，组织机构松散及盟内党派关系复杂的缺陷，实际上为后来中国青年党（以下简称青年党）和民主社会党（以下简称民社党）分裂退出民盟埋下了祸根。

中间势力在和平民主建国的旗帜下"集结"起来，试图寻求与国共两党不同的"第三条道路"，总体主张表现出"比较大的一致性"，但是一致性之外的差异性亦不容忽视。纲领和主张的差异，反映出中间势力思想认识的不同取向，这是盟友间走向分化的重要原因之一。② 例如，在经济主张方面，青年党主张保障私有财产制度，反对过多的国营和国家干预，而民社党更多地强调公有制和国家干预，民盟则同时对民主社会主义和计划经济存有好感。《观察》杂志的主办人储安平说："民盟是一个很勉强集合而成的政团，民盟里的人物，各有各的教育背景，各有各的政治看法，各有各的历史环境。"③随着国内政治形势的发展、国共关系的恶化，再加上内部党派的政治立场存在分歧，中间势力在政治上最重要的代表性力量——中国民主同盟发生分裂，青年党和民社党先后退出民盟。

1946 年 1 月召开的重庆政治协商会议是青年党决定分裂和退出民盟的一个导火索。根据重庆谈判协议，参加政治会议的代表由国民党、共产党、民盟和社会贤达四方面组成，各方 9 人，共计 36 人。但是，国民党为了在政协会议上孤立共产党，企图在代表名额上大做文章。在国共两党代表名额对等的情况下，"谁能控制会议，显然要看国共两党之外的其他党派和人士倾向于何方"④。国民党担心"民主同盟这个素来以中间派自居的政团可能会一边倒，倒向共产党"⑤，于是采取怂恿支持青年党霸占民盟代表多数名额的策略。之所以选择青年党，原因在于青年党曾长期操纵把持民盟，引起盟内其他势力的不

---

① 中国人民政治协商会议全国委员会文史资料研究委员会编：《文史资料选辑》第 20 辑，中华书局 1961 年版，第 196 页。

② 参见卫春回：《理想与现实的抉择——中国自由主义学人与"中间道路"研究（1945—1949）》，中国社会科学出版社 2010 年版，第 83 页。

③ 储安平：《中国的政局》，载《观察》，第 2 卷第 2 期，1947 年 3 月 8 日。

④ ［美］福雷斯特·C. 波格：《马歇尔传（1945—1959）》，施旅译，世界知识出版社 1991 年版，第 97 页。

⑤ 中国人民政治协商会议全国委员会文史资料研究委员会编：《文史资料选辑》第 20 辑，中华书局 1961 年版，第 209 页。

满和反对。国民党方面由吴铁城、张群等人出面，邀约民盟部分常委，以商谈重庆政协筹备事务为名，举行谈话会。当谈到关于民盟 9 个代表名额在盟内各党派如何分配的问题时，青年党领袖左舜生突然提出要求，称"青年党在中国是国民党和共产党以外最大的而且最有历史的大政党。它在民盟三党三派中当然是最大的一个党派。民盟九个代表的名额，青年党要占五席"，并进一步强调，"青年党一定要五席，决不能少，这不是要价还价的问题。假使民盟不同意这种分配办法，青年党就要以独立的单位参加政协"①。这些无理要求遭到民盟的断然拒绝，中共方面在得知情况后，当即表示支持民盟，希望民盟坚持原有的 9 个代表席位不必让步。国民党支持青年党，中国共产党支持民盟，国共两党围绕着代表名额问题展开了激烈的政治斗争。斗争的最后结果是，国共双方均做出让步和妥协，国民党让出 1 个名额，共产党让出 2 个名额，总名额将增加 2 个，即民盟仍保持 9 个代表席位，青年党则以 5 个名额单独参加政协会议。这样，参加政治协商会议的代表就扩大为国民党、共产党、民盟、青年党和社会贤达五方面，总名额由 36 人增加到 38 人。后来，青年党同民盟的分歧越来越大，民盟常委会一切会议都不再通知青年党的盟员参加。

制宪国民大会是抗战胜利后中国政治的分水岭，不仅标志着国共关系的彻底破裂，也意味着中间势力的彻底分化与瓦解。重庆政治协商会议决议规定，国民大会召开前，应先改组政府，且宪法草案修正案须经各方协商一致。但是国民党却进行政治欺骗及公开撕毁政治协商会议决议，拒绝改组政府，企图召开由国民党一党包办及其他党派参加的国民大会，来使自己的政治统治合法化。国民党单方面召开国民大会的决定遭到中国共产党的强烈反对。在国共形成僵局的形势下，中间势力特别是民盟能否参加，就成为国民大会能否合法召开的关键。为此，国民党继续采取拉拢分化的政策，迫使中间势力在两难选择中做出妥协让步。其中青年党首先表态参加国民大会，愿意提交代表名单。民社党内部对于是否参加国民大会意见分歧很大，负责人张君劢在巨大的政治压力之下，经过反复考量，决定向国民党提交代表名单，参加国民大会，但自己却不参加。而民盟则经受住了国民党的拉拢、分化以及威逼利诱，坚持和平民主的原则立场，拒绝参加国民大会。民盟认为民社党参加国民大会的决定，与民盟的政治主张"显有出入""民主社会党已碍难在本盟内继续合作""系违背民

---

① 中国人民政治协商会议全国委员会文史资料研究委员会编：《文史资料选辑》第 20 辑，中华书局 1961 年版，第 210～211 页。

盟中规定条例，实应请其退盟"①。1946 年 12 月 25 日，民社党发表退出中国民主同盟的声明，称："本党自有主义，自有政纲，与其因牵挂而起纠纷，自不如各自独立之为得计。至于争取和平，实现民主，与夫军队国家化之主张，同仁既已揭橥于先，自当努力贯彻于后。"②民社党宣布退出民盟，是中间势力的代表性组织——民盟的再度分裂。

除了中间势力联盟组织松散，以及各党派政治立场存在分歧，日趋激烈的国共斗争亦是导致中间势力分化的一个重要因素。争取中间势力，是国共两党斗争的一个重要策略。尽管中间势力一再强调自己的中间立场，但在国共对立的现实政治中，他们必然面临着两难的选择。国民党对民盟采取分化瓦解策略，"加速其分化过程，孤立其对外关系，并加强本党对其之压力。譬如民盟内部已有左右两派之斗争，即应加速挑起国社党村治派等对救国会派第三党之斗争，扩大其矛盾"③。1946 年 12 月，民盟主席张澜在民主团体欢迎会上说道，民盟自成立以来，"虽然努力保持超然独立的第三者立场，然而，向我们利诱的，向我们威胁的，向我们施以迫害，分化，企图摧垮我们的，已经是应有尽有，无所不用其极"④。国共两党斗争的结果是，青年党和民社党退出民盟，选择跟随靠拢国民党，而以民盟为代表的其他党派势力逐步加强与共产党的团结合作，并最终选择接受共产党的领导。

三、中间道路的破产

在国共谈判破裂、伪国民大会召开和国民党进一步扩大内战的严峻形势下，1947 年 1 月，民盟一届二中全会召开，进一步公开宣布自己的主张立场："我们不否认，站在政团的立场，对国共两党的党争，民主同盟是个第三者，我们应保持不偏不倚的态度。但民盟既是一个独立自主的政团，我们依据我们的政纲政策以争取国家及人民的福利，民盟对国事自然应该明是非辨曲直。是非曲直之间就绝对没有中立的余地。民主同盟的目的是中国的民主，是中国的真民主。民主与反民主之间，真民主与假民主之间，就绝对没

---

①　中国民主同盟中央文史资料委员会编：《中国民主同盟历史文献（1941—1949）》，文史资料出版社 1983 年版，第 255、250 页。

②　方庆秋主编：《中国民主社会党》，档案出版社 1988 年版，第 539 页。

③　《国民党应付民盟之策略》，转引自汪朝光：《中华民国史》第 3 编第 5 卷《从抗战胜利到内战爆发前后》，中华书局 2000 年版，第 115 页。

④　中国民主同盟中央文史资料委员会编：《中国民主同盟历史文献（1941—1949）》，文史资料出版社 1983 年版，第 254 页。

有中立的余地。"①民盟放弃中立，就等于向中共靠拢。此后，当国民党宣布改组政府，组建"自由主义的多党政府"时，民盟不但断然拒绝参加，而且发表宣言指出，"目前改组之政府实与民主和平团结统一的途径背道而驰""国民党领导而民青两党参加的政府乃共同负责与共产党作战之政府"，从而进一步划清了与国民党的界限。②

作为中间势力的代表，民盟一直站在独立的立场上坚决反对国民党撕毁重庆政协会议决议，拒绝参加国民党一手包办的伪国民大会和虚假的多党政府等，因而遭到国民党的残酷打击和迫害。1947年5月3日，国民党中央社发表某政治观察家的谈话，公开指责"民盟组织已为中共所实际控制，行动亦均系循中共意旨""民盟及各民主政团，目前倡组中之民主统一战线，亦为受中共之命，而准备甘为中共之新的暴乱工具"。14日，国民政府行政院新闻局局长董显光公开宣称民盟"与反叛政府之中共即有密切关系"。10月，国民党当局宣布民盟为"非法团体"，命令对该组织及其成员的一切活动"严加取缔，以遏乱萌，而维治安"。③ 11月6日，民盟总部被迫在上海发表公告："通告盟员自即日起一律停止政治活动，本盟总部同人即日起总辞职，总部亦即日解散。"④在此前后，其他民主党派也相继被迫停止公开活动。

民盟的被迫解散，宣告了中间势力试图寻求不同于国共两党的中间路线的破产。关于民盟被迫解散一事，周恩来认为"自民盟在蒋管区被迫并由其一部分领导人接受国民党的命令自行宣布解散后，全国性的第三大党运动已经失败，第三条道路的想法已经破产"⑤。1947年12月，毛泽东指出："如果说，在一九四六年，在蒋介石统治下的上层小资产阶级和中等资产阶级的知识分子中，还有一部分人怀着所谓第三条道路的想法，那末，在现在，这种想法已经破产了。"⑥

抗战胜利后，中间势力及其追求的中间道路经历了从崛起走向分化直至破

① 中国民主同盟中央文史资料委员会编：《中国民主同盟历史文献（1941—1949）》，文史资料出版社1983年版，第266页。

② 中国民主同盟中央文史资料委员会编：《中国民主同盟历史文献（1941—1949）》，文史资料出版社1983年版，第321页。

③ 中国民主同盟中央文史资料委员会编：《中国民主同盟历史文献（1941—1949）》，文史资料出版社1983年版，第326、330、360页。

④ 中国民主同盟中央文史资料委员会编：《中国民主同盟历史文献（1941—1949）》，文史资料出版社1983年版，第356页。

⑤ 《周恩来选集》上卷，人民出版社1980年版，第283页。

⑥ 《毛泽东选集》第4卷，人民出版社1991年版，第1256～1257页。

产的历史过程。究其失败的原因，既有中间势力自身软弱，且对时局的主张脱离实际的主观原因，也有当时国共两党对峙的政治局势不容许中间道路存在发展的客观原因。

主张走中间道路的中间势力，人数众多，但其成员组成复杂，"其组织成份又常从统治阶级内部的反对派一直包含到进步分子""政治倾向又从君主立宪一直到新民主主义革命都有"①。新华社的时评《蒋介石解散民盟》认为，民盟是"一个广泛而松弛的联合"，就其成员构成来看，"容纳许多坚决反对蒋介石独裁和美帝国主义侵略的民主战士"，同时"容纳许多虽然一面反对或不满蒋介石独裁，但在另一方面却不但过去而且现在仍然对蒋介石，特别是对美帝国主义怀抱某种幻想的人物"②。中间势力囊括愿望要求并不一致的社会各阶层，随着社会政治形势的发展，他们的利益分化愈发明显，"中间势力的特点就是动摇、不断分化"③。因此，阶级结构的复杂性，决定了中间势力难以形成一支强大的政治力量。

中间势力的主体部分是民族资产阶级、城市小资产阶级，以及同这些阶级相联系的知识分子和民主人士的代表人物，而民族资产阶级在政治上具有软弱性和动摇性。中间势力所追求的中间道路，实质上是一条旧民主主义的道路，主张建立资产阶级共和国，脱离了近代中国半殖民地半封建社会的国情。帝国主义侵略中国的目的，是让中国成为其殖民地、半殖民地，不可能允许中国建立独立的资产阶级共和国。此外，中间势力多在上层活动，与下层民众脱节，缺乏广泛的群众基础，尤其是缺乏基层组织，很难影响政局的发展；而中间道路则因中间势力的在野党特性始终未能进入实践过程，亦无法获得下层民众的认可。④《蒋介石解散民盟》一文指出："民主同盟只是一个赤手空拳的组织，他们'连一支手枪也没有'，并且不打算有，他们的凭借就是言论出版，而这样的武器也早已被蒋介石没收了。"⑤

中间势力调和国共、兼容美苏的政治取向与中国的政治现实脱节，是中间

---

① 《周恩来选集》上卷，人民出版社 1980 年版，第 285 页。

② 中共中央文献研究室、中央档案馆编：《建党以来重要文献选编（一九二一——一九四九）》第 24 册，中央文献出版社 2011 年版，第 459 页。

③ "从五四运动到人民共和国成立"课题组：《胡绳论"从五四运动到人民共和国成立"》，社会科学文献出版社 2001 年版，第 4 页。

④ 参见汪朝光：《中国近代通史》第 10 卷《中国命运的决战（1945—1949）》，江苏人民出版社 2009 年版，第 194 页。

⑤ 中共中央文献研究室、中央档案馆编：《建党以来重要文献选编（一九二一——一九四九）》第 24 册，中央文献出版社 2011 年版，第 459 页。

势力及其追求的中间道路失败的主要原因。① 中间势力强调自己的独立性和中间立场，企图通过调和国民党与共产党之间的矛盾，以和平民主的方式引导中国走第三条道路，认为"国共问题的合理解决，中国政治的全面安定，和平、民主、统一的真正实现，经济建设的顺利进行，都必须有一个强大的中间派在政治上起着积极的甚至决定的作用"②。但是，中国战后面临两种命运、两个前途的尖锐斗争，客观形势决定了中间路线没有余地，中间势力追求的第三条道路根本行不通。在当时的政治环境下，"盖惟国共双方具有力量，而此外则没有。大局为此矛盾之两大力量所支配，其他的人皆莫如之何"③，"中国时局的症结只在政府和中共双方；所谓'第三方面'是时局的配角"④。

战后暂时和平民主的特殊政治环境，客观上提供了中间势力崛起、活跃的空间，但是中间势力的发展"实际并不决定于他们自身的努力或进取，而是取决于国共两党的态度、关系和力量对比"⑤。国共两党维持合作关系并相持不下时，中间势力有其存在的必要，"只有在内战停止，和平恢复之后，中间派的政治路线才有实现的可能"。反之，国共关系分裂之时，亦是中间势力分化之时，"倘使内战长期继续下去，中国问题只有依靠武力来解决，那末中间阶层和中间派在中国政治上都不会有重要的地位，也不会起什么独立的作用"⑥。

随着国共合作关系的破裂、全面内战的爆发，在各种复杂因素的影响下，中间势力或者缘于政治立场分歧，或者出于现实利益考虑，必须在国共双方中做出依靠谁的选择，要么拥护共产党，要么倒向国民党。特别是随着内战局势的日益明朗化，"第三方面的力量在两方夹攻下日趋削弱，所谓自由主义者也不能形成一种力量"⑦。当时只存在两条道路，或是大地主大资产阶级领导的卖国内战独裁路线，或是反对帝国主义、封建主义和官僚资本主义的人民民主路线，而其他"无论是从那个角落来的，也无论是打着什么旗号，都不是什么

---

① 参见裴萱：《战后中间势力的崛起与分化》，载《南开学报》，2003年第3期。
② 蔡尚思主编：《中国现代思想史资料简编》第5卷，浙江人民出版社1983年版，第298页。
③ 梁漱溟：《忆往谈旧录》，中国文史出版社1987年版，第211页。
④ 李仲山：《国民大会召集以后》，载《民主与统一》，第21期，1946年11月30日。
⑤ 汪朝光：《中国近代通史》第10卷《中国命运的决战(1945—1949)》，江苏人民出版社2009年版，第194页。
⑥ 蔡尚思主编：《中国现代思想史资料简编》第5卷，浙江人民出版社1983年版，第302~303页。
⑦ 观察记者：《从战局看政局》，载《观察》，第4卷第1期，1948年2月15日。

'第三条路线'，而只是反革命路线在日暮途穷时的化形"①。随着关于中间路线是否存在问题的大讨论的进行，中间势力也认识到只存在"以争取民主、独立、和平、统一、进步为目的"和"以继续独裁、媚外、内战、分裂、倒退为目的"的两条根本相反的现实路线，因此，"第三方面"民主派"只能在两者之间选择其一""只是民主运动中的一个特种兵团，但决不是两个战线之际中间战线的开辟者""如不愿做迷途羔羊，就毋须考虑第三条路"②。1948 年 1 月，施复亮发表《论自由主义者的道路》一文，指出："自由主义者多半希望采用渐进的改良的方法去求得政治、经济和社会各方面的进步，但当他发现了统治者顽固反动，绝无改良希望的时候，他也会毅然决然走上革命的道路。"③因此，在别无选择之际，中间势力果断做出赞同和支持共产党协商建国、建立联合政府的正确抉择。

第三节　中国共产党获得执政地位

中国革命的发展，需要新的政治力量登上历史舞台。20 世纪一二十年代的国内外形势发生了重要变化，五四运动前后，中国共产党的阶级基础、思想准备、组织基础及干部队伍的条件都已经成熟，中国共产党成立是历史的必然，同样，中国共产党对中国革命的领导也是历史的必然。经过 28 年的革命斗争，中国共产党领导中国人民取得了革命的胜利，实现了由革命到执政的转变，中国历史进入了全新的发展阶段。

一、中国共产党的理想追求

1921 年 7 月，中国共产党第一次全国代表大会召开，会议提出党的奋斗目标是"推翻资本家阶级的政权""承认无产阶级专政，直到阶级斗争结束""消灭资本家私有制""联合第三国际"④，即通过社会主义革命，最终实现共产主义。这是中国共产党首次确立的革命理想和前途。1922 年 7 月 16 日至 23 日，中国

---

① 新华通讯社编印：《新华社社论集（一九四七——一九五○）》，新华通讯社 1960 年版，第 97 页。

② 《平心文集》第 2 卷，华东师范大学出版社 1985 年版，第 595、583 页。

③ 蔡尚思主编：《中国现代思想史资料简编》第 5 卷，浙江人民出版社 1983 年版，第 324 页。

④ 中共中央文献研究室、中央档案馆编：《建党以来重要文献选编（一九二一——一九四九）》第 1 册，中央文献出版社 2011 年版，第 1 页。

共产党第二次全国代表大会在上海召开。大会通过了《中国共产党第二次全国代表大会宣言》《关于共产党的组织章程决议案》《中国共产党加入第三国际决议案》等文件。其中，《中国共产党第二次全国代表大会宣言》明确指出在当时的历史条件下，党的奋斗目标是："消除内乱，打倒军阀，建设国内和平"；"推翻国际帝国主义的压迫，达到中华民族完全独立"；"统一中国本部（东三省在内）为真正民主共和国"。这是党的民主革命纲领，即最低纲领。《中国共产党第二次全国代表大会宣言》又概括了党的最高纲领："组织无产阶级，用阶级斗争的手段，建立劳农专政的政治，铲除私有财产制度，渐次达到一个共产主义的社会。"宣言初步分析了最低纲领和最高纲领的联系："我们无产阶级和贫苦的农民都应该援助民主主义革命运动……民主主义革命成功了，无产阶级不过得着一些自由与权利，还是不能完全解放……无产阶级便须对付资产阶级，实行'与贫苦农民联合的无产阶级专政'的第二步奋斗。如果无产阶级的组织力和战斗力强固，这第二步奋斗是能跟着民主主义革命胜利以后即刻成功的。"[1]在成立后仅过了短短一年时间，中国共产党就制定了符合国情的民主革命纲领，公开提出了党的政治主张，这是把民主革命和社会主义革命联结起来的开始，指明了中国人民争取民主自由和独立解放的斗争方向，"这是中国共产党人对中国国情和中国革命问题认识的一次深化，是党把马克思主义基本原理同中国革命实际相结合的一个重要成果"[2]。

1923年5月，蔡和森指出：中国革命运动的性质与欧美资产阶级的民主革命不同，"已不是纯粹资产阶级民主革命的问题，事实上业已变成为国民革命（亦可称民族革命）的问题"[3]。这就提出了中国革命的性质及其领导权的问题。中国革命究竟是资产阶级革命还是无产阶级革命，究竟是由资产阶级领导还是由无产阶级领导，是革命基本而重要的问题。1925年1月，中共四大指出：民族革命胜利后，能否接着就是无产阶级的革命，是否必须经过资产阶级民主制度，由"无产阶级在民族革命中自己阶级的革命准备至何种程度及那时的社会的客观条件定之"，而且"那时的世界政治状况也有很大的影响"[4]。这实际上

---

① 中共中央文献研究室、中央档案馆编：《建党以来重要文献选编（一九二一——一九四九）》第1册，中央文献出版社2011年版，第132～133页。

② 中共中央党史研究室：《中国共产党历史》第1卷上册，中共党史出版社2002年版，第101页。

③ 中共中央文献研究室、中央档案馆编：《建党以来重要文献选编（一九二一——一九四九）》第1册，中央文献出版社2011年版，第233页。

④ 中共中央文献研究室、中央档案馆编：《建党以来重要文献选编（一九二一——一九四九）》第2册，中央文献出版社2011年版，第222页。

提出了民主革命转变为社会主义革命的条件：一是无产阶级不断发展自己的力量并掌握领导权；二是民主革命胜利时，中国国内的政治条件有利于无产阶级；三是国际形势有利。在当时的历史条件下，中共四大对中国民主革命前途的分析是难能可贵的。① 因此，李维汉指出："'四大'比较明确地提出了党在民主革命中的领导权和工农联盟的问题，提出了中国革命是世界无产阶级革命的一部分和争取非资本主义前途问题。可以说，在理论上已经提出了新民主主义革命的几个基础观点，但还没有形成一定的思想体系。"②

但是，陈独秀提出："共产党取得政权，乃是无产阶级革命时代的事，在国民革命时代，不会发生这类问题。"③蔡和森指出这是"对无产阶级的实力抱极为悲观失望的看法和放弃领导权"，默认资产阶级是民族革命的主人，应当"坐轿子"，而无产阶级应当"抬轿子"。④ 这就是说，机会主义居上风的党中央把广大工农群众用鲜血和生命换来的革命领导权拱手交给资产阶级。共产国际代表鲍罗廷"主张中国共产党在形式上应承认国民党的革命领导权"⑤，他认为中国共产党只要在事实上抓住群众，在形式上拥护国民党的主张并不要紧。陈独秀还认为资产阶级的革命如若没有资产阶级领导，便没有阶级意义和社会基础，即使取得国民革命的胜利，被打倒的阶级也有恢复的可能。蔡和森强烈谴责这种论调是"热烈地辩护民族资产阶级是中国资产阶级民权革命的主人"⑥。

1926 年 11 月 22 日至 12 月 16 日，共产国际执行委员会第七次扩大会议召开并通过《关于中国形势问题的决议》，指出中国革命面临两条不同的道路，即资产阶级道路和非资产阶级道路，中国无产阶级和共产党的职责是引导革命走上非资产阶级道路。彭述之认为，"共产国际的指示同中央的政策，一般说来区别不大"；但是，其他中央委员"认为共产国际的指示和中央的活动根本不同"。⑦ 实际是，党中央理解民族革命和社会主义革命是两个相互衔接的阶段，指出首先应当进行民族革命，而后再谈社会主义革命，"民族革命的主人，民族革命的领导者，应是资产阶级，而无产阶级要帮助它建立政权"，蔡和森认为这"纯粹是机会主义的论调"，绝不能把"非资本主义"道路和"无产阶级领导

---

① 参见李颖：《中共四大历史意义探析》，载《中共党史研究》，2015 年第 1 期。

② 李维汉：《回忆与研究》（上），中共党史资料出版社 1986 年版，第 50 页。

③ 《陈独秀文章选编》（下），生活·读书·新知三联书店 1984 年版，第 263 页。

④ 中央档案馆编：《中共党史报告选编》，中共中央党校出版社 1982 年版，第 88 页。

⑤ 中央档案馆编：《中共党史报告选编》，中共中央党校出版社 1982 年版，第 106 页。

⑥ 《蔡和森文集》（下），人民出版社 2013 年版，第 1011 页。

⑦ 中央档案馆编：《中共党史报告选编》，中共中央党校出版社 1982 年版，第 90 页。

权"分开，无产阶级只有掌握革命领导权，才会引导革命走非资本主义道路。① 可见，机会主义把资产阶级革命转变为社会主义革命的过程"完全划成鸿沟"，"以为资产阶级民权革命与社会主义革命之间，有一道'万里长城'"②。事实上，中国革命的内部"含孕着无产阶级革命的种子""是世界无产阶级革命的一部分""虽然性质上还是资产阶级的，而在革命力量上，却大半须以无产阶级为主力军"。③

1927 年 4、5 月蔡和森在中共五大上指出："能领导革命到底而能胜利的只有无产阶级政党"，中共对于小资产阶级及国民党"应采取坚决的领导态度而不应尾随他们的动摇、犹疑，做他们的尾巴"④，应以坚决的无产阶级的领导去战胜小资产阶级的动摇与犹疑。因此，关于中国革命的领导权，无产阶级及其政党要立场坚定，积极争取，才能把中国革命引向社会主义的前途。

这就表明中国共产党内对于是不是要坚持社会主义的革命前途存在争议，而以陈独秀为代表的党中央则犯了机会主义错误，蔡和森为纠正机会主义错误做了一定贡献，中国革命航向继续朝着理想的目标前进。1939—1940 年，毛泽东发表《〈共产党人〉发刊词》《中国革命和中国共产党》《新民主主义论》，全面阐述了中国共产党的新民主主义革命理论，明确指出了中国革命发展的社会主义方向。毛泽东强调："共产党人决不抛弃其社会主义和共产主义的理想，他们将经过资产阶级民主革命的阶段而达到社会主义和共产主义的阶段。"⑤后来，邓小平指出："中国自鸦片战争以来的一个多世纪内，处于被侵略、受屈辱的状态，是中国人民接受了马克思主义，并且坚持走从新民主主义到社会主义的道路，才使中国的革命取得了胜利。"⑥因此，民主革命时期，中国共产党对社会主义的理想追求，成为指引中国新民主主义革命胜利前进的伟大旗帜。

二、中国革命新道路的探索

大革命失败后，国内政治局势发生急剧变化，反革命势力已经大大超过中国共产党领导的革命力量。要不要坚持革命和如何坚持革命，是摆在中国共产党面前的两个具有根本性的问题。对于要不要坚持革命，中国共产党人的回答

---

① 中央档案馆编：《中共党史报告选编》，中共中央党校出版社 1982 年版，第 91 页。
② 《蔡和森文集》(下)，人民出版社 2013 年版，第 1036 页。
③ 《瞿秋白选集》，人民出版社 1985 年版，第 247 页。
④ 中央档案馆编：《中共党史报告选编》，中共中央党校出版社 1982 年版，第 97~98 页。
⑤ 《毛泽东选集》第 1 卷，人民出版社 1991 年版，第 259 页。
⑥ 《邓小平文选》第 3 卷，人民出版社 1993 年版，第 62 页。

是明确而肯定的。但是对于如何坚持革命，即革命应该走什么样的道路，中国共产党进行了长时间艰难而曲折的探索。

（一）确立武装夺取政权的方针

"在中国，是武装的革命反对武装的反革命。这是中国革命的特点之一和优点之一。"①中国共产党并非一开始就认识到武装斗争在中国的极端重要性。中国共产党懂得军事的重要性，始于 1924 年参加黄埔军校。经过国民党的广东战争和北伐战争，中国共产党虽然掌握了一部分军队，但仍"不懂得武装斗争在中国的极端的重要性，不去认真地准备战争和组织军队，不去注重军事的战略和战术的研究"②。中共主要领导人陈独秀认为，无产阶级夺取政权的阶段还没有到来，中国共产党不需要直接去掌握军队，而应以主要精力从事民众运动；党员可以到军队里去做政治工作，帮助国民党搞好军队建设，但自己不能担任军官。由于放弃了对武装力量的领导权，没有一支强大的革命军队作为依靠，当资产阶级叛变革命时，中国共产党没有能力组织有效的抵抗。

八七会议纠正了陈独秀忽视武装斗争的严重错误，确定了武装反抗国民党反动统治的总方针，毛泽东在八七会议上提出著名的"枪杆子里面出政权"理论，指出"以后要非常注意军事。须知政权是由枪杆子中取得的"③。确立武装夺取政权的方针，是中国共产党吸取大革命失败的惨痛教训而做出的正确选择，"于是有了南昌起义、秋收起义和广州起义，进入了创造红军的新时期。这个时期是我们党彻底地认识军队的重要性的极端紧要的时期"。八七会议确定了武装斗争是中国革命的主要形式，是一个历史性的进步，但是在如何开展武装斗争方面却强调以攻打城市为目的，"没有着重地涉及战争和战略的问题，这是当时党的工作重心还没有放在战争上面的反映"④。因此，在接下来的时间里，中国共产党对中国革命道路的探索陷入了"城市中心论"的误区，一系列武装起义都在敌强我弱的形势下遭到不同程度的失败。

必须进行武装斗争是党内共识，但是，关于怎样进行武装斗争党内则有分歧。中共许多领导人认为，必须遵循俄国十月革命的具体模式，先做争取群众的工作，而后举行武装起义；如果着重依靠革命军队去进行战争，就是违反列宁所阐明的、在十月革命中得到了证明的关于起义的马克思主义原则。他们犯

---

① 《斯大林选集》上卷，人民出版社 1979 年版，第 487 页。
② 《毛泽东选集》第 2 卷，人民出版社 1991 年版，第 544 页。
③ 《毛泽东文集》第 1 卷，人民出版社 1993 年版，第 47 页。
④ 《毛泽东选集》第 2 卷，人民出版社 1991 年版，第 548 页。

了教条主义错误，不懂得马克思主义基本原理应与中国革命实际相结合：中国革命的主要斗争形式应当是战争，主要的组织形式应当是军队，争取群众的工作只能在战争过程中进行。因此，中共的工作重心仍然放在准备城市起义方面，而非放在领导革命战争方面。

(二)提出"工农武装割据"的思想

城市暴动失败后，部分中国共产党人开始认识到：在中国革命的低潮期，效仿俄国十月革命的道路，通过占领中心城市来夺取革命的胜利是不可能的。中国共产党必须把马克思主义基本原理同中国的具体实际相结合，独立探寻中国革命的新道路。毛泽东率先从实践中突破"城市中心论"的影响。在秋收起义部队进攻长沙的计划受挫后，以毛泽东为书记的前敌委员会否定了中共中央"取浏阳直攻长沙"的主张，毅然决定向敌人统治比较薄弱的山区进军，开始创建井冈山革命根据地。随着革命形势的发展和农村革命根据地的建立与扩大，中共中央逐渐认识到在农村实行武装割据和开展土地革命的必要性。1928 年 7 月，中共六大通过的《政治议决案》指出："发展苏维埃的根据地，夺取新的区域巩固新的区域，这种区域是要成为更大发展的基础的"，在农村游击战争发动的区域建立工农革命军，"可以成为新的革命高潮生长的一个动力，决定新的高潮之一种主要动力之一"[1]。毛泽东高度评价了中共六大同意开展苏维埃运动的决定："对于那次代表大会所采取的新路线，朱德和我是完全同意的。从那时起，党的领导人和农村地区苏维埃运动的领导人之间的分歧消除了，党恢复了一致。"[2]需要指出的是，中共中央只是认识到应该在农村实行武装割据，而对于红色政权能否在白色政权的包围中长期存在并得到发展的问题，全党并未形成统一意见。

1928 年 10、11 月，毛泽东发表的《中国的红色政权为什么能够存在？》和《井冈山的斗争》，总结了农村革命根据地的斗争经验，论证了红色政权能够长期存在并发展的主客观条件，主张把武装斗争、建立农村革命根据地和土地革命三者相结合，明确提出"工农武装割据"的思想："'工农武装割据'的思想，是共产党和割据地方的工农群众必须充分具备的一个重要的思想。"[3]与此前的

---

① 中央档案馆编：《中共中央文件选集》第 4 册，中共中央党校出版社 1989 年版，第 322～323 页。

② ［美］埃德加·斯诺：《西行漫记》，董乐山译，东方出版社 2005 年版，第 160 页。

③ 《毛泽东选集》第 1 卷，人民出版社 1991 年版，第 50 页。

"割据""农村割据"和"割据包围"相比，"工农武装割据"的概念，"更能表达党领导下的革命斗争的内涵和方式，即以农民群众为主体、以武装斗争为主要形式，开创和发展农村根据地"①。毛泽东阐明工农武装割据局面长期存在和发展的条件是非常重要的，既是同那种怀疑红色政权能否存在的右倾悲观思想划清界限，又是同那种认为可以无条件地在农村发动武装暴动的"左"倾盲动错误划清界限。

"工农武装割据"思想，正确回答了中国农村革命根据地和红军能否存在和发展的问题，但革命是以城市为中心还是以农村为中心的问题，仍有待进一步探索。后来，周恩来在《关于党的"六大"的研究》中说，中国共产党"对革命发展不平衡的问题没有很好分析，同这个问题相联系的'乡村中心''乡村战胜城市'的观点也没有产生"，因为"当时虽然有了农民游击战争"，但"经验还不够，还在摸索"②。

（三）形成农村包围城市、武装夺取政权的革命道路理论

农村游击战争得到广泛发展，并且日益显示出它在中国革命中的突出地位，而"城市中心论"依然盛行，中国革命形势依然处于低潮。因而，中国共产党意识到：中国革命要走上胜利发展的道路，必须把党的工作重心放在农村，而非城市。1929年9月，《中共中央给红军第四军前委的指示信》指出："先有农村红军，后有城市政权，这是中国革命的特征，这是中国经济基础的产物。"③这实际上提出了党的工作应"以农村为中心"的思想。1930年1月，毛泽东撰写的《星星之火，可以燎原》一文，明确提出以城市为中心、举行全国武装起义的道路不适合中国国情，中国只能走自己的道路，"朱德毛泽东式、方志敏式之有根据地的，有计划地建设政权的，深入土地革命的……政权发展是波浪式地向前扩大的，等等的政策，无疑义地是正确的"，"红军、游击队和红色区域的建立和发展，是……半殖民地农民斗争发展的必然结果；并且无疑义地是促进全国革命高潮的最重要因素"。毛泽东还着重指明坚持农村根据地斗争的伟大意义："必须这样，才能树立全国革命群众的信仰，如苏联之于全世界然。必须这样，才能给反动统治阶级以甚大的困难，动摇其基础而促进其内部的分解。也必须这样，才能真正地创造红军，成为将来大

---

① "马克思主义中国化的历史进程和基本经验"课题组：《马克思主义中国化研究——历史进程和基本经验》（上），人民出版社2009年版，第111页。

② 《周恩来选集》上卷，人民出版社1980年版，第177页。

③ 《周恩来选集》上卷，人民出版社1980年版，第32页。

革命的主要工具。总而言之，必须这样，才能促进革命的高潮。"①这就明确提出中国革命新道路的思想，即党的工作重心必须由城市转向农村，以农村为中心开展游击战争，深入进行土地革命，建立和发展红色政权，待条件成熟时再夺取全国政权。

农村包围城市、武装夺取政权的理论，是对大革命失败后中国共产党领导的红军和根据地斗争经验的科学概括，为中国革命的发展指明了正确方向。农村包围城市、武装夺取政权的革命新道路，是马克思列宁主义基本原理和中国革命具体实践相结合的产物。中国共产党之所以必须把工作重心首先放在农村，不仅是因为占中国人口最大多数的农民是反帝反封建的民主革命的主力军，农民所在的广大农村应当成为民主革命走向胜利的主要战略基地，也是因为敌强我弱的形势决定了中国民主革命的长期性。中国民主革命的长期性，决定了必须在反革命力量相对薄弱的农村建立根据地，以积蓄、锻炼和发展革命力量，经过长期的斗争，逐步地争取中国革命的胜利。

三、抗日战争的中流砥柱

抗日战争的胜利，是中华民族由近代以来陷入深重危机走向伟大复兴的历史转折点。抗日战争之所以能够取得胜利，是由于中国人民巨大的民族觉醒、空前的民族团结和英勇的民族抗争。更为重要的是，中国共产党作为中国抗日战争的中流砥柱，是民族解放战争取得完全胜利的首要条件。

1941 年 5 月 25 日，毛泽东在为中共中央起草的一份对党内的指示中说："共产党领导的武力和民众已成了抗日战争中的中流砥柱。"②毛泽东和朱德在中共七大上又分别强调和阐释了"中流砥柱"的提法。毛泽东在《论联合政府》中明确指出："没有中国共产党的努力，没有中国共产党人做中国人民的中流砥柱，中国的独立和解放是不可能的。"③朱德在《论解放区战场》中指出："八年来，我伟大的中国人民军队——八路军、新四军、华南抗日纵队……成为中国抗战的中流砥柱。"④自此，以"中流砥柱"来定位中国共产党在抗日战争中的历史作用成为党内共识。中国共产党是抗日战争的中流砥柱，是总结抗日战争历史得出的重要结论，其根本依据在于，在决定抗日战争胜负的关键问题上，中

①　《毛泽东选集》第 1 卷，人民出版社 1991 年版，第 98～99 页。
②　《毛泽东选集》第 3 卷，人民出版社 1991 年版，第 804～805 页。
③　《毛泽东选集》第 3 卷，人民出版社 1991 年版，第 1098 页。
④　《朱德选集》，人民出版社 1983 年版，第 136 页。

国共产党发挥了不可替代的主导作用。①

（一）推动建立与坚持抗日民族统一战线

抗日民族统一战线的形成，是中国人民抗日战争取得胜利的决定性因素。1937 年 9 月，毛泽东指出，以国共第二次合作为主体的抗日民族统一战线的建立和发展，"在中国革命史上开辟了一个新纪元。这将给予中国革命以广大的深刻的影响，将对于打倒日本帝国主义发生决定的作用""将使中国走向一个光明的伟大的前途，就是日本帝国主义的打倒和中国统一的民主共和国的建立"②。中国共产党既是抗日民族统一战线的积极倡导者和有力推动者，也是抗日民族统一战线的模范执行者和坚定维护者，"共产党和红军不但在现在充当着抗日民族统一战线的发起人，而且在将来的抗日政府和抗日军队中必然要成为坚强的台柱子"③。

在日本侵华和民族存亡的危难之际，中国共产党以民族利益为重，及时提出抗日民族统一战线的新政策。1935 年 8 月 1 日，中共驻共产国际代表团以中华苏维埃共和国临时中央政府和中国共产党中央的名义发表《为抗日救国告全体同胞书》，指出"抗日救国，已成为每个同胞的神圣天职"，呼吁各党派、各界同胞、各军队都应当有"'兄弟阋于墙外御其侮'的真诚觉悟""停止内战，以便集中一切国力（人力、物力、财力、武力等）去为抗日救国的神圣事业而奋斗"④。12 月，中共中央在陕北瓦窑堡召开政治局扩大会议，正式确立了建立"最广泛的反日民族统一战线"的策略方针，主张各民族、各党派和各阶层一起"发动、团结与组织全中国全民族一切革命力量去反对当前主要的敌人""不但要团结一切可能的反日的基本力量，而且要团结一切可能的反日同盟者""不使一个爱国的中国人，不参加到反日的战线上去"⑤。

中国共产党促成抗日民族统一战线建立的关键，在于正确处理好与国民党的关系。国共两党第一次合作破裂后，国共关系陷入近十年的对峙局面。随着

---

① 参见邢云文：《如何认识中国共产党在全民族抗战中的中流砥柱作用》，载《马克思主义研究》，2015 年第 9 期。

② 《毛泽东选集》第 2 卷，人民出版社 1991 年版，第 364～365 页。

③ 《毛泽东选集》第 1 卷，人民出版社 1991 年版，第 157 页。

④ 中共中央文献研究室、中央档案馆编：《建党以来重要文献选编（一九二一——一九四九）》第 12 册，中央文献出版社 2011 年版，第 263、265 页。

⑤ 中共中央文献研究室、中央档案馆编：《建党以来重要文献选编（一九二一——一九四九）》第 12 册，中央文献出版社 2011 年版，第 536 页。

日本侵略中国的不断加深，中日之间的民族矛盾逐步上升为中国社会的主要矛盾，蒋介石的对日态度及内外政策发生某些变化，中国共产党对国民党的态度经历从反蒋抗日、逼蒋抗日到联蒋抗日的转变。1935 年 12 月，瓦窑堡会议通过的《中央关于目前政治形势与党的任务决议》，把蒋介石作为全国人民的公敌，称蒋介石是"卖国贼头子"、日本帝国主义的"走狗"和"卖国头子"等。1936 年 5 月，中共中央发布的《停战议和一致抗日通电》，放弃了反蒋抗日的口号，第一次公开把蒋介石作为联合的对象。9 月 1 日，《中央关于逼蒋抗日问题的指示》指出，"把日帝与蒋介石同等看待是错误的，'抗日反蒋'的口号，也是不适当的"，明确提出"总方针，应是逼蒋抗日"。① 中国共产党促成西安事变和平解决，为联蒋抗日和实现第二次国共合作奠定了基础。1937 年 2 月，中共中央致电国民党五届三中全会，提出停止内战、一致对外等五项要求，并表示，如果国民党将五项要求定为国策，共产党愿意做出停止推翻国民政府的武装暴动方针、红军改名为国民革命军、苏区实行彻底的新民主制度等四项保证。五项要求和四项保证，"是带原则性的让步，为着一个大的问题，就是为着抗日"②。7 月中旬，中共中央派周恩来、秦邦宪和林伯渠到庐山，同国民党谈判发表国共合作宣言、红军改编、苏区改制等问题，并将《中国共产党为公布国共合作宣言》递交蒋介石。9 月 22 日，国民党通讯社发表《中国共产党为公布国共合作宣言》；23 日，蒋介石发表实际承认中国共产党在全国的合法地位的谈话。国共合作宣言和蒋介石谈话的发表，标志着以第二次国共合作为基础的抗日民族统一战线的建立。

抗日民族统一战线是以国共两党合作为基础，包括一切抗日的政党、阶级、阶层团体、爱国人士等在内的广泛统一战线，"两个党仅是这个统一战线中的一部分。抗日民族统一战线是各党各派各界各军的统一战线，是工农兵学商一切爱国同胞的统一战线"③。抗日民族统一战线的广泛性，有助于最大限度地动员全国军民共同抗战，凝聚全民族抗战的力量。

中国共产党不仅是建立抗日民族统一战线的积极倡导者，亦是抗日民族统一战线的坚定维护者。参加抗日民族统一战线的各阶级和各阶层，既有合作抗日的共同利益，亦存在激烈的矛盾和斗争。因此，中国共产党强调要坚持联合抗日原则，要坚持独立自主原则，保持思想上、政治上和组织上的独立性。独

① 中共中央文献研究室、中央档案馆编：《建党以来重要文献选编（一九二一——一九四九）》第 13 册，中央文献出版社 2011 年版，第 276 页。
② 金冲及主编：《毛泽东传（1893—1949）》，中央文献出版社 2004 年版，第 442 页。
③ 《毛泽东选集》第 2 卷，人民出版社 1991 年版，第 365～366 页。

立自主原则的"说明、实践和坚持，是把抗日民族革命战争引向胜利之途的中心一环"。坚持独立自主原则，一方面在于"保持自己已经取得的阵地"；另一方面，更为重要的是"为了发展阵地，为了实现'动员千百万群众进入抗日民族统一战线，打倒日本帝国主义'这个积极的目的"①。中国共产党制定了"发展进步势力、争取中间势力、孤立顽固势力"的策略总方针。在整个抗战期间，中国共产党始终以民族利益为重，秉承求同存异的精神，采取既团结又斗争的方针，妥善处理各种矛盾，巩固和扩大抗日民族统一战线，避免其破裂而影响全民族抗战。

（二）实行全面抗战路线和采取持久战的战略方针

全民族抗战开始以后，中国面临的最大问题就是如何坚持抗战、争取抗战的最后胜利。国民党强调片面依靠政府和军队来进行抗战，而中国共产党则从一开始就主张实行全面抗战的路线，即人民战争路线。1937 年 8 月，洛川会议通过的《中央关于目前形势与党的任务的决定》指出："争取抗战胜利的中心关键，在使已发动的抗战发展为全面的全民族的抗战。只有这种全面的全民族的抗战，才能使抗战得到最后的胜利。"②

由于缺乏对中日两国国情和抗日战争发展规律的深入分析，面对日军咄咄逼人的攻势，社会上出现了"亡国论""速胜论"和"武器决定论"等一系列论调，严重影响了抗日战争的深入发展。为驳斥上述错误论调，以毛泽东为代表的中国共产党人相继发表文章，科学阐明抗日战争的发展趋势和正确的战略方针。毛泽东的《论持久战》一文，深入论证了中国能够，也必须经过持久战才能取得胜利的依据，系统阐明了中国共产党关于抗战的战略方针和争取抗战胜利的正确道路，从理论上解答了对于如何抗战的种种思想疑惑，增强了全国军民抗战必胜的信念。

首先，《论持久战》分析了中日双方存在互相矛盾的四个基本特点，即敌强我弱、敌退步我进步、敌小我大和敌失道寡助我得道多助，四个基本特点"规定了和规定着双方一切政治上的政策和军事上的战略战术，规定了和规定着战争的持久性和最后胜利属于中国而不属于日本"。其次，《论持久战》科学预测了抗日战争将会经历战略防御、战略相持和战略反攻三个阶段，强调战略相持阶段"是整个战争的过渡阶段，也将是最困难的时期，然而它是转变的枢纽"。

---

① 《毛泽东选集》第 2 卷，人民出版社 1991 年版，第 394 页。

② 中央档案馆编：《中共中央文件选集》第 11 册，中共中央党校出版社 1991 年版，第 325 页。

最后,《论持久战》提出了"兵民是胜利之本"和"战争的伟力之最深厚的根源,存在于民众之中"的论断,表明中国共产党坚持人民战争路线,即全面抗战路线,以区别于国民党的片面抗战路线。①《论持久战》不仅对共产党的抗战有着重要的指导意义,而且对国民党也产生了一定影响。国民党高级将领白崇禧深为欣赏持久战战略,称之是克敌制胜的最高战略方针。他把《论持久战》的精神归纳为两句话——"积小胜为大胜,以空间换时间",经得周恩来同意后,由国民政府军事委员会通告全国,作为抗日战争的战略指导思想。② 抗日战争的发展进程及最终胜利,充分证明了持久战的战略方针的正确性、科学性。

国民党虽然提出"以空间换时间"和"苦撑待变"的持久抗战主张,但是,国民党的持久战只是单一依靠国民党正规军的"持久消耗",采取的是"节节抵抗"的被动防御,甚至把持久战寄托在别国的支援和帮助中国抗战上。而中国共产党提出的关于持久战的理论、战略及作战方针,引领着中国抗战胜利的正确方向。因此,国共双方关于持久战的论述存在本质上的差异。

(三)开展游击战争和开辟敌后抗日战场

日本发动全面侵华战争后,中国共产党根据敌强我弱的力量对比,明确提出执行独立自主的山地游击战的战略方针,并领导抗日武装挺进日本占领区后方,开展广泛的游击战争,创建抗日根据地,从而开辟了在战略上和国民党正面战场互相配合、支持的敌后战场。

把游击战提高到战略高度,是中国共产党的一个伟大创造。瓦窑堡会议最早提出抗日游击战的方针,洛川会议将其提到了中国共产党的军事战略方针的高度,但是,党内对作战方针是以运动战为主还是以游击战为主并未达成完全一致的意见。随着抗战形势的发展和八路军作战实践的不断发展,中国共产党将军事战略方针最终确立为"基本的是游击战,但不放松有利条件下的运动战"③。这既强调了游击战争这个战略基点,又为作战形式的灵活运用指明了方向,即为游击战争如何从实际情况出发运用具体的作战形式留下了广阔空间。④

毛泽东撰写的《抗日游击战争的战略问题》《论持久战》和《战争和战略问

① 《毛泽东选集》第 2 卷,人民出版社 1991 年版,第 450、465、509、511 页。

② 参见程思远:《政坛回忆》,广西人民出版社 1983 年版,第 119 页。

③ 《毛泽东选集》第 2 卷,人民出版社 1991 年版,第 500 页。

④ 参见石仲泉:《中国共产党与抗日战争的伟大胜利》,载《中共党史研究》,2015 年第 7 期。

题》，全面分析和阐述了游击战争在中国特殊环境中的地位和作用，统一了全党对游击战争战略地位的认识。毛泽东认为中国抗日战争的特点和规律决定了游击战争"从战术范围跑了出来向战略敲门"。日本虽然在中国占地甚广，但兵力不足，在占领区留有空虚地方，使抗日游击战争"就主要地不是在内线配合正规军的战役作战，而是在外线单独作战"，同时由于有"共产党领导的坚强的军队和广大的人民群众存在"，抗日游击战争"不是小规模的，而是大规模的"。① 而对共产党自身而言，只有坚持独立自主的分散作战的游击战争，"才能发挥红军特长，给日寇以相当打击"②。

中国共产党的游击战争战略，曾被批评为"游而不击"。事实上，游击战争不仅成为发挥人民军队优势的一种最佳选择，也成了贯彻执行全面的全民族抗战路线的基本方式。③ 中国共产党领导下的抗日武装力量，总结出一系列游击战略战术，创造出麻雀战、地道战、地雷战、破袭战、村落战、水上游击战等灵活巧妙的战争形式，有效地打击敌人。国民党高级将领白崇禧高度评价共产党领导的敌后游击战争："有人认为打游击乃保存实力之作法，殊不知敌后游击，任务极为艰巨，因补给困难，且多半以寡敌众，以弱抵强，故必须官兵加倍淬厉奋发，机警勇敢，绝非保存实力者所能胜任。"④

敌后游击战争的开展，牵制和消灭了敌人的兵力，给予正面战场以有力支持。在抗战的不同阶段，游击战争发挥的作用亦不同。在战略防御阶段，敌后游击战的广泛开展，威胁了日军的后方安全，迫使日军不得不把进攻的兵力抽调回来保守其占领区。敌后游击战争一方面减轻了正面战场的压力，另一方面促成了战略相持阶段的到来，毛泽东说："如果没有最广大的和最坚持的游击战争，而使敌人安稳坐占，毫无后顾之忧，则我正面主力损伤必大，敌之进攻必更猖狂，相持局面难以出现，继续抗战可能动摇。"⑤在战略相持阶段，日军将主要的兵力用来对付八路军和新四军，敌后战场成为抗日战争主战场，游击战争成为主要的抗日作战方式。据统计，1939 年，日军对敌后解放区作战使用的兵力达 54 万人，占侵华（不含东北）总兵力的 62%；1940 年，日军对解放区

---

① 《毛泽东选集》第 2 卷，人民出版社 1991 年版，第 405 页。

② 《毛泽东文集》第 2 卷，人民出版社 1993 年版，第 1 页。

③ 参见卢毅、罗平汉、齐小林：《抗日战争与中共崛起》，东方出版社 2015 年版，第132 页。

④ 中国人民革命军事博物馆编著：《中国战争发展史》下册，人民出版社 2001 年版，第 1009 页。

⑤ 《毛泽东军事文集》第 2 卷，军事科学出版社、中央文献出版社 1993 年版，第 427 页。

使用兵力 47 万人，占全部侵华日军的 58%；从 1941 年到 1942 年，日军更是集中其全部兵力的 70% 左右、约 40 万人对敌后抗日根据地进行扫荡。①

敌后战场的开辟，拖住了日军的进攻步伐，使日军陷入持久战的泥潭。中国共产党先后在华北、华中、华南等地建立晋察冀、晋冀豫、豫皖苏等 19 个抗日根据地，这些抗日根据地成为广泛开展游击战争，打击日军的重要战略基地。以抗日根据地为依托的敌后战场不断发展，与国民党的正面战场相配合，使日军陷入两线作战的被动局面，"敌人原欲摧毁敌后战场，再攻正面战场，但是不可能了，为救死计，被迫着同时挑起这两个战场在肩上"②。

四、多党合作与各党派协商建国

中国共产党领导的多党合作和政治协商制度，是当代中国的一项基本政治制度，具有鲜明的中国特色，"是我国具体历史条件和现实条件所决定的，也是我国政治制度中的一个特点和优点"③。多党合作和政治协商制度，是在中国革命的长期斗争中逐步形成的，是在人民民主统一战线不断巩固和扩大的基础上实现的。

多党合作和政治协商制度确立的客观依据是近代中国的基本国情，即多党之间的关系说到底是国家的经济关系和阶级关系的集中体现；主观条件则是多党合作关系的各方拥有合作意愿和能够达成合作共识，这首先取决于中国共产党的政策、领导是否正确，其次取决于各民主党派的政治态度。④ 周恩来指出："党派的存在与否，不取决于任何政党或个人的主观愿望，而是由客观的历史发展所决定的……历史条件，使中国的民族资产阶级、各民主党派能够在民主革命时期逐步在国民党与共产党两个大党的对立斗争中选择了共产党。当然，单是有了历史发展的有利条件并不能解决问题，关键在于领导，在于党的政策。党领导得正确，才能使历史条件所提供的可能性变成现实。"⑤

---

① 参见刘庭华：《中国抗日战争与第二次世界大战统计》，解放军出版社 2012 年版，第 46 页。

② 《毛泽东军事文集》第 2 卷，军事科学出版社、中央文献出版社 1993 年版，第 724 页。

③ 中共中央统一战线工作部、中共中央文献研究室编：《新时期统一战线文献选编》，中共中央党校出版社 1985 年版，第 84 页。

④ 参见吴美华：《当代中国的多党合作制度》，中共党史出版社 2005 年版，第 62 页。

⑤ 《周恩来统一战线文选》，人民出版社 1984 年版，第 347～348 页。

(一)中国共产党和民主党派有着长期合作、共同奋斗的历史

正确处理共产党和其他党派的关系，是马克思主义统一战线理论的重要内容。在长期的革命、建设实践中，中国共产党把马克思主义统一战线理论与中国具体实际相结合，创造性地形成了具有中国特色的多党合作理论。中国共产党与民主党派的关系，从互不认同演变为团结合作，从不稳定、无组织形式发展为既稳定又有组织形式的新型的政党关系。①

中国共产党成立之初，由于对中国国情缺乏必要的了解和未能灵活运用马克思主义统一战线理论，确立的是"不同其他党派建立任何关系"②的党派关系观。显然，这样的党派关系观，并不能适应当时党派活跃的政治环境的发展需要。随着国内革命形势的发展，加上共产国际的积极帮助和具体指导，中国共产党逐步提出建立民主联合战线的主张。但严格地讲，中国共产党的党派关系理论从排斥其他党派而走向联合与合作，中共二大是转变的开始；中国共产党真正转变和将新认识付诸实践，是在中共三大及三大之后。中共二大主张与国民党实行"党外合作"，但遭到孙中山的反对；后经共产国际驻中国的代表马林提议，1923年6月，中共三大正式决定采取"党内合作"方式；1924年1月，国民党一大的召开，标志着第一次国共合作的正式形成。在第一次国共合作中，中国共产党中央机关犯了右倾机会主义错误，一味强调联合，放弃了无产阶级对革命的领导权，轰轰烈烈的大革命惨遭失败，国共合作关系破裂。1927年至1935年遵义会议前，中国共产党由于犯"左"倾关门主义错误，认为中间派别是"最危险的敌人"，而中间党派对中国共产党的认识也不全面，在实践中表现为既反蒋也反共，因此，这一历史时期为中国共产党与中间党派"互不认同的历史起点"。③

随着中日民族矛盾的加剧，中国共产党从民族利益出发，适时提出并努力促成抗日民族统一战线的建立，改变敌视和排斥民主党派的态度，推行争取、团结民主党派的政策，民主党派"成为与中国共产党团结抗日的重要伙伴，成

① 参见李燕奇：《当代中国多党合作关系形成史研究》，人民出版社2012年版，第216页。

② 中共中央文献研究室、中央档案馆编：《建党以来重要文献选编（一九二一——一九四九）》第1册，中央文献出版社2011年版，第6页。

③ 李燕奇：《当代中国多党合作关系形成史研究》，人民出版社2012年版，第12～15、7页。

为制约蒋介石破坏抗日民族统一战线的重要因素"①。在抗战高于一切的主题下，中国共产党和民主党派密切联系，加强合作。民主党派逐渐成为中国共产党坚持全民族团结抗战，坚决反对妥协和分裂的同盟者，"事事采取和中共一致的态度，力求呼应中共，处处和政府为难"②。民主党派还在自办的刊物上发表共产党人的文章，宣传共产党人的抗日救亡主张。周恩来称赞邹韬奋主办的《生活》周刊"通俗易懂，精辟动人，讲人民大众想讲的话，讲国民党反动派不肯讲的话，讲《新华日报》不便讲的"③。

抗战时期，陕甘宁边区建立的"三三制"民主政权，是中国共产党领导的多党合作和政治协商制度的雏形。"三三制"政权，即共产党员、非党的左派进步分子和不左不右的中间派各占三分之一，且三方面地位平等，民主协商，互相监督，"共产党员应与这些党外人士合作，不得一意孤行，把持包办"④。担任陕甘宁边区副主席的李鼎铭在谈到政党之间的合作关系时说："我身为党外人士，与共产党合作两年，并没有感觉到共产党的任何歧视与排斥，我亲眼看到全边区参加'三三制'政权的党外人士，同样没有一个人感受到共产党的歧视与排斥。共产党对于民选来的党外人士是开诚相见，崇尚友谊，表现了最高的信任与尊重。"⑤从各政党地位来看，共产党处于领导地位，其他民主党派实质上处于参政地位。毛泽东在《抗日根据地的政权问题》中指出："必须使占三分之一的共产党员在质量上具有优越的条件。只要有了这个条件，就可以保证党的领导权，不必有更多的人数。所谓领导权……是以党的正确政策和自己的模范工作，说服和教育党外人士，使他们愿意接受我们的建议。"⑥

(二)接受中国共产党的领导，是民主党派的郑重选择

中国共产党的领导地位，不是自封的，而是依靠正确的路线、方针、政策逐步赢得民主党派的信任和认可。

中国的民主党派发端于大革命时期和十年内战时期，形成、发展于抗日战争后期和解放战争初期。起初，以国共之外的中间势力的形式出现的民主党

---

①　李燕奇：《当代中国多党合作关系形成史研究》，人民出版社2012年版，第67页。

②　秦孝仪主编：《中华民国政治发展史》第3册，近代中国出版社1985年版，第1300页。

③　复旦大学新闻系研究室编：《邹韬奋年谱》，复旦大学出版社1982年版，第112页。

④　《陕甘宁边区施政纲领》，载《新中华报》，1941年5月1日。

⑤　李鼎铭：《驳斥关于我被"撤职"的谣言》，载《解放日报》，1943年9月9日。

⑥　《毛泽东选集》第2卷，人民出版社1991年版，第742页。

派，与共产党保持着"若即若离"的关系。① 抗战时期，民主党派逐步认识到中国共产党是一支重要的抗日力量，积极拥护和推动国共合作，赞同建立抗日民族统一战线，与中国共产党建立了不同程度的合作关系。

抗战胜利后，民主党派试图在国共两党对立的纲领之外寻找第三条道路，在处理国共关系上采取等距离原则。但是，国民党破坏和平民主、坚持一党专政独裁的真面目逐步暴露后，中国共产党采取积极争取和团结民主党派的政策，民主党派逐渐发生分化，多数支持和拥护中国共产党。国民党则采取拆散、分化和打击民主党派的政策，使民盟分裂乃至被迫解散，其他民主党派也失去公开合法的身份，被迫转到香港或转入地下开展工作。国民党压制民盟，不仅没有起到争取的效果，反倒促使民盟和其他中间势力逐步放弃中间立场。1948 年 1 月 5 日，民盟在香港召开一届三中全会，宣布不接受解散民盟的任何决定并恢复民盟总部，声明"中国共产党为民主事业而奋斗的历史，日寇投降以来，为实现国内和平的努力，是值得每个爱国的中国人赞佩，本盟今后要与他们携手合作"②。

1948 年 4 月 30 日，中共中央发布《纪念"五一"节口号》，号召"各民主党派、各人民团体、各社会贤达迅速召开政治协商会议，讨论并实现召集人民代表大会，成立民主联合政府"③。这一口号迅速得到民主党派和民主人士的热烈响应，他们先后发表通电、宣言和声明，表达、赞同与共产党合作的愿望，表示不但拥护中国共产党的新民主主义主张，而且拥护中国共产党的领导。中国民主促进会在宣言中称："'五一'廿三条是近百年来中国革命史的结晶，是今后中国政治运动舵向的指标，中国的民主人士及民主党派要就是团结在这口号的周围，形成坚固的爱国民主统一战线。"④谭平山在《适时的号召——论中共"五一"节口号》一文中指出："这个新政协，是各民主党派分担革命责任的会议，而不是分配胜利果实的会议，为着争取革命的提前胜利，是要大家多负责任的，而领导的责任，更不能不放在中国共产党肩上，这是历史发展上一种不

　　① 参见萧超然主编：《中国政治发展与多党合作制度》，北京大学出版社 1991 年版，第 88 页。

　　② 中国民主同盟中央文史资料委员会编：《中国民主同盟历史文献（1941—1949）》，文史资料出版社 1983 年版，第 376 页。

　　③ 中共中央文献研究室、中央档案馆编：《建党以来重要文献选编（一九二一——一九四九）》第 25 册，中央文献出版社 2011 年版，第 283～284 页。

　　④ 中国民主促进会中央宣传部编：《中国民主促进会四十年》，上海人民出版社 1985 年版，第 178 页。

容放弃的任务。"①中国致公党指出："新政协的召开，无疑我们得承认它(指中国共产党——作者注)是领导者和召集人。"②1949年1月22日，李济深、沈钧儒等55位民主党派领导人和无党派民主人士联名发表《对时局的意见》，一致表示："愿在中共领导下，献其绵薄，共策进行，以期中国人民民主革命之迅速成功，独立、自由、和平、幸福的新中国之早日实现。"③这就表明中国各民主党派自愿地接受和承认中国共产党的领导地位，标志着中国共产党与民主党派的关系发生实质性变化。为响应中共的"五一"号召，各民主党派领导人和民主人士陆续进入解放区，与中国共产党共同商讨新政治协商会议的筹备事宜。

(三)中国人民政治协商会议：多党合作和政治协商的组织形式

经过中国共产党和民主党派三个多月的充分协商和共同筹备，1949年9月21日至30日，中国人民政治协商会议第一届全体会议成功召开。会议通过了体现各政党意志的《中国人民政治协商会议共同纲领》(以下简称《共同纲领》)、《中国人民政治协商会议组织法》和《中华人民共和国中央人民政府组织法》三个重要文件。中国人民政治协商会议的召开，标志着中国共产党领导的多党合作和政治协商制度正式形成。

首先，中国共产党和民主党派的合作有了稳固的组织形式。中国共产党和民主党派已经建立合作关系，但是并没有确立合作的组织形式，中国人民政治协商会议的召开，确定了固定的合作组织形式，"要合作就要有各党派统一合作的组织。如果形成固定的统一战线组织，名称也要固定，建议称为中国人民政治协商会议"④。同年6月22日，周恩来在新政协筹备会党组会上做关于新政协筹备会的工作与统战工作的报告，强调"新政协为长期组织，也即人民民主统一战线"，中央人民政府成立后，新政协将成为"中共领导的各党派的协议机关，国家的一切大事都可以事前在此协商"⑤。中国人民政治协商会议容纳

---

① 谭平山：《适时的号召——论中共"五一"节口号》，载《华商报》(香港)，1948年5月23日。

② 中国人民政治协商会议全国委员会文史资料研究委员会编：《五星红旗从这里升起——中国人民政治协商会议诞生记事暨资料选编》，文史资料出版社1984年版，第173页。

③ 中国人民政治协商会议全国委员会文史资料研究委员会编：《五星红旗从这里升起——中国人民政治协商会议诞生记事暨资料选编》，文史资料出版社1984年版，第216页。

④ 中共中央文献研究室编：《周恩来年谱(1898—1949)》(修订本)，中央文献出版社1998年版，第859页。

⑤ 中共中央文献研究室编：《周恩来年谱(1898—1949)》(修订本)，中央文献出版社1998年版，第852页。

了中国存在的各革命阶级、各民主党派、各人民团体和各阶层爱国民主人士，具有广泛的代表性。在参加会议的 662 名代表中，共产党员约占 44%，非共产党员约占 56%，其中各民主党派成员约占 30%，工人、农民代表和无党派成员约占 26%。该比例反映了中国共产党与各民主党派合作共事的真诚愿望及重视。① 因此，中国人民政治协商会议是多党合作和政治协商"最好的组织形式"②，"就不应该开一次会议就结束，而应该长期存在……是个长期性的组织"③。《共同纲领》规定了中国人民政治协商会议的性质和职能，实现了其地位、职能和工作的法制化。

其次，中国共产党的领导地位得到法律的认可。《共同纲领》明确规定，"中国人民民主专政是中国工人阶级、农民阶级、小资产阶级、民族资产阶级及其他爱国民主分子的人民民主统一战线的政权，而以工农联盟为基础，以工人阶级为领导"；同时还规定："凡参加人民政治协商会议的各单位、各级人民政府和全国人民均应共同遵守。"④《共同纲领》是中国共产党和民主党派经过协商、共同研究制定的纲领性文献，成为多党合作的政治基础。1949 年 6 月 18日，周恩来在主持起草共同纲领小组第一次会议时指出："共同纲领将'决定联合政府的产生，也是各党派各团体合作的基础'。"⑤中国人民政治协商会议召开之后，各民主党派相继召开代表大会，都把《共同纲领》写进宣言、决议和章程等，作为本党的行动纲领。同年 11 月，中国国民党民主派代表会议通过的《中国国民党民主派代表会议宣言》公开宣布："以中国人民民主统一战线之一员，在中国共产党毛主席领导之下，为巩固人民民主专政、实现人民政协共同纲领而努力。"⑥

最后，民主党派的地位发生根本性变化，在中国共产党的领导下开始参与国家事务的管理。它们不再是国民党政权下的在野党或不合法团体，而是在中国共产党领导下担任领导职务，参与国家政权管理的参政党。中国共产党与各

---

① 参见沙健孙主编：《中国共产党与新中国的创建》(下)，中央文献出版社 2009 年版，第 600 页。

② 中共中央文献研究室编：《建国以来重要文献选编》第 1 册，中央文献出版社 1992年版，第 16 页。

③ 《周恩来统一战线文选》，人民出版社 1984 年版，第 136 页。

④ 中共中央文献研究室编：《建国以来重要文献选编》第 1 册，中央文献出版社 1992年版，第 1~2 页。

⑤ 中共中央文献研究室编：《周恩来年谱(1898—1949)》(修订本)，中央文献出版社1998 年版，第 851 页。

⑥ 于刚主编：《中国各民主党派》，中国文史出版社 1987 年版，第 408 页。

民主党派既是领导与被领导的关系，亦是执政党与参政党的关系。"不是在野党与在朝党互相斗争、互相交替，而是以无产阶级为领导的各民主阶级的政治合作与分工的制度。各政党可联系不同方面的人，向着共同目标迈进……虽然各自联系的对象和工作不同，但总的方向都是建设新民主主义。"①在新政协的筹备过程中，民主党派和无党派民主人士在筹备委员会中占有一定比例。中国人民政治协商会议第一届全体会议选举产生了 56 名中央人民政府委员，其中 28 人为非中共人士，占 1/2；中央人民政府有 6 位副主席，其中 3 人为非中共人士。1946 年的重庆政治协商会议决议虽被国民党撕毁，但政治协商会议较多地吸收了中间人士的意见，其本身所体现的政治协商和多党合作的精神，"已在人民中留下了不可磨灭的印象"②。因此，中国共产党"沿用了这个名称"。但是中国共产党召开的中国人民政治协商会议"增加了新的内容"，性质是新民主主义，与 1946 年的重庆政治协商会议有着本质的区别。在议事方法上，重庆政治协商会议"到开会的时候才把只有少数人了解的东西或者是临时提出的意见拿出来让大家来讨论决定"；而中国人民政治协商会议则是"会前经过多方协商和酝酿，使大家都对要讨论决定的东西事先有个认识和了解，然后再拿到会议上去讨论决定，达成共同的协议"③。新民主主义的议事方式，使新政协自始至终充满团结与合作的良好氛围，中国共产党与各民主党派能够在共同的民主追求之下，建立起团结合作的新型关系，探索形成一种崭新的民主形式——协商民主，赋予政治协商会议以新的内容。

因此，中国共产党领导的多党合作与政治协商制度，符合中国历史的发展规律，也符合中国共产党和民主党派的选择意愿。中国人民政治协商会议的召开，标志着中国共产党领导的多党合作和政治协商制度的形成，会议通过的《共同纲领》等相关文件，为多党合作和政治协商制度提供了法律和制度的保障。

第四节　中国共产党领导的历史必然

中国共产党是中国工人阶级的先锋队，同时也是中国人民和中华民族的先锋队。中国共产党努力引领时代潮流，不断加强自身建设，广泛整合社会力

---

① 田居俭主编：《当代中国发展进步的政治前提和制度基础》，当代中国出版社 2011 年版，第 64 页。

② 中国人民政治协商会议全国委员会文史资料研究委员会编：《五星红旗从这里升起——中国人民政治协商会议诞生记事暨资料选编》，文史资料出版社 1984 年版，第 306 页。

③ 《周恩来统一战线文选》，人民出版社 1984 年版，第 136、129 页。

量，坚决与反动势力斗争，最终取得了中国新民主主义革命的胜利。因此，中国共产党的领导地位、执政地位是中国历史、中国人民的必然选择。

一、不断加强自身建设

始终自觉地加强和改进党的建设，永葆党的先进性，是中国共产党不断发展壮大，并最终领导革命取得胜利的重要法宝。中国共产党坚持把马克思主义建党学说和中国半殖民地半封建社会的特殊国情相结合，创立毛泽东建党学说，成功解决了建设一个"全国范围的、广大群众性的、思想上政治上组织上完全巩固的布尔什维克化的中国共产党"①的难题。

（一）着重从思想上建设党

着重从思想上建设党，把思想建设放在党的建设的首位，强调共产党员不仅要在组织上入党，更要在思想上入党，是中国共产党建设的一个突出特点。"掌握思想教育，是团结全党进行伟大政治斗争的中心环节。如果这个任务不解决，党的一切政治任务是不能完成的。"②强调思想建党，原因在于中国无产阶级人数少，"党的组织基础的最大部分是由农民和其他小资产阶级出身的成分所构成的"③，不可避免地会把许多非无产阶级的思想意识带到党内，造成思想上的不纯洁。因此，着重从思想上建设党的实质，是用马克思主义理论武装全党，清除党内的非无产阶级思想。刘少奇在中共七大上指出："党的建设中最主要的问题，首先就是思想建设问题，就是以马克思列宁主义——无产阶级的科学思想去教育与改造我们的党员、特别是小资产阶级革命分子的问题，就是和党内各种非无产阶级的思想进行斗争并加以克服的问题。"④延安整风运动，是中国共产党根据着重从思想上建设党的基本原则创造的一种行之有效的思想教育形式，以反对主观主义、宗派主义和党八股为主要内容，以批评与自我批评为基本方法，正确处理党内矛盾，开展了一次全党范围内的马克思主义思想教育，确立了实事求是的思想路线。周恩来在延安整风运动后期指出："党内思想从来没有象今天这样解放。这是毛泽东同志领导整风学习的结果，是思想上很大的进步。"⑤

---

① 《毛泽东选集》第 2 卷，人民出版社 1991 年版，第 603 页。
② 《毛泽东选集》第 3 卷，人民出版社 1991 年版，第 1094 页。
③ 《毛泽东选集》第 1 卷，人民出版社 1991 年版，第 85 页。
④ 《刘少奇选集》上卷，人民出版社 1981 年版，第 327 页。
⑤ 《周恩来选集》上卷，人民出版社 1980 年版，第 157 页。

　　抗战时期，中国共产党经历了从扩大发展党到大力巩固党的转变，这既是着重从思想上建设党的要求，也丰富了这一理论，有效解决了马克思主义与非马克思主义之间的矛盾。为适应全面抗战形势的发展需要，1938年3月，中共中央发布《关于大量发展党员的决议》，明确指出"大量的十百倍的发展党员，成为党目前迫切与严重的任务"，要求每个党员和各级党组织把发展党员作为"经常的重要工作之一，进行经常的检查与推动"。① 党员队伍在短时期内获得数量上的迅猛增加，到1938年年底，共产党员人数已经从全面抗战开始时的4万多人，发展到50余万人。② 但某些地方党组织在吸纳新党员的工作中出现了"进行所谓发展党的突击运动，集体加入与不经过个别的详细审查"的行为，一些异己、投机及奸细分子混入党内，造成"党的组织很不巩固"。因此，1939年8月，中共中央政治局颁布《关于巩固党的决定》，明确规定："党的发展一般的应当停止，而以整理、紧缩、严密和巩固党的组织工作为今后一定时期的中心任务""在思想上、政治上、组织上巩固党，成为我们今天极端严重的任务，成为完成党的政治任务的决定因素"。巩固党的具体举措包括详细审查党员成分，加强党的各级干部的教育工作，加强党的保卫工作和反奸细的斗争，加紧党的秘密工作，提高党的纪律和加强党的团结等。其中，巩固党的中心工作是："加强党内马克思列宁主义的教育、阶级教育与党的教育，使党员认识马列主义与三民主义、民族统一战线与阶级斗争、民族立场与阶级立场的正确关系。"③

　　党的理论建设是党的思想建设的根本。毛泽东说："主义譬如一面旗子，旗子立起了，大家才有所指望，才知所趋赴。"④中国共产党的理论建设，就是党的马克思主义理论建设。中国共产党自创建伊始，就认识到党的理论建设的重要性，通过建立马克思主义社团、创办报刊和翻译出版马克思主义经典著作来学习、研究马克思主义。但是，由于经验不足和理论准备不够，中国共产党在实践中对马克思主义理论的应用和发展陷入主观主义的误区，连续犯右倾机会主义错误和三次"左"倾错误。因此，1938年9月，中共六届六中全会一方面

　　① 中共中央文献研究室、中央档案馆编：《建党以来重要文献选编(一九二一—一九四九)》第15册，中央文献出版社2011年版，第186～187页。

　　② 参见中国延安干部学院编：《延安时期大事记述》，中央文献出版社2010年版，第117页。

　　③ 中共中央文献研究室、中央档案馆编：《建党以来重要文献选编(一九二一—一九四九)》第16册，中央文献出版社2011年版，第579～582页。

　　④ 《毛泽东早期文稿(1912.6—1920.11)》，湖南出版社1990年版，第554页。

向全党发出学习马克思主义的号召，指出"普遍地深入地研究马克思列宁主义的理论的任务，对于我们，是一个亟待解决并须着重地致力才能解决的大问题""应当学习他们观察问题和解决问题的立场和方法"；另一方面则明确提出马克思主义中国化的科学命题，"使马克思主义在中国具体化，使之在其每一表现中带着必须有的中国的特性，即是说，按照中国的特点去应用它"。① 毛泽东思想是马克思主义中国化第一次飞跃的理论成果，是在同把马克思主义理论教条化、把共产国际决议和苏联经验神圣化的错误倾向做斗争并深刻总结历史经验的过程中逐渐形成和发展起来的，系统阐明了中国革命的性质、任务、对象、动力等基本问题，中国革命新道路理论，新民主主义革命的基本理论和基本路线，以及党在革命斗争中的政策和策略问题，并在中共七大上被确立为党的指导思想。1945 年 6 月，中共七大通过的《中国共产党党章》在总纲中明确规定："中国共产党，以马克思列宁主义的理论与中国革命的实践之统一的思想——毛泽东思想，作为自己一切工作的指针，反对任何教条主义的或经验主义的偏向。"②

（二）坚持民主集中制，严格党的纪律

民主革命时期，中国共产党紧密结合政治路线，正确处理好民主与团结、民主与纪律、民主与集中的关系，丰富和发展民主集中制，加强党的集体领导，完善党内监督制度，逐步建立起以健全民主集中制为基本内容的党内民主制度体系。

民主集中制是马克思主义政党的根本组织原则，反映着"党员与党、下级对上级、上级对下级的矛盾关系"③。中国共产党对民主集中制重要性的认识随着革命实践的不断发展变化而逐步深入。建党初期，为了保证党的战斗力，中国共产党强调"厉行中央集权制"④。1922 年 7 月，中共二大通过的《中国共产党章程》指出，"本党一切会议均取决多数，少数绝对服从多数""全国大会及中央执行委员会之议决，本党党员皆须绝对服从之""下级机关须完全执行上级

---

① 《毛泽东选集》第 2 卷，人民出版社 1991 年版，第 533～534 页。

② 中共中央文献研究室、中央档案馆编：《建党以来重要文献选编（一九二一——一九四九）》第 22 册，中央文献出版社 2011 年版，第 533 页。

③ 《刘少奇论党的建设》，中央文献出版社 1991 年版，第 326 页。

④ 中央档案馆编：《中共中央文件选集》第 1 册，中共中央党校出版社 1989 年版，第 53 页。

机关之命令"①，这些规定基本体现了民主集中制的原则。1927 年 6 月，中共中央政治局通过的《中国共产党第三次修正章程决案》，首次将民主集中制写入党章，提出"党部的指导原则为民主集中制"②。1928 年 7 月，中共六大通过的党章，首次完整地阐明了民主集中制的三个根本原则，即"下级党部与高级党部由党员大会、代表会议及全国大会选举之""各级党部对选举自己的党员，应作定期的报告"和"下级党部一定要承认上级党部的决议，严守党纪，迅速且切实的执行共产国际执行委员会和党的指导机关之决议"③。1938 年 11 月，中共六届六中全会通过的《关于各级党部工作规则与纪律的决定》，首次概括了民主集中制的"四个服从"的基本原则："个人服从组织，少数服从多数，下级服从上级，全党服从中央，党的一切工作由中央集中领导。"④1945 年 6 月，中共七大对民主集中制的内涵做了完整、明确和科学的阐述——"民主的集中制，即是在民主基础上的集中和在集中领导下的民主"，提出了坚持民主集中制的四个基本条件，"四个服从"作为民主集中制的四个基本条件之一被写进党章，即"党员个人服从所属党的组织，少数服从多数，下级组织服从上级组织，部分组织统一服从中央"。其他三个基本条件是："党的各级领导机关由选举制产生""党的各级领导机关向选举自己的党的组织作定期的工作报告""严格地遵守党纪和无条件地执行决议"⑤。这四个基本条件实际上就是党内实行民主集中制的选举制原则，定期报告的原则，四个服从的原则和遵守党纪、执行决议的原则。⑥

　　民主和集中，是辩证的统一，两者缺一不可。中国共产党既反对离开民主讲集中的"家长制"和"一言堂"，亦反对只要个人自由、不要组织纪律的极端民主化。中国共产党强调"扩大党内民主，应看作是巩固党和发展党的必要的步骤，是使党在伟大斗争中生动活跃，胜任愉快，生长新的力量，突破战争难关

---

　　①　中共中央文献研究室、中央档案馆编：《建党以来重要文献选编（一九二一——一九四九）》第 1 册，中央文献出版社 2011 年版，第 167 页。

　　②　中共中央文献研究室、中央档案馆编：《建党以来重要文献选编（一九二一——一九四九）》第 4 册，中央文献出版社 2011 年版，第 268 页。

　　③　中共中央文献研究室、中央档案馆编：《建党以来重要文献选编（一九二一——一九四九）》第 5 册，中央文献出版社 2011 年版，第 472 页。

　　④　《刘少奇论党的建设》，中央文献出版社 1991 年版，第 59～60 页。

　　⑤　中共中央文献研究室、中央档案馆编：《建党以来重要文献选编（一九二一——一九四九）》第 22 册，中央文献出版社 2011 年版，第 538～539 页。

　　⑥　参见中国延安干部学院编：《延安时期党的建设研究》，中央文献出版社 2011 年版，第 269 页。

的一个重要的武器"①，但也指出"又必须要有集中……没有集中也办不了事"②。1929 年 6 月，中共六届二中全会通过的《组织问题决议案》指出，"民主集中制也不是对立的，是党内生活在集中指导下的民主化"③。12 月，毛泽东为古田会议起草的决议，主张"厉行集中指导下的民主生活"④。1945 年 5 月，毛泽东明确指出："民主要有很高程度的民主，集中也要很高程度的集中，这两个东西有没有矛盾呢？有矛盾的，但是可以统一的，民主集中制就是这两个带着矛盾性的东西的统一。"⑤

(三)三大作风与中国共产党的作风建设

民主革命时期，中国共产党明确提出"党风"的概念，并不断加强党风建设，是对马克思主义建党学说的一大贡献。在革命的实践中，中国共产党培养、形成了理论和实践相结合的作风、和人民群众紧密地联系在一起的作风、批评与自我批评的作风。这就是中国共产党的三大优良作风，充分体现了党的性质和宗旨，是区别于其他任何政党的显著标志。

理论和实践相结合的作风，就是坚持一切从实际出发，实事求是，避免出现主观主义和教条主义的错误，即"要使马克思列宁主义的理论和中国革命的实际运动结合起来，是为着解决中国革命的理论问题和策略问题而去从它找立场，找观点，找方法"。中国共产党逐步吸取右倾机会主义和三次"左"倾错误的教训，大力倡导调查研究，把调查研究作为实现理论和实践相结合的中心环节，指出"在全党推行调查研究的计划，是转变党的作风的基础一环"。⑥ 1941年 8 月，中共中央颁布《关于调查研究的决定》和《关于实施调查研究的决定》，明确指出"实事求是，理论与实际密切联系，则是一个党性坚强的党员的起码态度"，要求全党大兴调查研究之风，"扫除主观主义作风，采取具体办法，加重对于历史，对于环境，对于国内外、省内外、县内外具体情况的调查与研究"。⑦ 这两个文件颁布后，中共中央和地方先后成立各种类型的调查团体和

---

① 《毛泽东选集》第 2 卷，人民出版社 1991 年版，第 529 页。

② 《陈云文选》第 3 卷，人民出版社 1995 年版，第 270 页。

③ 中共中央组织部、中共中央党史研究室、中央档案馆编：《中国共产党组织史资料》第 8 卷《文献选编(上)》，中共党史出版社 2000 年版，第 279 页。

④ 《毛泽东选集》第 1 卷，人民出版社 1991 年版，第 89 页。

⑤ 《毛泽东文集》第 3 卷，人民出版社 1996 年版，第 399 页。

⑥ 《毛泽东选集》第 3 卷，人民出版社 1991 年版，第 801～802 页。

⑦ 中共中央文献研究室、中央档案馆编：《建党以来重要文献选编(一九二一——一九四九)》第 18 册，中央文献出版社 2011 年版，第 531 页。

机构，广泛深入地开展调查研究。

　　和人民群众紧密地联系在一起的作风，是中国共产党全心全意为人民服务的宗旨和党的群众路线在工作作风方面的体现。中国共产党和人民群众紧密地联系在一起的作风建设，经历了从最初的树立群众观点，"群众观点是共产党员革命的出发点与归宿"①，到明确提出群众路线概念，再到把群众路线写入党章的发展过程。中共二大通过的《关于共产党的组织章程决议案》，强调要把党建设成为一个能够进行无产阶级革命的"大的'群众党'"，"党的一切运动都必须深入到广大的群众里面去"②。1929 年 9 月，《中共中央给红军第四军前委的指示信》明确提出了"群众路线"的概念，指出"关于筹款工作亦要经过群众路线，不要由红军单独去干"③。此后，群众路线开始在党内广泛推行，并上升成为党的根本工作路线。1945 年，刘少奇在中共七大上所做的关于修改党章的报告中明确指出，党的群众路线"是我们党的根本的政治路线，也是我们党的根本的组织路线。这就是说，我们党的一切组织与一切工作必须密切地与群众相结合"④。

　　在长期的革命实践中，中国共产党不断深化对批评与自我批评的重要性的认识，创造性地提出一系列行之有效的原则与方法，使批评与自我批评成为解决党内矛盾的有效方法和纠正不正之风的有力武器，"共产党内的矛盾，用批评和自我批评的方法去解决"⑤，"干部间，官兵间，军民间，将问题摆出来，开展批评与自我批评，就可以把错误的东西清除掉，就能真正地团结了"⑥。延安整风运动之所以能够达到预期效果，就是因为采取了批评与自我批评的整风方法，制定"惩前毖后，治病救人"的正确方针，"整风就是全党通过批评和自我批评来学习马克思主义"⑦，通过整风，大家都认真拿起了批评与自我批评的武器，使自己受到了生动、深刻的教育，不再考虑面子问题，也不怕得罪人了。这样，反而促进了同志间的团结友爱和共同进步。

---

　　① 《毛泽东文集》第 3 卷，人民出版社 1996 年版，第 71 页。

　　② 中共中央文献研究室、中央档案馆编：《建党以来重要文献选编(一九二一——一九四九)》第 1 册，中央文献出版社 2011 年版，第 162 页。

　　③ 中共中央文献研究室、中央档案馆编：《建党以来重要文献选编(一九二一——一九四九)》第 6 册，中央文献出版社 2011 年版，第 516 页。

　　④ 《刘少奇选集》上卷，人民出版社 1981 年版，第 342 页。

　　⑤ 《毛泽东选集》第 1 卷，人民出版社 1991 年版，第 311 页。

　　⑥ 《毛泽东文集》第 3 卷，人民出版社 1996 年版，第 69 页。

　　⑦ 《毛泽东文集》第 7 卷，人民出版社 1999 年版，第 274～275 页。

二、积极引领时代潮流

民主革命时期，中国共产党不断把马克思主义基本原理与中国革命具体实际相结合，推动了马克思主义中国化，成功探索和解决了"中国向何处去"的时代主题，彰显了党的先进性和生命力，从而引领了时代潮流。

（一）中国共产党引领时代潮流的实现

民主革命时期，各种社会思潮在中国产生、传播、交汇、碰撞，各自从不同立场和角度试图回答"中国向何处去"的时代主题。

在沦为半殖民地半封建社会的近代中国，反帝反封建是中国革命的双重诉求，只有兼具反帝反封建双重功能的社会思潮，才符合中国社会的诉求，才能引领时代潮流。孙中山先生的三民主义，很显然具有反帝反封建的双重性，便一跃而成为中国资产阶级革命的纲领，一度引领时代潮流，然而，由于民族资产阶级的软弱性和妥协性，孙中山领导的辛亥革命成功了却又失败了，最终没有完成反帝反封建的历史任务。后来，孙中山重新解释了三民主义，发展为新三民主义，成为第一次国共合作的政治基础。但是，蒋介石逐渐取得在国民党内的统治地位之后，表面上继承孙中山的遗志，实际上慢慢建立了国民党的一党专政和蒋介石的个人独裁，因此，以蒋介石为代表的大资产阶级不可能引领时代潮流和领导中国革命取得胜利，反而成为中国革命的重要对象。

五四运动以后，体现反帝反封建诉求的新的社会思潮——马克思主义在中国广泛传播。中国共产党成立后就以马克思主义作为思想武器，并将之与中国革命的具体实践相结合，从而在与各种社会思潮碰撞、较量的过程中，在解决和回答"中国向何处去"的时代主题的过程中，渐渐获得大众的认可，逐步取得主导地位，开始引领时代潮流。因此，马克思主义本身的先进性，以及能够满足近代中国的理论需求，是中国共产党在推动马克思主义中国化过程中引领时代潮流的根本原因。

马克思主义中国化就是将马克思主义的基本原理与中国具体实践和传统文化相结合，用马克思主义的立场、观点和方法解决中国的具体问题。马克思主义只有与中国具体实践相结合，在中国才能保持旺盛的生命力，才能有效发挥理论的引领作用，"马克思列宁主义的伟大力量，就在于它是和各个国家具体的革命实践相联系的"[1]。

---

① 《毛泽东选集》第 2 卷，人民出版社 1991 年版，第 534 页。

马克思主义中国化,既包含马克思主义与中国传统文化的融合,也包含马克思主义与中国不同发展阶段的时代特征的结合,还包含马克思主义与人民群众实践的结合。

马克思主义与中国传统文化相融合,是强调要用中华民族特有的文化形式和话语体系来表达,马克思主义才能具有"新鲜活泼的、为中国老百姓所喜闻乐见的中国作风和中国气派"①,中国人民才更加容易接受和信仰马克思主义。

马克思主义与时代特征相结合,就是用马克思主义的立场、观点和方法解决时代问题,反映时代特色,体现时代精神。马克思主义是时代的产物,会随着时代的发展而发展,"马克思主义不是死的教条,不是什么一成不变的学说,而是活的行动指南,所以它就不能不反映社会生活条件的异常剧烈的变化"②。中国共产党将马克思主义与中国革命不同阶段的时代特征相结合,正确处理好了马克思主义中国化过程中继承与发展的关系,即在继承中发展马克思主义,在发展中继承马克思主义。

马克思主义与人民群众的实践相结合,就是与人民群众的现实生活相联系,用通俗易懂的语言阐述理论,实现马克思主义的通俗化、具体化,使人民群众认同、接受、掌握和运用马克思主义。"任何思想,如果不和客观的实际的事物相联系,如果没有客观存在的需要,如果不为人民群众所掌握,即使是最好的东西,即使是马克思列宁主义,也是不起作用的。"③中国共产党推动马克思主义与人民群众实践相结合,是中国共产党实现引领时代潮流的根本保证。

马克思主义深刻揭示了人类社会发展的历史规律,揭示了资本主义社会的基本矛盾和资本主义社会必将被社会主义社会代替的客观规律,俄国十月革命的胜利将马克思主义从理论变成现实,为中国革命提供了成功的样本。中国共产党把马克思主义基本原理与中国革命的具体实践相结合,揭示了中国革命发展的规律(第一步,进行无产阶级领导的人民大众的反帝反封建的新民主主义革命;第二步,进行社会主义革命,建立社会主义社会),圆满解决了"中国向何处去"的时代主题,意味着掌握和运用马克思主义的中国共产党,成为中国人民完成反帝反封建的革命任务,实现民族独立和人民解放的领导者。

(二)中国共产党为什么能够引领时代潮流

一是中国共产党对时代潮流的引领具有自觉主动性。关注国家和民族的前

---

① 《毛泽东选集》第 2 卷,人民出版社 1991 年版,第 534 页。
② 《列宁选集》第 2 卷,人民出版社 2012 年版,第 281 页。
③ 《毛泽东选集》第 4 卷,人民出版社 1991 年版,第 1515 页。

途与命运而具有的忧患意识、强烈的社会责任感，驱使中国共产党自觉改造社会、推动社会进步，主动引领时代潮流。中国共产党从中国国情出发，在革命实践中改变人民群众的生存状态，满足人民群众的政治、经济、文化需求，解决人民群众最关心、最直接、最现实的利益问题，团结和带领人民群众完成民族独立和人民解放的历史任务。

二是中国共产党对时代潮流的引领发挥了价值导向作用。在各种社会思潮纷繁芜杂的背景下，中国共产党要引领时代潮流，必然要反思与批判各种社会思潮以构建和创新先进理论。社会思潮彼此较量的本质是价值观的较量，中国共产党引流时代潮流的实质则是价值观的选择、整合和构建过程。① 中国共产党以开放的姿态、理性的态度对待社会思潮，吸收各种社会思潮中的积极合理因素，批判抵制社会思潮中的有害因素，中国共产党的理论、路线、方针、政策及四项原则、价值观念在较大范围内产生积极影响，得到广泛认同。正因为中国共产党坚持马克思主义本身所具有的开放性视野，对各种思潮的价值取向进行诠释和整合，将自身所倡导的价值观念融入中国革命的历史进程，因而实现了对时代潮流的引领。

三是中国共产党对时代潮流的引领具有理论优势。"理论只要说服人，就能掌握群众；而理论只要彻底，就能说服人。"②中国共产党对时代潮流的引领，主要是靠提高自身理论优势来实现的。中国共产党以马克思主义为指导，科学地研究三民主义，提高了党内对三民主义的认识，促进了"新民主主义"理论概念的提出，明辨了三民主义和共产主义的关系，有助于中国共产党在理论上揭示中国新民主主义革命规律，使中国共产党自身的理论建设达到了新的高度。中国共产党依靠自身的理论建设，不断推进马克思主义中国化，使马克思主义理论贴近现实，贴近群众，发挥了自身的理论优势。

(三)中国共产党引领时代潮流的历史经验

中国共产党对时代潮流的引领，是通过人民群众的认可而实现的，更加离不开马克思主义的指导，一切从实际出发、实事求是地解决中国现实问题的使命意识和担当态度。

一是党的自我完善和发展。中国共产党的自我完善，主要通过加强学习来实现。一方面是加强学风建设。1942年2月毛泽东在《整顿党的作风》中提出：

---

① 参见宋进、姜玉齐：《论新民主主义革命时期中国共产党引领社会思潮的主要经验》，载《华东师范大学学报(哲学社会科学版)》，2011年第2期。

② 《马克思恩格斯选集》第1卷，人民出版社1995年版，第9页。

"学风问题是领导机关、全体干部、全体党员的思想方法问题，是我们对待马克思列宁主义的态度问题，是全党同志的工作态度问题。"①通过加强学风建设，树立科学的方法和态度，运用马克思主义基本理论解决实际问题，将马克思主义与中国国情和中国革命实践相结合，做出符合中国国情、满足中国实际需要的理论创新，最典型的成果就是毛泽东思想的形成。另一方面是提高中国共产党人的理论素养。毛泽东指出："能够真正领会马克思列宁主义的实质，真正领会马克思列宁主义的立场、观点和方法，真正领会列宁斯大林关于殖民地革命和中国革命的学说，并且应用了它去深刻地、科学地分析中国的实际问题，找出它的发展规律，这样才是我们真正需要的理论家。"②共产党人理论素养的提高，有利于从中国的实际出发，深入分析研究具有时代特征的重大理论和现实问题，发现问题的本质和发展规律，进而总结归纳社会发展趋势，在回答"中国向何处去"的时代主题的同时，提出和回答"什么是新民主主义革命，怎样进行新民主主义革命"的问题，实现中国共产党对时代潮流的引领。

二是坚持群众路线。以人民群众为价值主体，是中国共产党的价值观的核心所在。中国共产党引领时代潮流源于广大人民群众对中国共产党的认同、拥护和支持。取得这种认同、拥护和支持的关键，是中国共产党切实解决人民群众的现实利益问题，让人民群众真切感受到坚持马克思主义的中国共产党代表着他们的现实利益，进而认同、拥护和支持中国共产党。中国共产党坚持走群众路线，从群众实践中总结经验，并将这种经验提升为理论，再结合现实问题将理论转化为党的理论、路线、方针和政策，使其成为党员干部的自觉行为。从这一点上看，中国共产党引领时代潮流的实质是人民群众利益的实现过程。如果说人民群众的利益和需要决定社会发展的趋势和方向，那么中国共产党引领时代潮流既满足了广大人民群众的现实需要，也符合社会发展的客观规律。

三是加强思想教育工作。中国共产党高度重视党员干部的培养、训练工作，既是因为广大党员干部承担着宣传、贯彻党的路线、方针和政策，联系广大人民群众等工作，也是为了促使广大党员干部以身作则，发挥榜样示范作用，增强思想教育工作的效果。而对思想教育工作，中国共产党做到了因地制宜、因时制宜、因人而异。《古田会议决议》提出："到一个地方要有适合那个地方的宣传口号和鼓动口号，又有依照不同的时间(如秋收与年关，蒋桂战争时期与汪蒋战争时期)，制出不同的宣传和鼓动口号。"③针对不同的对象，中

---

① 《毛泽东选集》第3卷，人民出版社，1991年版，第813页。
② 《毛泽东选集》第3卷，人民出版社，1991年版，第814页。
③ 《毛泽东文集》第1卷，人民出版社1993年版，第99页。

国共产党思想教育的方式方法各有不同，包括针对工人阶级的灌输方法，针对农民阶级的夜校、讲习所等形式，针对知识分子的座谈会形式等。中国共产党采取行之有效的因地制宜、因时制宜、因人而异的方式方法开展思想教育工作，提高了全体党员干部的思想理论水平，也提高了人民群众的思想政治素质，保证了中国共产党引领时代潮流的优势地位。

三、广泛团结社会力量

在领导中国革命的过程中，中国共产党注重阶级分析，在分清敌友关系的基础上，实现和不同阶级、阶层、政党等社会力量的广泛联盟，团结一切可以团结的力量，调动起一切积极因素，广泛整合社会力量，形成了广泛的统一战线。统一战线的主题是大团结大联合，根本职能是凝集人心、汇聚力量。因此，统一战线成为中国共产党战胜敌人、由革命到执政的重要法宝，"中国新民主主义的革命要胜利，没有一个包括全民族绝大多数人口的最广泛的统一战线，是不可能的"①。

中国半殖民地半封建社会的特殊国情，决定了统一战线在中国革命斗争中占有重要的战略地位。中国社会是一个两头小中间大的社会，无产阶级只占人口的少数，力量相对弱小。占人口绝大多数的是农民、城市小资产阶级和民族资产阶级。大地主大资产阶级虽然人数不多，但和帝国主义势力相勾结，造成中国的反革命势力异常强大。从政党的角度来讲，代表无产阶级的共产党和代表大地主大资产阶级的国民党处于中国社会的两极，而处在两极中间的是广大的中间势力。因此，争取广大中间势力的支持，就成为国共两党赢得革命胜利的关键。毛泽东在《中国革命和中国共产党》中强调，中国无产阶级"虽然是一个最有觉悟性和最有组织性的阶级，但是如果单凭自己一个阶级的力量，是不能胜利的"，若要胜利就必须"在各种不同的情形下团结一切可能的革命的阶级和阶层，组织革命的统一战线"。②

建立广泛的统一战线，首先要分清敌友，"团结真正的朋友，以攻击真正的敌人"③。毛泽东在《中国社会各阶级的分析》和《中国革命和中国共产党》中，深刻分析了中国社会各阶级的特点和在革命中应有的地位。地主阶级和带买办

---

①　《毛泽东选集》第 4 卷，人民出版社 1991 年版，第 1257 页。

②　《毛泽东选集》第 2 卷，人民出版社 1991 年版，第 645 页。

③　中共中央文献研究室、中央档案馆编：《建党以来重要文献选编（一九二一——一九四九）》第 2 册，中央文献出版社 2011 年版，第 602 页。

性的大资产阶级是中国革命的对象，而非革命的动力。农民中的中农"可以成为无产阶级的可靠的同盟者，是重要的革命动力的一部分"，贫农"是中国革命的最广大的动力，是无产阶级的天然的和最可靠的同盟者，是中国革命队伍的主力军"，因此，无产阶级"只有和贫农、中农结成坚固的联盟，才能领导革命到达胜利，否则是不可能的"。民族资产阶级则具有两面性，一方面表现出一定的反对帝国主义和封建主义的革命性，另一方面又表现出妥协性，缺乏彻底的反帝反封建的勇气。民族资产阶级的这一特点，决定了他们"在一定时期中和一定程度上能够参加反帝国主义和反官僚军阀政府的革命"和"可以成为革命的一种力量"，"在另一时期，就有跟在买办大资产阶级后面，作为反革命的助手的危险"。因此，中国共产党对于民族资产阶级"采取慎重的政策，是完全必要的"，需要实行又团结又斗争、以斗争求团结的革命政策。①

根据中国革命斗争形势发展变化的不同，中国共产党先后领导建立了革命统一战线、工农民主统一战线、抗日民族统一战线和人民民主统一战线。虽然它们"有不同的形式和性质"，但都以新民主主义为政治基础，都是"无产阶级领导的人民大众的反帝反封建的统一战线"②。在领导统一战线的过程中，中国共产党逐步克服"一切联合，否认斗争"的右倾错误和"一切斗争，否认联合"的关门主义错误，根据统一战线中各阶级和各种社会力量的不同特点，规定和实行不同的政策和策略。抗日战争时期，以毛泽东为代表的中国共产党人适时制定"发展进步势力、争取中间势力、孤立顽固势力"的策略。发展进步势力，就是发展无产阶级、农民阶级和城市小资产阶级的力量，积极发展共产党的组织到全国，发展全国工人、农民、青年、妇女、儿童等民众运动。争取中间势力，就是争取中等资产阶级、开明绅士和地方实力派。发展进步势力和争取中间势力存在明显差别，"对于农民和城市小资产阶级，是当作基本同盟者去争取的；对于中间势力，则是当作反帝国主义的同盟者去争取的"，"中间势力有很大的力量，往往可以成为我们同顽固派斗争时决定胜负的因素"③。中国共产党制定这一策略，就能够团结一切可以团结的积极因素，最大限度地孤立和打击主要的敌人。

坚持无产阶级及其政党的领导权，是巩固和扩大统一战线的关键，"统一战线还必须是在中国共产党的坚强的领导之下。没有中国共产党的坚强的领

---

① 中共中央文献研究室、中央档案馆编：《建党以来重要文献选编(一九二一——一九四九)》第16册，中央文献出版社2011年版，第831、828～829页。

② 《周恩来选集》上卷，人民出版社1980年版，第207页。

③ 《毛泽东选集》第2卷，人民出版社1991年版，第747～748页。

导，任何革命统一战线也是不能胜利的"①。中国共产党对统一战线的领导主要是政治领导，即以正确的路线、方针和政策，去引导教育统一战线中的各阶级和社会力量，获得广泛的政治认同。1948 年 1 月，在《关于目前党的政策中的几个重要问题》一文中，毛泽东阐释了如何实现党对革命统一战线的领导："领导的阶级和政党，要实现自己对于被领导的阶级、阶层、政党和人民团体的领导，必须具备两个条件：（甲）率领被领导者（同盟者）向着共同敌人作坚决的斗争，并取得胜利；（乙）对被领导者给以物质福利，至少不损害其利益，同时对被领导者给以政治教育。没有这两个条件或两个条件缺一，就不能实现领导。"②

总之，统一战线是各种社会力量的政治联盟。建立最广泛的统一战线，是中国共产党在政治上的巨大优势，能够发挥调动一切可能的积极因素，最大限度地争取人心和汇聚力量，特别是争取中间势力的支持。"中国革命为什么能胜利？一个当然是靠武装斗争，再一个就是靠统一战线。大批中间的力量参加过来，政治力量的对比就变了，这就是人心向背起了决定作用。"③因而，以统一战线的方式来整合社会力量，是中国共产党取得革命胜利和掌握执政地位的重要因素。

四、与反动势力坚决斗争

抗战胜利后，中国人民的共同利益诉求是"巩固国内团结，保证国内和平，实现民主，改善民生，以便在和平民主团结的基础上，实现全国的统一，建设独立自由与富强的新中国"④。中国共产党一方面希望通过和平的途径对中国进行政治社会改革，"多次同国民党进行和平谈判，以图避免内战"，另一方面做好以革命战争反对反革命战争的准备，"没有放弃人民的武装"，对国民党企图发动内战的阴谋"并没有放弃警惕"⑤，做了充分的准备，动员人民的力量，"采取的方针是明确的和一贯的，这就是坚决反对内战，不赞成内战，要阻止

---

① 《毛泽东选集》第 4 卷，人民出版社 1991 年版，第 1257 页。

② 中共中央文献研究室、中央档案馆编：《建党以来重要文献选编（一九二一——一九四九）》第 25 册，中央文献出版社 2011 年版，第 59～60 页。

③ "从五四运动到人民共和国成立"课题组：《胡绳论"从五四运动到人民共和国成立"》，社会科学文献出版社 2001 年版，第 37 页。

④ 中共中央文献研究室、中央档案馆编：《建党以来重要文献选编（一九二一——一九四九）》第 22 册，中央文献出版社 2011 年版，第 655 页。

⑤ 《刘少奇选集》下卷，人民出版社 1985 年版，第 204 页。

内战"①。

国共双方实力悬殊,中国人民解放军能不能和怎样才能战胜蒋介石的进攻? 全面内战爆发后,毛泽东正确估计和分析国内形势,称"蒋介石虽有美国援助,但是人心不顺,士气不高,经济困难。我们虽无外国援助,但是人心归向,士气高涨,经济亦有办法",因此,对战胜蒋介石"应当有充分的信心"②。1946 年 8 月 6 日,毛泽东提出"一切反动派都是纸老虎"和"小米加步枪比蒋介石的飞机加坦克还要强些"③,增强了中国共产党领导军民斗争的必胜信念。从 1946 年 6 月到 1947 年 6 月,中国人民解放军处于战略防御阶段。这一阶段,国民党采取的军事作战方针是全面进攻、速战速决,中国共产党则是从敌强我弱的形势出发,坚持"一般地是运动战"和"集中优势兵力,各个歼灭敌人"的作战原则。同时,为着日后转入战略反攻和进攻而实行战略防御,以歼灭国民党有生力量为主而不以保守地方为主,是中共中央为中国人民解放军制定的积极防御的战略方针的"积极"所在,从根本上粉碎了国民党统治集团的速战速决计划,符合解放战争的发展规律。④

内战爆发之初,中国共产党没有提出"打倒蒋介石"的口号,而是选择使用"武装自卫"的口号,因为"当时主客观条件还不具备"。蒋介石号称拥有四百万军队,军事实力雄厚,"一下子不容易打倒"。"武装自卫"就充分表明挑起内战的是国民党,共产党则是"抵制他的进攻"⑤。1946 年 11 月 18 日,中共中央致电各中央局、中央分局,明确指出蒋介石"进攻能力快要枯竭之时,即使用突袭方法,占领延安,亦无损于人民解放战争胜利的大局,挽救不了蒋介石灭亡的前途",因此,"应向党内外作充分说明,团结全党全军和全体人民,为粉碎蒋介石进攻、建立民主的中国而奋斗"⑥。

中共中央原计划在国共双方的力量达到平衡之后再转入战略反攻。但是,基于打乱国民党将战争引向解放区、进一步破坏和消耗解放区的战略企图的考虑,当中国人民解放军数量上还处于劣势,且局部还处于防御的形势下,中共中央做出决定:以主力打到外线去,将战争引向国民党统治区。中国人民解放

---

　　① 《毛泽东选集》第 4 卷,人民出版社 1991 年版,第 1125 页。

　　② 《毛泽东选集》第 4 卷,人民出版社 1991 年版,第 1187 页。

　　③ 《毛泽东选集》第 4 卷,人民出版社 1991 年版,第 1195 页。

　　④ 参见沙健孙主编:《中国共产党与新中国的创建(1945—1949)》(上),中央文献出版社 2009 年版,第 164～165 页。

　　⑤ 《周恩来选集》上卷,人民出版社 1980 年版,第 273～274 页。

　　⑥ 《毛泽东选集》第 4 卷,人民出版社 1991 年版,第 1219～1220 页。

军采取千里跃进、直插敌人心脏部位的方式突进，在南线形成"三军配合、两翼牵制，内外线密切配合"的战略进攻态势，调动敌人回援后方，迫使敌人转入战略防御，改变敌我攻防形势，标志着中国人民解放军由战略防御转向战略进攻，这是具有深远意义的伟大的历史性转变，"是蒋介石的二十年反革命统治由发展到消灭的转折点。这是一百多年以来帝国主义在中国的统治由发展到消灭的转折点"①。1947 年 9 月 12 日，新华社发表社论《人民解放军大举反攻》，第一次公开提出"打倒蒋介石"的口号，指出"打倒蒋介石才有和平，打倒蒋介石才有饭吃，打倒蒋介石才有民主，打倒蒋介石才有独立"②。10 月 10 日，中国人民解放军发表宣言，明确提出"打倒蒋介石，解放全中国"的口号，宣布中国人民解放军也就是中国共产党的八项基本政策，为全国人民指明了彻底解放全中国的总目标。

1948 年秋，中国的政治、军事和经济形势发生了更加有利于人民而不利于国民党的重大变化，国民党政权濒临崩溃，中国人民解放军同国民党军队进行战略决战的时机已经成熟。因此，以毛泽东为首的中共中央和中央军委正确选定东北为第一个决战方向，结合东北、华东和华北三个战场的不同特点制定不同的作战方针，发动辽沈、淮海和平津三大战役。三大战役，把歼灭敌人有生力量和夺取城市及地方紧密结合起来，把集中优势兵力各个歼灭敌人和全部消灭敌军的强大兵团紧密结合起来，把大规模的运动战、阵地战和城市攻坚战紧密结合起来，把军事打击和政治争取结合起来，是毛泽东军事思想在实践中的巨大发展。③ 三大战役的胜利，使得国民党赖以维持反动统治的主要军事力量基本被摧毁，加快了全国胜利的到来。

随着战场上的节节失败，国民党转而发起所谓和平攻势，企图借"和平谈判"之机争取喘息时间，达到"划江而治"的目的。为揭露国民党假和谈的阴谋，解答人们是将革命进行到底还是使革命半途而废的思想疑惑，1948 年 12 月 30 日，毛泽东为新华社撰写的《将革命进行到底》的新年献词指出，必须"用革命的方法，坚决彻底干净全部地消灭一切反动势力……在全国范围内推翻国民党的反动统治，在全国范围内建立无产阶级领导的以工农联盟为主体的人民民主

---

① 《毛泽东选集》第 4 卷，人民出版社 1991 年版，第 1244 页。

② 中央档案馆编：《中共中央文件选集》第 16 册，中共中央党校出版社 1992 年版，第 784 页。

③ 参见中共中央党史研究室：《中国共产党历史》第 1 卷下册，中共党史出版社 2002 年版，第 1007 页。

专政的共和国"①。1949年1月14日,毛泽东发表《关于时局的声明》,严正指出:"中国人民解放军具有充足的力量和充足的理由,确有把握,在不要很久的时间之内,全部地消灭国民党反动政府的残余军事力量。"②但是,他表示愿意同国民党进行有条件的和平谈判。后来,国民党政府拒绝在《国内和平协定》上签字,和谈破裂。4月21日,毛泽东、朱德发布《向全国进军的命令》,命令中国人民解放军"奋勇前进,坚决、彻底、干净、全部地歼灭中国境内一切敢于抵抗的国民党反动派,解放全国人民,保卫中国领土主权的独立和完整"③。23日,中国人民解放军占领南京。南京解放,标志着国民党反动统治的覆亡。

中国共产党代表社会的进步力量,能够根据革命的发展阶段,适时进行有效的政治动员以凝聚人心,制定不同的军事战略方针以打击敌人,从而与国民党反动势力进行坚决斗争,最终赢得人民解放战争的胜利,建立了中华人民共和国,中国共产党实现了由革命到执政的转变。

思考题:

1. 国民党执政失败的原因是什么?

2. 中间势力的建国方案为什么会破产?

3. 请结合历史进程阐述中国共产党的革命初心。

4. 请结合历史进程阐述中国共产党领导协商建国成功的原因。

5. 为什么说历史和人民选择中国共产党的领导是历史的必然?

---

① 《毛泽东选集》第4卷,人民出版社1991年版,第1375页。

② 《毛泽东选集》第4卷,人民出版社1991年版,第1389页。

③ 《毛泽东选集》第4卷,人民出版社1991年版,第1451页。

第五章 社会主义由理想到现实

　　1949 年中华人民共和国的成立，标志着中国半殖民地半封建社会的结束和新民主主义社会在全国范围内的建立，并由此开启了由新民主主义向社会主义转变的历史进程。1953 年党在过渡时期的总路线提出后，社会主义改造的进程大为加快并在 1956 年提前完成，宣告了社会主义社会在中国正式建立，为此后中国的发展和进步奠定了根本政治前提和制度基础。

第一节　过渡时期的新民主主义社会

　　中华人民共和国成立之初的新民主主义社会，并不是一个独立的社会形态，而是从属于社会主义体系的过渡性质的社会。在新民主主义社会中，社会主义因素在政治上和经济上都已居于领导地位，并不断增长和壮大，这为逐步过渡到社会主义社会创造了条件。

一、新民主主义社会的过渡性质

　　根据毛泽东的新民主主义革命理论，在半殖民地半封建的旧中国，中国共产党领导的新民主主义革命，不是无产阶级的社会主义革命，而是一种新式的资产阶级民主主义革命；新民主主义革命的前途，不是资本主义而是社会主义，但又不能一步到达社会主义，而是必须分"两步走"，先建立一个新民主主义社会，待条件具备时再逐步过渡到社会主义社会。对此，毛泽东指出："只有经过民主主义，才能到达社会主义，这是马克思主义的天经地义。"

　　1940 年 1 月，毛泽东在《新民主主义论》中就使用了"新民主主义社会"的概念，并具体描绘了新民主主义社会的蓝图。毛泽东指出：中国革命的第一步、第一阶段，"决不是也不能建立中国资产阶级专政的资本主义的社会，而是要建立以中国无产阶级为首领的中国各个革命阶级联合专政的新民主主义的社会"；在这个新社会中，"不但有新政治、新经济，而且有新文化。这就是说，我们不但要把一个政治上受压迫、经济上受剥削的中国，变为一个政治上自由和经济上繁荣的中国，而且要把一个被旧文化统治因而愚昧落后的中国，变为一个被新文化统治因而文明先进的中国。一句话，我们要建立一个新中国"①。新民主主义社会的蓝图，首先在抗日根据地变成现实。当时的陕甘宁边区等抗日根据地，实际上就是新民主主义社会的雏形。解放战争时期，新民主主义社会在各解放区得到巩固和发展。但由于中国共产党领导的新民主主义革命尚未取得最后胜利，新民主主义社会还没有在全国范围内建立起来。

中华人民共和国成立前夕，在起草《共同纲领》的过程中，"曾有一种意见，以为我们既然承认新民主主义是一个过渡性质的阶段，一定要向更高级的社会主义和共产主义阶段发展，因此总纲中就应该明确地把这个前途规定出来。筹备会讨论中，大家认为这个前途是肯定的，毫无疑问的，但应该经过解释、宣传特别是实践来证明给全国人民看。只有全国人民在自己的实践中认识到这是唯一的最好的前途，才会真正承认它，并愿意全心全意为它而奋斗"②。因此，"中国人民政治协商会议一致同意以新民主主义即人民民主主义为中华人民共和国建国的政治基础"。正是基于这一考虑，《共同纲领》第一条明确规定"中华人民共和国为新民主主义即人民民主主义的国家"，而没有提及社会主义的前途，从而突出强调了新中国的新民主主义性质。中华人民共和国的成立，标志着新民主主义革命取得了基本胜利，新民主主义社会正式在全国范围内建立起来。

在过渡性质的新民主主义社会中，存在着五种经济成分，即社会主义性质的国营经济、半社会主义性质的合作社经济、农民和手工业者的个体经济、私人资本主义经济和国家资本主义经济。其中，半社会主义性质的合作社经济是个体经济向社会主义集体经济过渡的形式，国家资本主义经济是私人资本主义经济向社会主义国营经济过渡的形式。因此，新民主主义社会的经济成分主要是三种：社会主义经济、个体经济和私人资本主义经济。在这些经济成分中，通过没收官僚资本而形成的社会主义国营经济，掌握了新民主主义国家的主要经济命脉，在整个国民经济中居于领导地位。以农业和手工业为主体的个体经济，则在国民经济中占绝对优势。私人资本主义经济亦是一支不可忽视的重要力量。与新民主主义社会的经济成分相适应，《共同纲领》明确规定了新中国经济建设的根本方针，即"以公私兼顾、劳资两利、城乡互助、内外交流的政策，达到发展生产、繁荣经济之目的。国家应在经营范围、原料供给、销售市场、劳动条件、技术设备、财政政策、金融政策等方面，调剂国营经济、合作社经

---

① 《毛泽东选集》第 2 卷，人民出版社 1991 年版，第 672、663 页。
② 《周恩来统一战线文选》，人民出版社 1984 年版，第 146～147 页。

济、农民和手工业者的个体经济、私人资本主义经济和国家资本主义经济，使各种社会经济成分在国营经济领导之下，分工合作，各得其所，以促进整个社会经济的发展"①。这就在法律上确认了社会主义国营经济领导下的多种经济成分同时并存和共同发展的新民主主义经济政策。这一政策的执行，必然会不断巩固和加强社会主义国营经济的领导地位，从而为新民主主义向社会主义过渡奠定坚实的经济基础。

经济基础决定上层建筑。与上述新民主主义社会的三种主要经济成分相联系，新民主主义社会的阶级构成主要表现为三种基本的阶级力量，即工人阶级，农民阶级和其他小资产阶级、民族资产阶级。对于这些阶级在新民主主义国家政权中的地位，《共同纲领》明确规定，中华人民共和国"实行工人阶级领导的，以工农联盟为基础的、团结各民主阶级和国内各民族的人民民主专政"，"人民民主专政是中国工人阶级、农民阶级、小资产阶级、民族资产阶级及其他爱国民主分子的人民民主统一战线的政权"②。在这个政权中，随着土地改革的基本完成，工人阶级与民族资产阶级之间的矛盾，就取代新民主主义革命时期农民阶级与地主阶级之间的矛盾，逐渐成为新民主主义社会的主要阶级矛盾。这一阶级矛盾体现在国家发展道路上，就是社会主义与资本主义两条道路之间的矛盾。政治上，工人阶级的领导地位决定了新中国不可能走资本主义道路，因此要解决这一矛盾，就必须对民族资产阶级经营的资本主义工商业进行社会主义改造，使新中国逐步从新民主主义社会过渡到社会主义社会。

综上所述，中华人民共和国成立之初，随着新民主主义社会在全国范围内的建立，社会主义因素无论在经济上还是在政治上都已居于领导地位，并不断增长和壮大。在各种非社会主义因素中，由于农民和手工业者的个体经济既可以自发地走向资本主义，也可以被引导着走向社会主义，并不代表一种独立的发展方向，只有资本主义因素在与社会主义因素进行较量，影响着新中国社会性质的发展方向，因此，新民主主义社会的主要矛盾和斗争，就是社会主义因素与资本主义因素之间限制与反限制、改造与反改造的矛盾和斗争。这种日趋激烈的矛盾和斗争，决定了新民主主义社会不可能作为一种独立的社会形态，长时间地存在和发展下去，必然随着居于领导地位的社会主义因素的不断增长和最终取得胜利，逐步过渡到社会主义社会。因此，我国的新民主主义社会是

---

① 中共中央文献研究室编：《建国以来重要文献选编》第 1 册，中央文献出版社 1992 年版，第 7 页。

② 中共中央文献研究室编：《建国以来重要文献选编》第 1 册，中央文献出版社 1992 年版，第 1～2 页。

一个属于社会主义体系的带有过渡性质的社会。

二、国民经济的恢复和发展

中华人民共和国成立后，中国共产党面临的最大困难和考验，不是如何完成民主革命的遗留任务，而是能否尽快恢复和发展国民经济。因为凭借中国共产党丰富的革命经验和中国人民解放军强大的军事实力，完成民主革命的遗留任务只是一个时间问题。但新中国所面临的空前严重的经济困难，对于相对缺乏经济建设经验的中国共产党来说，则是一个极为严峻的考验。

当时，新中国从旧中国接收的是一副国民经济的烂摊子。农业减产，工厂倒闭，交通梗阻，物资奇缺，物价飞涨，失业人数众多，整个国民经济严重衰退和全面萎缩。据统计，同历史上的最高生产水平相比，1949 年的工业总产值下降一半，其中重工业下降 70％，轻工业下降 30％，农业大约下降 25％，粮食总产量仅为 2250 多亿斤①。人均国民收入只有 27 美元，相当于亚洲国家平均值的 2/3。中国共产党在经济上遇到的严重困难，与其在军事上和政治上取得的巨大胜利形成了鲜明对比，以至于有人对中共管理经济的能力产生怀疑，甚至根本就不相信中共能把经济管好，说什么"共产党在军事上得了满分，在政治上是八十分，在经济上恐怕要得零分"。但毛泽东认为，我们有困难，有办法，有希望，会一年比一年好起来。

面对严峻的经济形势，中共中央和毛泽东首先把平抑物价作为稳定经济、稳定社会、稳定人心的中心环节，相继组织了集中打击不法投机资本的两大"战役"。先是通过行政手段一举查封了金融投机的大本营上海证券大楼，取得了"银元之战"的胜利，使人民币得以顺利进入市场流通；接着，又运用市场手段打了一场平抑物价的"歼灭战"，取得了"粮棉之战"的决定性胜利。这使社会主义性质的国营经济初步掌握了稳定市场的主动权。随后，中共中央又决定统一全国的财政经济工作，改变战争年代分散管理、各自为政的财政体制，由中央人民政府统筹全国的财政收支、物资调度和现金管理。这不但有效地巩固了平抑物价的成果，控制住了通货膨胀的势头，而且对于集中全国财力、物力，恢复和发展国民经济起到了重要作用。平抑物价和统一财经工作，是中华人民共和国成立后在财政经济战线上取得的第一个重大胜利，证明中国共产党不仅在军事上、政治上是强有力的，在经济上也是完全有能力克服困难的。

为争取国家财政经济状况的基本好转，1950 年 6 月中国共产党召开了七届

---

① 1 斤等于 0.5 千克。

三中全会，中心议题是确定党在国民经济恢复时期的主要任务。毛泽东在报告中指出：中国在经济战线上已经取得的一批胜利，表现了财政经济情况的开始好转，但这还不是根本的好转；要获得财政经济情况的根本好转，需要用三年左右的时间，创造三个条件，即土地改革的完成、现有工商业的合理调整、国家机构所需经费的大量节减。为此，全会制定了"不要四面出击"的战略策略方针。这是中国共产党在中华人民共和国成立后召开的第一次中央全会，为争取国家财政经济状况的基本好转，进而实现国民经济的全面恢复和发展，制定了行动纲领，指明了前进方向。

在全国范围内完成土地制度的改革，是争取国家财政经济状况基本好转的首要条件。因为国民经济的迅速恢复，离不开农村生产力的解放、农业生产的发展和亿万农民的支持，这都需要尽快完成土地改革。为此，1950年6月，中央人民政府委员会正式通过了经中共七届三中全会讨论后提交政府的《中华人民共和国土地改革法》，为在全国新解放区进行土地改革提供了法律依据。在《中华人民共和国土地改革法》的指导下，从1950年冬季开始，一场中国历史上规模最大的土地改革运动，在广大新解放区有领导、有步骤、分阶段地展开。到1952年年底，除一部分少数民族地区和台湾外，土地改革基本完成。全国约有3亿无地少地的农民（包括老解放区农民在内）无偿地获得了约7亿亩土地，以及大量其他生产资料和生活资料。土地改革有力地促进了农业生产的恢复和发展。1950—1952年，粮食、棉花、油料等主要农产品的产量都逐年增长，1951年比1950年分别增长8.7％、48.8％、22.4％，1952年又比1951年分别增长14.1％、26.5％、12.5％。[①] 这又直接促进了以农产品为原料的工业生产的恢复和发展，从而为整个国民经济的全面恢复和发展奠定了基础。

土地改革完成后，为避免农村出现新的两极分化，同时为满足城市和工业化建设对粮食和其他农产品不断增长的需要，中国共产党又积极引导农民开展各种形式的劳动互助和生产合作，以推动农村生产力的进一步发展。为此，1951年9月，中共中央召开了全国第一次农业互助合作会议，制定了《关于农业生产互助合作的决议（草案）》，并于同年12月正式印发各级党委试行实施，要求全党把农业生产互助合作"当作一件大事去做"。《关于农业生产互助合作的决议（草案）》客观分析了农民在土改基础上所发扬起来的两种生产积极性，即个体经济的积极性和劳动互助的积极性，强调在不能忽视和粗暴地挫伤农民

---

① 参见国家统计局国民经济综合统计司编：《新中国五十五年统计资料汇编》，中国统计出版社2005年版，第45页。

个体经济的积极性的同时，必须提倡"组织起来"，发挥农民劳动互助的积极性，引导农民走互助合作的道路。据此，农业生产互助合作运动很快在全国范围内开展起来。到 1952 年年底，已经组织起来的农户占全国总农户的 40% 左右，比 1950 年增加了 3 倍。其中，季节性互助组有 627 万个，常年互助组有 175.6 万个，以土地入股为特点的初级农业生产合作社有 3644 个。实践证明，按照自愿互利的原则，发展各种不同形式的农业生产互助合作组织，适应了当时中国农村生产力的发展水平，有力地促进了农业生产的恢复和发展，也为后来通过合作化方式进行农业社会主义改造积累了宝贵经验。

在国民经济恢复和发展的过程中，一项极为重要的工作就是继续没收官僚资本企业，并在此基础上建立社会主义性质的国营经济，使之成为整个国民经济的领导力量。当时采取的办法是暂时保留官僚资本企业原有的组织机构和生产系统，先完整地将企业接收下来，实行监督生产，然后逐步进行民主改革和生产改革，将其改造成为社会主义性质的国营企业。据此，中华人民共和国成立后，没收官僚资本企业的工作迅速有条不紊地展开。在新解放的城市，一般两三个月内就完成了对官僚资本企业的接收工作，成功地将其转变为全民所有的国营企业，并坚决贯彻全心全意依靠工人阶级的方针，使绝大多数企业迅速恢复了生产。据统计，到 1951 年年初，人民政府接收和改造官僚资本的工矿企业达 2800 多家，银行达 2400 多家。这是中华人民共和国成立初期建立国营经济的主要物质基础，构成了社会主义性质的国营经济的主体部分。这也使没收官僚资本作为新民主主义革命的三大经济纲领之一，同时具有了新民主主义革命和社会主义革命的双重性质。从此，国营经济作为新中国发展生产、繁荣经济的主要物质技术基础和整个社会经济的领导力量，为国家调节各种私有制经济成分，组织恢复生产事业提供了有力的物质手段，并为此后全面进行社会主义改造奠定了重要的经济基础。

随着国营经济的不断发展和壮大，特别是中华人民共和国成立之初采取了平抑物价和统一财经的措施，私营工商业一度出现了经营困难。为此，中共七届三中全会决定，把合理调整工商业作为争取财政经济状况基本好转的重要条件之一。当时，在"公私兼顾、劳资两利"的基本方针下，国家主要对公私关系、劳资关系和产销关系进行了调整，其中重点是公私关系，即人民政府、国营经济同私人资本主义经济之间的关系。所采取的措施主要有两种。一是加强对私营工业的加工订货，为其提供较为稳定的生产订单和所需原料，同时给私营商业让出一部分市场和销售利润，并通过调整价格、利率和税率等经济手段，促进有利于国计民生的私营工商业的恢复和发展。这不但使加工订货、经销代销等国家资本主义形式获得了较大发展，将部分私营工商业的生产经营活动间接地纳入了国家计划的轨道，而且进一步强化了国营经济的领导地位和国家对国民经济的调节能力。二是投放货币，收购农副土产品，活跃市场，扩大城乡交流。实践证明，扩大城乡之间的经济交流，既可以帮助城市面向农村，又可以帮助农村面向城市，打通了城乡之间、工农之间的流通渠道，使城乡两个市场购销两旺，从而促进了整个国民经济的恢复和发展。

此外，"三反""五反"运动的开展，也为国民经济的恢复和发展创造了良好的外部条件。1951 年 10 月，为支持抗美援朝战争，毛泽东在全国政协一届三次会议上向全国人民发出了开展增产节约运动的号召。但随着增产节约运动的开展，暴露出各级党政机关内部存在着许多惊人的贪污、浪费现象和官僚主义问题。为此，同年 12 月，中共中央做出《关于实行精兵简政、增产节约、反对贪污、反对浪费和反对官僚主义的决定》。随后，一场群众性的"三反"运动在全国范围内开展起来，严肃处理了刘青山、张子善等一批典型案件，清除了党和国家干部队伍中的贪污腐败分子，形成了厉行节约、艰苦奋斗、爱护国家财产等良好的社会风气。但在"三反"运动中，各地各部门相继清查出一些机关内部人员与不法资本家内外勾结，侵吞国家财产的典型案例。为此，中共中央决定，在党政机关工作人员中开展"三反"斗争的同时，在工商界开展一场反对行贿、偷税漏税、盗骗国家财产、偷工减料、盗窃国家经济情报（通称"五毒"）的"五反"运动。这场运动历时近 10 个月，有力地打击了不法资本家的"五毒"行为，在工商业者中普遍进行了一次守法经营教育，并推动了私营企业的民主改革，为国民经济的迅速恢复和发展创造了一个较好的市场环境。

从 1949 年 10 月到 1952 年年底，经过三年多的不懈努力，整个国民经济得到了全面恢复和初步发展。据统计，1952 年中国工农业总产值为 810 亿元，比 1949 年增长 77.6%，比 1949 年前处于最高水平的 1936 年增长 23%。其中，工业总产值比 1949 年增长 145.1%，农业总产值增长 48.4%。工农业主要产品的年产量，都超过了历史最高水平。与此相对应，国家财政经济状况也实现了根本好转。按可比价格计算，1952 年的国民收入比 1949 年增长 69.8%。国家财政收入成倍增加，从 1950 年到 1952 年，财政总收入为 361.07 亿元，财政总支出为 362.19 亿元，收支平衡。[①] 国民经济结构也获得显著改善，各种经济成分在国营经济领导下分工合作、共同发展，既保持了社会经济的灵活性和多样

---

① 参见中共中央党史研究室：《中国共产党的九十年（社会主义革命和建设时期）》，中共党史出版社、党建读物出版社 2016 年版，第 414 页。

性，又使国营经济得到了优先和快速增长，成为我国发展生产、繁荣经济的主要物质基础。当时，国民经济的发展虽然带有明显的战后恢复性质，但其恢复和发展的速度还是很快的，超过了第二次世界大战后的欧亚各国。这不但为开始进行大规模的经济建设创造了前提条件，而且为整个国家和社会从新民主主义转变到社会主义奠定了经济基础。

三、过渡时期总路线的酝酿和提出

众所周知，中国共产党领导的新民主主义革命之所以不同于旧民主主义革命，一个重要区别就在于它是以社会主义为前途的，在完成反对帝国主义、封建主义和官僚资本主义的新民主主义革命任务以后，是必然要过渡到社会主义社会的。关于在什么条件下、从什么时候开始、采取什么方式去实现这一过渡，中共中央和毛泽东等中央领导人在中华人民共和国成立前后曾提出过一些设想，后来又根据国民经济恢复和发展过程中出现的新变化进行了新的思考。

关于如何实现由新民主主义向社会主义过渡的问题，毛泽东等中央领导人在中华人民共和国成立前后的一段时间内，曾经有过一个"先建设、后改造"的初步设想，即先经过 10～15 年的新民主主义经济建设，等到工业发展了，国营经济壮大了，再实行工业国有化和农业集体化，从而一举进入社会主义。正是基于这种考虑，《共同纲领》没有明确提及社会主义的前途。对此，刘少奇解释道："因为要在中国采取相当严重的社会主义的步骤，还是相当长久的将来的事情。"在 1949 年政协第一届全体会议期间，曾有民主人士向毛泽东询问过渡到社会主义需要多长时间，毛泽东回答：大概二三十年吧。当时，中共党内有一种比较普遍和一致的看法，那就是中国要开始向社会主义过渡，估计至少十年，多则十五年或二十年以后，才有可能。1950 年 6 月，毛泽东在全国政协一届二次会议上仍然认为，中国实行私营工业国有化和农业社会化，"还在很远的将来"。他说："我们的国家就是这样地稳步前进，经过战争，经过新民主主义的改革，而在将来，在国家经济事业和文化事业大为兴盛了以后，在各种条件具备了以后，在全国人民考虑成熟并在大家同意了以后，就可以从容地和妥善地走进社会主义的新时期。"①

然而，随着国民经济的迅速恢复和发展，到 1952 年夏秋之交，中国经济内部的关系发生了一些出乎预料的重大变化。首先，国民经济中公私比例关系发生了根本性的变化。据统计，在全国工业（不包括手工业）总产值中，国营工

---

① 《毛泽东文集》第 6 卷，人民出版社 1999 年版，第 80 页。

业从 1949 年的 34.2％上升到 1952 年的 52.8％，私营工业从 63.3％下降到
39％。在社会商品批发总额中，国营商业从 1950 年的 23.2％上升到 1952 年的
60.5％，私营商业则从 76.1％下降到 36.3％。① 这说明，社会主义性质的国营
经济已经在现代工业和批发商业中全部超过私营经济，进一步强化了其在整个
国民经济中的领导地位，从而为中国逐步过渡到社会主义奠定了雄厚的物质基
础。其次，私营工商业经过合理调整和"五反"运动后，有相当一部分已经通过
加工订货、经销代销、公私合营等多种形式被纳入国家资本主义的轨道，开始
接受国营经济的领导和国家计划的约束。这表明，在工商业流通领域，一场深
刻的社会变革已经开始。最后，随着全国范围内土地改革的基本完成，农业生
产互助合作运动在广大农村普遍开展起来，许多农民开始走上互助合作的道
路。这表明，继土地改革之后，又一场关于农村生产关系和生产力的深刻变革
已经开始。

与此同时，我国社会经济生活中也出现了一些亟待解决的矛盾和问题。一
是城市和工业化建设对粮食和其他农产品日益增长的需要，同土改后的农村生
产力不能满足这种需要之间的矛盾日益突出；二是有计划的社会主义国营经济
与要求自由的私人资本主义经济之间的矛盾和冲突日益激烈；三是工人阶级与
民族资产阶级之间的矛盾和斗争日益尖锐。对此，1952 年 6 月，毛泽东在针对
不法资本家的"五反"运动即将结束之时，明确提出："在打倒地主阶级和官僚
资产阶级以后，中国内部的主要矛盾即是工人阶级与民族资产阶级的矛盾，故
不应再将民族资产阶级称为中间阶级。"② 为了从根本上解决这些矛盾和问题，
中共中央特别是毛泽东本人，基于上述中国社会经济内部关系所发生的重大变
化，改变了此前由新民主主义向社会主义过渡的初步设想，把对国民经济进行
系统的社会主义改造的任务正式提上了日程。

根据现有文献记载，中华人民共和国成立后毛泽东首次提出向社会主义过
渡的新设想，是在 1952 年 9 月 24 日召开的中共中央书记处会议上。他说："我
们现在就要开始用 10 年到 15 年的时间基本上完成到社会主义的过渡，而不是
10 年或者以后才开始过渡。"③ 对此，中共中央其他领导人没有提出异议，后又
多次召开中央书记处会议进行了讨论。这一新的提法与此前的初步设想相比发

---

①　参见中共中央党史研究室：《中国共产党历史》第 2 卷上册，中共党史出版社 2011
年版，第 184 页。

②　《毛泽东文集》第 6 卷，人民出版社 1999 年版，第 231 页。

③　薄一波：《若干重大决策与事件的回顾》上卷，中共中央党校出版社 1991 年版，第
213 页。

生了重大变化，将原来由新民主主义向社会主义过渡的时间整整提前了 10～15年。这就意味着，中华人民共和国成立后的新民主主义建设时期，同时也是从新民主主义向社会主义转变的过渡时期，从而改变了原来准备先搞一段相当长时间的新民主主义建设，然后再考虑向社会主义转变的设想。对此，周恩来曾明确指出："集中地说，我国新民主主义建设时期，就是逐步向社会主义过渡的时期，也就是社会主义经济成分在国民经济比重中逐步增长的时期。"①实践已经证明了这一点，中华人民共和国成立后，随着国民经济的逐步恢复和发展，社会主义因素在政治上和经济上均已居于领导地位，并且一直处在不断增长和壮大之中，而非社会主义因素则不断受到限制和改造，事实上已经拉开了由新民主主义向社会主义过渡的序幕。

毛泽东提出向社会主义过渡的新设想后，曾在一定范围内征求了一些人的意见，其中包括斯大林的意见，都得到了赞同和支持。随后，毛泽东又做了实地调查，听取了地方和基层干部的意见，并在一定范围内进行了通气和宣传。例如，1953 年 2 月，他在同湖北省孝感地委负责人谈话时指出："什么叫过渡时期？过渡时期的步骤是走向社会主义。我给他们用扳指头的办法解释，类似过桥，走一步算是过渡一年，两步两年，三步三年，10 年到 15 年走完。我让他们把这话传到县委书记、县长。在 10 年到 15 年或更多一点时间内，基本上完成国家工业化及对农业、手工业、资本主义工商业的社会主义改造。"②这表明，毛泽东关于过渡时期总路线的基本思想已经酝酿成熟，关于这条总路线的比较准确的文字表述也已初步形成。

在反复酝酿和调查研究的基础上，1953 年 6 月 15 日，中共中央政治局会议正式对由新民主主义过渡到社会主义的方法、途径和步骤等问题进行了讨论，毛泽东在会上首次对过渡时期总路线的基本内容做了系统阐述，并对各种"左"的和右的错误倾向及其表现进行了批评。随后，周恩来相继在全国财经会议、全国政协常委扩大会议、中央人民政府委员会会议、中国共产党第二次全国组织工作会议等多个重要会议上，对党在过渡时期的总路线进行了传达和阐述。9 月 24 日，政协全国委员会在庆祝中华人民共和国成立四周年的口号中，正式向全国人民公布了过渡时期总路线。接着，为了适应学习和宣传的需要，中共中央宣传部起草了关于党在过渡时期总路线的学习和宣传提纲。毛泽东在审阅和修改这个提纲时，将过渡时期总路线的完整表述最后确定下来："从中

---

① 《周恩来统一战线文选》，人民出版社 1984 年版，第 255 页。
② 薄一波：《若干重大决策与事件的回顾》上卷，中共中央党校出版社 1991 年版，第 215 页。

华人民共和国成立，到社会主义改造基本完成，这是一个过渡时期。党在这个过渡时期的总路线和总任务，是要在一个相当长的时期内，逐步实现国家的社会主义工业化，并逐步实现国家对农业、对手工业和对资本主义工商业的社会主义改造。这条总路线是照耀我们各项工作的灯塔，各项工作离开它，就要犯右倾或'左'倾的错误。"①1954 年 2 月，中共七届四中全会正式批准了中央政治局确认的这条总路线。

党在过渡时期的总路线，将中华人民共和国的成立作为过渡时期的起点，这是一个新的提法。对此，毛泽东专门做了解释："我们说标志着革命性质的转变、标志着新民主主义革命阶段的基本结束和社会主义革命阶段的开始的东西是政权的转变，是国民党反革命政权的灭亡和中华人民共和国的成立，并不是说社会主义改造这样一个伟大的任务，在人民共和国成立以后就可以立即在全国一切方面着手施行了。……那时在农村中的主要矛盾是封建主义与民主主义之间的矛盾，而不是资本主义与社会主义之间的矛盾，因此需要有两年至三年时间在农村实行土地改革。那时我们一方面在农村实行民主主义的土地改革，一方面在城市立即着手接收官僚资本主义企业使之变为社会主义的企业，建立社会主义的国家银行，同时在全国范围内着手建立社会主义的国营商业和合作社商业，并已在过去几年中对私人资本主义企业开始实行了国家资本主义的措施。所有这些显示着我国过渡时期头几年中的错综复杂的形象。"②

党在过渡时期的总路线，是"一化三改""一体两翼"的总路线。这好比是一只鸟，既要有一个主体，又要有一双翅膀。其中，"一化"是主体，即逐步实现社会主义工业化；"三改"是"两翼"，分别指对个体农业、手工业的社会主义改造和对资本主义工商业的社会主义改造。总路线的主体与"两翼"之间，改造个体农业和手工业与改造资本主义工商业这"两翼"之间，是彼此联系、相互促进、不可分离的，体现了解放和发展生产力与变革生产关系的有机统一，是一条社会主义建设与社会主义改造同时并举的总路线。当然，这条总路线也有它的历史局限性。例如，当时强调："党在过渡时期的总路线的实质，就是使生产资料的社会主义所有制成为我国国家和社会的唯一的经济基础。"③这一观点

①　中共中央文献研究室编：《建国以来重要文献选编》第 4 册，中央文献出版社 1993 年版，第 700～701 页。

②　中共中央文献研究室编：《建国以来重要文献选编》第 4 册，中央文献出版社 1993 年版，第 694～695 页。

③　中共中央文献研究室编：《建国以来重要文献选编》第 4 册，中央文献出版社 1993 年版，第 702 页。

中的"唯一"二字，比较典型地反映了当时中国共产党和毛泽东对于社会主义的理解，特别是对在中国这样一个经济十分落后的国家怎样建设社会主义的认识，还很不成熟，是不符合中国实际的。这对当时的社会主义改造以及随后进行的社会主义建设产生了一定的消极影响。

第二节　社会主义社会在中国的建立

党在过渡时期的总路线提出以后，中国共产党团结带领全国各族人民，在政治上召开了第一届全国人民代表大会第一次会议，制定通过了《中华人民共和国宪法》，人民代表大会制度开始实施；在经济上制定实施了发展国民经济的第一个五年计划，社会主义工业化建设开始起步，同时对农业、手工业和资本主义工商业进行了系统的社会主义改造，实现了由新民主主义向社会主义的转变，社会主义社会由此在中国正式建立。

一、人民代表大会制度的实施

人民代表大会制度作为我国的根本政治制度，早在 1949 年通过的《共同纲领》中就已做出明确规定："中华人民共和国的国家政权属于人民。人民行使国家政权的机关为各级人民代表大会和各级人民政府。各级人民代表大会由人民用普选方法产生之。各级人民代表大会选举各级人民政府。""人民代表大会向人民负责并报告工作。人民政府委员会向人民代表大会负责并报告工作。"[1]但是，由于 1949 年尚不具备召开建立在普选基础上的全国人民代表大会的条件，于是便以中国人民政治协商会议的全体会议代行全国人民代表大会的职权，选举产生了中央人民政府委员会，并制定通过了具有临时宪法性质的《共同纲领》，正式宣告了中华人民共和国的诞生。

中华人民共和国成立后，经过三年的不懈努力，到 1952 年年底，随着国家各项工作的顺利推进，特别是人民群众组织程度和觉悟水平的不断提高，在全国范围内召开普选的第一届全国人民代表大会，并制定通过一部正式的《中华人民共和国宪法》的客观条件已经成熟。但是，中共中央在主观上却倾向于推迟召开人民代表大会和制定宪法，究其原因，就是此时毛泽东已经明确表示，要考虑提前向社会主义过渡。因此，中共中央希望，等到完成由新民主主

---

[1]　中共中央文献研究室编：《建国以来重要文献选编》第 1 册，中央文献出版社 1992 年版，第 4～5 页。

义向社会主义的过渡后，再召开第一届全国人民代表大会，制定一部正式的社会主义宪法。显然，这比起在各方面尚不稳定的过渡时期就急于召开全国人民代表大会，制定一部带有过渡性质的宪法，可能会更好一些。但是，这一想法很快就因斯大林的建议而发生了改变。

1952 年 10 月，刘少奇在率领中共代表团出席苏共十九大期间，受毛泽东委托就《关于中国向社会主义过渡和召开全国人民代表大会问题》征求斯大林的意见。斯大林对中共"所设想的怎样过渡到社会主义的大体方法"表示认可，但对中共推迟召开人民代表大会和制定宪法提出了不同意见，明确表示："如果你们不制订宪法，不进行选举，敌人可以用两种说法向工农群众进行宣传反对你们：一是说你们的政府不是人民选举的；二是说你们国家没有宪法。因政协不是人民经选举产生的，人家就可以说你们的政权是建立在刺刀上的，是自封的。此外，共同纲领也不是人民选举的代表大会通过的，而是由一党提出，其他党派同意的东西，人家也可以说你们国家没有法律。你们应从敌人（中国的和外国的敌人）那里拿掉这些武器，不给他们这些借口。""你们可以在 1954 年搞选举和宪法。我认为这样作，对你们是有利的。"①其实，这已不是斯大林第一次提出这样的建议，早在 1949 年 7 月刘少奇访苏和 1950 年年初毛泽东访苏时，斯大林都曾建议中共尽快召开人民代表大会和制定宪法。这不能不引起中共的高度重视，认真考虑和对待他的建议。1952 年 11 月，中共中央根据斯大林的建议，同时综合考虑国内外各方面的情况，决定立即着手筹备召开全国人民代表大会，并制定宪法。

1953 年 1 月，中央人民政府委员会正式通过了《关于召开全国人民代表大会及地方各级人民代表大会的决议》，决定"于一九五三年召开由人民用普选方法产生的乡、县、省（市）各级人民代表大会，并在此基础上接着召开全国人民代表大会"。为此，还专门成立了以毛泽东为主席的中华人民共和国宪法起草委员会、以周恩来为主席的中华人民共和国选举法起草委员会。第一届全国人民代表大会由此进入紧张的筹备阶段。其中，选举法的起草工作尤为迅速，在周恩来的亲自主持下，不到一个月就完成了选举法草案的起草。1953 年 2 月11 日，中央人民政府委员会审议通过了《全国人民代表大会及地方各级人民代表大会选举法》，并于 3 月 1 日公布施行。该选举法坚持了选举权的普遍性和平等性原则，采取了直接选举和间接选举相结合的选举方法，比较符合当时中国的实际情况。随后，中国开展了第一次全国人口普查工作，为全国普选提供

---

① 《建国以来刘少奇文稿》第 4 册，中央文献出版社 2005 年版，第 536 页。

了人口依据。紧接着，从 1953 年下半年起，经过一年多的紧张工作，在全国 21 万多个基层选举单位、3.23 亿多登记选民中进行了基层选举，共选出基层人民代表大会的代表 566.9 万余名。在完成基层选举的基础上，由各省、市人民代表大会，中央直辖少数民族行政单位，以及军队和华侨单位共选举产生全国人大代表 1226 人。其中，中共党员 668 人，占 54.49%，党外人士 558 人，占 45.51%①，妇女代表 147 人，占 11.99%，少数民族代表 177 人，占 14.44%②，充分体现了全国人民代表大会极为广泛的代表性。

与此同时，宪法草案的起草工作也在抓紧进行。1953 年 6 月，党在过渡时期的总路线提出后，对宪法起草工作提出了全新要求："不仅要在《共同纲领》的基础上，全面地、规范性地确立人民民主的原则，还必须遵循社会主义的原则，用国家根本大法的形式将过渡时期的总任务确定下来，并保证在中国建立社会主义社会，同时与逐步过渡的任务相适应，将原则性和灵活性结合起来，制定一部向社会主义过渡时期的宪法。"③据此，从 1954 年 1 月起，在毛泽东的亲自主持下，经过近半年的紧张工作，完成了宪法草案初稿的起草工作。随后，宪法草案经中央人民政府委员会讨论通过后，又交付全国人民讨论。据统计，在近三个月的时间内，全国共有 1.5 亿多人参加讨论，提出了 52 万多条修改、补充意见，几乎涉及宪法草案的每一个条款。宪法起草委员会又据此对宪法草案做了进一步的修改和完善，使其更加深入人心，获得了广泛的群众基础。

经过一年多的充分筹备，1954 年 9 月 15 日，第一届全国人民代表大会第一次会议在北京隆重开幕。毛泽东致开幕词，刘少奇做《关于中华人民共和国宪法草案的报告》，指出这次会议的"首要任务，就是制定我国的宪法"，"我们提出的宪法草案，是中国人民一百多年以来英勇斗争的历史经验的总结，也是中国近代关于宪法问题和宪政运动的历史经验的总结"，"我们的宪法草案，经过全国人民代表大会通过以后，将成为我国的国家根本法"。④ 大会经过充分讨论，一致通过了《中华人民共和国宪法》。随后，依据宪法和有关组织法的规定，大会选举和决定了新一届国家领导人，毛泽东当选为中华人民共和国主

---

① 参见中共中央党史研究室：《中国共产党历史》第 2 卷上册，中共党史出版社 2011 年版，第 249 页。

② 参见当代中国研究所：《中华人民共和国史稿》第 1 卷，人民出版社、当代中国出版社 2012 年版，第 222 页。

③ 中共中央党史研究室：《中国共产党历史》第 2 卷上册，中共党史出版社 2011 年版，第 252 页。

④ 《刘少奇选集》下卷，人民出版社 1985 年版，第 132～134、168 页。

席，刘少奇当选为全国人大常委会委员长。根据国家主席毛泽东的提名，大会决定周恩来为国务院总理。9 月 28 日，大会在完成各项议程后圆满闭幕。第一届全国人民代表大会第一次会议的召开，结束了此前由中国人民政治协商会议第一届全体会议及其选出的中央人民政府委员会代行全国人民代表大会职权的过渡状态，标志着人民代表大会制度在全国范围内正式建立并开始实施。从此，人民代表大会制度作为我国的根本政治制度，不仅在宪法中得到正式确认，而且走进了亿万人民的政治生活，为人民行使当家做主的政治权利提供了根本的制度保障。

《中华人民共和国宪法》作为一部过渡时期的宪法，从指导思想到具体内容，都与过渡时期总路线有着密不可分的关系，是过渡时期总路线的宪法化。宪法在序言中明确规定："从中华人民共和国成立到社会主义社会建成，这是一个过渡时期。国家在过渡时期的总任务是逐步实现国家的社会主义工业化，逐步完成对农业、手工业和资本主义工商业的社会主义改造。"为了实现这一目标，宪法第四条进一步规定："中华人民共和国依靠国家机关和社会力量，通过社会主义工业化和社会主义改造，保证逐步消灭剥削制度，建立社会主义社会。"①这些规定把党在过渡时期的总路线作为国家在过渡时期的总任务，以根本大法的形式确定下来，为新中国由新民主主义向社会主义过渡提供了根本的宪法保证，充分体现了社会主义的根本原则。

《中华人民共和国宪法》在总结中华人民共和国成立五年来国家机关工作经验和各级各界人民代表会议经验的基础上，对国家的政治制度做了更加完备的规定："中华人民共和国是工人阶级领导的、以工农联盟为基础的人民民主国家。""中华人民共和国的一切权力属于人民。人民行使权力的机关是全国人民代表大会和地方各级人民代表大会。""全国人民代表大会、地方各级人民代表大会和其他国家机关，一律实行民主集中制。"②这是以国家根本大法的形式，进一步确立了人民代表大会制度作为我国根本政治制度的法律地位。对此，刘少奇指出，实行民主集中制的人民代表大会制度，"是同我们国家的根本性质相联系的"。"人民代表大会制度所以能够成为我国的适宜的政治制度，就是因为它能够便利人民行使自己的权力，能够便利人民群众经常经过这样的政治组织参加国家的管理，从而得以充分发挥人民群众的积极性和创造性。""中国人

---

① 中共中央文献研究室编：《建国以来重要文献选编》第 5 册，中央文献出版社 1993 年版，第 520、522 页。

② 中共中央文献研究室编：《建国以来重要文献选编》第 5 册，中央文献出版社 1993 年版，第 522 页。

民就是要用这样的政治制度来保证国家沿着社会主义的道路前进。"①

《中华人民共和国宪法》的制定和实施，结束了以《共同纲领》作为临时宪法的过渡状态，肯定了中国由新民主主义转变到社会主义的基本途径，反映了全国人民通过实践形成的建立社会主义社会的共同愿望，为全国人民指明了一条清晰、明确的通往社会主义的道路，调动了广大人民群众建设社会主义的积极性，有力地推动了社会主义各项事业的蓬勃发展。这是新中国民主与法制建设的良好开端。

二、社会主义工业化的起步

实现国家工业化，是近代中国无数仁人志士梦寐以求的理想。但是，在半殖民地半封建的旧中国，"实业救国"的道路根本走不通，工业化只能是一种美好的梦想。后来，在中国共产党的领导下，中国人民经过 28 年艰苦卓绝的斗争，推翻了"三座大山"的反动统治，实现了民族独立和人民解放，才为实现国家工业化扫清了道路，创造了条件。

实现国家工业化，一直是中国共产党的不懈追求和奋斗目标。早在 1945 年召开的中国共产党第七次全国代表大会上，毛泽东就明确指出："没有独立、自由、民主和统一，不可能建设真正大规模的工业。没有工业，便没有巩固的国防，便没有人民的福利，便没有国家的富强。""在新民主主义的政治条件获得之后，中国人民及其政府必须采取切实的步骤，在若干年内逐步地建立重工业和轻工业，使中国由农业国变为工业国。"②在 1949 年召开的中共七届二中全会上，毛泽东进一步提出，革命胜利后要迅速恢复和发展生产，"使中国稳步地由农业国转变为工业国，把中国建设成一个伟大的社会主义国家"③。

中华人民共和国成立后，随着国民经济的迅速恢复和发展，特别是党在过渡时期总路线的提出，逐步实现国家的社会主义工业化，不但被正式提上党和国家的工作日程，而且成为党在过渡时期总路线的主体。当时，之所以把工业化作为总路线的主体，不但是因为我国的工业基础极为薄弱，亟须发展和加强，而且也是出于对个体农业、手工业和资本主义工商业进行社会主义改造的迫切需要。"社会主义工业是对整个国民经济实行社会主义改造的物质基础，

---

① 中共中央文献研究室编：《建国以来重要文献选编》第 5 册，中央文献出版社 1993 年版，第 488 页。

② 《毛泽东选集》第 3 卷，人民出版社 1991 年版，第 1080～1081 页。

③ 《毛泽东选集》第 4 卷，人民出版社 1991 年版，第 1437 页。

只有充分强大的社会主义工业才能吸引、改组和代替资本主义工业，才能支持社会主义的商业，改造和代替资本主义商业，才能用新的技术来改造个体的农业和手工业，才能最迅速地扩大生产，积累资金，造就社会主义的建设人才，培养社会主义的习惯，从而创造保证社会主义完全胜利的经济上、文化上和政治上的前提。"①

在中国这样一个经济落后的国家，通过什么样的方式实现工业化，是首先必须解决的问题。从世界范围内看，主要有三种工业发展模式：一是英国、美国等早期工业化国家，先发展轻工业，后发展重工业，走过了一段比较漫长的工业化道路；二是德国、日本等后起工业化国家，由政府投资发展重工业，由民间投资发展轻工业，走的是一条政府与民间并重的较快的工业化道路；三是苏联优先发展重工业的快速工业化道路。面对三种不同的工业化道路，新中国的现实国情决定了只能选择苏联式的社会主义工业化道路。首先，新中国不能走英、美、德、日等帝国主义国家主要依靠掠夺亚非拉海外殖民地，以获得资本原始积累的资本主义工业化道路。其次，由于旧中国长期受到外国垄断资本的压迫和本国封建生产关系的束缚，民族资本主义工业发展始终处于举步维艰的境地，根本无力实现国家的工业化。最后，苏联优先发展重工业，在短时间内建立起独立完整的工业体系，迅速实现社会主义工业化的成功实践，充分显示了社会主义制度能够集中力量办大事、促进社会生产力迅速发展的优越性。这对于经济比较落后并正在由新民主主义向社会主义过渡的新中国来说，无疑具有强烈的吸引力和示范作用。因此，优先发展重工业，走苏联式的社会主义工业化道路，就成为新中国实现国家工业化的必然选择。

当时，中国共产党确定优先发展重工业的战略，主要是基于新中国的工业基础极其薄弱，严重制约着国家的工业化进程。据统计，1952年国民经济恢复工作完成时，中国现代工业在工农业总产值中的比重只有26.6%，重工业在工业总产值中的比重只有35.5%。许多重要工业产品的产量不仅远远落后于欧美主要资本主义国家，而且也落后于同为亚洲新兴独立国家和人口大国的印度。关于中华人民共和国成立之初的工业状况，毛泽东在1954年曾形象地指出："现在我们能造什么？能造桌子椅子，能造茶碗茶壶，能种粮食，还能磨成面粉，还能造纸，但是，一辆汽车、一架飞机、一辆坦克、一辆拖拉机都不能造。"②要改变这种落后面貌，就必须大力发展工业，尤其是重工业，尽快实现

①　中共中央文献研究室编：《建国以来重要文献选编》第4册，中央文献出版社1993年版，第701页。

②　《毛泽东文集》第6卷，人民出版社1999年版，第329页。

国家工业化。

　　制定发展国民经济的第一个五年计划，是贯彻落实过渡时期总路线提出的工业化主体任务的重要步骤。由于缺乏制定国民经济发展计划的经验，当时在苏联的建议和帮助下，"一五"计划采取了边制定边执行的办法，从1951年春到1955年7月，前后历时四年，五易其稿，才最终由第一届全国人大第二次会议审议通过。"一五"计划的指导方针是，集中力量发展重工业，建立国家工业化和国防现代化的初步基础；相应地发展交通运输业、轻工业、农业和商业；相应地培养建设人才；保证在发展生产的基础上逐步提高人民物质生活和文化生活的水平。根据这一指导方针，"一五"计划的基本任务是，五年内新建一批规模巨大、技术先进的新兴工业部门，同时要用现代先进技术扩大和改造原有的工业部门；要合理利用和改建东北、上海和其他沿海地区城市已有的工业基础，同时要开始在内地建设一批新的工业基地，以求大大提高我国的工业生产能力，初步改善我国不合理的工业布局。根据"一五"计划的规定，五年内国家用于经济和文化教育建设的投资总额达766.4亿元，折合黄金7亿多两。当时，"一五"计划将国家全部基本建设投资的58.2%用于工业基本建设，其中88.8%用于制造生产资料的重工业建设，轻工业、重工业的投资比例为1∶7.3，充分体现了优先发展重工业的战略部署和要求。

　　"一五"计划的制定和实施，得到了苏联政府的大力支持和帮助。当时，苏联援助中国建设的156项重点工程，构成了20世纪50年代中国工业建设的核心和骨干，对我国的工业化进程起到了重要的推动作用。与此同时，中国共产党提出了国家建设要以国内力量为主的指导方针，指出生产上要自力更生，政治上要独立自主。全国人民积极响应党的号召，以高度的政治觉悟和生产热情投入"一五"计划建设，迅速形成了前所未有的国家工业化建设高潮。工人阶级一马当先，站在工业化建设的前列，争相开展增产节约劳动竞赛和技术革新运动，充分显示了在国家建设中的主力军作用。亿万农民用努力增加生产，积极缴纳农业税和交售粮棉的实际行动，大力支援工业化建设。其中，工农业产品之间的价格剪刀差，成为当时中国积累工业化资金的主要来源，也是亿万农民在工业化初期为国家做出的重大贡献。广大知识分子特别是工程技术人员，也在工业化进程中大显身手，同工人一道奋战在生产第一线。"一五"计划期间，大大小小的建设项目不胜枚举，单是限额以上的较大项目，平均每天就有一个开工或者竣工。全国城乡呈现出一派热火朝天的建设景象。

　　从1953年起到1957年年底，经过全党和全国人民五年的艰苦奋斗，第一个五年计划的各项指标，特别是主要工业指标都大幅度地超额完成。据统计，

1957 年全国工业总产值达到 784 亿元（按当年价格计算），比 1952 年增长 128.6%，平均每年递增 18%。其中生产资料的生产增长 210.7%，平均每年递增 25.4%；消费资料的生产增长 83.3%，平均每年递增 12.9%。与此相适应，主要工业产品的产量也在大幅度增长。其中，1957 年的钢产量达到 535 万吨①，比 1952 年增长近 3 倍，平均每年增长 25.4%；原煤产量达 1.31 亿吨，比 1952 年增长 96%，平均每年增长 14%；发电量达 193 亿度，比 1952 年增长 166%，平均每年增长 21%。② 从工农业总产值的构成来看，1957 年工业总产值所占的比重由 1952 年的 43.1% 上升到 56.7%，农业总产值所占的比重则由 1952 年的 56.9% 下降为 43.3%，初步改变了我国工农业总产值中以农业为主的局面。从工业总产值的构成来看，1957 年重工业产值所占的比重由 1952 年的 35.5% 上升到 45%，轻工业产值所占的比重则由 1952 年的 64.5% 下降为 55%，开始改变我国工业总产值中以轻工业为主的局面。③

与此同时，我国的工业生产能力和技术水平也得到了显著提升。一大批旧中国所没有的现代工业骨干部门相继建立起来，如飞机、汽车、发电设备、重型机械、新式机床、精密仪表、电解铝、无缝钢管、合金钢、塑料、无线电和有线电的制造工厂等。这些新兴工业的建立，初步改变了旧中国工业门类残缺不全、工业基础极为薄弱的局面。"一五"计划期间，为了平衡工业地区布局，国家将基本建设投资总额的一半以上放在了内地，例如，苏联援助建设的 156 个重点项目（实际施工 150 项）中的 106 个民用工业企业，部署在东北地区 50 个、中部地区 32 个，44 个国防企业，部署在中西部地区 35 个，其中四川和陕西两省就占了 21 个。一大批工矿企业建在中西部地区，初步改善了旧中国工业主要集中在东部沿海地区的不合理布局。

"一五"计划期间，新中国工业建设所取得的上述成就，远远超过了旧中国的 100 年，与同一时期世界上其他国家相比，也是极为难得和少见的。这虽然只是新中国工业化的起步，但它为建立独立的比较完整的工业体系和国民经济体系，进而实现社会主义工业化奠定了坚实的基础。

---

① 1 吨等于 1000 千克。

② 参见国务院全国工业普查领导小组办公室、国家统计局工业交通物资统计司编：《中国工业经济统计资料(1986)》，中国统计出版社 1987 年版，第 134、145 页。

③ 参见中共中央党史研究室：《中国共产党历史》第 2 卷上册，中共党史出版社 2011 年版，第 417 页。

三、社会主义改造的基本完成

党在过渡时期总路线的一个重要特点，就是社会主义工业化与社会主义改造同时并举。因此，随着"一五"计划的制定实施和社会主义工业化的起步，对个体农业、手工业和资本主义工商业的全面系统的社会主义改造也随即开始。这既是实现社会主义工业化"主体"任务的迫切需要，更是由新民主主义向社会主义过渡的必然要求。

在过渡时期，中国共产党创造性地开辟了一条适合中国特点的社会主义改造道路。其中，关于农业社会主义改造的主要做法是，遵循自愿互利、典型示范和国家帮助的原则，坚持积极领导、稳步前进的方针，采取循序渐进的步骤，通过互助组、初级社和高级社三个阶段，大力推进农业合作化运动，在中国广大农村逐步建立起劳动群众的社会主义集体所有制经济。在这一过程中，1953 年开始实行的粮食统购统销政策和 1955 年发生的关于农业合作化速度问题的党内争论，对整个农业社会主义改造的历史进程产生了重要的影响。

1953 年，社会主义工业化建设的全面启动以及由此带来的城镇人口的急剧增加，导致对粮食的需求在短时间内迅速扩大，再加上农民惜售和私商抢购囤积等因素的影响，粮食供求关系出现了异常紧张的局面。为此，经陈云建议，中央决定在农村实行粮食征购，在城市实行粮食配售，严格管制私商，并将粮食征购定名为"计划收购"，将粮食配售定名为"计划供应"，简称"统购统销"。随后，国家又相继实行了油料的统购和食油的统销、棉花的统购和棉布的统销。统购统销政策的实行，初步缓解了粮食等主要农产品供应紧张的状况，并稳定了市场价格，支援了工业化建设。但是，实行粮食统购统销，需要同上亿户农民直接打交道，逐一核定各户余粮，动员各户售粮，工作异常烦琐。当时，要解决这一困难，最好的办法就是"把太多的小辫子梳成较少的大辫子"，将个体农民基本组织到合作社内，直接从农业合作社征购粮食。当然，解决粮食问题的根本出路是增加粮食生产，但当时中央认为靠小农经济潜力有限，而实现农业机械化在短期内又难以办到，因此只能走农业合作化的道路，并在合作化的基础上适当进行技术改革，以提高粮食产量。正是基于这一认识，中共中央和毛泽东把农业合作化与统购统销作为对农业进行社会主义改造的两大重要措施并紧密结合起来，直接推动了我国农业合作化运动的快速发展。

在统购统销政策的推动下，1953 年 12 月，中共中央发布《关于发展农业生产合作社的决议》，总结了我国互助合作运动的经验，指出：从互助组到初级农业生产合作社，再到高级农业生产合作社"这种由具有社会主义萌芽、到具有更多社会主义因素、到完全的社会主义的合作化的发展道路，就是我们党所指出的对农业逐步实现社会主义改造的道路"①。《关于发展农业生产合作社的决议》把农业增产和共同富裕的希望寄托在合作化上，认为初级社已经在试办和初期发展中显示出优越性，证明它是引导农民过渡到完全社会主义的高级社的适当形式，是党领导互助合作运动继续前进的重要环节，要求各地把农村工作的重点更多地转向兴办初级农业生产合作社。在这个决议的指导下，农业合作化运动获得迅猛发展，各地很快掀起了一个兴办农业生产合作社的热潮。到1955年春，全国初级农业生产合作社已经发展到 67 万个。由于发展过快，工作难免粗糙，再加上 1954 年粮食收购比原计划多购了 100 亿斤，引起农民的不满，一些地方出现非正常的杀猪宰牛、不热心积肥和备耕等现象。因此，中央决定对合作社进行一次整顿，区别不同地区的实际情况，实行所谓"停、缩、发"三字方针，或者暂停发展，或者适当收缩，或者在巩固中继续发展。据此，经过初步整顿，全国合作社数量减少了 2 万个，巩固保留了 65 万个。

　　1955 年夏，中国共产党内发生的一场关于农业合作化速度问题的争论，迅速掀起了对农业进行社会主义改造的高潮。当时，中央农村工作部在巩固和保留 65 万个合作社的基础上，提出到 1956 年春稳步发展到 100 万个合作社，并得到了中共中央政治局会议的批准。但毛泽东主张在 65 万个的基础上翻一番，争取发展到 130 万个。对此，中央农村工作部部长邓子恢认为，合作化运动应与工业化的速度相适应，不宜发展过快，应着重巩固现有的合作社，为下一步的发展打下基础。毛泽东却认为邓子恢和中央农村工作部的思想右了，对合作化不积极。7 月 31 日，中共中央召开省、市、自治区党委书记会议，毛泽东在会上做《关于农业合作化问题》的报告。报告集中论述了加快农业合作化的紧迫性，强调国家工业化对商品粮和工业原料年年增长的需要，同农业主要农作物一般产量很低的现实之间存在着尖锐矛盾，如果不基本解决农业合作化问题，就不能解决这个矛盾。为此，报告着重批评了农业合作化中的"右倾保守思想"，认为"目前农村中合作化的社会改革的高潮，有些地方已经到来，全国也即将到来"，而领导却落后于群众，像"小脚女人"走路，有"数不尽的清规和戒律"②。10 月，中共中央召开扩大的七届六中全会，根据毛泽东的上述报告，通过了《关于农业合作化问题的决议》，把邓子恢和中央农村工作部的"错误"性

①　中共中央文献研究室编：《建国以来重要文献选编》第 4 册，中央文献出版社 1993年版，第 662 页。

②　中共中央文献研究室编：《建国以来重要文献选编》第 7 册，中央文献出版社 1993年版，第 58 页。

质定为"右倾机会主义",强调"只有彻底地批判了这种右倾机会主义,才能促进党的农村工作的根本转变,改变领导落在群众运动后头的局面"①。显然,这种批判把本来属于党内正常的工作争论上纲为"两条路线的分歧",是不符合实际的。后来的实践证明,邓子恢关于农业合作化的意见,是符合我国农村的实际情况的。但在当时的情况下,毛泽东的报告和中共七届六中全会的决议传达后,各地党组织纷纷检查"保守",反对"右倾",加快农业合作化的发展步伐,在全国范围内迅速形成了超高速发展的猛烈浪潮。据统计,到 1956 年年底,加入农业生产合作社的社员总户数已经达到全国农户总数的 96.3%,其中参加高级社的农户占全国农户总数的 87.8%。中国的农业合作化由此在短时间内急促完成,较原计划大大提前了。

在对农业进行社会主义改造的同时,国家对手工业也进行了社会主义改造。1953 年 11—12 月,中华全国合作社联合总社召开第三次全国手工业生产合作会议,确定了对手工业进行社会主义改造的方针和政策:"在方针上,应当是积极领导,稳步前进;在组织形式上,应当是由手工业生产小组、手工业供销生产合作社到手工业生产合作社;在方法上,应当是从供销入手,实行生产改造;在步骤上,应当是由小到大,由低级到高级。"②这次会议有力地推动了手工业合作化的进程,到 1955 年上半年,全国手工业合作组织发展到近 5 万个,人数近 150 万人。从总体上看,这一时期手工业合作化的发展是积极、稳步和健康的,初步显示了组织起来的优越性。但是,从 1955 年下半年起,因受农业合作化浪潮的影响,手工业合作化的速度也骤然加快。1955 年年底,第五次全国手工业生产合作会议研究制定了"一五"期间基本上完成手工业的社会主义改造的全面规划,要求 1956 年组织起来的合作社(组)达到手工业从业人员的 74%,1957 年达到 90%,1958 年全部组织起来。实际上,由于改变了过去按行业分期、分批、分片改造的办法,采取按行业将手工业全部组织起来的方式,手工业合作化的进程进一步加快。到 1956 年年底,全国手工业合作社(组)发展到 10.4 万多个,社(组)员达到 603.9 万多人,占全部从业人员的 91.7%。除某些边远地区外,全国基本实现了手工业的合作化。

与对农业、手工业的社会主义改造不同,对资本主义工商业的社会主义改造采取的是国家资本主义的方式。1953 年春,中央统战部部长李维汉经过实地

---

① 中共中央文献研究室编:《建国以来重要文献选编》第 7 册,中央文献出版社 1993 年版,第 286 页。

② 中共中央党史研究室:《中国共产党历史》第 2 卷上册,中共党史出版社 2011 年版,第 235～236 页。

调查，认为私营工业从低级国家资本主义形式（统购包销、加工订货）向高级国家资本主义形式（公私合营）发展的过程，事实上就是逐步改造其生产关系和逐步走向社会主义的过程。因此，李维汉在给中央的报告中指出：国家资本主义"是我们利用和限制工业资本主义的主要形式，是我们将资本主义工业逐步纳入国家计划轨道的主要形式，是我们改造资本主义工业使它逐步过渡到社会主义的主要形式"①。同年 6 月，中共中央两次召开政治局扩大会议，对李维汉的报告进行讨论，确定了经过国家资本主义改造资本主义工业的方针；随后，又决定对私营商业不采取单纯"排挤"的办法，也采取国家资本主义的方针。9 月，毛泽东在与民主党派和工商界部分代表谈话时明确表示："有了三年多的经验，已经可以肯定：经过国家资本主义完成对私营工商业的社会主义改造，是较健全的方针和办法。""国家资本主义是改造资本主义工商业和逐步完成社会主义过渡的必经之路。"②

国家资本主义是在国家直接控制和支配下的资本主义经济。对此，毛泽东曾在 1953 年 7 月明确指出："中国现在的资本主义经济，其绝大部分是在人民政府管理之下的，用各种形式和国营社会主义经济联系着的，并受工人监督的资本主义经济。这种资本主义经济已经不是普通的资本主义经济，而是一种特殊的资本主义经济，即新式的国家资本主义经济。它主要地不是为了资本家的利润而存在，而是为了供应人民和国家的需要而存在。""因此，这种新式国家资本主义经济是带着很大的社会主义性质的，是对工人和国家有利的。"③国家资本主义有初级和高级两种形式。初级形式的国家资本主义主要是国家同资本家在企业外部的合作，包括委托加工、计划订货、统购包销、经销代销等；高级形式的国家资本主义是社会主义成分同资本主义成分在企业内部的合作，包括个别企业的公私合营和全行业的公私合营。其中，在加工订货、统购包销、经销代销和个别企业的公私合营阶段，企业利润实行"四马分肥"，即分为国家所得税、企业公积金、工人福利费和资方红利四个部分，资方红利大体占 1/4，企业利润大部分归国家和工人。实行全行业公私合营后，则按照固定资产价值付给原工商业者定额利息，一般是年息 5%，期限 7 年，后又延长 3 年，共计 10 年。

国家资本主义方式的确立和粮棉统购统销政策的实行，大大推动了资本主义工商业改造的进程。在 1953 年年底以前，中国着重发展以加工订货、经销

① 《李维汉选集》，人民出版社 1987 年版，第 266 页。
② 《毛泽东文集》第 6 卷，人民出版社 1999 年版，第 291 页。
③ 《毛泽东文集》第 6 卷，人民出版社 1999 年版，第 282 页。

代销为主的初级形式的国家资本主义。1954 年 1 月，中财委提出有步骤地将有 10 个工人以上的资本主义工业基本上改造为公私合营企业的意见。此后，国家开始重点发展公私合营这种高级形式的国家资本主义，并确定了"统筹兼顾、归口安排、按行业改造"的扩展公私合营方针。1955 年 11 月，毛泽东在扩大的中共七届六中全会上专门论述了通过农业合作化促进资本主义工商业改造的设想，指出："我们依靠同农民的联盟，取得粮食和工业原料去制资产阶级。资本家没有原料，国家有原料。他们要原料，就得把工业品拿出来卖给国家，就得搞国家资本主义。"①毛泽东明确表示，随着农业合作化高潮的到来，中国的情况已发生了根本变化，资本主义工商业的社会主义改造也应当跟着加快。随后，由毛泽东亲自主持制定的《中共中央关于资本主义工商业改造问题的决议》，系统地阐述了中国共产党对于资产阶级的政策："第一是用赎买和国家资本主义的方法，有偿地而不是无偿地，逐步地而不是突然地改变资产阶级的所有制；第二是在改造他们的同时，给予他们以必要的工作安排；第三是不剥夺资产阶级的选举权，并且对于他们中间积极拥护社会主义改造而在这个改造事业中有所贡献的代表人物给以恰当的政治安排。"中共中央相信："在资产阶级没有别的出路的条件下，这是他们能够接受的方案。"②随后的改造实践也证明了这一点。

1955 年下半年，随着农业合作化的浪潮席卷全国，在绝大多数农民已经加入农业合作社，主要农产品实行统购统销的形势下，资本家已不可能自由地获取原料和销售产品，除了接受进一步的改造，别无出路。1956 年元旦过后，北京率先出现全行业公私合营的热潮，不到半个月就宣布完成公私合营任务，进入了社会主义社会。随后，各地以北京为榜样，许多私营工商业者，包括部分企业职工，纷纷走上街头，敲锣打鼓，燃放鞭炮，要求尽快批准实现全行业公私合营。各地政府只好采取一次批准、全面合营的办法。全行业公私合营的浪潮，以汹涌澎湃之势席卷全国。在不到一个月的时间内，全国 50 多个资本主义工商业比较集中的大中城市都相继宣布实现了全行业的公私合营。到 1956年年底，全国私营工业户数的 99%、私营商业户数的 82.2%，分别被纳入了公私合营或合作社的轨道。资本主义工商业的社会主义改造由此提前完成。

---

① 中共中央文献研究室编：《建国以来重要文献选编》第 7 册，中央文献出版社 1993 年版，第 309 页。

② 中央档案馆、中共中央文献研究室编：《中共中央文件选集》第 22 册，人民出版社 2013 年版，第 272 页。

四、中国进入社会主义初级阶段

1956年年底，随着我国对农业、手工业和资本主义工商业的社会主义改造的基本完成，再加上中华人民共和国成立以来国营经济的不断发展和壮大，我国的社会经济结构发生了根本变化，全民所有制和劳动群众集体所有制的社会主义公有制经济，在国民经济中已经占据绝对优势地位，成为我国社会的经济基础。

据统计，随着社会主义改造的基本完成，1956年同1952年相比，各种经济成分在国民收入结构中所占的比重发生了重大变化：国营经济由19.1%上升到32.2%，合作社经济由1.5%上升到53.4%，公私合营经济由0.7%上升到7.3%，个体经济由71.8%下降到7.1%，资本主义经济由6.9%下降到接近于零。其中，前三种属于和基本属于社会主义性质的经济所占比重合计为92.9%，占到了国民收入的绝大多数。此外，在工业总产值中，1956年同1952年相比，社会主义工业由56%上升到67.5%，国家资本主义工业由26.9%上升到32.5%，资本主义工业由17.1%下降到接近于零。在商品零售额中，国营商业和供销合作社商业由42.6%上升到68.3%，国家资本主义商业和由原来的小私商组织的合作化商业由0.2%上升到27.5%，私营商业由57.2%下降到4.2%。[1] 这说明，生产资料私有制的社会主义改造已经取得了决定性胜利，以生产资料公有制为基础的社会主义经济制度已经建立起来。以此为标志，我国已完成了由新民主主义向社会主义的过渡，正式进入了社会主义社会。与此同时，在上层建筑领域，中国共产党的领导，人民民主专政的国家机器，马克思列宁主义、毛泽东思想的指导地位这些原本早已确立的社会主义政治因素，也得到了进一步巩固和发展。据此，1956年9月，中国共产党第八次全国代表大会正式确认："社会主义的社会制度在我国已经基本上建立起来了。"[2]

在农业的社会主义改造过程中，最重要的成果就是彻底改变了千百年来中国农村土地私有制的历史传统，实现了农村土地这一主要生产资料由农民个体所有向集体所有的转变。这是社会主义制度在中国农村得以确立的主要标志。

---

① 参见中共中央党史研究室：《中国共产党的七十年》，中共党史出版社1991年版，第322页。

② 中共中央文献研究室编：《建国以来重要文献选编》第9册，中央文献出版社1994年版，第341页。

正是在土地集体所有的基础上，农业合作社办了许多单家独户的个体农民根本办不了的事情，在抵抗和防御自然灾害中显示了"组织起来"的力量。当时，国家主要依靠农业合作社集体的力量，在全国普遍开展了规模不等的农田水利基本建设，为以后农业生产的持续发展创造了重要的物质条件，其中有些水利设施直到今天仍然发挥着重要的经济效益，产生了深远的积极影响。同样，在资本主义工商业的社会主义改造过程中，中国共产党从中国的历史和现实条件出发，在政治上继续保持同资产阶级的联盟，并在经济上对资本家实行和平赎买的政策。这不但减少了资本家对私有制变革的抗拒，而且赢得了资本家中大多数人的理解和配合，从而成功实现了马克思、列宁曾经设想的对资产阶级的和平赎买，以新的经验丰富和发展了马克思列宁主义的科学社会主义理论。

总之，在社会主义改造过程中，中国共产党领导人民创造了一系列由初级到高级的向社会主义过渡的组织形式，积累了一些具有独创性的历史经验，开辟了一条适合中国特点的社会主义改造道路，从而比较顺利地实现了建立社会主义制度的既定目标。更为难得的是，在当时中国这样一个经济文化十分落后的拥有几亿人口的大国，实现基本消灭生产资料私有制这样复杂、困难和深刻的社会变革，不但没有造成对社会生产力的破坏，反而促进了工农业和整个国民经济的发展，不但没有引起剧烈的社会动荡，反而增强了人民的团结，并得到了人民的广泛拥护。这在世界各国的社会变革史上都是极为罕见的，从而证明了中国共产党领导人民进行的这场社会变革总体上是成功的。

当然，在充分肯定社会主义改造的伟大胜利及其对于确立社会主义经济制度的重大意义的同时，必须承认在社会主义改造过程中也有缺点和偏差，主要是："在一九五五年夏季以后，农业合作化以及对手工业和个体商业的改造要求过急，工作过粗，改变过快，形式也过于简单划一，以致在长期间遗留了一些问题。一九五六年资本主义工商业改造基本完成以后，对于一部分原工商业者的使用和处理也不很适当。"[①]当时之所以会出现这些问题，从党的领导的角度看，既有指导思想上急于求成、不够谦虚谨慎等因素，也有工作方法上过于简单武断，未能充分倾听群众呼声和尊重党内民主等因素。但更重要、更关键的因素，还是受当时历史条件的限制，中国共产党及其领导人对社会主义的理解和认识，存在着前人无法超越的历史局限。

---

①   中共中央文献研究室编：《三中全会以来重要文献选编》(下)，人民出版社 1982 年版，第 800～801 页。

当时，由于深受苏联社会主义模式的影响，中国共产党在社会主义经济模式和公有制实现形式的理解和选择上，过于追求纯粹和单一，认为新中国"应当走的唯一正确的道路"，就是由新民主主义"复杂的经济结构的社会过渡到单一的社会主义经济结构的社会"①，"就是使生产资料的社会主义所有制成为我国国家和社会的唯一的经济基础"②。毛泽东甚至明确提出："我们的目的就是要使资本主义绝种，要使它在地球上绝种，变成历史的东西""使资产阶级、资本主义在六亿人口的中国绝种，这是一个很好的事，很有意义的好事"③。显然，无论是"唯一""单一"，还是"绝种"，都说得过于绝对化了，并不符合中国的实际国情。现在看来，社会主义公有制包括全民所有制和集体所有制，应当成为社会主义社会的经济基础，但这并不意味着社会主义经济只能是单一的公有制经济，而不能保留和发展一部分人民群众所需要的非公有制经济。

此外，在社会主义改造基本完成后，农业、手工业和工商业的所有生产经营活动，都被统一纳入国家计划的轨道，使原来还在一定范围内存在的市场调节作用基本退出了经济领域。这种高度集中统一的计划经济管理体制的建立，是同当时人们关于社会主义的另一重要理论观点——"实行计划经济是社会主义的根本特征"相联系的，也是同苏联社会主义经济模式的影响分不开的。后来的实践证明，以指令性计划为主要特征的社会主义计划经济体制，并不适应我国社会发展阶段的客观要求，难以统筹和计划整个国家的全部经济社会生活，还需要充分发挥市场的调节作用。

对于上述在公有制实现形式和计划经济体制方面存在的问题，中国共产党及其领导人在社会主义改造后期已经有所觉察，并在 1956 年中国共产党第八次全国代表大会前后进行了难能可贵的初步探索，提出了一些比较符合实际的调整措施。例如，毛泽东提出了"新经济政策"："可以消灭了资本主义，又搞资本主义。"陈云提出了"三个主体、三个补充"的思想：在生产方面，计划生产是主体，自由生产为补充；在经营方面，国家经营和集体经营是主体，个体经营为补充；在市场方面，国家市场是主体，自由市场为补充。邓子恢主持制定

①　中共中央文献研究室编：《建国以来重要文献选编》第 5 册，中央文献出版社 1993 年版，第 473 页。

②　中共中央文献研究室编：《建国以来重要文献选编》第 4 册，中央文献出版社 1993 年版，第 702 页。

③　中共中央文献研究室编：《建国以来重要文献选编》第 7 册，中央文献出版社 1993 年版，第 310 页。

了关于调整农业合作社和生产队规模，社对队实行"包工、包产、包财务"，偏远山区可以包产到组、到户，队对组实行按片按季包工到组，田间零活包工到户等一系列政策和指示。遗憾的是，这些措施还未来得及贯彻落实，很快又出现反复而被否定，从而导致社会主义改造的一些遗留问题，长期没有得到有效解决。但是，我们绝不能因此而否定社会主义改造，更不能因此而否定对社会主义的选择。正如胡乔木所说："就五十年代中国经济和中国历史的全局而论，重要的是，无论早几年或迟几年，保留多少私有成分，经营管理上和计划方法上具有多大程度应有的灵活多样性，总之，对社会主义的选择是不可避免的。"①

在社会主义改造基本完成后，中国共产党并没有明确宣布由新民主主义向社会主义过渡时期的结束。这是因为根据党在过渡时期总路线的规定，社会主义工业化与社会主义改造属于"一体两翼"的关系，需要同时并举，相互促进。但在实践中，属于"两翼"的社会主义改造很快就提前完成了，而属于"主体"的社会主义工业化在"一五"计划期间才刚刚起步，距离建成独立的比较完整的工业体系和国民经济体系，基本实现社会主义工业化，还有很长的路要走。此外，对新的生产关系中不适应生产力发展要求的环节，对原来的上层建筑中不适应经济基础的部分，都需要不断加以调整、改革和完善，以进一步解放和发展生产力。因此，社会主义改造基本完成后，我国进入的社会主义社会，还是"不发达的社会主义"，属于社会主义的初级阶段。

在社会主义革命和建设问题上，我们坚决反对"庸俗的生产力论"，但面对我国经济文化比较落后的现实，必须要有充分的思想准备。我国是在没有实现工业化的情况下进入社会主义的，社会主义的物质基础还十分薄弱。这就决定了我国的社会主义必须经历一个相当长的初级阶段，恐怕需要上百年的时间。在社会主义初级阶段，我国社会的主要矛盾已经不是阶级矛盾，而是"人民对于经济文化迅速发展的需要同当前经济文化不能满足人民需要的状况之间的矛盾"；党和全国人民的主要任务，"就是要集中力量来解决这个矛盾，把我国尽快地从落后的农业国变为先进的工业国"。② 社会主义政治制度和经济制度的确立，就为解决这一主要矛盾，完成这一主要任务，实现国家的繁荣富强和人民的共同富裕，奠定了根本政治前提和制度基础。

---

① 《胡乔木文集》第 2 卷，人民出版社 2012 年版，第 272 页。
② 中共中央文献研究室编：《建国以来重要文献选编》第 9 册，中央文献出版社 1994 年版，第 341~342 页。

第三节　中国选择社会主义道路的历史必然性

20 世纪 50 年代，中国选择并走上社会主义道路，绝不是历史的偶然，更不是历史的误会，而是历史的必然。当时，这种必然性主要体现在四个方面：一是历史已经证明资本主义道路在中国走不通，二是中国共产党对社会主义目标的不懈追求，三是中国人民对社会主义理想的认可和期待，四是国际环境对中国选择社会主义道路的重要影响。正是在上述国内国际各种因素的综合作用下，社会主义在中国由理想变成了现实。

一、资本主义道路在中国走不通

一直有人认为，在中国这样一个经济文化比较落后的国家，没有经过资本主义生产力的充分发展而直接进入社会主义社会，违反了马克思主义关于人类社会发展的基本原理，从而导致社会主义在中国的"早产"，属于"历史的误会"。因此，中国应该退回去走资本主义道路，补上资本主义的课。这种观点实际上是列宁所批判的"庸俗生产力论"，而且根本站不住脚，因为近代以来中国的历史发展早已证明，资本主义道路在中国根本走不通。

自 1840 年鸦片战争开始，由于资本-帝国主义列强的不断入侵，中国逐渐沦为半殖民地半封建社会，中华民族面临着空前的民族危机。为了挽救国家和民族的危亡，中国社会各阶级各派别都对国家出路进行了艰辛的探索。其中，向西方学习，走资本主义道路，就成为当时中国仁人志士的奋斗目标。为此，以康有为、梁启超为代表的资产阶级维新派发动了戊戌变法，试图在中国用君主立宪制度取代君主专制制度，走上发展民族资本主义的道路，但仅 103 天就被以慈禧太后为首的封建守旧势力所扼杀。随后，以孙中山为首的资产阶级革命派发动了辛亥革命，推翻了封建君主专制的清王朝，建立了亚洲第一个资产阶级共和国——中华民国，但辛亥革命的果实很快就被帝国主义支持的以袁世凯为首的北洋军阀所窃夺，中华民国名存实亡，只剩下一个空招牌。后来，以民主党派的某些领导人物和若干无党派民主人士为代表的中国民族资产阶级，试图在国共两党之间走一条中间道路，在中国建立一个名副其实的资产阶级共和国，使中国走上独立发展资本主义的道路，但也以失败而告终。对于中国是否应该走资本主义道路的问题，邓小平曾明确回答说："人们提出这样一个问题，如果中国不搞社会主义，而走资本主义道路，中国人民是不是也能站起来，中国是不是也能翻身？让我们看看历史吧。国民党搞了二十几年，中国还是半殖民地半封建社会，证明资本主义道路在中国是不能成功的。"①

近代中国的历史已经反复证明，资本主义道路在中国根本走不通。究其原因，主要是由当时中国所处的时代条件和民族资产阶级自身难以克服的弱点决定的。首先，在半殖民地半封建的旧中国，资本-帝国主义列强不希望中国走上独立发展资本主义的道路，成为它们的竞争对手。对此，毛泽东明确指出："资产阶级的共和国，外国有过的，中国不能有，因为中国是受帝国主义压迫的国家。"②"帝国主义侵略中国，反对中国独立，反对中国发展资本主义的历史，就是中国的近代史。"③其次，封建守旧势力为了维护自己的统治，不但竭力阻挠中国资本主义的发展，而且血腥镇压中国资产阶级的一切改良和革命运动。戊戌变法和辛亥革命的失败，就是历史的明证。最后，由于中国民族资产阶级在形成和发展过程中，既受帝国主义和封建主义的压迫和打击，又与帝国主义和封建主义有着千丝万缕的联系，因此既有革命性和进步性，又有软弱性和妥协性。这种两重性就决定了中国民族资产阶级不可能提出彻底的反帝反封建的革命纲领，更不可能领导人民进行彻底的反帝反封建的革命斗争，当然也就不可能领导中国走上独立发展资本主义的道路。在严酷的历史事实面前，最终连提出资产阶级共和国方案并为之奋斗的大多数人，也不得不承认这个方案在中国是行不通的，从而逐步抛弃了这一不切实际的幻想，毅然走上了中国共产党领导的新民主主义革命道路。

既然资本主义道路在中国走不通，那么中国是否可以跨越资本主义阶段而直接走上社会主义道路呢？答案当然是肯定的，因为早在 1881 年马克思就针对俄国的特殊国情，提出了经济落后国家有可能跨越资本主义的"卡夫丁峡谷"而直接进入社会主义社会的理论。列宁不但将马克思的"跨越"理论在俄国变成了现实，而且进一步指出："世界历史发展的一般规律，不仅丝毫不排斥个别发展阶段在发展的形式或顺序上表现出特殊性，反而是以此为前提的。"④这为半殖民地半封建的旧中国跨越资本主义的"卡夫丁峡谷"而直接走上社会主义道路，无疑提供了重要的理论指导。

---

① 《邓小平文选》第 3 卷，人民出版社 1993 年版，第 62 页。
② 《毛泽东选集》第 4 卷，人民出版社 1991 年版，第 1471 页。
③ 《毛泽东选集》第 2 卷，人民出版社 1991 年版，第 679 页。
④ 《列宁选集》第 4 卷，人民出版社 2012 年版，第 776 页。

二、中国共产党对社会主义目标的追求

在资本主义道路走不通的情况下，中国能够走上社会主义道路，与中国共产党的正确领导及其对社会主义目标的不懈追求是分不开的。中国共产党是以马克思主义为指导的无产阶级政党，其性质就决定了中国共产党必须把实现社会主义和共产主义作为自己的奋斗目标。因此，中国共产党成立时就在自己的纲领中明确提出"消灭资本家私有制""推翻资本家阶级的政权""承认无产阶级专政，直到阶级斗争结束"，从而公开否定了在中国走资本主义道路的可能性，并开始领导人民为实现社会主义和共产主义而奋斗。

在半殖民地半封建的旧中国，如何跨越资本主义的"卡夫丁峡谷"，直接走上社会主义的发展道路，并没有成功的经验可资借鉴。为此，中国共产党进行了艰辛的探索。中共二大制定了党的最低纲领和最高纲领，首次明确将反帝反封建的民主革命任务同实现社会主义和共产主义的奋斗目标结合起来，初步确定了先进行民主革命再进行社会主义革命的战略方针。然而，由于缺乏经验，在革命过程中，先后出现了以陈独秀为代表的将民主革命和社会主义革命截然分开的右的"二次革命论"，和以王明为代表的将民主革命和社会主义革命"毕其功于一役"的"左"的"一次革命论"，使中国革命蒙受了重大损失。后来，毛泽东在总结中国革命经验教训的基础上深刻认识到，在半殖民地半封建的废墟上是无法建立社会主义的。"只有经过民主主义，才能到达社会主义，这是马克思主义的天经地义。"①因此，毛泽东提出中国革命要分"两步走"：第一步，先进行新民主主义革命，推翻帝国主义和封建主义的统治，改变半殖民地半封建的社会形态，建立一个新民主主义社会；第二步，使革命继续向前发展，进行社会主义革命，逐步消灭资本主义，建立一个社会主义社会。其中，新民主主义革命是社会主义革命的必要准备，社会主义革命是新民主主义革命的必然趋势。两个革命阶段既相互区别又相互衔接，中间不容横插一个资产阶级专政的阶段。正是在毛泽东的新民主主义革命理论的指导下，中国共产党领导全国人民经过艰苦卓绝的斗争，取得了新民主主义革命的胜利，建立了人民当家做主的新民主主义社会，为下一步进行社会主义革命，建立社会主义社会做好了必要的准备。

在新民主主义社会中，尽管还存在着大量的资本主义因素，并在一定时期内还有所发展，但社会主义因素已在新民主主义社会的政治、经济、文化和思

---

① 《毛泽东选集》第 3 卷，人民出版社 1991 年版，第 1060 页。

想领域占据绝对优势，并呈现出蒸蒸日上的发展势头。这主要体现在：政治上，中国共产党已成为全国范围内的执政党，人民民主专政的国家政权日益巩固；经济上，社会主义性质的国营经济不断发展和壮大，已经掌握了国家的主要经济命脉，在整个国民经济中居于领导地位；思想文化上，马克思列宁主义、毛泽东思想的指导地位得到进一步巩固和加强。这些不断增长的社会主义因素，无疑为新中国由新民主主义向社会主义转变创造了必要条件，并使这一转变成为必然趋势。正是在此基础上，中国共产党适时地提出了过渡时期的总路线，并据此对农业、手工业和资本主义工商业进行了生产资料私有制的社会主义改造，建立起了以生产资料公有制为基础的社会主义社会。

众所周知，"没有共产党，就没有新中国"。其实，历史同样告诉我们这样一个道理：没有中国共产党，就没有中国的社会主义制度。正是中国共产党自成立之日起，始终不忘初心，把社会主义作为自己的奋斗目标，并将马克思主义的普遍原理同中国的具体国情相结合，制定了中国革命分"两步走"的发展战略和党在过渡时期的总路线，才取得了新民主主义革命的胜利，并实现了由新民主主义向社会主义的转变，从而使半殖民地半封建的旧中国成功跨越资本主义的"卡夫丁峡谷"，直接走上了社会主义的发展道路。

三、中国人民对社会主义理想的期待

中国能够走上社会主义道路，当然离不开中国共产党对社会主义目标的不懈追求，但更离不开中国广大人民群众对社会主义理想的认可、期待和支持。因为正是人民群众心目中的社会主义理想，使中国共产党所追求的社会主义目标获得了广泛而深厚的群众基础，并在人民群众的积极参与和大力支持下，取得了新民主主义革命和社会主义革命的胜利，从而使中国走上了社会主义道路。因此，从根本上讲，是中国人民选择了中国共产党，进而选择了社会主义。

在近代中国，社会主义理想之所以很容易为中国人民所理解和接受，是与中国传统文化中"大同"思想的广泛影响分不开的。"大同"一词最早见于儒家经典之一《礼记·礼运》篇，假托孔子之名系统描述了"大道之行，天下为公"的"大同"理想。从此，"大同"理想不仅成为儒家的追求，也成为老百姓的追求，这充分体现在历代农民起义的口号中，如"等贵贱，均贫富""均田免粮""无处不均匀，无人不饱暖"等。到了近代，康有为写了《大同书》，向人们展示了"天下为公，是谓大同"的美好社会理想。孙中山更是以"世界大同"作为最高理想，明确表示："民生主义就是社会主义，又名共产主义，即是大同主义。"由此可

见，"大同"理想一直是中国人民的不懈追求，它虽然带有比较浓厚的虚幻空想性质和平均主义色彩，但在反对剥削压迫、主张自由平等、提倡天下为公等许多方面，还是同科学社会主义存在着某些契合点，具有一定的共通之处。因此，长期在"大同"思想熏陶下的中国人民，对社会主义的理想并不感到陌生，反而有一种似曾相识的亲切感，很容易在思想上产生共鸣。正是基于这一广泛的民众认同心理，毛泽东亦曾多次使用"大同"一词，来表达其对社会主义和共产主义社会的憧憬。1949 年中华人民共和国成立前夕，毛泽东在《论人民民主专政》一文中就曾指出，"康有为写了《大同书》，他没有也不可能找到一条到达大同的路"，但在工人阶级和共产党的领导下，中国有可能"稳步地由农业国进到工业国，由新民主主义社会进到社会主义社会和共产主义社会，消灭阶级和实现大同"①，从而将"大同"理想与社会主义和共产主义的奋斗目标联系起来，进一步在思想上拉近了中国人民与社会主义之间的距离。

中华人民共和国成立后，在中国共产党的大力宣传和积极引导下，中国人民在由新民主主义向社会主义转变的过程中，表现出了对社会主义理想的高度认可和热切期待。首先，工人阶级为了尽快摆脱资本家的剥削和压迫，自然对资本主义工商业的社会主义改造衷心拥护。为此，许多私营企业的职工纷纷走上街头敲锣打鼓，要求实行公私合营，尽快将资本主义性质的私营企业改造成为社会主义性质的国营企业。其次，广大农民通过对过渡时期总路线的学习，逐渐认识到："小农经济是不稳固的，时刻向两极分化，有的人因天灾人祸而穷困破产，有的人却利用做投机买卖、放债、雇工的办法来剥削旁人；如果不对它实行社会主义改造，农村中少数人就会发展成为富农剥削者，而多数人就不得不忍受贫困甚至破产的痛苦。"②为了避免这种痛苦，就必须对农业进行社会主义改造，走互助合作的社会主义道路。当时，中共中央还派出以农业劳动模范为主的中国农民代表团对苏联进行了参观访问，回国后对苏联农民所过的"种田不用牛，点灯不用油""楼上楼下，电灯电话"的幸福生活进行了广泛宣传，使中国亿万农民羡慕不已，纷纷希望在中国早日实现社会主义，尽快过上共同富裕的好日子。这为农业合作化运动的开展奠定了广泛的群众基础。最后，民族资本家中的大多数人虽然对社会主义改造心有不甘，但在中国共产党的教育和帮助下，逐渐认识到走社会主义道路乃是大势所趋，是中华民族发展进步的正确选择，因此对社会主义改造采取了配合乃至支持的态度。曾被称为

---

① 《毛泽东选集》第 4 卷，人民出版社 1991 年版，第 1471、1476 页。

② 中共中央文献研究室编：《建国以来重要文献选编》第 4 册，中央文献出版社 1993 年版，第 714 页。

"纺织大王"的荣毅仁，在回答作为资本家为什么接受社会主义道路的时候说：
"是的，我是一个资本家，但是我首先是一个中国人。"他历述了自己作为中国
的民族资本家，如何一直梦想兴办工业，救国图强，可是在旧社会受尽帝国主
义和官僚资本的压迫和勒索，解放初期由于政府贷款、委托加工和收购产品，
企业才摆脱窘迫局面，盈利逐年增加。他说："五年计划开始了，全国兴建了
许多大工厂，各地进行了大规模的建设，一切实现得比梦想还要快，多么令人
鼓舞！没有共产党，不走社会主义的道路，那能有今天？"[①]历史是最好的教科
书。荣毅仁的一席话，从一个资本家的角度，说出了中国走社会主义道路的历
史必然性。

马克思主义的唯物史观告诉我们，人民群众是历史的创造者，是推动社会
变革的决定性力量。中国走上社会主义道路的历史，再次雄辩地证明了这一
点。正是在包括工人、农民乃至大多数民族资本家在内的中国广大人民群众的
理解、配合和支持下，中国共产党领导的社会主义改造才得以顺利完成，从而
使古老的东方大国进入了社会主义社会，实现了中国历史上最伟大最深刻的社
会变革。

四、"冷战"格局下国际环境的影响

中国能够走上社会主义道路，主要是由上述中国的各种内部因素决定的，
但外部因素也不可忽视，这就是"冷战"格局下国际环境的重要影响。当时，以
美苏为首的资本主义和社会主义两大阵营的严重对峙及其对待新中国的不同态
度，进一步扼杀了新中国走资本主义道路的可能性，从而在很大程度上决定了
新中国只能走社会主义道路。

国际环境对中国道路选择的影响，可以追溯到第一次世界大战和十月革
命。当时，第一次世界大战的爆发充分暴露了资本主义世界的固有矛盾，使先
进的中国人对资本主义制度产生了怀疑，认识到它不是一种好制度，并不适合
中国；十月革命的胜利，则使中国的有识之士把学习的目光从欧美转向了苏
俄，"走俄国人的路"就是结论。第二次世界大战进一步暴露了资本主义世界的
矛盾和罪恶，给人类带来了空前的灾难和痛苦。战后，资本主义世界更是矛盾
丛生，元气大伤，殖民主义体系土崩瓦解，辉煌不再。社会主义则由苏联一国
迅速发展到欧亚十多个国家，在世界范围内凯歌行进，成为与资本主义相抗衡

---

① 中共中央党史研究室：《中国共产党历史》第2卷上册，中共党史出版社2011年版，
第365页。

的重要力量。两种制度此消彼长的鲜明对比，特别是战后美国在中国所奉行的扶蒋反共政策，进一步坚定了中国共产党走社会主义道路的信心和决心。因此，随着以美苏为首的资本主义和社会主义两大阵营的形成和对峙，即将取得新民主主义革命胜利的中国共产党不得不做出明确选择，那就是新中国必须在外交上实行"一边倒"，倒向以苏联为首的社会主义阵营一边。因为历史经验告诉我们："中国人不是倒向帝国主义一边，就是倒向社会主义一边，绝无例外。骑墙是不行的，第三条道路是没有的。"①所以，在美苏"冷战"的国际背景下，中国共产党领导的新中国只能倒向社会主义一边，这是由中国共产党的性质及其奋斗目标决定的，也是由美苏两大阵营对待新中国的不同态度决定的。

中华人民共和国成立后，以美苏为首的两大阵营之间的"冷战"不但没有缓和，反而日益加剧。当时，以美国为首的资本主义阵营对新中国采取了政治上孤立、经济上封锁、军事上威胁的政策，企图将新中国扼杀在摇篮之中。这不但激起了中国人民的无比愤怒，也彻底断绝了新中国走资本主义道路的可能性。与此相反，以苏联为首的社会主义国家则不仅在政治上承认和支持新中国，在经济上也给了新中国巨大的援助，极大地增强了中国人民战胜困难的信心和决心。与资本主义国家战后的经济萧条相比，苏联社会主义现代化建设的蒸蒸日上及其所取得的巨大成就，不但充分显示了社会主义制度的优越性，也极大地增加了社会主义对中国人民的吸引力和感召力。苏联由此成为中国人民学习的榜样。"苏联的今天，就是我们的明天"作为当时中国最响亮的宣传口号之一，不断激励着中国人民为实现社会主义的伟大理想而奋斗。此外，苏联在主观上也希望新中国尽快实现由新民主主义向社会主义的过渡，以巩固和壮大社会主义阵营的力量。1952 年 8—9 月，周恩来访苏期间就"一五"计划草案向苏方征求意见时，曾"感觉"到苏方似乎愿意援助社会主义的中国，而不愿更多地援助"非社会主义"的中国，并在回国后向毛泽东汇报了这种"感觉"。② 随后，毛泽东综合考虑国内外各方面的情况，改变了原有的"先建设、后改造"的想法，决定提前向社会主义过渡。后来，在过渡时期总路线的酝酿过程中，毛泽东又委托刘少奇就中国向社会主义过渡的基本构想征求斯大林的意见并得到认可。这对党在过渡时期总路线的提出起到了重要的促进作用。由此可见，在美苏两极对抗的国际背景下，正是来自苏联的帮助、示范乃至督促，使社会主义不仅成为中国人民的唯一选择，而且是最佳选择。在中国共产党的领导下，

① 《毛泽东选集》第 4 卷，人民出版社 1991 年版，第 1473 页。
② 参见李占才：《中国社会主义道路选择的时代性》，载《党的文献》，2013 年第 2 期。

中国人民由此义无反顾地走上了社会主义道路。

当然，由于受苏联社会主义模式中单一的公有制实现形式和高度集中统一的计划经济体制的影响，再加上当时中国共产党对于"什么是社会主义、怎样建设社会主义"这一根本问题，还没有完全搞清楚，更缺乏实践经验，因此在中国社会主义建设的过程中，难免会经历一些曲折乃至走过一段弯路。但中国共产党在总结历史经验教训的基础上，把马克思主义的普遍原理同我国的具体实际结合起来，已经成功地探索出了一条具有中国特色的社会主义道路，并取得了举世瞩目的巨大成就。历史已经证明并将继续证明，中国共产党领导中国人民所选择的社会主义道路是完全正确的。

思考题：

1. 新民主主义社会的性质是什么？为什么？

2. 过渡时期总路线提出的历史背景是什么？

3. 社会主义社会在中国建立的政治基础是什么？为什么？

4. 社会主义社会在中国建立的经济基础是什么？为什么？

5. 为什么说历史和人民选择走社会主义道路是历史的必然？

第六章　从社会主义到中国特色社会主义

中华人民共和国成立后，人民代表大会制度、中国共产党领导的多党合作和政治协商制度、民族区域自治制度的确立，为人民当家做主提供了制度保证。1956 年我国基本上完成对生产资料私有制的社会主义改造，基本上实现了生产资料公有制和按劳分配，建立起社会主义经济制度，完成了中华民族有史以来最为广泛而深刻的社会变革，实现了一穷二白、人口众多的东方大国大步迈进社会主义社会的伟大飞跃。此后，中国共产党团结带领人民转入全面的大规模的社会主义建设，对适合中国国情的社会主义建设道路进行了艰辛探索。在探索过程中，虽然经历了严重曲折，但党在社会主义革命和建设中取得的独创性理论成果和巨大成就，为在新的历史时期开创中国特色社会主义提供了宝贵经验、理论准备、物质基础。

1978 年中共十一届三中全会后，中国进入了改革开放和社会主义现代化建设的新时期。中国共产党领导人民继续探索中国建设社会主义的正确道路，并在探索中开辟了中国特色社会主义道路，形成了中国特色社会主义理论体系，确立了中国特色社会主义制度，发展了中国特色社会主义文化，极大地激发了广大人民群众的创造性，极大地解放和发展了社会生产力，极大地增强了社会发展活力，人民生活显著改善，综合国力显著增强，国际地位显著提高。中国不仅大踏步赶上了时代，而且实现了从生产力相对落后的状况到经济总量跃居世界第二的历史性突破，实现了人民生活从温饱不足到总体小康、奔向全面小康的历史性跨越，推进了中华民族从站起来到富起来的伟大飞跃。

2012 年中共十八大以来，中国特色社会主义进入新时代。改革开放和社会主义现代化建设深入推进，中国共产党领导人民书写了经济快速发展和社会长期稳定两大奇迹新篇章，党和国家事业取得历史性成就、发生历史性变革，特别是如期打赢了脱贫攻坚战，完成了全面建成小康社会的历史任务，实现了第一个百年奋斗目标，迈上了全面建设社会主义现代化国家、向第二个百年奋斗目标进军的新征程。实现中华民族伟大复兴进入了不可逆转的历史进程，科学社会主义在 21 世纪的中国焕发出新的蓬勃生机。

第一节　社会主义建设道路的艰辛探索

社会主义基本制度在我国建立后，如何在一个经济文化落后和地区发展很不平衡的大国建设社会主义，如何巩固和发展社会主义，是十分艰巨而复杂的任务，也是一个全新的历史性课题。过去的革命道路不能照搬外国，现在的建设道路同样不能照搬外国。中国共产党只能根据马克思主义基本原理同中国具体实际相结合的原则，总结自己的经验，借鉴外国的模式，在实践中探索自己的社会主义建设道路。

一、"第二次结合"探索的历史性成就

为了迎接大规模的经济建设和准备召开中共八大，1955 年年底至 1956 年春，毛泽东等中央领导人进行了大量周密而系统的调查研究。特别是 1956 年 2 月 14 日至 4 月 24 日，毛泽东分别听取了国务院 35 个部委关于工业生产和经济工作的汇报。在听取汇报期间，正值苏共召开二十大，苏联在社会主义建设过程中暴露出来的一些问题和错误，对于正在寻求自己的社会主义建设道路的中国共产党人来说，无疑是非常重要的警示。毛泽东明确提出，要把马克思列宁主义基本原理同中国具体实际进行"第二次结合"，找出在中国进行社会主义革命和建设的正确道路。[①]

1956 年 4 月 25 日，毛泽东在中共中央政治局扩大会议上做《论十大关系》的讲话，确定基本方针是要把国内外一切积极因素调动起来，为社会主义事业服务。讲话论述的十个问题，都是在总结我国经济建设的经验和以苏联经验为鉴戒的基础上提出来的。毛泽东特别强调："最近苏联方面暴露了他们在建设社会主义过程中的一些缺点和错误，他们走过的弯路，你还想走？过去我们就是鉴于他们的经验教训，少走了一些弯路，现在当然更要引以为戒。"[②]《论十大关系》提出了一系列适合我国国情的建设社会主义的重要方针和观点，对我国未来发展具有重要意义。毛泽东后来评论道：前几年搞建设，"对苏联的经验、情况、历史发展不甚了解，既然不了解只好盲目地学他们"，直到"《论十大关系》，开始提出我们自己的建设路线，原则和苏联相同，但方法有所不同，

[①]　参见中共中央党史和文献研究院：《中国共产党的一百年（社会主义革命和建设时期）》，中共党史出版社 2022 年版，第 459 页。

[②]　《毛泽东文集》第 7 卷，人民出版社 1999 年版，第 23 页。

有我们自己的一套内容"。①

1956 年 9 月召开的中共八大，正确分析了国内外形势和国内主要矛盾的变化，明确指出由于社会主义改造的完成，大规模的急风暴雨式的阶级斗争已经基本结束，国内的主要矛盾已经是人民对于建立先进的工业国的要求同落后的农业国的现实之间的矛盾，已经是人民对于经济文化迅速发展的需要同当前经济文化不能满足人民需要的状况之间的矛盾。党和人民当前的主要任务，就是要集中力量发展社会生产力，实现国家工业化，逐步满足人民日益增长的物质和文化需要。这些重要论述，是社会主义制度在我国建立后党确定正确路线的基本依据，对我国独立探索社会主义建设道路具有深远的历史意义。

中国社会主义建设道路的探索是在复杂的国际环境中进行的。20 世纪 50 年代中期，苏共二十大及其后发生的波匈事件，在社会主义阵营引起极大震动，对中国也产生了重大影响。在此形势下，从借鉴斯大林的错误和波匈事件的教训入手，总结自己的经验，正确认识和处理中国社会主义社会的各种矛盾，就成为以毛泽东同志为核心的党中央着重思考的重大问题。1957 年 2 月，毛泽东在最高国务会议上发表《关于正确处理人民内部矛盾的问题》讲话，总结了社会主义事业发展中的历史经验，回答了我国社会主义改造基本完成后出现的新情况新问题，提出了严格区分两类不同性质的矛盾和正确处理人民内部矛盾的学说，科学地阐明了社会主义社会的矛盾问题。此后，毛泽东又在《毛泽东读社会主义政治经济学批注和谈话》中，形成了社会主义可以分为不发达的和比较发达的两个阶段、社会主义条件下可以发展商品生产为社会主义建设服务等若干正确的理论认识。中国共产党在探索中取得的这些重要认识，既是对科学社会主义理论的重要发展，也是中国共产党探索建设社会主义道路的重大成果，为后来开辟中国特色社会主义道路奠定了重要基础。

在上述理论的指导下，中国共产党领导人民开展大规模的经济建设和国防科技建设，在旧中国"一穷二白"的基础上建立了独立的、比较完整的工业体系和国民经济体系，从根本上解决了工业化"从无到有"的问题。旧中国的经济十分落后，工农业生产发展缓慢。1937 年全民族抗战爆发前，在国民经济中，旧式农业和手工业占 90% 左右，现代工业只占 10% 左右。到 1949 年，使用机器的工业也只占 17% 左右。而这为数不多的现代工业，技术基础又非常薄弱，部门行业残缺不全，并且集中在少数沿海大城市，带有明显的半殖民地经济的烙印。旧中国几种重要工业产品的最高年产量，钢只有 92 万吨，煤炭只有 6188

---

① 《毛泽东文集》第 7 卷，人民出版社 1999 年版，第 368～370 页。

万吨，电只有 60 亿度，棉纱只有 44.5 万吨。中华人民共和国刚成立时，由于没有自己独立的工业体系，主要工业产品全部依赖进口。"一五"计划到"四五"计划期间，我们不仅能够自行设计和批量生产汽车、飞机、坦克、拖拉机等，还从 20 世纪 70 年代开始，具备了自主设计制造万吨级远洋轮船的能力，并成功爆炸了原子弹、氢弹，发射了中远程导弹和可回收人造地球卫星。特别是 1971 年 9 月，我国第一艘核潜艇下水，意味着我们拥有了进行第二次核还击的能力，这成为制约霸权主义和强权政治最有力的"撒手铜"。

在旧中国的废墟上逐步建立起独立的、比较完整的工业体系和国民经济体系，从根本上解决了中国工业化"从无到有"的问题，使中国在赢得政治上的独立后又赢得了经济上的独立，为中国的发展奠定了牢固的物质技术基础，也为中国同包括西方发达国家在内的世界各国在平等互利原则下发展对外贸易和经济往来创建了前提。这一时期建设起来的一些基础设施、基础项目和大中型企业，至今仍在国民经济和社会生活中发挥着重要作用。

在大力发展经济的同时，中国共产党领导人民大力推进思想文化、医疗卫生、群众体育等事业的发展，人民的思想道德素质、科学文化素质和身心健康水平显著提高。中华人民共和国成立后，马克思主义在党和国家生活中的指导地位得到确立，人民群众的思想政治觉悟有了很大提高。在社会主义新思想、新文化的引导下，旧社会遗留的污泥浊水得到荡涤，良好的社会风气和健康文明的新道德逐步形成。

随着教育的普及，人民群众的科学文化素质普遍提高。

医疗卫生事业的蓬勃发展、群众性爱国卫生运动和体育活动的普遍开展，大大改善了人民群众的健康状况。这一时期我国医疗卫生服务的公平性和可及性，得到了联合国儿童基金会、世界卫生组织和世界银行的高度赞誉。当时我国低成本、广覆盖的卫生保健模式，也于 1978 年 9 月在苏联阿拉木图召开的国际初级卫生保健大会上受到推崇，成为世界卫生组织在全球范围内推广初级卫生服务运动的样板。

为了给社会主义建设创造良好的外部环境，中国共产党在对外交往中坚决维护民族独立、国家主权和领土完整，积极促进世界和平与进步事业，提高了中国的国际地位，改善了国际环境。中华人民共和国的成立，结束了旧中国屡遭外敌入侵的局面。党和政府把捍卫民族独立、国家主权和领土完整，维护世界和平，促进人类进步事业作为对外工作的目标，赢得了国际社会特别是广大发展中国家的尊重和赞誉，也为国内和平建设创造了良好的外部环境。经过长期不懈的外交努力，中国在 20 世纪 70 年代初恢复了在联合国的合法席位，打开了中美关系正常化的大门，使我国外交格局发生了重大变化，同西方国家的关系由此出现重大转机，中苏关系也趋于缓和。与我国建交的国家，1965 年有 49 个，1976 年增加到 111 个，仅 1970 年以后新建交的国家就有 62 个。这为后来我国逐步实行对外开放政策创造了有利条件。对此，邓小平指出："我们能在今天的国际环境中着手进行四个现代化建设，不能不铭记毛泽东同志的功绩。"①

在领导人民进行大规模社会主义建设的同时，中国共产党在加强执政条件下的自身建设方面，也进行了有益探索，积累了宝贵经验。中华人民共和国成立前夕，毛泽东明确提出了"两个务必"。中华人民共和国成立后，面对执政的考验，中国共产党大力加强思想、组织、作风建设。特别是中共八大强调，要提高全党的马列主义思想水平，健全党内民主集中制，坚持集体领导、反对个人崇拜，发展党内民主和人民民主，密切党同人民群众的联系等，对加强执政党建设提出了一系列新要求、新举措。毛泽东还最早觉察到，中国共产党在执政后面临着被帝国主义"和平演变"的危险，要求党员干部提高警惕，同这种危险和各种消极现象做斗争。为此，他反复强调反对主观主义、官僚主义和宗派主义的重要性，要求各级领导干部必须自觉运用人民赋予的权力为人民服务，依靠人民群众行使这个权力，并接受人民群众的监督；党员干部必须以普通劳动者的姿态出现，平等待人；必须防止在共产党内、在干部队伍中形成特权阶层、贵族阶层，坚决反对党内和干部队伍中的腐败现象；必须切实解决"培养无产阶级革命事业的接班人"问题；等等。这些重要思想，对新时期加强执政党建设、保持共产党员先进性和纯洁性，具有重要的启示意义。

二、正确认识探索中的曲折和失误

中国共产党在领导人民进行社会主义建设的艰辛探索过程中，也不可避免地出现过曲折和失误，主要是在经济建设速度问题上急躁冒进，在所有制问题上盲目追求"一大二公"，在认识处理主要矛盾问题上"以阶级斗争为纲"并在实践中不断扩大化，直至发生"文化大革命"这样的严重错误，付出了沉重代价。这虽然是历史发展的支流，但不容忽视，更不能回避。

探索中国社会主义建设道路是一个十分艰难的历程，需要经受实践的检验。当时中国共产党面临着两大主要问题，一是如何认识和处理社会主义条件下的阶级斗争，二是如何把握社会主义建设中的规模速度。在 1957—1966 年

---

① 《邓小平文选》第 2 卷，人民出版社 1994 年版，第 172 页。

的十年间，多种复杂因素导致中国共产党在这两大问题上发生严重失误且相互影响，从而使探索过程出现严重曲折，党的指导思想也呈现出两种发展趋向：一种是正确的和比较正确的趋向，这是党在探索过程中形成的一些正确的和比较正确的理论观点和方针政策，以及积累的一些正确的和比较正确的实践经验；另一种是错误的趋向，就是党在探索过程中形成的一些错误的理论观点、政策思想和实践经验，而这些错误往往由真理越过了界限而来。十年探索中，两种趋向在许多时候都是相互渗透和交织的，不但共存于全党的共同探索中，而且往往共存于同一个人的认识发展过程中。有时这种趋向比较占上风，有时那种趋向比较占上风，或者不同趋向在不同领域并存。十年中"左"倾错误在积累和发展，到后来终于暂时压倒了正确的发展趋向，导致了"文化大革命"的发动。①

中国共产党在社会主义建设道路的探索过程中，为何会出现曲折和失误？这里有着复杂的社会历史原因。由于社会主义运动的历史不长，社会主义国家的历史更短，社会主义社会的发展规律有些已经比较清楚，而更多的还有待于继续探索。中国共产党过去长期处于战争和激烈的阶级斗争环境中，对于迅速到来的、全国规模的社会主义建设事业，还缺乏充分的思想准备和科学研究，因此在社会主义改造基本完成以后，在观察和处理社会主义社会发展进程中出现的新矛盾新问题时，容易把已经不属于阶级斗争的问题仍然看成是阶级斗争，并且面对新条件下的阶级斗争，又习惯于沿用过去熟悉而此时已不能照搬的大规模急风暴雨式的群众性斗争的旧方法和旧经验，从而导致了阶级斗争的严重扩大化。② 历史的经验教训表明，中国共产党在社会主义建设道路的探索中，还没有从根本上解决什么是社会主义、怎样建设社会主义的理论和实践问题，马克思主义基本原理与中国社会主义建设实际的结合，还需在新的探索中继续完成。

正确看待中国共产党在探索中走过的弯路、所犯的错误，必须坚持辩证唯物主义和历史唯物主义的观点，把这 20 多年的探索放在当时的国际国内条件下去分析，放在 100 多年中国共产党的历史中去把握，区分主流和支流，全面客观地分析出现曲折和失误的原因。

第一，错误与成就相比，成就是主要的，是主流。中国共产党在这 20 多

---

① 参见中共中央党史研究室：《中国共产党的七十年》，中共党史出版社 1991 年版，第 451～452 页。

② 参见《中国共产党中央委员会关于建国以来党的若干历史问题的决议》，人民出版社 1981 年版，第 31 页。

年里的探索，尽管经历了失误和曲折，但总体上说，建设的成就是巨大的。1952 年至 1978 年，我国工农业总产值年平均增长率为 8.2％。就居民人均消费水平来讲，农民从 1952 年的 62 元增加到 1976 年的 125 元，城市居民同期从 148 元增加到 340 元。这些指标在今天看来并不算高，但可以说明，20 多年中我国的经济实力得到了显著提高，人民的生活水平得到了明显改善。即使在"文化大革命"期间，经济建设仍取得了较大进展。例如，1967 年至 1976 年的 10 年间(1966 年经济领域尚未受到"文化大革命"冲击，故未计入)，工农业总产值年平均增长率为 7.1％，社会总产值年平均增长率为 6.8％，国民收入年平均增长率为 4.9％。对于数字的可靠性，国家统计局原局长李成瑞认为："现在公布的十年内乱期间的数字，尽管有若干估算成分，但数字来之有据，又经过反复核对，可以说是基本可靠的。"①除动乱最严重的 1967 年、1968 年有大幅下降外，其余各年份的数字均为正增长。更重要的是，"文化大革命"期间中国共产党没有被摧毁，社会主义制度的根基仍然保存，经济建设还在进行，国家仍然保持了统一，并在国际上发挥着重要的影响力。当然，这一切绝不是"左"的错误特别是"文化大革命"的成果。如果不发生"左"的错误，如果没有"文化大革命"，党和国家的事业会取得更为辉煌的成就。

第二，出现曲折和失误，与当时的国际环境和国内条件密切相关。在这 20 多年中，中国共产党是在异常复杂的国际国内条件下开始探索适合中国国情的社会主义建设道路的。从国际环境看，我国与西方发达国家在经济、科技、军事上原本就存在很大差距。中华人民共和国成立后，又长期受到美国等西方国家的封锁、遏制。中苏关系恶化直至破裂后，苏联也对我国施加了巨大压力。从国内条件看，经过社会主义改造，我国已经是一个社会主义国家，但又是一个"一穷二白"的国家，经济文化长期落后，人口众多、幅员辽阔，发展极不平衡。面对这种局面，中国共产党由于在全国范围内执政时间不长，对快速到来的大规模社会主义建设缺乏充分的思想准备和应对经验。上述国际环境和国内条件，不可避免地增加了党对形势做出准确判断的难度，增加了党确定中心任务和各项方针政策的难度，也增加了党解决实践中出现的新情况、新问题、新矛盾的难度。面对各种困难，以毛泽东为代表的中国共产党人力图实现马克思主义基本原理同中国具体实际的"第二次结合"，探索出一条正确的社会主义建设道路。但由于国际局势的复杂多变，由于国内建设任务的艰巨繁重，由于建

---

① 李成瑞：《十年内乱期间我国经济情况分析——兼论这一期间统计数字的可靠性》，载《经济研究》，1984 年第 1 期。

设社会主义是一项全新的实践而我们又缺乏经验，这一探索在 1957 年下半年以后开始出现失误和错误。

第三，对失误及错误的性质、内涵和层次要进行深入分析。从失误和错误的性质看，主要是"左"的错误，也就是违背了实事求是的思想路线，主观愿望超越了现实条件。从失误和错误的内涵看，"左"主要表现为三个方面：一是在经济建设方面，片面强调高速度，急躁冒进，乃至发生像"大跃进"那样不顾客观条件的反科学的浮夸蛮干，对国民经济和人民生活造成了严重损害；二是在所有制结构方面，急于求成、过于求纯，大搞人民公社化运动，盲目追求"一大二公"，超越了历史发展阶段，结果阻碍和束缚了生产力发展，也给人民生活带来了严重困难；三是在涉及政治关系和思想文化的上层建筑领域，"以阶级斗争为纲"，使阶级斗争日益扩大化，最后发展到"文化大革命"中人为地制造阶级斗争。从失误和错误的层次看，有局部错误也有全局错误。局部范围的错误，有 1957 年的反右派斗争和 1959 年的"反右倾"斗争，1964 年开始的思想文化领域大批判和"四清"运动等。全局性的严重错误，一是 1958 年开始的"大跃进"，二是 1966 年开始的十年"文化大革命"。

第四，面对失误和错误，中国共产党依靠自己的力量和人民的支持，实现了拨乱反正。在这 20 多年的探索中，中国共产党虽然出现了失误甚至严重错误，但党的性质和宗旨没有改变，党依然是人民根本利益的忠实代表。正是党的性质和宗旨决定了，党能够依靠党员干部的力量和人民群众的支持，发现错误、纠正错误，通过及时总结历史教训，使错误成为正确的先导。而且，中国共产党在出现失误和错误的同时，也在不断地进行自我纠正，如庐山会议前期长达九个月的纠"左"努力，1961 年国民经济的调整和 1962 年七千人大会的召开，"九一三"事件后干部政策的落实，1975 年的全面整顿，1976 年粉碎"四人帮"，1978 年的真理标准问题大讨论。这些都表明，中国共产党具有不断克服自己错误的政治勇气和宽广胸怀，是一个勇于坚持真理、修正错误、发扬经验、吸取教训的党，是一个能够在挫折中奋起、在前进中不断开辟正确道路的党。中国人民也从党不断纠正错误的努力中，特别是中共十一届三中全会后拨乱反正的一系列实际行动中，从党实事求是地对待自己的错误的真诚态度中，认清了中国共产党是一个全心全意为人民服务、敢于接受人民监督、勇于对人民负责的党，从而一如既往地信任和拥护党。

三、探索中正反两方面的经验教训

能够正确地对待历史，善于总结经验，是一个马克思主义政党成熟的重要标志。中国共产党之所以伟大、光荣、正确，不是因为它从来不犯错误，而是因为它敢于正视和纠正自己的错误，深入剖析产生错误的社会根源、历史根源和思想根源，从而正确总结历史教训，防止重犯类似的错误。中国共产党在十一届三中全会实现伟大转折之后，积极推进拨乱反正，最后在 1981 年中共十一届六中全会上，通过了《关于建国以来党的若干历史问题的决议》，对中华人民共和国成立 32 年的经验教训做了全面而深刻的总结，标志着党和国家在指导思想上拨乱反正的胜利完成。

中国共产党在改革开放前领导社会主义革命和建设的基本经验，可以总结为十个方面：一是始终坚持以经济建设为中心，大力发展生产力；二是从基本国情出发，正确判断把握我国社会所处的历史阶段，有步骤分阶段地实现社会主义现代化发展目标；三是使社会主义生产关系的变革和完善适应于生产力的状况，有利于生产的发展；四是在坚持自力更生的基础上，加强对外交流与合作；五是正确认识和处理我国社会内部大量存在的不属于阶级斗争范围的各种社会矛盾；六是按照民主和法制紧密结合的要求，发展社会主义民主政治；七是重视教育科学和文化事业，加强思想政治工作，不断提高全体社会成员的思想道德素质和科学文化素质；八是调动一切积极因素，依靠最广大人民群众建设社会主义；九是准确把握时代特点和国际形势变化，制定和及时调整我国的外交战略，积极创造有利于我国社会主义现代化建设的外部条件；十是高度重视加强和改进党的建设，加强和改善党的领导。[1] 十个方面的基本经验，是对改革开放前一时期历史主流和本质的认识升华。这十个方面，从正面讲是经验，是我们做得比较好、比较成功的地方；从反面讲则是教训，是我们做得不够好、不够成功，甚至是失误或犯了错误的地方。对丰富宝贵的经验，我们应当继续发扬；对沉重惨痛的教训，则应当深刻记取。

要记取教训，必须对失误和错误采取分析的态度，看到其原因是多重复杂的。具体讲，原因主要有四个方面：一是中国共产党执政时间短，缺乏治国理政与大规模社会主义建设的经验和思想理论准备，对客观规律还没有正确地认识和把握，更没有完全搞清楚什么是社会主义和怎样建设社会主义；二是党内的民主制度不完善，民主集中制原则逐渐遭到破坏，党内存在着权力过分集中，家长制、干部领导职务终身制、个人专断、个人崇拜等现象，国家的法制也不健全，某些封建主义的思想遗毒未能肃清；三是革命胜利后，党和党的一

---

[1] 参见中共中央党史研究室：《中国共产党历史》第 2 卷下册，中共党史出版社 2011 年版，第 1065～1068 页。

些领导人在一定程度上产生了骄傲自满情绪，出现了脱离群众的现象；四是外部不利环境造成的压力，使我们在一段时间内对国际形势做出了不准确的判断和过度的反应。

对于一个成熟的马克思主义政党来说，经验和教训既是宝贵的财富，也是前进的动力。恩格斯曾指出："伟大的阶级，正如伟大的民族一样，无论从哪方面学习都不如从自己所犯错误的后果中学习来得快。"①邓小平也多次强调："历史上成功的经验是宝贵财富，错误的经验、失败的经验也是宝贵财富。"②他还说："没有'文化大革命'的教训，就不可能制定十一届三中全会以来的思想、政治、组织路线和一系列政策。"③对待改革开放前的历史，必须以唯物史观为指导，既充分肯定伟大成就，强调不能因为犯过错误而否定这段历史，不能用支流否定主流，不能以偏概全、搞历史虚无主义，同时又不回避失误和错误，而是对其原因进行科学分析，吸取经验教训。

敢于坚持真理、勇于修正错误，是一个成熟的马克思主义政党应具备的理论品质。中国共产党在把马克思主义基本原理同中国具体实际结合起来、探索适合中国国情的革命和建设道路的过程中，取得了重大成就，也经历过严重曲折，付出了沉重代价。但中国共产党始终坚持真理、不断修正错误，在同各种错误倾向做斗争的过程中，吸取教训，发扬经验，把党和人民事业继续推向前进。

第二节　中国特色社会主义的开创与推进发展

在改革开放和社会主义现代化建设新时期，中国共产党面临的主要任务是，继续探索中国建设社会主义的正确道路，解放和发展社会生产力，使人民摆脱贫困、尽快富裕起来，为实现中华民族伟大复兴提供充满新的活力的体制保证和快速发展的物质条件。在继续探索中，中国共产党在实践中坚持真理、检验真理、修正错误、发展真理，实现了党的指导思想和基本理论的与时俱进，成功开创了中国特色社会主义，创造了举世瞩目的伟大成就。

一、中国特色社会主义的成功开创与深入推进

"文化大革命"结束后，摆在中国人民面前的有三条路：一条是继续按照

① 《马克思恩格斯全集》第 22 卷，人民出版社 1965 年版，第 325 页。
② 《邓小平文选》第 3 卷，人民出版社 1993 年版，第 234～235 页。
③ 《邓小平文选》第 3 卷，人民出版社 1993 年版，第 272 页。

"两个凡是"错误方针走下去的封闭僵化的老路，一条是放弃科学社会主义的改旗易帜的邪路，一条是重新探索中国社会主义发展模式的新路。严峻的现实，迫切需要中国共产党认真总结中华人民共和国成立以来的经验教训，重新思考中国社会主义的发展道路问题。

1978 年 12 月召开的中共十一届三中全会，实现了中华人民共和国成立以来党的历史上具有深远意义的伟大转折。这次会议开始全面认真地纠正"文化大革命"及以前的"左"倾错误，确定了解放思想、开动脑筋、实事求是、团结一致向前看的指导方针，果断停止使用"以阶级斗争为纲"的口号，做出把党和国家的工作重心转移到经济建设上来、实行改革开放的战略性决策，由此开启了我国改革开放和社会主义现代化建设的历史新时期。

1981 年 6 月召开的中共十一届六中全会通过的《关于建国以来党的若干历史问题的决议》，标志着党和国家在指导思想上拨乱反正任务的完成。该决议指出十一届三中全会以来，中国共产党已经逐步确立了一条适合我国国情的社会主义现代化建设的正确道路，号召全党和全国人民为把我国建设成为现代化的、高度民主的、高度文明的社会主义强国而努力奋斗。① 在此基础上，中共十二大于 1982 年 9 月在北京召开，邓小平在大会开幕词中明确提出："把马克思主义的普遍真理同我国的具体实际结合起来，走自己的道路，建设有中国特色的社会主义。"②从此，"中国特色社会主义"成为将全国各族人民凝聚在一起进行改革开放和社会主义现代化建设的一面伟大旗帜。

在建设中国特色社会主义的新探索中，以邓小平同志为主要代表的中国共产党人，团结带领全党全国各族人民，深刻总结中华人民共和国成立以来正反两方面的经验，围绕什么是社会主义、怎样建设社会主义这一根本问题，借鉴世界社会主义历史经验，创立了邓小平理论，解放思想，实事求是，做出把党和国家的工作重心转移到经济建设上来、实行改革开放的历史性决策，深刻揭示社会主义本质，确立社会主义初级阶段基本路线，明确提出走自己的路、建设中国特色社会主义，科学回答了建设中国特色社会主义的一系列基本问题，制定了到 21 世纪中叶分三步走、基本实现社会主义现代化的发展战略，成功开创了中国特色社会主义。

中国特色社会主义是马克思主义基本原理与中国具体实际相结合的产物，是植根中国大地、反映中国人民愿望、适应中国发展进步要求的社会主义。高

---

① 参见《中国共产党中央委员会关于建国以来党的若干历史问题的决议》，人民出版社 1981 年版，第 54、61 页。

② 《邓小平文选》第 3 卷，人民出版社 1993 年版，第 3 页。

举中国特色社会主义伟大旗帜，最根本的就是要坚定不移地走中国特色社会主义道路，始终不渝地坚持中国特色社会主义理论体系，这是中国共产党从长期探索中得出的基本结论。

中共十三届四中全会以后，以江泽民同志为主要代表的中国共产党人，团结带领全党全国各族人民，坚持党的基本理论、基本路线，加深了对什么是社会主义、怎样建设社会主义和建设什么样的党、怎样建设党的认识，形成了"三个代表"重要思想，在国内外形势十分复杂、世界社会主义出现严重曲折的严峻考验面前捍卫了中国特色社会主义，确立了社会主义市场经济体制的改革目标和基本框架，确立了社会主义初级阶段公有制为主体、多种所有制经济共同发展的基本经济制度和按劳分配为主体、多种分配方式并存的分配制度，开创全面改革开放新局面，推进党的建设新的伟大工程，成功把中国特色社会主义推向 21 世纪。

中共十六大以后，以胡锦涛同志为主要代表的中国共产党人，团结带领全党全国各族人民，在全面建设小康社会进程中推进实践创新、理论创新、制度创新，深刻认识和回答了新形势下实现什么样的发展、怎样发展等重大问题，形成了科学发展观，抓住重要战略机遇期，聚精会神搞建设，一心一意谋发展，强调坚持以人为本、全面协调可持续发展，着力保障和改善民生，促进社会公平正义，推进党的执政能力建设和先进性建设，成功在新形势下坚持和发展了中国特色社会主义。

中国特色社会主义的成功开创、改革开放和社会主义现代化建设的深入推进，书写了经济快速发展和社会长期稳定两大奇迹新篇章，使我国发展具备了更为坚实的物质基础、更为完善的制度保证，实现中华民族伟大复兴进入了不可逆转的历史进程。

二、辩证看待改革开放前后两个历史时期

如何看待中国社会主义建设道路的艰辛探索和中国特色社会主义的成功开创？习近平指出："我们党领导人民进行社会主义建设，有改革开放前和改革开放后两个历史时期，这是两个相互联系又有重大区别的时期，但本质上都是我们党领导人民进行社会主义建设的实践探索。中国特色社会主义是在改革开放历史新时期开创的，但也是在新中国已经建立起社会主义基本制度、并进行了 20 多年建设的基础上开创的。虽然这两个历史时期在进行社会主义建设的思想指导、方针政策、实际工作上有很大差别，但两者决不是彼此割裂的，更

不是根本对立的。"①

实践证明，只有社会主义才能救中国，只有中国特色社会主义才能繁荣发展中国。这既体现了近代以来中国历史发展的必然规律，也体现了党领导人民在推动历史发展进程中基于实践探索的正确选择。只有将改革开放前后两个时期作为统一的历史进程来认识，辩证看待新中国 70 多年发展历程中所表现出的连续性与阶段性、前进性与曲折性、必然性与能动性，才能客观公正地评价党领导人民走过的发展道路，科学总结正反两方面的历史经验，从新的历史起点出发将中国特色社会主义继续不断推向前进。

(一)改革开放前后两个历史时期是阶段性与连续性的统一

回首新中国 70 多年来走过的发展道路，身处时代变革中的人们会切身感受到这一历史进程具有明显的阶段性变化。但是，在这种阶段性变化之中，又贯穿着历史发展的连续性。

首先，新中国 70 多年的发展历程表现出鲜明的阶段性特征。

在改革开放之前的 20 多年中，以毛泽东同志为核心的党的第一代中央领导集体，带领全国各族人民顺利完成了社会主义改造，确立了社会主义基本制度，并开始独立自主地探索适合我国国情的社会主义建设道路，最终建立起独立的、比较完整的工业体系和国民经济体系，使古老的中国以崭新的姿态屹立在世界东方。这些成功的实践和伟大的成就，是这一历史时期的主题和主线。

在这一奠基和探索阶段，中国共产党人面临着一项艰巨的任务：社会主义基本制度刚刚建立起来，既要在社会主义建设道路上结合中国实际、体现中国特色，又要在这一探索过程中坚持和巩固社会主义，防止偏离方向。从 1956 年开始，党在探索有中国特色的社会主义建设道路理论方面取得的成就，体现在对若干重大问题的认识上。中共八大文献及毛泽东《论十大关系》《关于正确处理人民内部矛盾的问题》《毛泽东读社会主义政治经济学批注和谈话》等著作，创造性地提出把国内外一切积极因素都调动起来为社会主义事业服务的基本方针，阐明了正确认识和处理社会主义社会基本矛盾和两类矛盾的学说，形成了社会主义分为不发达的和比较发达的两个阶段、社会主义条件下可以发展商品生产等正确的理论认识。但在如何坚持社会主义和发展社会主义的关系问题上，却犯了"左"的错误，试图通过"以阶级斗争为纲""纲举目张"来坚持和巩固社会主义，结果导致阶级斗争扩大化，妨碍了我国社会主义事业的健康发展。

---

① 《习近平谈治国理政》，外文出版社 2014 年版，第 22～23 页。

以中共十一届三中全会为历史转折点，中国进入了新的发展阶段。以邓小平同志为主要代表的中国共产党人，解放思想、实事求是，冲破了"两个凡是"的思想禁锢，又坚决抵制各种否定社会主义、主张资本主义的错误思潮，在总结历史教训、进行拨乱反正的基础上，开启了改革开放的伟大历史进程，开始了中国特色社会主义事业的新探索。

在新的探索征程中，中国共产党人成功开辟了中国特色社会主义道路，并在这一伟大实践中实现了新的理论飞跃，创立了中国特色社会主义理论体系。改革开放 40 多年来取得的辉煌成就证明，实行改革开放是决定当代中国命运的关键抉择，建设中国特色社会主义是实现中华民族伟大复兴的必由之路；只有改革开放才能使当代中国走向繁荣富强，只有中国特色社会主义才能使社会主义事业得到巩固和发展。新世纪新阶段，站在新的历史起点，中国共产党带领全国各族人民高举中国特色社会主义伟大旗帜，继续解放思想、深化改革、扩大开放，推动科学发展，促进社会和谐，为夺取全面建设小康社会新胜利而努力奋斗，必将再次书写新时代的辉煌。

在看到鲜明的阶段性特征的同时，我们也要看到，新中国 70 多年的发展历程也具有高度的连续性。

从社会主义在中国开创奠基和艰辛探索，到中国特色社会主义成功实践并取得辉煌成就，贯穿着推动历史发展的内在逻辑。70 多年来，党和人民对社会主义、共产主义理想目标的执着追求始终不渝，对适合中国国情的社会主义建设道路的独立探索坚持不懈，这使我国的社会主义事业虽历经曲折，仍能不断走向辉煌。

改革开放之初，邓小平在论及改革开放发展新路由何而来的问题时指出："从许多方面来说，现在我们还是把毛泽东同志已经提出、但是没有做的事情做起来，把他反对错了的改正过来，把他没有做好的事情做好。今后相当长的时期，还是做这件事。当然，我们也有发展，而且还要继续发展。"[①]

邓小平关于改革开放发展新路由何而来的谈话，为我们正确看待中国特色社会主义事业一脉相承的历史继承性和与时俱进的时代发展性，提供了科学的思想方法。前两句话，强调我们实行的改革开放，是在以毛泽东同志为核心的党的第一代中央领导集体初步探索适合我国国情的社会主义建设道路的基础上，吸取正反两个方面的历史经验，根据新的时代条件和发展要求开辟出来的。后一句话，强调我们在改革开放新的伟大革命中，既要继承前人，又要

---

① 《邓小平文选》第 2 卷，人民出版社 1994 年版，第 300 页。

时俱进，根据新的时代条件和发展要求不断超越前人，进行新的探索，实现创新和突破。这段谈话，清晰阐明了改革开放的历史继承性和时代发展性，深刻揭示了这一发展新路同毛泽东那一代人的奠基和探索之间的密切的内在联系。

中共十七大报告在回顾改革开放的伟大历史进程时，又进一步将新时期改革开放和社会主义现代化建设的历史，与近代以来中国人民争取民族独立和人民解放的历史联系起来，与中华人民共和国成立以后党的三代中央领导集体带领全国各族人民实现国家繁荣富强和人民共同富裕的历史联系起来，做出了两个"继承与发展"的精辟概括，指出："我们党正在带领全国各族人民进行的改革开放和社会主义现代化建设，是新中国成立以后我国社会主义建设伟大事业的继承和发展，是近代以来中国人民争取民族独立、实现国家富强伟大事业的继承和发展。"①这一精辟概括，体现出一种深邃宏大的历史观，不仅指明了几代中国共产党人历史使命的一脉相承性，也充分说明了新中国整个 70 多年历史发展的内在连续性。

(二)改革开放前后两个历史时期是曲折性和前进性的统一

辩证唯物史观认为，社会的发展进步不都是直线式前进上升的，往往是波浪式前进、螺旋式上升。社会主义由理想变为现实，在世界范围内还不到 100 年，在我国全面确立也仅仅 70 多年时间。同所有新生事物一样，它的发展也不会一帆风顺，在前进中必然要经历曲折。因此，以辩证唯物史观来看，新中国 70 多年的发展体现了曲折性和前进性的统一。

一方面，新生的人民共和国和社会主义制度在发展中难免要经历曲折。

中华人民共和国的成立，标志着新民主主义革命阶段的基本结束和社会主义革命阶段的开始，从此我国进入了由新民主主义向社会主义过渡的时期。到 1956 年，随着生产资料所有制的社会主义改造基本完成，一个崭新的社会主义制度在中国全面确立，这是我国进入社会主义社会的主要标志。

在开始全面建设社会主义时期，由于理论和经验的不足，以及国际形势的影响，中国共产党在独立自主地探索适合我国国情的社会主义建设道路的过程中，出现了曲折和失误。20 世纪 50 年代后期，由于仅用 3 年时间就实现了由新民主主义到社会主义的过渡，巨大的胜利使全党上下都难以保持冷静清醒的头脑，准备一鼓作气地由社会主义过渡到共产主义，结果良好的愿望脱离了基

---

① 胡锦涛：《高举中国特色社会主义伟大旗帜　为夺取全面建设小康社会新胜利而奋斗——在中国共产党第十七次全国代表大会上的报告》，人民出版社 2007 年版，第 56 页。

本国情，在国民经济发展的规模和速度问题上犯了急于求成的错误。虽然毛泽东等党和国家领导人在纠正"大跃进"和人民公社化运动中的"左"倾错误的过程中，逐步认识到我国还处在社会主义不发达阶段，因此要大力发展商品生产，其后又在发展战略和目标上提出通过"两步走"实现"四个现代化"的宏伟构想，但总的来看，还没有形成系统而深入的理论认识。20 世纪 60 年代以后，受国际"冷战"格局及共产主义阵营内部分化的影响，面对我国社会主义建设中遇到的种种困难和问题，以及政治生活与社会关系中出现的复杂矛盾，党的领导人转而从上层建筑领域入手，希望通过"以无产阶级文化大革命为纲，一手抓革命，一手抓生产"来巩固社会主义制度，结果又在认识和处理社会政治关系问题上，犯了阶级斗争严重扩大化的全局性错误。

几千年的人类社会发展史表明，每一次社会制度的根本变革，无不出现曲折反复的激烈斗争；每一种新生的社会制度，无不经历从不成熟到逐步成熟、从不完善到逐步完善的发展过程。社会主义在我国作为新生事物，其成长自然也不会一帆风顺。特别是在我们这样一个经济文化十分落后的东方大国建设社会主义，完全是社会主义发展史上从未遇到过的崭新课题，加之当时严峻复杂的国际环境的影响，新生的人民共和国和社会主义制度在发展中难免要经历曲折。

经历曲折在所难免，关键是要善于从曲折中总结经验教训，以更好地把握社会发展的客观规律性，减少主观盲目性。中国革命、建设和改革是在实践探索中不断发展的，也是在总结经验中不断前进的。中国共产党成立以来的历史表明，党是在不断总结历史经验的过程中逐步达到成熟并走向胜利的。善于总结和学习历史经验，是中国共产党的光荣传统，也是推进中国特色社会主义事业在不断探索中实现新突破的一个重要保证。

另一方面，虽然历经曲折，我国社会主义事业仍在曲折前进中不断走向辉煌。

中华人民共和国成立后，党的各项方针政策都立足于搞好新民主主义建设，为向社会主义转变创造条件。从 1953 年起，在过渡时期总路线的指引下，党领导人民开始了对农业、手工业和资本主义工商业的社会主义改造。伴随着社会主义经济基础的逐步建立，人民民主专政的政治制度也得到健全。1954 年第一届全国人民代表大会的召开和我国第一部社会主义宪法的颁布，为社会主义在我国的确立奠定了政治基础，也极大地调动了全国各族人民当家做主、建设和管理国家的积极性。1956 年生产资料所有制的社会主义改造基本完成，为我国全面进入社会主义社会、开展社会主义建设奠定了经济基础，极大地推动了社会生产力的发展,这也成为生产关系领域由私有制到公有制的一场伟大而深刻的社会变革。

社会主义制度建立后,我国进入了全面建设社会主义的历史阶段,开始独立自主地探索适合中国国情的社会主义建设道路。尽管其间出现了严重失误和挫折,但还是取得了重大而显著的成就,主要表现为:一是基本建成独立的、比较完整的工业体系和国民经济体系,为中国之后的发展奠定了牢固的物质技术基础;二是高度重视人民生活水平的提高和文化、医疗、科技等各项事业的发展,并在短时期内取得了前所未有的成就;三是坚持独立自主、维护世界和平、促进人类进步事业的目标,努力改善国际环境,不断提高国际地位,为社会主义建设创造了良好的外部条件;四是在探索适合我国国情的社会主义建设道路的过程中,逐步形成并不断完善有中国特色的社会主义基本制度,在此基础上形成了社会主义建设的基本方针和若干重要原则,为党继续进行新的探索做了理论铺垫。这些辉煌的成就,为新时期改革开放和社会主义现代化建设奠定了坚实的基础,正如中共十七大报告所说:"新民主主义革命的胜利,社会主义基本制度的建立,为当代中国一切发展进步奠定了根本政治前提和制度基础。"①

中共十一届三中全会后,新一代中央领导集体在总结正反两方面历史经验的基础上,开始了中国特色社会主义道路的新探索,取得了重大突破,主要表现在:一是吸取"以阶级斗争为纲"的深刻教训,强调发展才是硬道理,社会主义制度的巩固要在发展中实现,开辟了以经济建设为中心的社会主义发展新路;二是从毛泽东提出的社会主义社会的基本矛盾仍然是生产力和生产关系、经济基础和上层建筑之间的矛盾这一论断出发,进行了社会主义制度的自我完善和改革;三是根据新的国际形势,做出"和平与发展是当今时代的主题"的新判断,抓住历史机遇,实行全方位、多层次、宽领域的对外开放;四是在以经济建设为中心、进行改革开放的同时,提出必须坚持四项基本原则,并将四项基本原则作为立国之本写入宪法,确保了改革开放沿着正确的方向前进。在实现这些突破的基础上,中共十二大提出"把马克思主义的普遍真理同我国的具体实际结合起来,走自己的道路,建设有中国特色的社会主义"②的命题,指明了新时期党和人民前进探索的方向。中共十三大科学判断了我国社会主义初级阶段的基本国情,完整概括了党在社会主义初级阶段"一个中心、两个基本

---

① 胡锦涛:《高举中国特色社会主义伟大旗帜 为夺取全面建设小康社会新胜利而奋斗——在中国共产党第十七次全国代表大会上的报告》,人民出版社 2007 年版,第 7 页。

② 《邓小平文选》第 3 卷,人民出版社 1993 年版,第 3 页。

点"的基本路线，制定了社会主义现代化建设"三步走"的战略部署，并将政治体制改革提上重要日程，使改革开放和社会主义现代化建设得以全面展开和深入推进。

有了建设中国特色社会主义的明确目标和社会主义初级阶段的基本路线，仍不意味着中国特色社会主义事业从此就会一帆风顺。在改革开放和社会主义现代化建设的历史进程中，国际局势风云变幻，改革任务艰巨繁重，党和人民经受了前所未有的严峻考验和挑战，应对了一系列关系我国主权和安全的国际突发事件，战胜了来自政治、经济领域和自然界的种种困难和风险，并在实践基础上接连取得新的重大理论突破，对共产党执政规律、社会主义建设规律、人类社会发展规律的认识都达到了新的理论高度，成功开辟了中国特色社会主义道路，形成了中国特色社会主义理论体系，使中国特色社会主义事业在不断探索中呈现出蓬勃的生机和活力。

(三)改革开放前后两个历史时期是必然性与能动性的统一

习近平总书记指出："中国特色社会主义不是从天上掉下来的，是党和人民历尽千辛万苦、付出巨大代价取得的根本成就。"①他还强调，中国特色社会主义开创于改革开放新时期，建立在中国共产党长期奋斗的基础上，但思想、理论和实践的源头，则可以追溯到更远。2013 年 1 月，习近平总书记在新进中央委员会的委员、候补委员学习贯彻中共十八大精神研讨班上的讲话中，从六个时间段分析了社会主义从空想到科学、从理论到实践、从一国实践到多国发展的 500 年历史，全面展现了中国特色社会主义的历史渊源和发展进程。从这个很长的历史过程来认识中国特色社会主义的由来和发展，可以更加清晰地看到中国特色社会主义思想发展的脉络，更加充分地认识社会主义从理想到现实的历史必然性。

社会主义制度在我国确立后，面对如何建设社会主义的全新课题，中国共产党在探索适合中国国情的社会主义建设道路的过程中，虽然取得了重大成就，积累了一些成功经验，但认识上还带有一定的盲目性，没有形成规律性的认识。正如毛泽东在 1960 年所指出的："由必然王国到自由王国的飞跃，是在一个长期认识过程中逐步地完成的。对于我国的社会主义革命和建设，我们已经有了十年的经验了，已经懂得了不少的东西了。但是我们对于社会主义时期的革命和建设，还有一个很大的盲目性，还有一个很大的未被认识的必然王

---

① 《习近平谈治国理政》第 2 卷，外文出版社 2017 年版，第 36 页。

国，我们还不深刻地认识它。我们要以第二个十年时间去调查它，去研究它，从其中找出它的固有的规律，以便利用这些规律为社会主义的革命和建设服务。"①正是由于对什么是社会主义、怎样建设社会主义的重大理论问题没有搞清楚，我国社会主义建设出现了严重曲折。

十一届三中全会后，中国共产党人开始了社会主义道路的新探索。这一新的探索，是在深刻总结历史经验教训的基础上进行的。邓小平指出：我们的经验教训有许多条，"最根本的一条经验教训，就是要弄清什么叫社会主义和共产主义，怎样搞社会主义"②。江泽民进一步指出："总结历史经验，我们可以看到，坚持社会主义，首先要搞清楚什么是社会主义、怎样建设社会主义这个基本的理论问题。我国社会主义在改革开放前所经历的曲折和失误，归根到底就在于对这个问题没有完全搞清楚；改革开放以来在前进中遇到的一些犹疑和困惑，归根到底也在于对这个问题没有完全搞清楚。"③因此，什么是社会主义、怎样建设社会主义，这是走中国特色社会主义道路必须首先解决的基本理论问题。

基于以上认识，中国共产党人在改革开放伟大实践中进行了深入的理论思考，取得了一系列理论创新成果。邓小平理论从时代特征和基本国情出发，深刻揭示了社会主义的本质，第一次比较系统地初步回答了中国这样一个经济文化比较落后的国家如何建设社会主义、如何巩固和发展社会主义的一系列基本问题。"三个代表"重要思想，紧密结合时代发展的新形势、广大人民的新要求和改革开放的新实践，进一步回答了什么是社会主义、怎样建设社会主义的问题，创造性地回答了建设什么样的党、怎样建设党的问题。科学发展观准确把握进入新世纪新阶段后国内外形势的新变化，顺应人民群众过上更好生活的新期待，创造性地回答了实现什么样的发展、怎样发展的问题。为了更好地坚持和发展中国特色社会主义，围绕中共十八大以来国内外形势变化和我国各项事业发展提出的新问题，习近平新时代中国特色社会主义思想从理论与实践的结合上，系统回答了新时代坚持和发展什么样的中国特色社会主义、怎样坚持和发展中国特色社会主义这个重大课题，形成了马克思主义中国化的最新理论成果。这四大理论创新成果，构成了完整的中国特色社会主义理论体系，标志着党对共产党执政规律、社会主义建设规律、人类社会发展规律的认识达到了新

①　《毛泽东文集》第 8 卷，人民出版社 1999 年版，第 198 页。

②　《邓小平文选》第 3 卷，人民出版社 1993 年版，第 223 页。

③　江泽民：《在学习〈邓小平文选〉第三卷报告会上的讲话》，人民出版社 1993 年版，第 6 页。

的科学水平。

"理论思维的成熟是党成熟的一个重要标志。"①作为一个马克思主义政党，政治上的成熟首先来自理论上的清醒和自觉。中国共产党在领导人民推进改革开放和社会主义现代化的历史进程中，始终坚持解放思想、实事求是、与时俱进，不断推进马克思主义中国化，以理论自觉基础上的不断创新推动科学社会主义的新飞跃，从而使改革开放和社会主义现代化建设取得了伟大成就，中国特色社会主义在世界社会主义运动低潮中显示出勃勃生机。

中国共产党在领导人民开创和推进中国特色社会主义事业的伟大实践中，为何能够始终保持高度的理论自觉，在实践基础上不断推进理论创新、制度创新和文化创新？

一是中国共产党坚持实事求是的思想路线，始终用发展着的马克思主义指导改革开放和社会主义现代化建设的新实践。实事求是是中国化马克思主义的精髓。中共十一届三中全会以来，党对中国特色社会主义的探索，与党的思想路线的重新确立和丰富发展密切相连。党坚持解放思想、实事求是、与时俱进，把马克思主义基本原理同中国具体实际相结合，不断推进马克思主义中国化，在实践基础上进行理论创新，指引中国特色社会主义事业取得了辉煌成就。

二是中国共产党善于总结社会主义现代化建设的实践经验，并把被实践证明了的正确经验总结上升为理论原则，用以指导新的实践。江泽民曾深刻指出："作为一个马克思主义的政党，必须始终注重总结历史，善于运用辩证唯物主义和历史唯物主义的世界观、方法论，从对历史规律的不断认识和把握中找到指导我们前进的正确方向、道路与经验，不断开辟未来发展的新境界。"②中国共产党在中国特色社会主义的新探索中，能够不断实现重大的理论创新，正是建立在深刻总结实践经验的基础之上。

三是中国共产党尊重全体党员和人民群众的首创精神，善于集中全党全国各族人民的集体智慧。人民群众的伟大创造，是中国特色社会主义发展的不竭源泉。人民群众是历史的创造者，是推动社会发展的决定性力量。中国特色社会主义的许多成功探索和新鲜经验都来自人民群众的实践创造。我们党高度重视人民群众的伟大创造，热情地支持、鼓励、保护、引导人民群众的首创精神，及时地把这些新创造概括起来，在认识上提升为理论原则，使坚持从人民

---

① 江泽民：《在学习〈邓小平文选〉第三卷报告会上的讲话》，人民出版社 1993 年版，第 3 页。

② 江泽民：《论党的建设》，中央文献出版社 2001 年版，第 359 页。

群众的生动实践中总结经验、汲取智慧、寻找路子，成为中国特色社会主义不断发展的重要途径。

从社会主义到中国特色社会主义，这是近百年来科学社会主义在中国发展的历史轨迹。它向世人昭示：社会主义是近代以来中国人民的历史选择，也是中国共产党不懈追求的奋斗目标，要想拯救灾难深重的中国，只有社会主义而别无其他选择；中国特色社会主义是改革开放新时期社会主义现代化建设新探索的必然结果，要使当代中国走上繁荣发展之路，只有中国特色社会主义而别无其他途径；由社会主义到中国特色社会主义的探索，充分反映出中国共产党是一个与时俱进并具有高度理论自觉的成熟的马克思主义政党，它以中国特色社会主义的创新理论和成功实践，推动了科学社会主义的新飞跃。

中国共产党领导人民对社会主义建设进行艰辛探索和成功实践的历史，虽然在改革开放前后两个历史时期表现出明显的阶段性变化，其间也经历过无数艰难曲折，但党和人民对社会主义理想目标的执着追求是始终不渝的，对适合我国国情的社会主义建设道路的独立探索也是坚持不懈的，这是中国特色社会主义在前进中不断取得辉煌成就并成功迈入新时代的根本原因。

三、中国特色社会主义进入新时代

中共十八大以来，在中华人民共和国成立特别是改革开放以来我国发展取得重大成就的基础上，以习近平同志为核心的党中央，以伟大的历史主动精神、巨大的政治勇气、强烈的责任担当，统筹中华民族伟大复兴战略全局和世界百年未有之大变局，全面贯彻党的基本理论、基本路线、基本方略，统揽伟大斗争、伟大工程、伟大事业、伟大梦想，推进一系列变革性实践，实现一系列突破性进展，取得一系列标志性成果，经受住了来自政治、经济、意识形态、自然界等方面的风险挑战考验，攻克了许多长期没有解决的难题，办成了许多事关长远的大事要事，续写了经济快速发展和社会长期稳定两大奇迹，推动党和国家事业全面开创新局面，取得了历史性成就，发生了历史性变革，使我国发展站在了新的历史起点上。中国特色社会主义进入了新时代，这是我国发展新的历史方位。

中共十九大报告用"三个意味着"①高度概括了中国特色社会主义理论和实践对于中华民族伟大复兴的重大贡献、对于世界社会主义运动的重大贡献、对

───────────

① 参见习近平：《决胜全面建成小康社会　夺取新时代中国特色社会主义伟大胜利——在中国共产党第十九次全国代表大会上的报告》，人民出版社 2017 年版，第 10 页。

于人类社会发展进步的重大贡献，彰显了中共十八大以来中国特色社会主义进入新时代所取得的历史性成就与根本性变革。深刻认识"三个意味着"的丰富内涵，有助于我们进一步坚定中国特色社会主义道路自信、理论自信、制度自信和文化自信。

中国特色社会主义进入新时代，意味着近代以来久经磨难的中华民族迎来了从站起来、富起来到强起来的伟大飞跃，迎来了实现中华民族伟大复兴的光明前景。这个论断概括了中国特色社会主义理论和实践对于中华民族伟大复兴的重大贡献。鸦片战争后，中国逐步沦为半殖民地半封建社会，中华民族面临着两大历史任务，一是求得民族独立和人民解放，二是实现国家富强和人民幸福。在完成这两大历史任务的接力探索过程中，地主阶级的"师夷之长技以制夷"主张在甲午战争的炮火中灰飞烟灭，农民阶级的《天朝田亩制度》《资政新篇》更是成为无法兑现的空头支票，资产阶级改良主义效法西方制度的努力横遭扼杀，资产阶级革命派流血牺牲创建的中华民国也只是昙花一现，无数先烈为此而抱终天之恨，苦难的中国仍在黑暗中摸索前行。直到中国工人阶级登上历史舞台并有了自己的先锋队——中国共产党的领导，中华民族的不懈探索才有了新的光明前途。中国共产党团结带领中国人民进行了 28 年的浴血奋战，取得了新民主主义革命的胜利，彻底结束了旧中国半殖民地半封建社会的历史，彻底结束了旧中国一盘散沙的局面，彻底废除了列强强加给中国的不平等条约和帝国主义在中国的一切特权，使占人类总数四分之一的中华民族站了起来。在此基础上，中国共产党团结带领中国人民进行社会主义革命、建设和改革，实现了中华民族有史以来最为广泛而深刻的社会变革，并在艰辛探索中成功开辟了中国特色社会主义道路，形成了中国特色社会主义理论体系，确立了中国特色社会主义制度，使中华文明在社会主义现代化进程中焕发出新的蓬勃生机，实现了中华民族由不断衰落到根本扭转命运、持续走向繁荣富强的历史性飞跃。

中国特色社会主义进入新时代，意味着科学社会主义在 21 世纪的中国焕发出强大生机活力，在世界上高高举起了中国特色社会主义伟大旗帜。这个论断概括了中国特色社会主义理论和实践对于世界社会主义运动的重大贡献。自 1516 年托马斯·莫尔出版《乌托邦》(全名是《关于最完美的国家制度和乌托邦新岛的既有益又有趣的金书》)一书标志着空想社会主义诞生以来，在 502 年的历史长河中，社会主义由空想变为科学，由理论变为实践，从一国建立到多国发展，从经历严重挫折到重新走向振兴，世界社会主义运动在艰辛探索中始终没有停下前进的脚步。中国共产党人也紧紧围绕在一个半殖民地半封建的东方大国如何进行社会主义革命和建设的问题，以及建设什么样的社会主义、怎样建设社会主义的问题，从理论到实践都进行了异常艰辛的接力探索，最后成功开创了中国特色社会主义，在国内外形势十分复杂、世界社会主义出现严重挫折的严峻考验面前，又捍卫了中国特色社会主义并将其成功推向 21 世纪，使具有 500 多年历史的社会主义主张，在世界上人口最多的国家成功开辟出具有高度现实性和可行性的正确道路，让科学社会主义在新世纪焕发出新的蓬勃生机。正如习近平总书记所指出的："历史没有终结，也不可能被终结。中国特色社会主义是不是好，要看事实，要看中国人民的判断，而不是看那些戴着有色眼镜的人的主观臆断。中国共产党人和中国人民完全有信心为人类对更好社会制度的探索提供中国方案。"①这个中国方案，就是作为人类文明新形态的中国特色社会主义。相信在中国特色社会主义的示范带动下，经过各国无产阶级的努力，世界社会主义运动也会日益展现出更加光明的前景。

中国特色社会主义进入新时代，意味着中国特色社会主义道路、理论、制度、文化不断发展，拓展了发展中国家走向现代化的途径，给世界上那些既希望加快发展又希望保持自身独立性的国家和民族提供了全新选择，为解决人类问题贡献了中国智慧和中国方案。这个论断概括了中国特色社会主义理论和实践对于人类社会发展进步的重大贡献。毛泽东 1956 年 8 月在中共八大预备会上曾指出："你有那么多人，你有那么一块大地方，资源那么丰富，又听说搞了社会主义，据说是有优越性，结果你搞了五六十年还不能超过美国，你像个什么样子呢？那就要从地球上开除你的球籍！"②中国是世界上最大的发展中国家，对于如何彻底摆脱被"开除球籍"的危险，并为人类社会的发展进步做出自己的贡献，中国共产党人带领中国人民付出了不懈努力。通过中华人民共和国成立后 70 多年的接续奋斗，我们在各方面的建设上都取得了举世瞩目的伟大成就，特别是改革开放以来，中国这个世界上最大的发展中国家在短短 40 多年里，就彻底摆脱了贫困并跃升为世界第二大经济体。在当今世界经济增长低迷态势仍在延续，"逆全球化"思潮和贸易保护主义倾向有所抬头，各国发展中不稳定不确定因素明显增加的情况下，中国人民却在中国共产党的领导下，坚定不移地走中国特色社会主义道路，迎难而上，砥砺前行，推动经济社会持续健康发展，创造了举世瞩目的"中国奇迹"。长期以来，资本主义和西方国家的现代化道路被视为人类文明的终极模式和唯一道路，按照这种模式和道路发展

①　《习近平谈治国理政》第 2 卷，外文出版社 2017 年版，第 37 页。
②　《毛泽东文集》第 7 卷，人民出版社 1999 年版，第 89 页。

下去，逢强必霸、掠夺扩张是不可避免的。而"中国奇迹"的出现，以及支撑中国创造奇迹的"中国智慧"，使广大发展中国家看到了走向现代化的新途径、新理念，认识到只有独立自主地走和平发展道路，在世界舞台上用合作共赢代替战争对抗，才是人类文明发展的光明之路！

中国特色社会主义新时代，是承前启后、继往开来、在新的历史条件下继续夺取中国特色社会主义伟大胜利的时代，是决胜全面建成小康社会进而全面建设社会主义现代化强国的时代，是全国各族人民团结奋斗、不断创造美好生活、逐步实现全体人民共同富裕的时代，是全体中华儿女勠力同心、奋力实现中华民族伟大复兴的中国梦的时代，是我国日益走近世界舞台中央、不断为人类做出更大贡献的时代。这个新时代，既与改革开放40多年来的发展一脉相承，又有很大的不同，面临着许多新情况新变化：一是中共十八大以来，在中华人民共和国成立特别是改革开放以来我国发展取得重大成就的基础上，党和国家事业取得历史性成就、发生历史性变革，使我国发展站在了新的历史起点上，新起点需要新气象新作为；二是世界百年未有之大变局加速演进，新一轮科技革命和产业变革深入发展，国际力量对比深刻调整，我国发展面临新的战略机遇，同时世界进入新的动荡变革期，我国改革发展稳定面临不少深层次矛盾，躲不开、绕不过，战略机遇和风险挑战并存，不确定、难预料因素增多，对主动识变应变求变、主动防范化解风险提出了更高要求；三是我国社会的主要矛盾已经转化为人民日益增长的美好生活需要和不平衡不充分的发展之间的矛盾，经济建设仍然是中心任务，但需要把新发展理念贯穿发展全过程和各领域，构建新发展格局，切实转变发展方式，推动质量变革、效率变革、动力变革，实现更高质量、更有效率、更加公平、更可持续、更为安全的发展。

中共十八大以来党和国家事业取得的历史性成就、发生的历史性变革，彰显了中国特色社会主义的强大生机活力，党心军心民心空前凝聚振奋，为实现中华民族伟大复兴提供了更为完善的制度保证、更为坚实的物质基础、更为主动的精神力量。中国共产党和中国人民以英勇顽强的奋斗向世界庄严宣告，中华民族迎来了从站起来、富起来到强起来的伟大飞跃。

第三节　谱写新时代中国特色社会主义新篇章

中国特色社会主义是改革开放以来中国共产党全部理论和实践的主题。习近平总书记指出："坚持和发展中国特色社会主义是一篇大文章，邓小平同志为它确定了基本思路和基本原则，以江泽民同志为核心的党的第三代中央领导集体、以胡锦涛同志为总书记的党中央在这篇大文章上都写下了精彩的篇章。现在，我们这一代共产党人的任务，就是继续把这篇大文章写下去。"①正是在中华人民共和国成立特别是改革开放以来长期探索和实践的基础上，经过中共十八大以来在理论和实践上的创新突破，中国共产党在新时代坚持和发展中国特色社会主义的伟大斗争中成功推进和拓展了中国式现代化。

一、对新发展阶段和中国特色社会主义的新认识

正确认识党和人民事业所处的历史方位和发展阶段，是中国共产党明确阶段性中心任务、制定路线方针政策的根本依据，也是领导革命、建设、改革不断取得胜利的重要经验。在全面建成小康社会、实现第一个百年奋斗目标之后，党领导人民乘势而上，向第二个百年奋斗目标进军，由此开启了全面建设社会主义现代化国家的新征程，也标志着我国进入了一个新发展阶段。

如何认识和把握新发展阶段？习近平总书记指出："新发展阶段是我国社会主义发展进程中的一个重要阶段。"②就理论依据而言，马克思主义是远大理想和现实目标相结合、历史必然性和发展阶段性相统一的统一论者，坚信人类社会必然走向共产主义，但实现这一崇高目标必然经历若干历史阶段，今天我们所处的新发展阶段，就是社会主义初级阶段中的一个阶段，同时是其中经过几十年积累、站到了新的起点上的一个阶段。从历史依据来看，今天我们正在此前发展的基础上续写全面建设社会主义现代化国家新的历史，新发展阶段就是中国共产党带领人民迎来从站起来、富起来到强起来的历史性跨越的新阶段。就现实依据来讲，全面建成小康社会，解决了困扰中华民族几千年的绝对贫困问题，为我国进入新发展阶段、朝着第二个百年奋斗目标进军奠定了坚实基础，在此基础上，"全面建设社会主义现代化国家、基本实现社会主义现代化，既是社会主义初级阶段我国发展的要求，也是我国社会主义从初级阶段向更高阶段迈进的要求"③。正如习近平总书记所指出的："社会主义初级阶段不是一个静态、一成不变、停滞不前的阶段，也不是一个自发、被动、不用费多大气力自然而然就可以跨过的阶段，而是一个动态、积极有为、始终洋溢着蓬勃生机活力的过程，是一个阶梯式递进、不断发展进步、日益接近质的飞跃的

① 《习近平谈治国理政》，外文出版社 2014 年版，第 23 页。
② 《习近平谈治国理政》第 4 卷，外文出版社 2022 年版，第 165 页。
③ 《习近平谈治国理政》第 4 卷，外文出版社 2022 年版，第 165 页。

量的积累和发展变化的过程。"①从这个意义上讲，新发展阶段就是在新时代新征程的量的积累和发展变化过程中，日益接近质的飞跃，使我国社会主义从初级阶段向更高阶段迈进的阶段。

进入新发展阶段之后，又该如何深化对中国特色社会主义的认识和理解？以邓小平同志为主要代表的中国共产党人，在系统回答什么是社会主义、怎样建设社会主义这一根本问题的过程中，深刻揭示了"社会主义的本质，是解放生产力，发展生产力，消灭剥削，消除两极分化，最终达到共同富裕"②。那么，中国特色社会主义的本质是什么？中国特色社会主义进入新时代，新时代的本质又是什么？

中共十八大以来，以习近平同志为主要代表的中国共产党人，坚持把马克思主义基本原理同中国具体实际相结合、同中华优秀传统文化相结合，坚持毛泽东思想、邓小平理论、"三个代表"重要思想、科学发展观，深刻总结并充分运用党成立以来的历史经验，从新的实际出发，创立了习近平新时代中国特色社会主义思想，深化了对共产党执政规律、社会主义建设规律和人类社会发展规律的认识。习近平总书记指出："科学社会主义在中国的成功，对马克思主义、科学社会主义的意义，对世界社会主义的意义，是十分重大的。中共十九大作出中国特色社会主义进入新时代这个重大政治论断，我们必须认识到，这个新时代是中国特色社会主义新时代，而不是别的什么新时代。"③也就是说，新时代的本质特征是中国特色社会主义新时代，要在新时代的新历史方位上实现党的历史使命，最根本的就是要高举中国特色社会主义伟大旗帜。

新时代的本质特征是中国特色社会主义新时代，那么，中国特色社会主义的本质特征又是什么呢？习近平总书记强调："中国特色社会主义是社会主义而不是其他什么主义，科学社会主义基本原则不能丢，丢了就不是社会主义。"④所谓科学社会主义的基本原则，就是确保人民当家做主、坚持共产党的领导、以马克思主义为指导、以公有制为主体、以按劳分配为主体，等等，这些都是科学社会主义的基本原则，是中国特色社会主义质的规定性的重要内容。而"中国特色"，则体现在"两个结合"上。对此，习近平总书记指出："我们的社会主义为什么不一样？为什么能够生机勃勃充满活力？关键就在于中国

---

① 《习近平谈治国理政》第4卷，外文出版社2022年版，第165页。
② 《邓小平文选》第3卷，人民出版社1993年版，第373页。
③ 《习近平谈治国理政》第3卷，外文出版社2020年版，第70页。
④ 《习近平谈治国理政》，外文出版社2014年版，第22页。

特色，中国特色的关键就在于两个结合。"①"在五千多年中华文明深厚基础上开辟和发展中国特色社会主义，把马克思主义基本原理同中国具体实际、同中华优秀传统文化相结合是必由之路。这是我们在探索中国特色社会主义道路中得出的规律性的认识，是我们取得成功的最大法宝。"②正是在这个意义上，习近平总书记强调："中国特色社会主义，是科学社会主义理论逻辑和中国社会发展历史逻辑的辩证统一，是根植于中国大地、反映中国人民意愿、适应中国和时代发展进步要求的科学社会主义，是全面建成小康社会、加快推进社会主义现代化、实现中华民族伟大复兴的必由之路。"③

中国特色社会主义的本质是根植于中国大地、反映中国人民意愿、适应中国和时代发展进步要求的科学社会主义，其本质特征体现在人民当家做主、共产党领导、以马克思主义为指导、以公有制为主体、以按劳分配为主体等科学社会主义的基本原则方面，以及把马克思主义基本原理同中国具体实际、同中华优秀传统文化相结合的"两个结合"上。那么，中国特色社会主义最本质的特征又是什么呢？

办好中国的事情，关键在党。习近平总书记反复强调："中国特色社会主义最本质的特征是中国共产党领导，中国特色社会主义制度的最大优势是中国共产党领导。坚持和完善党的领导，是党和国家的根本所在、命脉所在，是全国各族人民的利益所在、幸福所在。"④强调中国特色社会主义最本质的特征是中国共产党领导，不仅是作为党和国家指导思想的习近平新时代中国特色社会主义思想核心内容的"十个明确"的首要一条，而且十三届全国人大一次会议通过的《中华人民共和国宪法修正案》，也在总纲部分增写了"中国共产党领导是中国特色社会主义最本质的特征"一款，从而以国家根本大法的形式，将这一重要认识成果上升为国家意志。明确中国特色社会主义最本质的特征是中国共产党领导，就在邓小平深刻回答"社会主义的本质是什么"的基础上，进一步深刻回答了"中国特色社会主义最本质的特征是什么"的重大理论问题，是一个重大理论创新，而且是在科学分析中国共产党的政党性质、中华人民共和国的国

---

① 新华社记者张晓松等：《赓续历史文脉　谱写当代华章——习近平总书记考察中国国家版本馆和中国历史研究院并出席文化传承发展座谈会纪实》，载《人民日报》，2023 年 6 月 4 日。

② 《习近平在文化传承发展座谈会上强调　担负起新的文化使命　努力建设中华民族现代文明》，载《人民日报》，2023 年 6 月 3 日。

③ 《习近平谈治国理政》，外文出版社 2014 年版，第 21 页。

④ 《习近平谈治国理政》第 2 卷，外文出版社 2017 年版，第 43 页。

体性质和中国特色社会主义的本质特征的基础上的重大理论创新。

二、明确提出新时代新征程中国共产党的使命任务

从中共十九大到二十大，是"两个一百年"奋斗目标的历史交汇期。2021 年 7 月 1 日，在庆祝中国共产党成立 100 周年大会上，习近平总书记代表党和人民庄严宣告："经过全党全国各族人民持续奋斗，我们实现了第一个百年奋斗目标，在中华大地上全面建成了小康社会，历史性地解决了绝对贫困问题，正在意气风发向着全面建成社会主义现代化强国的第二个百年奋斗目标迈进。"①在全面建成小康社会的第一个百年奋斗目标实现之后，中国共产党就领导人民开启了全面建设社会主义现代化国家、向第二个百年奋斗目标进军的新征程。

2022 年召开的中共二十大，对全面建设社会主义现代化国家、全面推进中华民族伟大复兴进行了战略谋划。大会提出："从现在起，中国共产党的中心任务就是团结带领全国各族人民全面建成社会主义现代化强国、实现第二个百年奋斗目标，以中国式现代化全面推进中华民族伟大复兴。"②这是系统总结党的百年奋斗和深刻把握新时代十年的伟大变革而得出的重要结论，也是新时代新征程中国共产党的使命任务。

实现中华民族伟大复兴是近代以来中国人民的共同梦想，无数仁人志士为此苦苦求索、进行各种尝试，但都以失败告终。探索中国现代化道路的重任，历史地落在了中国共产党身上。在新民主主义革命时期，中国共产党团结带领人民，浴血奋战、百折不挠，经过北伐战争、土地革命战争、抗日战争、解放战争，推翻帝国主义、封建主义、官僚资本主义三座大山，建立了人民当家做主的中华人民共和国，实现了民族独立、人民解放，为实现现代化创造了根本社会条件。

中华人民共和国成立后，中国共产党团结带领人民进行社会主义革命，消灭在中国延续几千年的封建制度，确立社会主义基本制度，实现了中华民族有史以来最为广泛而深刻的社会变革，建立起独立的比较完整的工业体系和国民经济体系，社会主义革命和建设取得了独创性理论成果和巨大成就，为现代化建设奠定了根本政治前提和宝贵经验、理论准备、物质基础。

---

① 习近平：《在庆祝中国共产党成立 100 周年大会上的讲话》，人民出版社 2021 年版，第 2 页。

② 习近平：《高举中国特色社会主义伟大旗帜　为全面建设社会主义现代化国家而团结奋斗——在中国共产党第二十次全国代表大会上的报告》，人民出版社 2022 年版，第 21 页。

改革开放和社会主义建设新时期，中国共产党做出把党和国家工作重心转移到经济建设上来、实行改革开放的历史性决策，大力推进实践基础上的理论创新、制度创新、文化创新及其他各方面创新，实行社会主义市场经济体制，实现了从生产力相对落后的状况到经济总量跃居世界第二的历史性突破，实现了人民生活从温饱不足到总体小康、奔向全面小康的历史性跨越，为中国式现代化提供了充满新的活力的体制保证和快速发展的物质条件。

中共十八大以来，中国共产党在已有基础上继续前进，不断实现理论和实践上的创新突破，成功推进和拓展了中国式现代化。这主要体现在：一是在认识上不断深化，创立了习近平新时代中国特色社会主义思想，实现了马克思主义中国化时代化新的飞跃，为中国式现代化提供了根本遵循；二是进一步深化对中国式现代化的内涵和本质的认识，概括形成中国式现代化的中国特色、本质要求和重大原则，初步构建中国式现代化的理论体系，使中国式现代化更加清晰、更加科学、更加可感可行；三是在战略上不断完善，深入实施科教兴国战略、人才强国战略、乡村振兴战略等一系列重大战略，为中国式现代化提供坚实的战略支撑；四是在实践上不断丰富，推进一系列变革性实践、实现一系列突破性进展、取得一系列标志性成果，推动党和国家事业取得历史性成就、发生历史性变革，特别是消除了绝对贫困问题，全面建成小康社会，为中国式现代化提供了更为完善的制度保证、更为坚实的物质基础、更为主动的精神力量。

以中国式现代化全面建设社会主义现代化国家、全面推进中华民族伟大复兴，是一项前无古人的伟大而艰巨的开创性事业，前途光明，任重道远，必然会遇到各种可以预料和难以预料的风险挑战、艰难险阻甚至惊涛骇浪。当前，世界百年未有之大变局加速演进，新一轮科技革命和产业变革深入发展，国际力量对比深刻调整，我国发展面临新的战略机遇。同时，世纪疫情影响深远，逆全球化思潮抬头，单边主义、保护主义明显上升，世界经济复苏乏力，局部冲突和动荡频发，全球性问题加剧，世界进入新的动荡变革期。而我国改革发展稳定也面临不少深层次矛盾，躲不开、绕不过，党的建设特别是党风廉政建设和反腐败斗争面临不少顽固性、多发性问题，来自外部的打压遏制随时可能升级。我国发展进入战略机遇和风险挑战并存、不确定难预料因素增多的时期，各种"黑天鹅""灰犀牛"事件随时可能发生。对此，必须增强忧患意识，坚持底线思维和极限思维，居安思危、未雨绸缪，敢于斗争、善于斗争，通过顽强斗争打开事业发展新天地。

三、奋力推进新时代新征程的伟大斗争

习近平总书记反复强调，中华民族伟大复兴绝不是轻轻松松、敲锣打鼓就能实现的，全党必须准备付出更为艰巨、更为艰苦的努力，必须进行具有许多新的历史特点的伟大斗争。在全面建设社会主义现代化国家新征程中，中国共产党领导人民继续进行具有许多新的历史特点的伟大斗争，必须坚定立场、把握方向、坚守原则、讲求方法，切实增强敢于斗争、善于斗争的定力和能力。

(一)深刻认识"两个确立"的决定性意义，以高度的政治自觉思想自觉行动自觉维护核心、学好理论

中共十八大以来，中国特色社会主义之所以能够进入新时代，党和国家事业之所以全面开创新局面，取得历史性成就、发生历史性变革，最根本的原因在于有习近平同志作为党中央的核心、全党的核心掌舵领航，在于有习近平新时代中国特色社会主义思想的科学指引。中共十八届六中全会明确了习近平同志在党中央和全党的核心地位，正式提出"以习近平同志为核心的党中央"，并着眼于确保党始终成为中国特色社会主义事业的坚强领导核心，聚焦严肃党内政治生活和加强党内监督，对全面从严治党做出了新的制度安排。中共十九大把习近平新时代中国特色社会主义思想确立为党必须长期坚持的指导思想并写入党章，十三届全国人大一次会议把这一重要思想载入宪法，实现了党和国家指导思想的与时俱进，对党和人民事业形成了强大引领和推动。

实践证明，一个国家的发展，坚强的领导核心至关重要，科学的指导思想至关重要，否则就无法统一意志和行动。中共十九届六中全会强调，确立习近平同志党中央的核心、全党的核心地位，确立习近平新时代中国特色社会主义思想的指导地位，反映了全党全军全国各族人民的共同心愿，对新时代党和国家事业发展、对推进中华民族伟大复兴的历史进程具有决定性意义。

在新时代新征程全面建设社会主义现代化国家，一个根本要求就是深刻领悟"两个确立"的决定性意义，进一步增强"四个意识"、坚定"四个自信"、做到"两个维护"，自觉在思想上政治上行动上同以习近平同志为核心的党中央保持高度一致，自觉用习近平新时代中国特色社会主义思想武装头脑、指导实践、推动工作，增强党的向心力、凝聚力、战斗力，团结一致向前看、步调一致向前进，在党中央的坚强领导和科学理论的指引下，攻坚克难、勇毅前进，奋力夺取新时代中国特色社会主义伟大胜利。

(二)认真贯彻落实新时代党的建设的总要求，全面推进新时代党的建设新的伟大工程

中国特色社会主义进入新时代，作为中国特色社会主义事业领导核心的中国共产党也一定要有新气象、新作为。党在领导全国人民进行伟大斗争、推进伟大事业、实现伟大梦想的奋斗历程中，必须深入推进新时代党的建设新的伟大工程，这是最为关键、起决定性作用的因素。为此，中共十九大报告明确提出了新时代党的建设的总要求，为新时代全面推进党的建设新的伟大工程指明了方向。

新时代党的建设总要求的首要一条就是坚持和加强党的全面领导，强化了党的领导地位和作用。强调"党领导一切"是马克思主义政党学说和国家学说的基本观点，也是中国共产党领导革命和建设的一贯原则。在全面建设社会主义现代化国家新征程中，也必须不断完善坚持党的领导的体制机制，不断提高把方向、谋大局、定政策、促改革的能力和定力，确保党始终总揽全局、协调各方。

新时代党的建设总要求形成了全面推进新时代党的建设的新布局。一是增加了政治建设并放到首位，突出了政治建设是党的根本性建设，并处于统领地位；二是将反腐倡廉建设的表述调整为纪律建设，并强调深入推进反腐败斗争，体现了将纪律挺在前面、把监督执纪关口前移的工作思路；三是强调要把制度建设贯穿于政治建设、思想建设、组织建设、作风建设、纪律建设之中，突出了制度建设的根本性、全局性、稳定性和长期性。

强调以党的政治建设为统领，全面推进新时代党的建设，抓住了党的建设的根本。旗帜鲜明讲政治是马克思主义政党的根本要求，党的政治建设决定着党的建设的方向和效果。中共十八大以来，以习近平同志为核心的党中央把政治上的要求始终摆在党的建设的首要位置，把政治建设作为根本性的大问题来抓，强调讲政治是我们党补钙壮骨、强身健体的根本保证，是我们党培养自我革命勇气、增强自我净化能力、提高排毒杀菌政治免疫力的根本途径，要求必须旗帜鲜明讲政治，严肃认真开展党内政治生活，自觉把讲政治贯穿于党性锻炼全过程，从而保证了全党风清气正、团结统一，党组织充满生机活力，党的事业蓬勃发展。把政治建设摆在党的建设的首位，以此为统领全面推进新时代党的建设，是对中共十八大以来党的建设成功经验的深刻总结，也是使党在新征程中始终成为坚强领导核心的根本保证。

把坚定理想信念宗旨作为新时代党的建设的根基，突出了党的思想建设的

基础性地位。习近平总书记指出，辩证唯物主义并不否认意识对物质的反作用，而是认为这种反作用有时是十分巨大的，我们党始终把思想建设放在党的建设的第一位，强调"革命理想高于天"，就是精神变物质、物质变精神的辩证法。新时代党的建设总要求丝毫没有减弱对思想建设的重视程度，反而进一步强调要以坚定理想信念宗旨为根基，把坚定理想信念作为党的思想建设的首要任务，推动全党更加自觉地为实现新时代党的历史使命而不懈奋斗。

中共十八大以来，反腐败斗争取得压倒性胜利，但在全面从严治党这个问题上，必须驰而不息、久久为功，不能有差不多了、该松口气歇歇脚的想法，不能有打好一仗就一劳永逸的想法，不能有初见成效即见好就收的想法。要保持反腐败政治定力，坚持不懈把全面从严治党向纵深推进，不断实现不敢腐、不能腐、不想腐一体推进的战略目标。为此必须坚持严的主基调不动摇，坚持发扬钉钉子精神加强作风建设，坚持以零容忍态度惩治腐败，坚持纠正一切损害群众利益的腐败和不正之风，坚持抓住"关键少数"以上率下，坚持完善党和国家监督制度，确保党在长期执政条件下成功跳出历史周期率，保证干部清正、政府清廉、政治清明，把党建设成为始终走在时代前列、人民衷心拥护、勇于自我革命、经得起各种风浪考验、朝气蓬勃的马克思主义执政党。

(三)在复杂严峻的斗争中经风雨、见世面、壮筋骨，不断提高勇于担当、善于作为、解决实际问题的能力

当今世界，百年未有之大变局加速演进，外部环境出现很多不稳定性、不确定性，其复杂性和严峻性史所罕见。在此大变局下，党领导人民立足新发展阶段、贯彻新发展理念、构建新发展格局、推动高质量发展，需要解决的问题越来越多样、越来越复杂，肩负任务的繁重性和艰巨性世所罕见。因此，敢于斗争、善于斗争，在斗争中不断提高解决实际问题的能力，是应对当前复杂形势、完成艰巨任务的迫切需要。

如何把握斗争的方向原则？习近平总书记强调，共产党人的斗争是有方向、有立场、有原则的，大方向就是坚持中国共产党领导和我国社会主义制度不动摇。凡是危害中国共产党领导和我国社会主义制度的各种风险挑战，凡是危害我国主权、安全、发展利益的各种风险挑战，凡是危害我国核心利益和重大原则的各种风险挑战，凡是危害我国人民根本利益的各种风险挑战，凡是危害我国实现"两个一百年"奋斗目标、实现中华民族伟大复兴的各种风险挑战，只要来了，我们就必须进行坚决斗争，而且必须取得斗争胜利。我们的头脑要特别清醒、立场要特别坚定，牢牢把握正确斗争方向，做到在各种重大斗争考

验面前"不畏浮云遮望眼""乱云飞渡仍从容"。

如何掌握斗争的科学方法？习近平总书记指出，斗争是一门艺术，要善于斗争。在各种重大斗争中，我们要坚持增强忧患意识和保持战略定力相统一、坚持战略判断和战术决断相统一、坚持斗争过程和斗争实效相统一，特别是要注重策略方法，讲求斗争艺术。要抓主要矛盾、抓矛盾的主要方面，坚持有理有利有节，合理选择斗争方式、把握斗争火候，在原则问题上寸步不让，在策略问题上灵活机动。要根据形势需要，把握时、度、效，及时调整斗争策略。要团结一切可以团结的力量，调动一切积极因素，在斗争中争取团结，在斗争中谋求合作，在斗争中争取共赢。

如何提高斗争的本领水平？习近平总书记强调了"七种能力"，指出面对复杂形势和艰巨任务，我们要在危机中育先机、于变局中开新局，干部特别是年轻干部要提高政治能力、调查研究能力、科学决策能力、改革攻坚能力、应急处突能力、群众工作能力、抓落实能力，勇于直面问题，想干事、能干事、干成事，不断解决问题、破解难题。他希望广大干部特别是年轻干部，在复杂严峻的斗争中，经风雨、见世面，真刀真枪锤炼能力，经受严格的思想淬炼、政治历练、实践锻炼、专业训练，以过硬本领展现作为、不辱使命。

(四)切实增强补课充电的紧迫感，自觉赶上时代潮流，依靠学习走向未来

中国共产党是一个历来重视学习、勤于学习、善于学习的马克思主义政党。早在延安时期，毛泽东从中国共产党的特点出发，提出了"要建设大党，我们的干部非学习不可"的思想。他指出："过去我们党的队伍小，只有很少的党员，现在党员的数目也并不多，但现在担负着打倒日本帝国主义、建立新中国的任务，需要我们建设一个大党。""我们要建设的一个大党，不是一个'乌合之众'的党，而是一个独立的、有战斗力的党，这样就要有大批的有学问的干部做骨干。""如果不学习，就不能领导工作，不能改善工作与建设大党。"①在解放战争即将取得全国胜利的前夕，毛泽东号召全党重新学习。在改革开放和社会主义现代化建设新时期，邓小平深刻指出："实现四个现代化是一场深刻的伟大的革命。在这场伟大的革命中，我们是在不断地解决新的矛盾中前进的。因此，全党同志一定要善于学习，善于重新学习。"②

---

① 《毛泽东文集》第 2 卷，人民出版社 1993 年版，第 179 页。
② 《邓小平文选》第 2 卷，人民出版社 1994 年版，第 152～153 页。

从党的历史经验看，每当革命、建设和改革处在重大关头，中国共产党总是特别重视结合新的形势和任务，向全党提出新的学习目标和要求，提高全党的马克思主义理论水平和领导干部的党性修养，从而推动党和人民事业实现大发展大进步，从胜利走向新的胜利。正因如此，习近平总书记反复强调："我们党依靠学习创造了历史，更要依靠学习走向未来。"中共十九届五中全会更是强调"增强补课充电的紧迫感，自觉赶上时代潮流"，要求各级领导干部善于用政治眼光观察和分析经济社会问题，同时提高专业化能力，努力成为领导构建新发展格局的行家里手。

实践永无止境，学习也永无止境。实践、学习、再实践、再学习……在实践过程中学习，在学习指导下实践。历史和现实都昭示人们，只有通过实践过程中的不断学习，马克思主义政党及其成员才能在政治上和理论上不断走向成熟。站在的历史起点、肩负新的历史使命的中国共产党，进行具有许多新的历史特点的伟大斗争，必须不断加强学习，在奋进开拓中研究新情况、解决新问题，这样才能适应新发展阶段、贯彻新发展理念、构建新发展格局，在全面建设社会主义现代化国家新征程中，谱写新时代中国特色社会主义新篇章。

(五)永远保持与人民群众的血肉联系，始终同人民想在一起、干在一起，团结带领人民把对美好幸福生活的向往变为现实

人民是历史的创造者，是决定党和国家前途命运的根本力量。中共十八大以来，以习近平同志为核心的党中央，坚持人民主体地位，把人民对美好生活的向往作为党的奋斗目标；坚持以人民为中心的发展思想，在依靠人民创造历史伟业的伟大斗争中践行全心全意为人民服务的根本宗旨；坚持人民当家做主，提出全过程人民民主的重大理念并大力推进，把党的群众路线贯彻到党治国理政的全部活动之中，确保发展为了人民、发展依靠人民、发展成果由人民共享，使全体人民在共建共享发展中过上更加幸福美好的生活，朝着共同富裕的方向稳步前进。

习近平总书记指出："时代是出卷人，我们是答卷人，人民是阅卷人。"①中国特色社会主义进入新时代，面临的挑战和问题依然严峻复杂，党面临的"赶考"远未结束，必须坚持以人民为中心的发展思想，把人民视为党的工作的最高裁决者和最终评判者，把人民群众拥护不拥护、赞成不赞成、高兴不高兴、答应不答应作为衡量一切工作得失的根本标准，努力抓好保障和改善民生

---

① 《习近平谈治国理政》第3卷，外文出版社2020年版，第70页。

各项工作，不断增强人民的获得感、幸福感、安全感，不断推进全体人民共同富裕；必须坚持发展全过程人民民主，不断完善全面、广泛、有机衔接的人民当家做主制度体系，拓展多样、畅通、有序的民主渠道，有效保证党的主张、国家意志、人民意愿相统一。只有这样，才能赢得人民群众的衷心拥护和积极参与，不断增强发展动力，在团结一致、共同推进伟大斗争中把发展蓝图变成美好现实。

实践在发展，时代在前进，对于始终走在时代前列的中国共产党来说，改革永远在路上、发展永远在路上、赶考永远在路上，必须永葆奋斗精神，发扬斗争精神，提高斗争本领，敢于斗争、敢于胜利，在中国特色社会主义新时代和全面建设社会主义现代化国家的新征程中，继续进行具有许多新的历史特点的伟大斗争，做勇立时代潮头、推进社会进步的引领者、奋进者、搏击者。

思考题：

1. 如何正确认识社会主义建设在探索中的成就与失误？
2. 如何辩证看待改革开放前后两个历史时期的关系？
3. 为什么说历史和人民选择改革开放是历史的必然？
4. 中国特色社会主义进入新时代意味着什么？
5. 请结合历史进程阐述新时代新征程中国共产党的使命任务。

第七章　民族复兴中国梦的追寻与展望

一部中国近现代史，就其主流和本质来说，是中国人民在国家蒙辱、人民蒙难、文明蒙羞，中华民族遭受前所未有的劫难的背景下为拯救民族危亡、起衰振弱，在现代化道路上实现民族复兴而艰辛探索、接续奋斗的历史。实现中华民族的伟大复兴，是近代以来中华民族最伟大的梦想，凝聚了几代中国人的夙愿，体现了中华民族和中国人民的整体利益。中国近现代史上的一切问题、中国各派社会力量的一切活动，也都是围绕着这一主题展开的。经过几代人的接力探索和持续奋斗，在中国共产党的领导下，中国人终于找到了实现中华民族伟大复兴的正确道路——中国特色社会主义道路，成功推进和拓展了中国式现代化。今天，中国人民比历史上任何时期都更接近中华民族伟大复兴的目标，比历史上任何时期都更有信心、更有能力实现这个目标。

第一节　民族复兴的历史追寻

实现中华民族伟大复兴的中国梦，国家、社会、个人是必须紧紧依托的主体。习近平总书记在第十二届全国人大一次会议上满怀深情地指出，实现中华民族伟大复兴的中国梦，就是要实现国家富强、民族振兴、人民幸福。这实际上阐明了中国梦互相关联的三个层次：国家富强的中国梦，民族振兴即社会发展的中国梦，个体幸福的中国梦。可以说，中国梦将中华民族紧密地联结在一起，使个人、社会与国家成为一个有机整体。其中，国家富强是民族复兴的根本保障，社会发展是民族复兴的基础，个人幸福是民族复兴的目的与归宿。

一、国家富强是民族复兴的根本保障

民富国强，自古以来就是世界上每一个民族追求的目标。"在世界几大古代文明中，中华文明是没有中断、延续发展至今的文明，已经有 5000 多年历史了。"在一个很长的历史时期，中国曾是世界上最强盛与富足的国家之一，"在工业革命发生前的几千年时间里，中国经济、科技、文化一直走在世界的

第一方阵之中。"①盛唐时期，中国成为当时世界文化的中心。英国史学家赫伯特·乔治·韦尔斯的《世界史纲》一书给出这样的评价："当唐初诸帝之时，中国国家之隆盛，都市之文雅，文化之蒸腾，威力之远被，与西方之腐败、混乱、分裂相较，判然不同。"②到明代，中国经济仍保持了繁荣的景象，以纺织、冶金、制瓷为代表的手工业空前发达，造船和航海技术处于世界领先水平。自13世纪末《马可·波罗游记》问世后的近400年间，中华文明的魅力让当时的欧洲无比憧憬：孔子的道德哲学，中国的悠久历史，中国的瓷器、丝织品、茶叶、漆器，中国工艺的装饰风格、园林艺术，中国的诗词与戏剧，在欧洲人面前展示了他们"梦寐以求的幸福生活的前景"③。西班牙人门多萨在《中华大帝国史》一书中，将明朝时期的中国称为"全世界最富饶的国家"④。德国哲学家莱布尼茨在《中国近况》一书中，称中国拥有"人类最高度的文化和最发达的技术文明"⑤。法国启蒙思想家伏尔泰赞美"中国人在道德和政治经济学、农业、生活必需的技艺等等方面已臻完美境地"⑥，认为"他们是按照人性的需求享受着幸福的"⑦。彼时的中国以国家统一、社会富庶、人民勤劳的形象，成为许多欧洲人心目中的理想国度。即使到中国封建社会由盛转衰的18世纪后期，中国经济总量仍占世界的28.7%，世界上人口在50万以上的10个大城市中中国占了6个，仍可称为世界头号大国。⑧

　　然而，当人类历史进入工业文明时代，一直固守"重农抑商"国策的中国就开始落后了。17世纪中叶的英国资产阶级革命，将人类历史推进到资本主义时代。其后，美国、法国等国家也相继进行了资产阶级革命。18世纪后半叶，英国又率先进行了以机器取代人力、以大规模工厂化生产取代个体工场手工生产的工业革命，随后工业革命扩展到整个欧洲大陆和北美。英、法、美等率先完

　　①　习近平：《在布鲁日欧洲学院的演讲》，载《人民日报》，2014年4月2日。

　　②　[英]H.G.韦尔斯：《世界史纲》(上)，梁思成等译，上海人民出版社2006年版，第398页。

　　③　周宁：《西方的中国形象史：问题与领域》，载《东南学术》，2005年第1期。

　　④　[西]门多萨：《中华大帝国史》，何高济译，中华书局1998年版，第9页。

　　⑤　安文铸、关珠、张文珍编译：《莱布尼茨和中国》，福建人民出版社1993年版，第103页。

　　⑥　[法]伏尔泰：《哲学辞典》上册，王燕生译，商务印书馆1991年版，第323页。

　　⑦　[法]伏尔泰：《风俗论》下册，谢戊申、邱公南、郑福熙等译，商务印书馆2000年版，第510页。

　　⑧　参见朱地：《十六大与中华民族的伟大复兴——金冲及访谈录》，载《百年潮》，2003年第1期。

成工业革命的西方资本主义国家，逐步确立对世界的统治，形成了西方先进、东方落后的世界格局。"不断扩大产品销路的需要，驱使资产阶级奔走于全球各地。它必须到处落户，到处开发，到处建立联系。""资产阶级，由于一切生产工具的迅速改进，由于交通的极其便利，把一切民族甚至最野蛮的民族都卷到文明中来了。它的商品的低廉价格，是它用来摧毁一切万里长城、征服野蛮人最顽强的仇外心理的重炮。它迫使一切民族——如果它们不想灭亡的话——采用资产阶级的生产方式；它迫使它们在自己那里推行所谓的文明，即变成资产者。一句话，它按照自己的面貌为自己创造出一个世界。"①

此时的中国已经全面落后于欧洲，整个社会呈现出停滞与衰败的景象。1776年，英国经济学家亚当·斯密在《国富论》中指出："中国长期以来是世界上最富有的国家之一……然而，中国似乎长期停滞不发展了。五百多年前访问过中国的马可·波罗曾对它的耕作、制造业以及众多的人口作过详尽的描述，然而它们与今天到过中国的旅游者的描述还几乎相同。"②曾于1793年率团出访中国的英国特使马戛尔尼，在英国国会的报告中这样描述乾隆末年中国社会的停滞与落后：这个国家"至少在这过去的150年，没有发展和进步，甚至在后退；而在我们科技日益前进时，他们和今天的欧洲民族相比较，实际变成了半野蛮人"③。对此，马克思更深刻地指出："一个人口几乎占人类三分之一的大帝国，不顾时势，安于现状，人为地隔绝于世并因此竭力以天朝尽善尽美的幻想自欺。这样一个帝国注定最后要在一场殊死的决斗中被打垮。"④

在1840年至1842年的第一次鸦片战争中，中国被当时世界上最先进的工业国家英国所击败，被迫签订了丧权辱国的《南京条约》，从此开始沦为半殖民地半封建社会。其后，西方资本—帝国主义通过发动大小数百次侵华战争，迫使中国签订了1100多个不平等条约，掠去战争赔款和其他款项高达1000亿两白银，强占了中国181万多平方千米领土，并将中国作为其原料产地和商品市场纳入世界资本主义体系，长期操纵中国的政治经济命脉。资本—帝国主义的侵略和封建主义的统治，造成了中国长期贫穷落后，积弱不振，人民饥寒交迫、备受奴役，中华民族几度面临亡国灭种的危机。在这样的历史大背景下，争取民族独立、人民解放，实现国家富强、人民富裕，成为中国人民必须完成

---

① 《马克思恩格斯选集》第1卷，人民出版社1995年版，第276页。
② ［英］亚当·斯密：《国富论》，谢祖均译，新世界出版社2007年版，第60页。
③ ［英］乔治·马戛尔尼、［英］约翰·巴罗：《马戛尔尼使团使华观感》，何高济、何毓宁译，商务印书馆2013年版，第6页。
④ 《马克思恩格斯文集》第2卷，人民出版社2009年版，第632页。

的历史任务。

中华民族是在国家沉沦的背景下来探索复兴之路的。由于国家羸弱、人民困苦，中华民族被西方列强蔑称为"东亚病夫"，这使探索国家出路的中国人深深意识到：在列强环伺的局面下，没有一个强大的国家作为保障，就不可能有中华民族的复兴，因而近代以来的民族复兴梦首先是强国梦。1902年，梁启超出版了轰动一时的政治幻想小说《新中国未来记》，书中描述了六十年后"新中国"繁荣富强的景象，表达的正是当时中国人对于国家富强梦想的憧憬。在鸦片战争以后的一百多年间，一代又一代仁人志士为实现国家富强殚精竭虑、前赴后继，追梦的历程曲折而艰辛。

以林则徐、魏源等人为代表的地主阶级改革派，最早意识到科学技术落后是中国抵御外敌入侵时被动挨打的直接原因。魏源总结西方国家的先进之处在于"一、战舰，二、火器，三、养兵、练兵之法"，提出"师夷之长技以制夷"的主张，并倡言设造船厂、机器局，发展中国自己的工业，其主张代表了鸦片战争后先进的中国人探索国家富强之策的历史先声。他们已经意识到：要达成国家富强的目标，必须学习西方强国的经验，走工业化的道路。

将"师长"主张付诸具体实践并明确提出通过发展近代工业达成国家富强目标的，是封建统治阶级中的洋务派。面对鸦片战争后的"千古变局"，曾国藩、李鸿章等洋务派官僚，萌发出强烈的危机意识："外国猖獗至此，不亟亟焉求富强，中国将何以自立耶？"[1]他们认为，由闭关锁国到被迫开放，可能会成为中国起衰振弱的历史机遇，若能主动应变，"则敌国外患未必非中国振兴之资，是在一转移间而已"[2]。为此，他们发起了一场以"自强""求富"为号召的洋务运动。他们提出的自强之策是采西学，制洋器，"师其所能，夺其所恃"[3]，求富之策是以工商立国，与外国展开商战。他们初步意识到振兴商务乃是实现国家富强的关键："富国强兵，非商曷倚？"[4]从19世纪70年代至90年代，由发展军事工业到发展民用工业，在官办和官督商办的模式下，中国开展了最早的工业化建设。但由于洋务运动是在"变事不变制"的前提下开展的，新的生产力

---

[1]　《李文忠公全书·朋僚函稿》卷6，见沈云龙主编：《近代中国史料丛刊续编》第70辑，文海出版社1980年版，第2519页。

[2]　《李文忠公全书·奏稿》卷35，见沈云龙主编：《近代中国史料丛刊续编》第70辑，文海出版社1980年版，第1133页。

[3]　《李文忠公全书·奏稿》卷19，见沈云龙主编：《近代中国史料丛刊续编》第70辑，文海出版社1980年版，第677页。

[4]　陈炽：《庸书·外编》卷上，自强学斋治平十议版，第12页。

不可能在旧的生产关系的桎梏下发展起来,这场以国家富强为目标、以发展近代工业为手段的洋务运动,虽然为近代中国工业化积累了一定基础,但不可能扭转国弱民贫的颓势,不可避免地以失败而告终。

针对洋务官办工业阻碍民间工业发展的弊端,中国早期改良主义知识分子明确提出了重商富民、以工商立国的主张,发出"官办不如商办"的呼声,要求打破官办工业的垄断。他们认为,"欧洲立国以商务为本,富国强兵,全藉于商",因而倡言"治国以富强为本,而求强以致富为先",强调"商富而后国富","商足以富国"。王韬提出"恃商为国本"的主张,最早喊出"振兴中国"的口号。①郑观应在《盛世危言》中提出"习兵战不如习商战",主张"振工商以求富,为无形之战"。马建忠著《富民说》,倡言"通商致富"。薛福成撰《振百工说》,鼓吹"工体商用"。陈炽撰《续富国策》,指出工商实业方为"富国之源",是"救中国之贫弱"的根本出路。他们的主张打破了中国几千年来"农本商末"思想的桎梏,推动了重商主义思潮在中国的兴起,成为近代中国社会思想观念变迁的滥觞,反映了资本主义经济行将取代封建经济的历史趋势,代表了那个时代先进的中国人对富民强国目标的追求。

在19世纪末"瓜分豆剖,渐露机芽"的亡国危机下,以康有为、梁启超为代表的维新派,将政治制度的变革与保国、强国的目标联系起来。在1895年的"公车上书"中,他们明确提出以变法为"立国自强之策",及富国、养民、教民、设议郎等主张。康有为等人先后发起成立"以求中国自强之学","专为中国自强而立"的强学会,以"保国家之政权土地不丧失,保民族种类之自立,保圣教之不失"为宗旨的保国会(又称"强国会"),掀起了一场"泉涌涛奔"的维新变法运动。维新派提出以"富国养民"为目的的发展资本主义的经济纲领,主张"以工定国"。② 同时,他们认为"泰西之强,在其政体之善也"③,故将政治体制改革作为大规模发展资本主义经济的突破口。梁启超在宣传维新变法的系列文章《变法通议》中,公开揭橥了以政治体制改革为中心的变法主张,指出"变法之本,在育人才;人才之兴,在开学校;学校之立,在变科举;而一切要其大成,在变官制"④,认为只有变革旧制度,才能解放生产力,奠定"富国养

① 王韬:《弢园文录外编》,辽宁人民出版社1994年版,第391、120页。

② 汤志钧编:《康有为政论集》上册,中华书局1981年版,第289～290页。

③ 黄明同、吴熙钊主编:《康有为早期遗稿述评》,中山大学出版社1988年版,第116页。

④ 梁启超:《变法通议》,见《饮冰室合集》第1册《饮冰室文集之一》,中华书局1989年版,第10页。

民"的基础。然而，他们推动的这场"变法"，终因封建顽固派的反对而夭折，中国新兴的资产阶级企图通过温和的政治改革为中国开辟工业化道路的强国梦就此破灭。

中国民主革命的先行者孙中山响亮地喊出"振兴中华"的口号。① 他提出的"振兴"计划是，先以革命手段推翻封建专制统治，建立民主共和制度，再通过大规模的现代化建设，"迎头赶上世界先进国家"②。孙中山认识到，推翻封建专制统治、建立民主共和制度的政治革命，以及废除封建土地所有制、实现平均地权和土地国有的社会革命，只是为国家富强创造必要的前提，要达到国家富强的目标，必须通过大规模的现代化建设才能实现。他强调，革命是建设的先导，建设才是革命的目的。因此，他在致力于发动政治革命的同时，一直在精心筹划中国的现代化建设方略。

辛亥革命成功后，孙中山领导南京临时政府出台了一系列保护和鼓励发展工商实业的制度和政策，使中华民国成立后的最初几年成为中国资本主义发展的第一个"黄金时期"。孙中山本人也曾准备专心督办全国铁路建设，并立下"十年内修筑二十万里铁路"的宏愿。他认为，中国若要富强，必须振兴实业，而"交通为实业之母，铁道又为交通之母"③，故铁路建设是振兴中国实业的第一要务。但由于"二次革命"的爆发，孙中山的"铁路梦"未能实现。第一次护法运动失败后，1917 年至 1919 年，孙中山在上海撰成近代中国第一份系统的现代化建设蓝图《建国方略》，其中《实业计划》被他认为是"国家经济之大政策"和"此后中国存亡之关键"④。这个基于"开放主义"的宏大开发计划，包括建设中央、东北、西北、中南、西南、高原六大铁路系统，建设连通中国与世界的北方、东方、南方三大国际商港和现代化的内河航运体系，建设贯通全国城乡的100 万英里⑤的公路网络系统，开发煤、铁、石油及有色金属的矿业计划，满足人民日常生活需求的粮食工业、衣服工业、居室工业、行动工业、印刷工业发展计划，以及中北部造林、屯垦新疆与西藏等开发计划。但这个庞大计划的基础，是通过引进美英等欧美国家的投资，在平等互惠的原则上共同开发中国

---

① 孙中山在为 1894 年成立的兴中会起草的章程中提出："是会之设，专为振兴中华、维持国体起见。"

② 习近平：《在纪念孙中山先生诞辰 150 周年大会上的讲话》，人民出版社 2016 年版，第 3 页。

③ 《孙中山全集》第 2 卷，中华书局 1982 年版，第 383 页。

④ 孙中山：《建国方略》，中华书局 2011 年版，第 93 页。

⑤ 1 英里等于 1609.344 米。

实业，推动中国现代化进程。孙中山曾将他的《实业计划》副本送交美国商务部与英国内阁，希望能得到欧美国家的支持，但终是石沉大海。残酷的现实打破了孙中山实业强国的梦想，在当时的历史条件下，他提出的引进外资开发实业的计划不可能得到西方列强的支持。国内"去一满洲之专制，转生出无数强盗之专制"的黑暗政治和军阀混战乱局，更使寄托着孙中山强国梦的实业计划"半筹莫展，一败涂地"①。

追寻近代以来探索民族复兴之路的先行者的足迹，可以发现在工业化道路上实现国家富强的目标，是他们的共同诉求。19世纪末至20世纪初的二十余年间，中国社会曾经先后兴起了教育救国、实业救国、科学救国等一波接一波的热潮，无数仁人志士抱着富国强国的梦想投身于其中，他们的努力在一定程度上推动了中国的现代化进程，但最终都没有找到实现国家富强、民族复兴的正确道路，富国强国的梦想一次次破灭。"要解决中国发展进步问题，必须找到能够指导中国人民进行反帝反封建革命的先进理论，必须找到能够领导中国社会变革的先进社会力量。"②

二、社会发展是民族复兴的坚实基础

社会发展既是民族复兴的重要目标，又是民族复兴实现的基础。在一个落后、封闭、僵化的社会，是不可能实现国家富强、民族振兴、人民幸福的目标的。

中国封建社会经过两千多年的发展，到近代前夜，已经陷于停滞落后状态。封建地主土地所有制和自给自足的自然经济，束缚着生产力的发展；以皇权为中心的封建专制主义政治，抑制着中国社会的生机和活力；族权和政权相结合的封建宗法等级制度，阻碍着社会的发展和进步；以儒学为核心的封建文化，严重禁锢着人们的思想。要实现中华民族的复兴，在发展经济、变革政治的同时，还要有一场社会的改造和人的改造。"与外界完全隔绝曾是保存旧中国的首要条件，而当这种隔绝状态通过英国而为暴力所打破的时候，接踵而来的必然是解体的过程，正如小心保存在密闭棺材里的木乃伊一接触新鲜空气便必然要解体一样。"③在西方列强侵略导致亡国危机，西学东渐引发思想变动，自然经济逐步解体和新的生产方式产生，中国经济被卷入世界资本主义体系，

---

① 孙中山：《建国方略》，中华书局2011年版，第3～4页。
② 中共中央文献研究室编：《十七大以来重要文献选编》(下)，中央文献出版社2013年版，第432页。
③ 《马克思恩格斯选集》第1卷，人民出版社1995年版，第692页。

中国社会革命发生、发展的复杂背景下，近代中国社会出现变动。总体看来，近代中国社会的变动，是在中与西、新与旧的冲突与纠结中，朝着现代文明的方向前行的；"新中国""少年中国""新民""新青年"等新名词的出现，表达的正是除旧布新的社会心态。这是一场中国人痛彻肺腑的文明告别，更是一场凤凰涅槃的浴火重生。这一时期，中国社会进步主要表现在以下方面。

一是打破闭关锁国状态，逐步建立起与世界的联系。人类历史进入工业文明时代后，世界开始连成一个整体，"任何国家要发达起来，闭关自守都不可能"。故步自封、闭关自守是中国封建社会从兴盛到衰落的主要原因，"如果从明朝中叶算起，到鸦片战争，有三百多年的闭关自守，如果从康熙算起，也有近二百年。长期闭关自守，把中国搞得贫穷落后，愚昧无知"[1]。

鸦片战争后，西方列强用坚船利炮轰开了中国国门，强加给中国一系列不平等条约，使中国沦为半殖民地半封建社会，给中华民族和中国人民带来了深重的灾难。但中国在被迫打开国门的同时，"野蛮的、闭关自守的、与文明世界隔绝的状态被打破，开始同外界发生联系"[2]，中国被卷入西方国家主导的世界体系，开始建立与世界的联系，不得不在与各国的竞争中特别是在与西方列强的抗争中，求生存求发展。

面对"三千年未有之变局"，先进的中国人不得不开眼看世界。他们意识到，老祖宗遗留下来的物质遗产和精神累积，已难以抗衡亘古未有的西方工业文明，亦无以从中提炼出挽救自身危机的物质资源和精神资源，必须把世界先进的物质、制度、精神诸方面的文明成果"拿来"为我所用，才有可能救亡图存，富国强国，实现民族复兴。因此，打开国门，走向世界，"向西方寻找真理"，学习和借鉴西方先进的器物、制度和文化，成为近代以来先进的中国人探索国家出路的进步潮流，这也是后来中国人民选择马克思主义来解决中国问题的大背景。从封闭到开放，逐步建立与世界的联系，是近代中国社会发展进步的重要标志，也是中国走向工业化、现代化的前提条件。但是，由于中国是在外力的压迫下打开国门的，在开放之初，自身缺乏国家主权意识，又对西方主导的世界体系和国际规则缺乏基本了解，再加上国弱民贫的状况和不平等条约体系的束缚，近代中国对外开放、融入国际社会的过程充满着危机和挑战。

二是民族国家意识的觉醒与现代民族国家的形成。中国传统政治文化中只有基于华夏中心主义的"内诸夏，外夷狄"的种族意识和天下意识，缺乏基于民

---

① 《邓小平文选》第 3 卷，人民出版社 1993 年版，第 90 页。
② 《马克思恩格斯选集》第 1 卷，人民出版社 1995 年版，第 691 页。

族认同和国家认同的民族国家观念。① 鸦片战争后，西方列强的侵略，迫使封闭落后的中国不得不与由民族国家构成的竞争激烈的国际社会发生联系，特别是甲午战争后，亡国灭种的危机开始激发国人民族国家意识的觉醒。

1894 年，中国第一个资产阶级团体兴中会成立，提出"驱除鞑虏，恢复中国，创立合众政府"的主张；其中的"中国"不再是指旧的封建王朝，而是指一个主权独立的现代民族国家。1898 年成立的保国会，痛陈国地日割、国权日削的时局，提出保国、保种、保教的宗旨，表明中国人开始打破"天下"观念，国家与领土主权意识开始觉醒。19 世纪末 20 世纪初，梁启超等人在《清议报》上译介德国政治学家伯伦知理的《国家论》，宣传现代国家学说。1900 年，梁启超在《少年中国说》中阐述了民族国家的政治观念："夫国也者，何物也？有土地，有人民，以居于其土地之人民，而治其所居之土地之事，自制法律而自守之；有主权，有服从，人人皆主权者，人人皆服从者。夫如是，斯谓之完全成立之国。"②梁启超还指出："今日吾中国所最急者……民族建国问题而已。"③其后，他又提出"中国民族"和"中华民族"的概念，并很快为时人所接受。

随着民族国家意识的生长，民族复兴的观念开始在社会上流行。继孙中山提出"振兴中华"的口号后，20 世纪初华兴会提出"复兴中华"的口号，梁启超主持的《新民丛报》也提出了"复兴中国""振兴民族"等口号。这一时期，资产阶级革命派对民族国家思想进行了大力宣传，强调"凡立于竞争世界之民族而欲自存者，则当以建民族的国家为独一无二义"，"惟民族的国家，乃能发挥其本族之特性；惟民族的国家，乃能合其权以为权，合其志以为志，合其力以为力"④。辛亥革命后，孙中山在临时大总统就职宣言书中，明确提出建立现代民族国家的任务，并强调中国境内各民族应结成"大国族团体"，联合世界被压迫民族，"共同用公理去打破强权"⑤。

以辛亥革命和中华民国建立为标志，中国开始形成现代民族国家。其后，

---

① 梁启超在《少年中国说》中指出了中国传统政治文化中民族国家意识的缺失："古昔之中国者，虽有国之名，而未成国之形也，或为家族之国，或为酋长之国，或为诸侯封建之国，或为一王专制之国。""我中国畴昔，岂尝有国家哉？不过有朝廷耳！"

② 梁启超：《少年中国说》，见《饮冰室合集》第 1 册《饮冰室文集之五》，中华书局 1989 年版，第 9 页。

③ 梁启超：《新民说》，见《饮冰室合集》第 6 册《饮冰室专集之四》，中华书局 1989 年版，第 44 页。

④ 张枬、王忍之编：《辛亥革命前十年间时论选集》第 1 卷下册，生活·读书·新知三联书店 1960 年版，第 486～487 页。

⑤ 《孙中山全集》第 9 卷，中华书局 1986 年版，第 242、220 页。

"中华民族"的内涵由最初单指汉族，逐步扩展为包括中国境内所有民族，成为中华民族共同体的统称。从此，民族国家形成，成为中华民族走向现代化、实现民族复兴的载体。李大钊在1917年4月发表的《大亚细亚主义》一文中提出"中华国家之再造，中华民族之复活"的主张。在1919年的五四运动中，爱国学生喊出了"外争国权，内惩国贼"的口号，高扬起民族国家的旗帜，促进了民族国家意识的进一步觉醒。

在1931年至1945年的抗日战争时期，日本帝国主义的侵略使"中华民族到了最危险的时候"，"中华民族复兴"的话语和观念成为一种影响广泛的社会思潮，民族国家意识空前地高涨。全体中华儿女对国家和民族高度认同，通过最广泛的抗日民族统一战线，凝聚起整个中华民族的意志和力量。"在现代历史上，中国第一次团结一致地行动起来，象一个现代民族那样同仇敌忾，奋起抵抗。于是，在这种血与火的洗礼中，一个现代中国诞生了。"[1]抗日战争的胜利，加速了现代民族国家的形成，推动了中国社会的进步，"开辟了中华民族伟大复兴的光明前景，开启了古老中国凤凰涅槃、浴火重生的新征程"[2]。

三是现代国民意识的形成与个体自由思想的萌发。思想观念的进步是社会进步的主要标志，"随着每一次社会制度的巨大历史变革，人们的观点和观念也会发生变革"[3]。从戊戌变法到五四新文化运动，是近代中国思想观念的大变动时期。在中国传统思想观念中，"普天率土，莫非臣民"，天下百姓均是君主的臣民，从而形成强烈的人身依附，缺乏独立人格和个体自由。以具有现代内涵的国民观念取代传统的臣民观念，是近代中国思想更新的重要内容。

在戊戌变法期间，康有为等人即开始使用现代意义上的国民概念。梁启超对"国民"概念做了较完整的现代阐释，指出"国民者，以国为人民公产之称也"[4]，"有国家思想能自布政治者，谓之国民"[5]，从而突出了国民在国家中的主体地位，强调了国民应具有独立人格，享有言论、行动、居住、财产、请愿、出版、集会、结社等自由权利。戊戌变法以后，现代国民观念在中国社会迅速传播开来，"国民魂""国民性""国民精神""国民品格"等新名词被广泛使用。

---

[1] 林语堂：《中国人》，郝志东、沈益洪译，浙江人民出版社1988年版，第316页。

[2] 习近平：《在纪念中国人民抗日战争暨世界反法西斯战争胜利70周年大会上的讲话》，http://www.xinhuanet.com/politics/2015-09/03/c_1116456504.htm，2018-04-10。

[3] 《马克思恩格斯全集》第7卷，人民出版社1959年版，第240页。

[4] 《梁启超全集》第1册，北京出版社1999年版，第309页。

[5] 《梁启超全集》第2册，北京出版社1999年版，第663页。

孙中山将推翻清王朝专制统治、建立民主共和制度的政治革命,称为"国民革命"。他在为同盟会起草的《军政府宣言》中,使用了"国民军""国民政府"等概念,指出"所谓国民革命者,一国之人皆有自由、平等、博爱之精神",提出"由平民革命以建国民政府,凡为国民皆平等以有参政权"①。辛亥革命胜利后,南京临时政府颁布的《中华民国临时约法》,明确规定"中华民国之主权,属于国民全体",规定了国民享有的各项自由权利,标志着现代国民意识的形成。

个体自由思想是现代国民意识的核心,也是近代中国国民性改造的中心任务。在戊戌变法时期,梁启超、严复等人提倡培养国民自由、独立的人格品质,宣传"自由者,天下之公理,人生之要具,无往而不适用者"②,"故今日之治,莫贵乎崇尚自由"③。

20 世纪初,《美国独立宣言》与《法国人权宣言》相继被介绍到中国④,推动了个体自由思想在中国的传播。章太炎提出个性解放的思想主张,反对"张大社会以抑制个人"⑤。鲁迅将提倡个性解放的个人主义与自私自利的利己主义区别开来,大声疾呼"惟有此我,本属自由","惟发挥个性,为至高之道德"⑥。新文化运动明确将启蒙国民"伦理的觉悟",塑造自由、平等、独立的近代人格作为中心任务,批判"社会最大的罪恶莫过于摧折个人的个性,不使他自由发展",指出没有独立自由人格的社会国家"决没有改良进步的希望"⑦,号召"冲决过去历史之网罗,破坏陈腐学说之囹圄"⑧,"创造政治上、道德上、经济上的新观念"⑨。新文化运动是近代中国第一场真正意义上的思想启蒙运动,推动了各种新思想、新观念的传播,促进了人民的觉醒,并为马克思主义在中国的传播创造了条件。

四是新社会力量的成长。中国传统的社会力量主要是农民阶级和地主阶级。鸦片战争后,随着新生产方式的产生和教育制度的变革,中国产生了新的

---

① 《孙中山全集》第 1 卷,中华书局 1981 年版,第 296～297 页。
② 《梁启超选集》,上海人民出版社 1984 年版,第 223 页。
③ 《严复集》第 4 册,中华书局 1986 年版,第 1082 页。
④ 《美国独立宣言》译载于《国民报》1901 年第 1 期,《法国人权宣言》于 1903 年由"支那翻译会社"出版。
⑤ 《章太炎全集》第 4 卷,上海人民出版社 1985 版,第 445 页。
⑥ 《鲁迅全集》第 1 卷,人民文学出版社 1989 年版,第 51 页。
⑦ 《胡适文存》(一),黄山书社 1996 年版,第 466～467 页。
⑧ 李大钊:《青春》,载《新青年》,第 2 卷第 1 号,1916 年 9 月 1 日。
⑨ 陈独秀:《本志宣言》,载《新青年》,第 7 卷第 1 号,1919 年 12 月 1 日。

社会力量。伴随着近代工业在中国的产生和初步发展，产生了工人阶级和资产阶级两个新兴阶级。

中国工人阶级人数虽少，但它是新的生产力的代表，是近代中国最革命的阶级。辛亥革命后，特别是在第一次世界大战期间，随着中国民族工业的初步发展，中国工人阶级队伍得到较快发展，成长为一支"特别能战斗"的力量，肩负起领导民族复兴的责任。

资产阶级中的官僚买办资产阶级，是中国半殖民地半封建社会生产关系的代表，不是进步的社会力量。民族资产阶级是中国新兴资本主义生产方式的代表，但力量弱小，它们因受到外国资本主义和本国封建主义及官僚买办资产阶级的压迫，具有反帝反封建的革命性，同时又具有软弱性、动摇性，这使得中国民族资产阶级难以充当中国现代化的主导力量，亦不可能成为民族复兴的坚强领导者。

以学生为主体的新知识群体，形成于戊戌变法到辛亥革命时期，主要由四个部分构成：一是接受过传统教育，再学习而转化、投身于新式文化事业的士人；二是从中国自办的新式学堂毕业的学生；三是从外国传教士在华开办的教会学校毕业的学生；四是从国外留学归国的学生。[①] 这个群体不同于知识陈旧、思想僵化的传统士大夫群体，他们了解世界发展大势，具备自然科学或社会科学某一领域的专门知识，具有近代民族国家观念和民主意识，并多有较强烈的现实关怀。这个群体的出现，本身就是近代中国社会进步的重要表现。他们对中国现代化的进程产生了较大的影响，不仅成为中国现代化建设中的专业人才，还起着传播新知识、新观念、新思想，加强中国与世界的联系，带动中国社会进步的作用。他们中的不少优秀分子，成长为中国民族民主革命的坚强战士，在辛亥革命、五四运动和后来的新民主主义革命中发挥了重要的作用。中国最早的马克思主义者，也主要产生在他们中间。

五是新社会组织的产生。随着工业化、城市化进程的发展和新的社会力量的成长，中国出现了新社会组织。近代以前，中国只有会馆和公所之类工商业者的同乡或同行组织，因为封建官府严格禁止民间结社立会。近代新社会组织，最早出现于戊戌变法时期。一批维新志士以讲求自强、结合群力、启迪民智为号召，组织各种形式的民间学会组织，影响最大的有强学会、保国会、南学会等。戊戌变法失败后，这些学会或被取缔，或停止活动。

---

① 参见章开沅、马敏、朱英主编：《中国近代史上的官绅商学》，湖北人民出版社2000年版，第659页。

20 世纪初，清政府宣布实施新政后，民间结社立会活动又趋活跃，各种社团组织蜂拥而起。1899 年至 1911 年，各地公开的结社不下 600 余个，涉及社会生活的各个方面。① 这一时期的各类新社会组织中，最值得关注的是商会、工会和妇女团体的出现。中国最早的近代商会，是 1904 年建立的上海商务总会（其前身是 1902 年成立的上海商业会议公所），随后全国各地纷纷建立商会。到 1912 年，全国范围内商务总会发展到 57 处，商务分会达 871 处。1914 年，中国历史上第一个全国性的商会组织中华全国商业联合会在上海成立。商会的出现是中国民族资产阶级形成和发展的重要标志。工会是工人运动的产物。1906 年成立的广东机器工人工会和广东邮政工人工会，是中国最早的近代工会。辛亥革命前后，随着工人运动的兴起，又出现了一批工会组织。工会的出现表明工人开始组织起来，为中国工人阶级以独立的姿态登上政治舞台准备了条件。妇女组织是随着妇女解放运动的兴起而出现的。近代中国最早的妇女团体，是 1897 年在上海成立的中国女学会，以提倡女学、反对缠足为宗旨。1903 年在拒俄运动中成立的共爱会，是中国近代第一个妇女爱国团体，以"兴我国于已亡，拯斯民于涂炭"为纲领，号召"振兴女学，恢复女权，尽国民之天职"。辛亥革命时期，随着妇女爱国运动和女权运动的蓬勃发展，出现了一大批妇女团体，主要有中国妇女会、女子国民会、女子同盟会、女子参政同盟会、中华女子竞进会等。

各种新社会组织的出现，反映了戊戌变法以来中国社会结构的深刻变动和民间力量的成长，是中国社会进步的重要标志。

六是生活方式的变化和社会风俗的移易。工业化和城市化进程，以及西方文化的影响，推动着近代中国社会生活方式的变化。这种变化首先发生在通商口岸和城市，然后逐渐影响到乡村。人们对于洋货与西俗，由开始的诧异、排斥到逐渐习惯、接受，进而开始模仿。1882 年 2 月 23 日《申报》刊载的《风气日开说》一文，指出了社会风气的这种变化："今日之中国已非复襄日所比，襄者见西人之事，睹西人之物，皆群相诧怪，决无慕效之人，近则此等习气已觉渐改，不但不肆讥评，而且深加慕悦。"

19 世纪 50 年代以后，人们的衣、食、住、行、劳动工作，以至于休闲娱乐、社会交往方式都开始发生变化，趋新、趋洋成为时尚。洋服洋帽、西餐西点、高楼洋房、照相摄影、西洋戏剧及各种现代体育运动开始流行。公园、博物馆、公共图书馆等新事物在城市出现。火车、汽车、电车、轮船、摩托车、

---

① 参见张玉法：《戊戌时期的学会运动》，载《历史研究》，1998 年第 5 期。

自行车等新交通工具，电报、电话等新通信工具和报纸、杂志等大众传媒开始进入人们的日常生活。特别是报纸、杂志等新传媒的民间化，打破了封建正统文化的垄断地位，促进了各种社会思潮的并存与竞争，为新思想的传播提供了空间。婚丧习俗也发生变化，男女平等、自由恋爱，一夫一妻的观念和文明结婚的仪式开始受到追捧，仿效西俗开追悼会、送花圈、戴黑纱、鞠躬的新丧葬礼节开始得到提倡。社交礼仪中，脱帽、鞠躬、握手、鼓掌等文明礼俗逐渐通用，"先生""女士""小姐""同志"等新用语取代了"大人""老爷""太太""官人""娘子"等旧称谓。女学兴起及以天足、天乳、女子参政等为内容的女权运动促进了妇女的解放，新派妇女开始走向社会，参与政治运动和各种社会活动，妇女的社会地位明显提高。同时，一些旧的习俗陋规也逐渐被废除。南京临时政府成立后，颁布了一系列革除"旧染污俗"的政令，如严禁鸦片、限期剪辫、禁止蓄娼、禁止赌博、禁止缠足、废止跪拜、禁止刑讯体罚、禁止贩卖人口、解放堕户惰民等。南京临时政府还颁行了国旗、国歌，改用公元纪年。这些措施都具有解放思想、移风易俗的积极作用，反映了这一时期中国社会习尚的革故鼎新。

1912 年 2 月，南京临时政府公布《中华民国国歌》，其歌词为："亚东开发中华早，揖美追欧，旧邦新造。飘扬五色旗，民国荣光，锦绣山河普照。我同胞，鼓舞文明，世界和平永保。"其中"揖美追欧，旧邦新造"一语正是对近代以来中国社会变动趋势的高度概括：以欧美的现代文明来改造中国，建立一个新的国家。鸦片战争后，在"揖美追欧"的潮流下，中国社会各方面都发生了新陈代谢的变动，总体趋势是朝着现代文明的方向发展。这种变化既为中国的现代化进程创造了必要的条件，也为马克思主义在中国的传播和中国先进分子接受马克思主义廓清了道路。

但必须指出的是，从 1840 年鸦片战争到 1919 年五四运动的近八十年间，中国社会的变动没有也不可能改变中国半殖民地半封建社会的性质和贫穷落后的面貌，这种状况也没有因为辛亥革命建立起民主共和制度而改变。近代中国最广泛、深刻的社会变革，是在中国共产党领导的反帝反封建的新民主主义革命取得胜利，特别是在社会主义基本制度确立之后。

三、人民幸福是民族复兴的目的与归宿

在近代中国半殖民地半封建社会的背景下，国家富强成为实现中华民族伟大复兴的首要任务。国家富强是人民幸福的基础，亦是实现人民幸福的保障。

但国家富强、民族振兴的目的，归根到底是让人民过上幸福美好的生活，因此对国家富强的追求不能忽略人民幸福这个根本目的。在近代中国，"救国"与"救民"两大问题始终是密不可分的，实现国家富强与人民幸福具有内在的一致性。

对于幸福生活的追求，自古以来便是人类的共同愿景，"许多世纪以来，甚至几千年以来，人类就有过'立即'消灭所有一切剥削的愿望"①。在西方，从公元前5世纪古希腊的柏拉图提出"理想国"，到16—17世纪莫尔提出"乌托邦"，再到19世纪初圣西门、傅立叶、欧文的空想社会主义，都反映了不同时代人们对于理想社会幸福生活的向往。

中国古代有着同样丰富的思想资源。《诗经·国风》中"适彼乐土""适彼乐国""适彼乐郊"的词句，表达了古人对于人间乐土和幸福生活的向往。道家提出了"甘其食，美其服，安其居，乐其俗"的"小国寡民"社会构想。儒家的大同社会的理想，在中国有着更持久的影响力。儒家经典《礼记·礼运》描绘了大同社会的理想生活状态："大道之行也，天下为公，选贤与能，讲信修睦。故人不独亲其亲，不独子其子。使老有所终，壮有所用，幼有所长，矜寡孤独废疾者，皆有所养。男有分，女有归。货恶其弃于地也，不必藏于己；力恶其不出于身也，不必为己。是故谋闭而不兴，盗窃乱贼而不作，故外户而不闭，是谓大同。"这种思想一直延续到19世纪末20世纪初社会主义思潮在中国的兴起，并为社会主义思想在中国的传播提供了丰富的滋养。中国农民阶级在反对封建地主阶级压迫的斗争中提出的"均贫富""等贵贱""法平等"等主张，表达的也是底层民众对幸福生活的追求。

在科学社会主义产生以前，所有这些思想主张都是脱离社会实际的空想，前人没有也不可能找到实现这种理想社会幸福生活的现实途径。但是，他们对于理想社会的精神追求和以人的幸福生活为最高准则的价值取向，是留给后人的宝贵财富。空想社会主义为科学社会主义的诞生"提供了丰富的资料和启示"②，中国的大同思想亦为后来马克思主义在中国的传播提供了适宜的思想土壤。

国家富强并不必然带来人民幸福。中国封建社会曾经有过强盛和富足的时期，但少数统治阶级占有了绝大部分社会财富，广大劳动人民生活贫困，"富

---

① 《列宁全集》第12卷，人民出版社1987年版，第42页。

② 中共中央宣传部理论局编：《世界社会主义五百年(党员干部读本)》，党建读物出版社、学习出版社2014年版，第24页。

者田连阡陌，贫者无立锥之地"是经济社会生活的常态。即使在统治阶级标榜国泰民安的"治世"，贫富分化的问题同样突出，广大人民群众从来没有真正过上幸福生活，这也正是大同思想在中国古代历久而弥盛的深厚社会基础，亦是各个历史时期农民起义此起彼伏的根本原因。

鸦片战争后，资本—帝国主义的侵略和封建主义的统治，使中国国家羸弱，人民贫苦，因而救国与救民成为实现民族复兴的双重主题。探索国家出路的先行者们，正是抱着"亟拯斯民于水火，切扶大厦之将倾"的救世情怀，将对人民幸福的追求寓于实现国家富强、民族振兴的奋斗之中。

在封建地主阶级自救的洋务运动中，部分较开明的洋务派官僚也意识到民富与国强的因果关系，如李鸿章提出了"古今国势，必先富而后能强，尤必富在民生，而国本乃可益固"①的见解。但封建统治阶级关心的并不是人民的幸福，而是从"民惟邦本，本固邦宁"的封建统治逻辑来考虑事情的；他们从来没有也不可能真正解决民生困苦问题，洋务派标榜的自强求富也不可能扭转当时国弱民贫的困局。

太平天国运动是中国农民阶级在日益深化的民族危机和社会危机面前，对于国家出路的探索。他们提出的"有田同耕，有饭同食，有衣同穿，有钱同使，无处不均匀，无人不饱暖"的社会生活准则、"天下一家，共享太平"的理想社会模式，是中国传统大同思想附会于某些基督教因子的产物，反映了中国农民阶级在残酷的社会现实面前对幸福生活的向往，并成为他们抗击封建统治阶级和外国侵略势力的精神力量。但这种建立在小生产基础上的绝对平均主义的生活准则，是乌托邦式的空想，既无法付诸实践，也违背了社会发展的规律，"它的性质是反动的、落后的、倒退的"②。所以，无论是在太平天国区域内的实践，还是太平天国运动的结果，都没有给广大农民群众带来幸福的生活。这场波及大半个中国的农民战争，"给予民众的惊惶比给予老统治者们的惊惶还要厉害"，"好像仅仅是用丑恶万状的破坏来与停滞腐朽对立，这种破坏没有一点建设工作的苗头"③，丝毫没有改变广大农民的生活境遇，也没有给中国社会经济的发展带来任何积极影响。

戊戌变法时期，大同思想成为维新思潮的重要内容。谭嗣同在《仁学》中设计了一个"有天下而无国""变不平等为平等""人人能自由""君主废""贵贱平"

---

① 《李鸿章全集》第 10 册，安徽教育出版社 2008 年版，第 63 页。
② 《毛泽东选集》第 4 卷，人民出版社 1991 年版，第 1314 页。
③ 《马克思恩格斯全集》第 15 卷，人民出版社 1963 年版，第 545 页。

"公理明""贫富均""兴机器"的大同太平社会①，将对民生幸福的追求与生产方式更新和政治制度变革联系起来。康有为在《大同书》中设计了未来社会的美好蓝图：社会生产力高度发展，物质财富极大丰富，精神文明高度发达，城乡差别逐步消失，人民生活美满幸福。大同社会的经济基础是社会公有制，废除了私有财产，实行计划生产、计划分配，劳动者各尽所能，按劳取值，推行良好的社会保障和社会福利制度，没有阶级，没有剥削，人人平等，劳动成为人民生活的需要与乐事，工人最受尊敬，社会地位最高。大同社会消灭了国家，"全地一切大政皆人民公议"，"举世界之人公营全世界之事"②。各级政府的职能是组织社会生产，安排人民的物质和精神生活，维护社会的正常秩序；政府不再是阶级压迫的工具，而真正成为管理社会经济文化的机关。③ 这种至善至美的大同社会，缺乏付诸实践的社会基础，康有为"没有也不可能找到一条到达大同的路"④。戊戌变法时期的大同思潮具有历史进步性，它在一定程度上反映了中国人民对平等幸福生活的追求，并为社会主义思潮在中国的兴起创造了条件。

孙中山明确提出人民幸福是国家富强、民族振兴的目的和归宿。1906年12月，他在同盟会机关刊物《民报》创刊周年庆祝大会上的演说中指出："我们革命的目的是为众生谋幸福，因不愿少数满洲人专利，故要民族革命；不愿君主一人专利，故要政治革命；不愿少数富人专利，故要社会革命。这三样有一样做不到，也不是我们的本意。达了这三样目的之后，我们中国当成为至完美的国家。"⑤在这里，孙中山将民族革命、政治革命、社会革命三大任务，与国家富强、民族振兴、人民幸福三大目标有机统一起来，公开揭橥为人民谋幸福是资产阶级民主主义革命的根本目的。后来，他又多次说道："三民主义是为人民而设的，是为人民求幸福的"⑥，革命"就是要除去人民的那些忧愁，替人民谋幸福"⑦。在他看来，只有实现众生幸福的国家，才是"至完美"的国家，因而他立志要把中国"改造成世界上最新、最进步的国家"⑧，"建设一政治最

---

① 《谭嗣同全集》下册，中华书局1981年版，第370、367、334、324页。
② 康有为：《大同书》，辽宁人民出版社1994年版，第299、304页。
③ 参见吴雁南、冯祖贻、苏中立等主编：《中国近代社会思潮(1840—1949)》第1卷，湖南教育出版社1998年版，第497~508页。
④ 《毛泽东选集》第4卷，人民出版社1991年版，第1471页。
⑤ 《孙中山全集》第1卷，中华书局1981年版，第329页。
⑥ 《孙中山全集》第9卷，中华书局1986年版，第177页。
⑦ 《孙中山全集》第10卷，中华书局1986年版，第25页。
⑧ 《孙中山全集》第9卷，中华书局1986年版，第345页。

修明、人民最安乐之国家，为民所有、为民所治、为民所享者也"①。孙中山特别重视民生问题，他说："民生就是人民的生活——社会的生存、国民的生计、群众的生命"，"民生就是政治的中心，就是经济的中心和种种历史活动的中心"，社会的文明发达、经济组织的改良和道德进步、社会的一切进化都是以民生为重心的，"民生就是社会一切活动中的原动力。因为民生不遂，所以社会的文明不能发达，经济组织不能改良，和道德退步，以及发生种种不平的事情。象阶级斗争和工人痛苦，那些种种压迫，都是由于民生不遂的问题没有解决。所以社会中的各种变态都是果，民生问题才是因"②。他主张通过大规模地发展实业来解决民生问题，又试图防范资本主义的弊端，使中国"幸免于欧、美贫者愈贫、富者愈富的恶例"③。他强调，"民生主义是以养民为目的"④，是要使全体国民都能过上幸福生活。他曾在一次演讲中如此谈到振兴实业的目的："一为国民谋吃饭，二为国民谋穿衣，三为国民谋居屋，四为国民谋走路……达到这个目的后，大家便可以享人生的真幸福。子子孙孙便不怕穷，不但是一个人的子孙可以享幸福，就是众人的子子孙孙，都是永远的享幸福。"⑤

孙中山为人民谋幸福的思想主张，与社会主义的价值取向是基本一致的。恩格斯指出："我们的目的是要建立社会主义制度，这种制度将给所有的人提供健康而有益的工作，给所有的人提供充裕的物质生活和闲暇时间，给所有的人提供真正的充分的自由。"⑥孙中山自己也认为"民生主义就是社会主义，又名共产主义，即是大同主义"⑦，并表示："我坚信，只有中国成为一个社会主义国家，我们的人民才能更幸福，他们的苦痛也才能减轻。社会主义将治愈中国的疾苦。"⑧他还说："鄙人对于社会主义，实欢迎其利国福民之神圣，本社会之真理，集种种生产之物产，归为公有，而收其利。实行社会主义之日，即我民幼有所教，老有所养，分业操作，各得其所。我中华民国之国家，一变而

---

① 孙中山：《建国方略》，中华书局 2011 年版，第 5 页。
② 《孙中山选集》，人民出版社 1981 年版，第 802、825、835～836 页。
③ 《孙中山全集》第 5 卷，中华书局 1985 年版，第 479 页。
④ 《孙中山全集》第 9 卷，中华书局 1986 年版，第 410 页。
⑤ 《孙中山先生演说全集》第 2 编，见沈云龙主编：《近代中国史料丛刊》第 67 辑，文海出版社 1971 年版，第 108 页。
⑥ 《马克思恩格斯全集》第 21 卷，人民出版社 1965 年版，第 570 页。
⑦ 《孙中山选集》，人民出版社 1981 年版，第 802 页。
⑧ 《孙中山集外集补编》，上海人民出版社 1994 年版，第 185 页。

为社会主义之国家矣。"①应当说，孙中山对于社会主义的理解并不准确，他提出的平均地权、节制资本的民生主义政策没有也不可能解决中国的民生问题。但孙中山仍不愧为中国近代对国家富强与人民幸福关系理解最深刻的资产阶级民主主义者。正是这种为人民谋幸福的价值取向，促成了孙中山晚年思想的转变，走上"以俄为师"，联俄、联共、扶助农工的道路。

回首近代中国追寻国家富强、民族复兴之路的艰辛历程，在中国共产党成立以前，各派社会力量和政治人物都是选择向西方学习，走资本主义的道路。从魏源提出"师夷长技以制夷"，到张之洞主张"中学治身心，西学应世事"，从康有为"以俄国大彼得之心为心法，以日本明治之政为政法"的变法维新，到孙中山"取法西人的文明而用之"的三民主义，从主张"科学与人权并重"的新文化运动，到"以中国的态度走西方的路"的近代新儒家的改良方案，尽管其政治态度和具体方案各不相同，但都主张走西方的路。他们的努力固然在一定程度上推动了中国社会的进步，特别是孙中山领导的辛亥革命，结束了统治中国几千年的君主专制制度，建立了民主共和制度，打开了中国进步潮流的闸门，但他们都未能真正找到实现中华民族伟大复兴的正确道路，他们的努力没有改变中国半殖民地半封建社会的性质，没有改变广大中国人民的悲惨境遇，没有完成民族独立、人民解放的历史任务。直到"中国人找到了马克思列宁主义这个放之四海而皆准的普遍真理，中国的面目就起了变化了"②。

第二节　民族复兴的现实基础

当前的中国，正站在历史的新起点上，展现出中华民族伟大复兴的光明前景。正如习近平总书记所说："现在，我们比历史上任何时期都更接近中华民族伟大复兴的目标，比历史上任何时期都更有信心、有能力实现这个目标。"③令中华民族信心满怀的是，经过鸦片战争以来一代又一代志士仁人180多年的持续奋斗，我们开辟了中国特色社会主义道路，形成了中国特色社会主义理论体系，确立了中国特色社会主义制度，发展了中国特色社会主义文化，成功推进和拓展了中国式现代化，为中华民族伟大复兴奠定了坚实的基础。

---

① 《孙中山全集》第2卷，中华书局1982年版，第523页。
② 《毛泽东选集》第4卷，人民出版社1991年版，第1470页。
③ 习近平：《在纪念红军长征胜利80周年大会上的讲话》，人民出版社2016年版，第21页。

一、开辟了中国特色社会主义道路

道路关乎国家前途、民族命运、人民幸福。

中国共产党"自诞生之日起就勇敢担当起带领中国人民创造幸福生活、实现中华民族伟大复兴的历史使命"①，并从一开始就旗帜鲜明地把人类最美好的理想——社会主义和共产主义规定为自己的奋斗目标，这意味着中国共产党选择了在社会主义道路上实现中华民族的伟大复兴。

社会主义作为一种理想，有着悠久的历史，它的最初形态是空想社会主义。1516 年出版的英国人莫尔的《乌托邦》一书，是空想社会主义的开山之作。从 16 世纪初到 19 世纪 30、40 年代，空想社会主义的影响几乎遍及欧洲，达于美洲，在 19 世纪末 20 世纪初影响到中国。空想社会主义深刻揭露了资本主义的罪恶，"批判了这个制度的几乎一切弊病"②，并论证了未来社会主义代替资本主义的必然性和合理性，他们"构想出新社会的要素"③，显现出"共产主义思想的微光"④。但他们无法找到实现其社会理想的正确道路和社会力量，"他们所做的许多共产主义试验，也没有一个不是以失败告终的"⑤。为适应欧洲工人运动蓬勃发展的迫切需要，1848 年 2 月，马克思、恩格斯合著的《共产党宣言》发表，标志着科学社会主义理论体系的创立。科学社会主义深刻揭示了资本主义产生、发展、灭亡和共产主义取代资本主义的历史必然性，阐明了未来共产主义社会的本质——"在那里，每个人的自由发展是一切人的自由发展的条件"⑥，并预测和设想了未来共产主义社会的发展过程和一般特征，实现了社会主义从空想到科学的飞跃，为全世界劳动大众争取自由解放提供了理论武器。列宁领导的俄国十月革命，建立了人类历史上第一个社会主义国家，使社会主义实现了从理论到实践的飞跃。十月革命胜利后，列宁对在俄国这样经济文化比较落后的国家如何建设社会主义进行了积极的探索，积累了初步的经验。

---

①　中共中央文献研究室编：《十七大以来重要文献选编》（上），中央文献出版社 2009 年版，第 42～43 页。

②　中共中央宣传部理论局编：《世界社会主义五百年（党员干部读本）》，党建读物出版社、学习出版社 2014 年版，第 25 页。

③　《马克思恩格斯文集》第 9 卷，人民出版社 2009 年版，第 282 页。

④　《马克思恩格斯全集》第 7 卷，人民出版社 1959 年版，第 405 页。

⑤　中共中央宣传部理论局编：《世界社会主义五百年（党员干部读本）》，党建读物出版社、学习出版社 2014 年版，第 30 页。

⑥　《马克思恩格斯文集》第 2 卷，人民出版社 2009 年版，第 53 页。

　　"十月革命帮助了全世界的也帮助了中国的先进分子，用无产阶级的宇宙观作为观察国家命运的工具，重新考虑自己的问题。走俄国人的路——这就是结论。"①中国先进分子在十月革命的影响下，选择了马克思列宁主义，选择了走社会主义道路来解决中国的问题，这是一个决定中国历史命运的选择。五四运动之后，在中华民族面临内忧外患、社会危机空前深重的背景下，在马克思列宁主义同中国工人运动相结合的进程中，在列宁领导的共产国际的帮助下，中国共产党诞生了，"从此，中国人民谋求民族独立、人民解放和国家富强、人民幸福的斗争就有了主心骨，中国人民就从精神上由被动转为主动"②。

　　中国共产党成立后，即义无反顾肩负起实现中华民族伟大复兴的历史使命。要实现国家富强、民族振兴、人民幸福的目标，首先必须完成国家独立、人民解放的任务。中国共产党团结和带领中国人民经过浴血奋战，打败日本帝国主义，推翻国民党反动统治，完成新民主主义革命，建立了中华人民共和国，彻底结束了旧中国半殖民地半封建社会的历史，彻底结束了旧中国一盘散沙的局面，彻底废除了列强强加给中国的不平等条约和帝国主义在中国的一切特权，实现了中国从几千年封建专制政治向人民民主的伟大飞跃，中国人民从此站起来了，中国发展从此开辟了新纪元。

　　1949 年 9 月 21 日，毛泽东在中国人民政治协商会议第一次全体会议的开幕词中，对近代以来中国人民探索民族复兴之路的历程做了精辟的总结："中国人从来就是一个伟大的勇敢的勤劳的民族，只是在近代是落伍了。这种落伍，完全是被外国帝国主义和本国反动政府所压迫和剥削的结果。一百多年以来，我们的先人以不屈不挠的斗争反对内外压迫者，从来没有停止过，其中包括伟大的中国革命先行者孙中山先生所领导的辛亥革命在内。我们的先人指示我们，叫我们完成他们的遗志。我们现在是这样做了。我们团结起来，以人民解放战争和人民大革命打倒了内外压迫者，宣布中华人民共和国的成立了。我们的民族将从此列入爱好和平自由的世界各民族的大家庭，以勇敢而勤劳的姿态工作着，创造自己的文明和幸福，同时也促进世界的和平和自由。我们的民族将再也不是一个被人侮辱的民族了，我们已经站起来了。"③

　　中华人民共和国成立后，中国共产党又带领和团结中国人民完成社会主义革命，确立社会主义基本制度，完成了中华民族有史以来最为广泛而深刻的社

---

　　① 《毛泽东选集》第 4 卷，人民出版社 1991 年版，第 1471 页。

　　② 习近平：《决胜全面建成小康社会　夺取新时代中国特色社会主义伟大胜利——在中国共产党第十九次全国代表大会上的报告》，人民出版社 2017 年版，第 13 页。

　　③ 《建国以来毛泽东文稿》第 1 册，中央文献出版社 1987 年版，第 6 页。

会变革，由此"不可逆转地开启了中华民族不断发展壮大、走向伟大复兴的历史进军，使具有五千多年文明历史的中国面貌焕然一新，中华民族伟大复兴展现出前所未有的光明前景"①。

中国共产党和中国人民在探索社会主义建设道路之初，曾较多地受到苏联社会主义模式的影响。列宁逝世后，苏联在斯大林的领导下继续探索社会主义建设道路。由于认识上的失误，苏联形成了一套存在明显弊端的社会主义建设模式：在所有制结构上，实行单一的生产资料公有制；在经济体制上，实行高度集中统一的指令性计划经济；在经济发展战略上，片面强调以发展重工业为主，重速度、轻效益；在政治体制上，党政不分，权力高度集中，领导者个人专断，实行干部职务终身制；在社会政治生活方面，片面强调阶级斗争和无产阶级专政，忽视民主与法治建设，领导干部特殊化。这种社会主义建设模式在特定的历史条件下促进了苏联社会经济的快速发展，也为苏联取得反法西斯战争的胜利做出过重要贡献。但总体来说，这种社会主义模式是不成功的，到20世纪80年代末90年代初，东欧剧变，苏联解体，宣告了这种社会主义模式理论和实践的失败。

如何在中国这样一个经济文化落后的国家建设社会主义，对于刚刚从革命战争硝烟中走过来的中国共产党来说是一个新的课题。以毛泽东同志为核心的中国共产党第一代中央领导集体和全党，对于什么是社会主义、怎样建设社会主义的问题，并没有完全搞清楚，"还有一个很大的盲目性，还有一个很大的未被认识的必然王国"②。所以，在刚开始时，中国只能"模仿"苏联的经济、政治体制和发展模式，"因为我们毫无搞社会主义的经验，只好如此"③。但中国共产党很快就意识到苏联社会主义建设模式的局限。毛泽东曾谈道："解放后，三年恢复时期，对搞建设，我们是懵懵懂懂的。接着搞第一个五年计划，对建设还是懵懵懂懂的，只能基本上照抄苏联的办法，但总觉得不满意，心情不舒畅。"④正是在这样的情况下，他开始思考每一个国家都必然"具有自己特别的具体的社会主义建设的形式和方法"⑤的问题，提出了马克思列宁主义与

---

① 中共中央文献研究室编：《十七大以来重要文献选编》（下），中央文献出版社2013年版，第434页。

② 《毛泽东文集》第8卷，人民出版社1999年版，第198页。

③ 吴冷西：《十年论战——1956～1966中苏关系回忆录》（上），中央文献出版社1999年版，第24页。

④ 《毛泽东文集》第8卷，人民出版社1999年版，第117页。

⑤ 《毛泽东文集》第8卷，人民出版社1999年版，第116页。

中国具体实际"第二次结合"的任务，要求"更加强调从中国的国情出发"，"在结合上下功夫，努力找出在中国这块大地上建设社会主义的具体道路"①。他发表《论十大关系》《关于正确处理人民内部矛盾的问题》等重要理论文章，提出建设社会主义要"以苏为鉴"，从中国的实际出发，走自己的路的思想。

1956 年 9 月召开的中国共产党第八次全国代表大会，从多方面探讨了适合中国实际的社会主义建设道路问题，并取得了初步的成果。但在中共八大以后，中国共产党在指导思想上出现"左"的错误并持续发展，使很多关于中国社会主义建设的正确思想没有能够得到落实和坚持，先是出现了反右派斗争扩大化和大跃进、人民公社化运动的失误，接着发生了"文化大革命"这样的内乱，使中国共产党对社会主义建设道路的探索严重受挫。

尽管探索出现了曲折，但中国共产党为人民谋幸福、为民族复兴而奋斗的初心未改，在困难的条件下团结和带领人民进行社会主义建设，取得了一些重要成果，主要表现在：建立了独立的、比较完整的工业体系和国民经济体系；文化、教育、医疗、科技事业得到发展，人民物质文化生活水平有所提高；国际地位提高，国际环境改善；在探索中形成了建设社会主义的若干重要原则，"为新的历史时期开创中国特色社会主义提供了宝贵经验、理论准备、物质基础"②。

中国特色社会主义道路是中国共产党团结带领中国人民在改革开放和社会主义现代化建设的伟大实践中开创和发展起来的。

1978 年 12 月召开的中共十一届三中全会，开始全面纠正"文化大革命"的"左"倾错误，果断停止"以阶级斗争为纲"的指导思想，做出把党和国家的工作重心转移到社会主义现代化建设上来和实行改革开放的战略决策。这是"决定当代中国命运的关键抉择"，从此，"党和国家又充满希望、充满活力地踏上了实现社会主义现代化的伟大征程"③。

中共十一届三中全会以后，以邓小平同志为核心的中国共产党第二代中央领导集体，带领全党全国各族人民深刻总结中国社会主义建设正反两方面的经验，借鉴世界社会主义历史经验，科学判断和平与发展的时代主题，紧紧抓住

---

　　① 吴冷西：《十年论战——1956～1966 中苏关系回忆录》（上），中央文献出版社 1999年版，第 24 页。

　　② 中共中央文献研究室编：《十八大以来重要文献选编》（上），中央文献出版社 2014年版，第 8 页。

　　③ 中共中央文献研究室编：《十七大以来重要文献选编》（上），中央文献出版社 2009年版，第 8、789 页。

什么是社会主义、怎样建设社会主义这个基本问题，深刻揭示了社会主义的本质，在分析社会主义初级阶段的基本国情的基础上，确立社会主义初级阶段的基本路线，明确提出走自己的路，建设有中国特色的社会主义的指导思想，制定现代化建设"三步走"的发展战略。在改革开放和社会主义现代化建设的伟大实践中，"成功走出了一条中国特色社会主义新道路"①。

中共十三届四中全会以后，以江泽民同志为核心的中国共产党第三代中央领导集体带领全党全国各族人民在国内外形势十分复杂、世界社会主义出现严重曲折的严峻考验面前捍卫了中国特色社会主义，确立了社会主义市场经济体制改革的目标，确立了社会主义初级阶段的基本经济制度和分配制度，提出了依法治国，建设社会主义法治国家的治国方略，开创了全面改革开放新局面，成功把中国特色社会主义推向 21 世纪。

新世纪新阶段，以胡锦涛同志为总书记的中共中央科学判断历史方位，抓住重大战略机遇期，调整发展思路，转变发展方式，坚持科学发展，提出全面建设小康社会和构建社会主义和谐社会的目标，融入经济全球化进程，形成中国特色社会主义建设的总体布局，成功在新的历史起点上坚持和发展了中国特色社会主义。

中共十八大以来，以习近平同志为核心的党中央统筹把握中华民族伟大复兴战略全局和世界百年未有之大变局，团结带领全党全国各族人民进行具有许多新的历史特点的伟大斗争，开创了中国特色社会主义新时代，实现了第一个百年奋斗目标，开启实现第二个百年奋斗目标新征程，朝着实现中华民族伟大复兴的宏伟目标继续前进。

中国特色社会主义道路是在改革开放和社会主义现代化建设伟大实践的基础上开创和发展起来的。中国共产党非常重视道路对于社会发展的引领作用，指出"道路问题不能含糊，必须向全社会释放正确而又明确的信号"②。因此，在实践探索的同时，中国共产党在总结中国特色社会主义建设经验的基础上，对"中国特色社会主义道路"的命题进行理论概括。2002 年，中共十六大以"中国特色社会主义"取代了 1982 年中共十二大提出的"有中国特色的社会主义"的概念，并初步总结了中国共产党领导全国各族人民建设中国特色社会主义的基本经验，为从理论上对道路的概括做了准备。2007 年，中共十七大第一次明确提出了"中国特色社会主义道路"的命题，并对其基本内涵做了初步的概括，指

① 中共中央文献研究室编：《十八大以来重要文献选编》（中），中央文献出版社 2016 年版，第 38 页。

② 习近平：《加快建设社会主义法治国家》，载《求是》，2015 年第 1 期。

出中国特色社会主义道路"既坚持了科学社会主义的基本原则，又根据我国实际和时代特征赋予其鲜明的中国特色。在当代中国，坚持中国特色社会主义道路，就是真正坚持社会主义"，强调中国特色社会主义道路是"实现中华民族伟大复兴的必由之路"①。2012 年，中共十八大对"中国特色社会主义道路"的内涵做了完整的概括，指出"中国特色社会主义道路，就是在中国共产党领导下，立足基本国情，以经济建设为中心，坚持四项基本原则，坚持改革开放，解放和发展社会生产力，建设社会主义市场经济、社会主义民主政治、社会主义先进文化、社会主义和谐社会、社会主义生态文明，促进人的全面发展，逐步实现全体人民共同富裕，建设富强民主文明和谐的社会主义现代化国家"，并强调"中国特色社会主义是当代中国发展进步的根本方向，只有中国特色社会主义才能发展中国"，只要我们坚定不移地走中国特色社会主义道路，"就一定能在新中国成立一百年时建成富强民主文明和谐的社会主义现代化国家"，实现中华民族的伟大复兴。②

2022 年，中共二十大报告将坚持中国特色社会主义道路明确为前进路上必须牢牢把握的重大原则，结合新的时代条件对中国特色社会主义道路的内涵做了新阐述："坚持以经济建设为中心，坚持四项基本原则，坚持改革开放，坚持独立自主、自力更生，坚持道不变、志不改，既不走封闭僵化的老路，也不走改旗易帜的邪路，坚持把国家和民族发展放在自己力量的基点上，坚持把中国发展进步的命运牢牢掌握在自己手中。"③

"方向决定道路，道路决定命运。"④中国共产党和中国人民选择了社会主义方向，开创、坚持和发展了中国特色社会主义道路，推进和拓展了中国式现代化，极大地激发了广大人民群众的创造性，极大地解放和发展了社会生产力，极大地增强了社会发展活力，使中国经济飞速发展，人民生活显著改善，综合国力明显增强，国际地位显著提高，从根本上改变了中国贫穷落后的面貌，实现了中国人民从站起来到富起来、强起来的伟大飞跃。孙中山当年在《实业计划》中筹划的现代化蓝图已变成现实，他提出的为国民"谋吃饭""谋穿衣""谋居屋""谋走路"

① 中共中央文献研究室编：《十七大以来重要文献选编》(上)，中央文献出版社 2009 年版，第 8～9 页。

② 中共中央文献研究室编：《十八大以来重要文献选编》(上)，中央文献出版社 2014 年版，第 9～11、13 页。

③ 习近平：《高举中国特色社会主义伟大旗帜 为全面建设社会主义现代化国家而团结奋斗——在中国共产党第二十次全国代表大会上的报告》，人民出版社 2022 年版，第 27 页。

④ 《习近平关于实现中华民族伟大复兴的中国梦论述摘编》，中央文献出版社 2013 年版，第 24 页。

的民生目标已经达到。梁启超在《新中国未来记》中所描绘的"新中国"繁荣富强的景象已经成为现实。孙中山憧憬的"至完美的国家"和梁启超梦想的"中国已是世界上最强大的国家"距实现也不再遥远。我们能够创造出这样的成就，走出了一条正确道路是根本原因。"历史和现实都告诉我们，只有社会主义才能救中国，只有中国特色社会主义才能发展中国，这是历史的结论、人民的选择。"[1]

历史唯物主义告诉我们，各国有不同的发展道路，没有放之四海而皆准的发展模式。"当代中国的伟大社会变革，不是简单延续我国历史文化的母版，不是简单套用马克思主义经典作家设想的模板，不是其他国家社会主义实践的再版，也不是国外现代化发展的翻版。"[2]中国特色社会主义道路是基于中国国情和中国实践的一条创新发展的道路，这条道路是中国共产党团结和带领中国人民在改革开放40多年的伟大实践中走出来的，是在中华人民共和国建立70多年的持续探索中走出来的，是在对近代以来180多年中华民族发展历程的深刻总结中走出来的，是在对中华民族5000多年悠久文明的传承中走出来的，这条道路"凝结着实现中华民族伟大复兴这个近代以来中华民族最根本的梦想，也体现着近代以来人类对社会主义的美好憧憬和不懈探索"[3]，是实现社会主义现代化的必由之路，是创造人民美好生活的必由之路。我们必须坚定不移地坚持走中国特色社会主义道路，全面建设社会主义现代化强国，以中国式现代化全面推进中华民族伟大复兴。

二、形成了中国特色社会主义理论体系

实现中华民族的伟大复兴，需要有科学的理论指导。在马克思列宁主义传入中国以前，由西方传来的各种资产阶级的主义学说，都不能够解决中国的问题。"历史告诉我们，没有先进理论的指导，没有用先进理论武装起来的先进政党的领导，没有先进政党顺应历史潮流、勇担历史重任、敢于作出巨大牺牲，中国人民就无法打败压在自己头上的各种反动派，中华民族就无法改变被压迫、被奴役的命运，我们的国家就无法团结统一、在社会主义道路上走向繁荣富强。"[4]选择

---

[1] 中共中央文献研究室编：《十八大以来重要文献选编》（上），中央文献出版社2014年版，第110页。

[2] 习近平：《在哲学社会科学工作座谈会上的讲话》，人民出版社2016年版，第21页。

[3] 《习近平关于实现中华民族伟大复兴的中国梦论述摘编》，中央文献出版社2013年版，第25页。

[4] 习近平：《在庆祝中国共产党成立95周年大会上的讲话》，人民出版社2016年版，第4～5页。

马克思列宁主义，便使中华民族伟大复兴的事业建立在了科学理论指导的基础之上。"中国共产党之所以能够完成近代以来各种政治力量不可能完成的艰巨任务，就在于始终把马克思主义这一科学理论作为自己的行动指南，并坚持在实践中不断丰富和发展马克思主义。"①中国特色社会主义理论体系就是马克思主义中国化的产物。

中国共产党在接受马克思列宁主义之初，就十分重视马克思列宁主义理论与中国实际的结合。李大钊在马克思列宁主义传播初期就提出：运用社会主义理论来指导实际运动时，这种理论会"因时、因所、因事的性质情形生一种适应环境的变化"，"一个社会主义者，为使他的主义在世界上发生一些影响，必须要研究怎么可以把他的理想尽量应用于环绕着他的实境。所以现代的社会主义包含着许多把他的精神变作实际的形式使合于现在需要的企图"②。他还指出，社会主义的理想，"因各地、各时之情形不同，务求其适合者行之，遂发生共性与特性结合的一种新制度(共性是普遍者，特性是随时随地不同者)，故中国将来发生之时，必与英、德、俄……有异"③。这实际上就提出了理论必须联系实际，并根据实际的需要而发展的观点。他还预见到了"社会主义的理想"将来在中国"发生之时"，必定会不同于英、德、俄等欧洲国家，而会与中国的实际"结合"为一种具有中国特点的"新制度"。恽代英提出，"我们的任务，在寻求一个适合国情，而又合于共产主义的方针来"④，"解决中国的问题，自然要根据中国的情形，以决定中国的办法"⑤。张太雷提出，要"把国际无产阶级政党的纲领和方法正确地运用于各国具体特点的基础之上"⑥。瞿秋白强调，"革命的理论永不能和革命的实践相离"，"应用马克思主义于中国国情的工作，断不可一日或缓"⑦。李达反对离开中国国情来照抄照搬马克思主义的本本。蔡和森更提出了马克思列宁主义应当本土化的思想。他说："马克思主义列宁主义在世界各国共产党是一致的，但当应用到各国去，应用到实际上去才行的。要在自己的争斗中把列宁主义形成自己的理论武器，即以马克思主义列宁

①　习近平：《在庆祝中国共产党成立95周年大会上的讲话》，人民出版社2016年版，第8页。

②　《李大钊文集》第3卷，人民出版社1999年版，第3页，标点略有改动。

③　《李大钊文集》第4卷，人民出版社1999年版，第5页。

④　《恽代英文集》上卷，人民出版社1984年版，第258页。

⑤　《恽代英文集》上卷，人民出版社1984年版，第480～481页。

⑥　《张太雷文集(续)》，江苏人民出版社1992年版，第32页。

⑦　《瞿秋白选集》，人民出版社1985年版，第310～311页。

主义的精神来定出适合客观情形的策略和组织才行。"①将马克思列宁主义理论与中国实际相结合，是很多早期中国共产党人的共识。"指导思想是一个政党的精神旗帜"②，中国共产党从成立开始就选择了马克思列宁主义作为自己的指导思想，而且一开始就意识到要将马克思列宁主义与中国实际相结合，这是中国共产党指导思想发展史的一个突出特点。

在 20 世纪 20 年代后期和 30 年代前期，受国际共产主义运动的影响，中国共产党内占统治地位的"左"倾错误，把马克思列宁主义教条化，把共产国际指示和苏联经验神圣化，脱离中国实际，使中国革命遭受严重挫折，几乎陷入绝境。这使越来越多的中国共产党人认识到，中国革命仅有马克思列宁主义的指导还不行，还必须将马克思列宁主义与中国的实际相结合。毛泽东是倡导马克思列宁主义与中国实际相结合的杰出代表，他明确提出"要使马克思主义中国化"的任务。1930 年 5 月，毛泽东在《反对本本主义》一文中，提出了马克思主义必须同中国实际"结合"的思想，强调"马克思主义的'本本'是要学习的，但是必须同我国的实际情况相结合"，坚决反对脱离实际的"本本主义"，这成为打破当时党内盛行的教条主义桎梏的思想武器。在 1938 年 9 月至 11 月召开的中共六届六中全会上，毛泽东第一次向全党明确提出了"要使马克思主义中国化"的任务，张闻天也在会上提出"要认真的使马列主义中国化，使它为中国最广大的人民所接受"的要求。在 1941 年 9 月的中央政治局扩大会议上，毛泽东又提出了"创造性的马克思主义"和"要使中国革命丰富的实际马克思主义化"两个重要的理论命题。之后，随着延安整风运动的开展和全党马克思主义理论水平的提高，马克思主义中国化成为全党的共识。

马克思主义中国化包括四个维度：一是必须坚持马克思主义的基本原理，这是马克思主义中国化的前提，离开了这个前提就不是马克思主义；二是必须将马克思主义的理论与中国实际相结合，"结合"是马克思主义中国化的关键；三是将中国丰富的实际马克思主义化，这是对中国经验的理论提升，也是对马克思主义的丰富和发展；四是要将马克思主义中国化的理论以中国的形式和中国的风格表现出来，使之成为中国化的马克思主义。

中国共产党在把马克思主义基本原理同中国具体实际相结合，推进马克思主义中国化的过程中取得了两大理论成果，其中一大理论成果是毛泽东思想。

---

① 《蔡和森的十二篇文章》，人民出版社 1980 年版，第 21 页。
② 习近平：《在庆祝中国共产党成立 95 周年大会上的讲话》，人民出版社 2016 年版，第 8 页。

毛泽东思想是马克思列宁主义在中国的运用和发展，系统回答了在一个半殖民地半封建的东方大国如何实现新民主主义革命和社会主义革命胜利的问题，并对建设什么样的社会主义、怎样建设社会主义进行了艰辛探索，以创造性的内容为马克思主义宝库增添了新的财富。另一大理论成果就是中国特色社会主义理论体系。中国特色社会主义理论体系是包括邓小平理论、"三个代表"重要思想、科学发展观、习近平新时代中国特色社会主义思想在内的科学理论体系，系统回答了在中国这样一个拥有十几亿人口的发展中大国建设什么样的社会主义、怎样建设社会主义，建设什么样的党、怎样建设党，实现什么样的发展、怎样发展，新时代坚持和发展什么样的中国特色社会主义、怎样坚持和发展中国特色社会主义等一系列重大问题。中国特色社会主义理论体系，是对毛泽东思想的继承和发展，是在和平与发展成为时代主题的历史条件下，在我国改革开放和社会主义现代化建设的伟大实践中，在总结我国社会主义建设正反两方面的历史经验和改革开放以来的新鲜经验，并汲取其他社会主义国家兴衰成败、经验教训的基础上，逐步形成和发展起来的。

1978 年，中共十一届三中全会重新确立解放思想、实事求是的思想路线，打破了"两个凡是"的思想桎梏，开始了改革开放和社会主义现代化建设的新探索，中国历史进入改革开放新时期。1981 年，中共十一届六中全会通过《关于建国以来党的若干历史问题的决议》，全面总结了中华人民共和国成立以来社会主义建设的经验教训，科学评价了毛泽东和毛泽东思想的历史地位，完成了党的指导思想的拨乱反正。决议还第一次提出了我国"处于社会主义初级阶段"的判断。1982 年，邓小平在中共十二大提出"建设有中国特色的社会主义"的重大命题。1987 年，中共十三大提出了社会主义初级阶段的理论，制定了党在社会主义初级阶段的基本路线。1992 年，邓小平发表南方谈话，阐述了社会主义的本质、社会主义与市场经济的关系、"三个有利于"标准等一系列社会主义重大理论问题。中共十四大围绕改革开放以来"什么是社会主义、怎样建设社会主义"这一根本性的问题提出了一系列富于创造性的思想概括——"邓小平同志建设有中国特色社会主义理论"。1997 年，中共十五大正式提出"邓小平理论"的命题，并作为党的指导思想写入党章，实现了新时期以来中国共产党指导思想的与时俱进。邓小平理论是中国特色社会主义理论体系的"开山之作"，其中关于社会主义本质的理论和社会主义初级阶段的理论是中国特色社会主义的两大理论基石。

从 20 世纪 80 年代末到 21 世纪之初，是改革开放的新阶段。以江泽民同志为核心的中国共产党第三代中央领导集体受命于重大历史关头，在国内外形势十分复杂，世界社会主义出现严重曲折的严峻考验面前，高举邓小平理论伟大旗帜，坚持党的基本理论、基本路线，依据新的实践确立了党的基本纲领、基本经验，用一系列紧密联系、相互贯通的新思想、新观点、新论断，进一步回答了什么是社会主义、怎样建设社会主义的问题，创造性地回答了建设什么样的党、怎样建设党的问题，逐步形成了"三个代表"重要思想，丰富和发展了中国特色社会主义理论体系。中共十六大将"三个代表"重要思想写入党章，实现了党的指导思想的又一次与时俱进。

进入新世纪新阶段，以胡锦涛同志为总书记的党中央坚持以邓小平理论和"三个代表"重要思想为指导，根据新的发展要求，集中全党智慧，提出了以人为本、全面协调可持续发展的科学发展观，提出构建社会主义和谐社会、加快生态文明建设，形成中国特色社会主义事业总体布局。科学发展观是我国经济社会发展的重要指导方针，是发展中国特色社会主义必须坚持和贯彻的重大战略思想。中共十八大将科学发展观确立为党必须长期坚持的指导思想并将其写入了党章。2007年，中共十七大将邓小平理论、"三个代表"重要思想、科学发展观等重大战略思想统称为"中国特色社会主义理论体系"，并指出："在当代中国，坚持中国特色社会主义理论体系，就是真正坚持马克思主义。"[1]

中共十八大以来，国内外形势新变化和实践新要求，迫切需要中国共产党从理论和实践的结合上深入回答关系党和国家事业发展、党治国理政的一系列重大时代课题。以习近平同志为核心的党中央以全新的视野深化对共产党执政规律、社会主义建设规律、人类社会发展规律的认识，取得重大理论创新成果，形成了习近平新时代中国特色社会主义思想。中共十九大、十九届六中全会提出的"十个明确""十四个坚持""十三个方面成就"概括了这一思想的主要内容。中共二十大报告提出了习近平新时代中国特色社会主义思想的世界观和方法论，即必须坚持人民至上、必须坚持自信自立、必须坚持守正创新、必须坚持问题导向、必须坚持系统观念、必须坚持胸怀天下。习近平新时代中国特色社会主义思想开辟了马克思主义中国化时代化新境界，是当代中国马克思主义、二十一世纪马克思主义，是中华文化和中国精神的时代精华，对推进中华民族伟大复兴历史进程具有决定性意义。

---

[1]　中共中央文献研究室编：《十七大以来重要文献选编》(上)，中央文献出版社2009年版，第9页。

三、确立了中国特色社会主义制度

社会制度通常是指在一定条件下形成的政治、经济、文化、社会等方面的规范体系，它在国家社会政治生活中具有管根本、管全局、管长远的作用。一个国家选择什么样的社会制度和具体的政治、经济、文化等方面的制度与体制，是由该国国情、国家性质和社会发展状况决定的。"世界上不存在完全相同的政治制度，也不存在适用于一切国家的政治制度模式。'物之不齐，物之情也。'各国国情不同，每个国家的政治制度都是独特的，都是由这个国家的人民决定的，都是在这个国家历史传承、文化传统、经济社会发展的基础上长期发展、渐进改进、内生性演化的结果。"①

制度对于一个国家的发展具有决定性的作用。近代以前中国的衰落，正是落后、僵化、保守的封建制度造成的。由于封建专制主义及政治、经济、文化制度是阻碍近代中国社会发展进步的桎梏，因此变革旧的社会制度，建立新的社会制度就成为鸦片战争以来探索国家出路，实现民族复兴的重要任务。

在中国建立什么样的制度，是近代以后中国人民面临的一个历史性课题。探索国家出路的先进分子最初选择的是西方的资本主义制度。早在 19 世纪 40、50 年代，魏源、徐继畲、梁廷枏等人就撰文介绍过美国的资产阶级民主共和制度。19 世纪 70、80 年代，王韬、郑观应等早期改良主义知识分子大力宣传开议会，实行"君民共主"的君主立宪制度。在戊戌变法中，以康有为、梁启超、严复为代表的资产阶级维新派先后介绍和讨论过日本、俄国、德国、英国、法国、美国、瑞士等国的制度，最终选择了"以日本明治之政为政法"②。以孙中山为代表的资产阶级革命派则对美国的民主共和制度倾注了极大的热情，孙中山在 1894 年创建兴中会时就提出了模仿美国的政治制度，"创立合众政府"的主张，邹容在《革命军》中也主张"悉照"美国的制度来建立一个自由、独立的"中华共和国"，孙中山甚至表示："中国革命之目的，系欲建立共和政府，效法美国，除此之外，无论何项政体皆不宜于中国。"③辛亥革命后建立起来的中华民国是按照美国的制度模式创设的，然而结果却是"无量头颅无量血，可怜购得假共和"。

---

① 习近平：《在庆祝全国人民代表大会成立 60 周年大会上的讲话》，人民出版社 2014 年版，第 16 页。

② 汤志钧编：《康有为政论集》上册，中华书局 1981 年版，第 213 页。

③ 《孙中山全集》第 1 卷，中华书局 1981 年版，第 563 页。

辛亥革命失败后，在北洋军阀黑暗统治的背景下，又有形形色色的西方资产阶级的制度模式被提出来讨论和实验，如地方自治、联省自治、联邦制、邦联制、好人政府、制宪政府等，但无一例外地都失败了。南京国民党政权建立后，也曾提出过"中华民族复兴"的口号，却在民族复兴的幌子下走上法西斯主义歧途，建立了国民党一党专政的独裁统治。抗日战争时期，中间党派曾提出过建立多阶级平等、多阶级融洽、多阶级合作的"中国式民主"的主张。抗战胜利后，他们又提出"拿苏联的经济民主来充实英美的政治民主，拿各种民主生活中最优良的传统及其可能发展的趋势，来创造一种中国型的民主"①，但结果也失败了。事实证明："照搬西方政治制度模式的各种方案，都不能完成中华民族救亡图存和反帝反封建的历史任务，都不能让中国的政局和社会稳定下来，也都谈不上为中国实现国家富强、人民幸福提供制度保障。"②

中国共产党选择了马克思主义来解决中国问题，就意味着选择了社会主义制度。新民主主义革命时期，中国共产党在根据地建立了在共产主义思想指导下的新民主主义的政治、经济、文化制度，成为中国"民主的模范区"，使根据地成为当时中国最进步、最有生机的地区。随着新民主主义革命在全国的胜利，新民主主义制度也在全国范围内建立起来。1949 年 10 月 1 日成立的中华人民共和国，最初实行的就是新民主主义的制度。当时起着临时宪法作用的《共同纲领》规定："中华人民共和国为新民主主义即人民民主主义的国家"，国家"发展新民主主义的人民经济"③。

新民主主义制度并不是一种固定不变的制度，它所承载的历史使命就是为社会主义制度的建立创造条件、奠定基础。毛泽东早在抗日战争时期就很明确地指出了这一点："我们共产党人从来不隐瞒自己的政治主张。我们的将来纲领或最高纲领，是要将中国推进到社会主义社会和共产主义社会去的，这是确定的和毫无疑义的。"④所以，在完成了民主革命的遗留任务、恢复国民经济后，中国共产党团结和带领中国人民通过社会主义改造，实现了由新民主主义到社会主义的转变，建立了社会主义基本制度，这就为中国特色社会主义制度

---

① 中国民主同盟中央文史资料委员会编：《中国民主同盟历史文献（1941—1949）》，文史资料出版社 1983 年版，第 77 页。

② 习近平：《在庆祝全国人民代表大会成立 60 周年大会上的讲话》，人民出版社 2014 年版，第 3 页。

③ 中共中央文献研究室编：《建国以来重要文献选编》第 1 册，中央文献出版社 1992 年版，第 2 页。

④ 《毛泽东选集》第 3 卷，人民出版社 1991 年版，第 1059 页。

的创新和发展准备了条件。再经过半个多世纪的发展和完善，中国确立了中国特色社会主义制度，为实现中华民族伟大复兴奠定了坚实的制度基础。

从社会主义基本制度建立到确立中国特色社会主义制度，各项制度都经历了一个发展的历程。

人民代表大会制度是保证人民当家做主的根本政治制度，这一制度孕育于新民主主义革命时期根据地的民主建政实践，以毛泽东同志为主要代表的中国共产党人，创造性地提出实行人民代表大会制度的构想，并在党领导的革命根据地进行了实践。土地革命战争时期的中华苏维埃全国代表大会、抗日战争时期的根据地的"三三制"参议会、解放战争时期的解放区各界人民代表大会等新民主主义政权的组织形式，都是人民代表大会制度的雏形。1949年9月召开的中国人民政治协商会议第一届全体会议代行了全国人民代表大会的职权，并历史性地承担了建立中华人民共和国的使命。1954年9月，第一届全国人民代表大会在北京召开，标志着人民代表大会制度正式建立，也标志着社会主义政治制度在中国的确立。"在中国实行人民代表大会制度，是中国人民在人类政治制度史上的伟大创造。"①"文化大革命"时期，人民代表大会制度一度遭到破坏。改革开放以后，随着社会主义民主和社会主义法制的发展，人民代表大会制度不断得到巩固和发展，选举制度日趋完善，组织机构、工作机构和议事规则逐步健全，焕发出新的生机活力。中共十八大以来，"人大工作取得历史性成就，人民代表大会制度更加成熟、更加定型"，为党领导人民创造经济快速发展奇迹和社会长期稳定奇迹提供了重要制度保障。"实践证明，人民代表大会制度是符合我国国情和实际、体现社会主义国家性质、保证人民当家作主、保障实现中华民族伟大复兴的好制度，是我们党领导人民在人类政治制度史上的伟大创造，是在我国政治发展史乃至世界政治发展史上具有重大意义的全新政治制度。"②

中国共产党领导的多党合作和政治协商制度，是当代中国的一项基本政治制度，是具有中国特色的社会主义政党制度。这一制度发育于新民主主义革命时期中国共产党同各民主党派共同为争取民族独立和人民解放而形成的政治联盟。1949年9月，中国人民政治协商会议第一届全体会议在北京召开，标志着这一制度的确立。在"文化大革命"时期，各民主党派被迫停止了活动，这一制度遭到严重破坏。改革开放以后，中国共产党领导的多党合作和政治协商制度

---

① 习近平：《在庆祝全国人民代表大会成立60周年大会上的讲话》，人民出版社2014年版，第4页。

② 习近平：《在中央人大工作会议上的讲话》，载《求是》，2022年第5期。

被确立为中国的基本政治制度，并通过修改宪法明确这一制度将长期存在和发展，在中国政治生活中发挥着越来越重要的作用。进入 21 世纪以后，在这一制度的基础上发展出协商民主这一"中国社会主义民主政治中独特的、独有的、独到的民主形式"，形成完整的制度程序和参与实践。中国共产党领导的多党合作和政治协商制度"植根于中国历史文化，产生于近代以后中国人民革命的伟大斗争，发展于中国特色社会主义光辉实践，具有鲜明中国特色，是实现国家富强、民族振兴、人民幸福的重要力量"①。

民族区域自治制度是当代中国的又一项基本政治制度，是中国特色解决民族问题的正确道路的重要内容。民族区域自治制度是新民主主义革命时期中国共产党在民族地区开展民主建政活动的实践中最初提出，并在中华人民共和国成立后形成、发展起来的。《共同纲领》和 1954 年宪法均明确规定：各少数民族聚居的地方实行区域自治。这一制度在"文化大革命"时期一度遭到"左"倾错误的严重干扰。改革开放以后，民族区域自治制度得到发展，对于加强中国境内各民族平等、团结、互助的关系，维护国家统一，加快民族地区经济社会发展，促进少数民族进步起到了重要作用，增强了各族人民对伟大祖国的认同、对中华民族的认同、对中华文化的认同、对中国特色社会主义道路的认同。这一制度"是完全适合我国国情的解决民族问题的基本制度，是我们党和各族人民的一个伟大创举"②，对于最大限度地凝聚各族人民的智慧和力量，促进各民族交往交流交融，同心同德为实现中华民族伟大复兴的中国梦而奋斗具有不可替代的重要作用。

基层群众自治制度也是当代中国的一项基本政治制度，"是全过程人民民主的重要体现"③。这一制度的雏形是中华人民共和国成立初期的城市居民委员会，但在"文化大革命"时期遭到了破坏。基层群众自治制度的真正发展是在改革开放以后。1982 年，城市居民委员会和农村村民委员会作为"基层群众性自治组织"首次被写进了宪法。1989 年，《中华人民共和国城市居民委员会组织法》颁布实施。1998 年，《中华人民共和国村民委员会组织法》颁布实施。进入21 世纪以后，基层群众自治制度得到了较快的发展，特别是起步较晚的村民自

---

① 习近平：《在庆祝中国人民政治协商会议成立 65 周年大会上的讲话》，人民出版社 2014 年版，第 15、4 页。

② 中共中央文献研究室编：《十三大以来重要文献选编》(下)，人民出版社 1993 年版，第 1834 页。

③ 习近平：《高举中国特色社会主义旗帜 为全面建设社会主义现代化国家而团结奋斗——在中国共产党第二十次全国代表大会上的报告》，人民出版社 2022 年版，第 39 页。

治发展迅速，被称为"党领导亿万农民建设有中国特色社会主义民主政治的伟大创造"①。社会主义民主就是要使"全体居民群众真正平等地、真正普遍地参与一切国家事务"②。以城乡群众直接行使民主选举、民主决策、民主管理、民主监督的权利为主要内容的基层群众自治制度，是一项实现广大群众真正平等、真正普遍地参与国家事务的民主制度，保证了人民真正当家做主，极大地激发了广大群众的创造活力。

中国特色社会主义法治体系，是中国特色社会主义政治制度的重要组成部分。新中国的法律建设经历了一个曲折的历程。中华人民共和国成立后，中国共产党领导人民开始制定新的法律体系，1954 年颁布了新中国第一部宪法。1956 年中共八大提出要"逐步地系统地制定完备的法律"的要求。但由于"左"倾错误的影响，从 50 年代后期起，立法工作陷于停滞。在"文化大革命"时期，法制建设遭到严重破坏。中共十一届三中全会后，中国共产党提出了加强社会主义法制建设的要求，拉开了大规模的立法工作的序幕。1997 年，中共十五大提出要在 2010 年形成中国特色社会主义法律体系的目标。2010 年 3 月，第十一届全国人大四次会议宣布："一个立足中国国情和实际、适应改革开放和社会主义现代化建设需要、集中体现党和人民意志的，以宪法为统帅，以宪法相关法、民法商法等多个法律部门的法律为主干，由法律、行政法规、地方性法规等多个层次的法律规范构成的中国特色社会主义法律体系已经形成。"③中共十八大后，中国共产党又提出了"法律要随着实践发展而发展""使法律准确反映经济社会发展要求""发挥立法的引领和推动作用"的立法理念④，要求进一步完善中国特色社会主义法律体系。2014 年，中共十八届四中全会提出"建设中国特色社会主义法治体系"的新目标，并提出完善中国特色社会主义法律体系的具体措施。2019 年，中共十九届四中全会将坚持和完善中国特色社会主义法治体系作为坚持和完善中国特色社会主义制度，推进国家治理体系和治理能力现代化的重要内容。中国特色社会主义法治体系为坚持和发展中国特色社会主义，实现中华民族伟大复兴提供了强有力的法律保障。

公有制为主体、多种所有制经济共同发展的基本经济制度，是中国特色社

---

① 中共中央文献研究室编：《十五大以来重要文献选编》(上)，人民出版社 2000 年版，第 572 页。

② 《列宁全集》第 28 卷，人民出版社 1990 年版，第 111 页。

③ 全国人民代表大会常务委员会办公厅编：《中华人民共和国第十一届全国人民代表大会第四次会议文件汇编》，人民出版社 2011 年版，第 338～339 页。

④ 《习近平谈治国理政》，外文出版社 2014 年版，第 144 页。

会主义制度的基础和重要支柱。这一制度是在改革开放以后发展起来的。中华人民共和国成立之初，实行的是多种经济成分并存的新民主主义的经济制度。社会主义改造基本完成后，社会主义公有制成为中国社会的经济基础，私有制经济基本被消灭。改革开放以后，国家逐步放开对个体经济、私营经济、外资经济等非公有制经济的限制。在中共十四大提出建立社会主义市场经济体制的目标后，中共十五大正式明确公有制为主体、多种所有制经济共同发展是我国社会主义初级阶段的基本经济制度。中共十六大以后，又以"基本经济制度"取代了"社会主义初级阶段的基本经济制度"的表述，并强调必须毫不动摇地巩固和发展公有制经济，坚持公有制的主体地位，发挥国有经济的主导作用，不断增强国有经济的活力、控制力、影响力；必须毫不动摇地鼓励、支持、引导非公有制经济发展，激发非公有制经济的活力和创造力。2019 年，中共十九届四中全会正式将公有制为主体、多种所有制经济共同发展定性为"社会主义基本经济制度"。2022 年，中共二十大强调"坚持和完善社会主义基本经济制度"，重申"两个毫不动摇"的方针。社会主义基本经济制度的确立和发展是中国特色社会主义的重大理论创新和制度创新，这一制度极大地解放和发展了社会生产力，激发了社会发展活力，是实现中华民族伟大复兴的重要制度保障。

随着根本政治制度、基本政治制度、基本经济制度等制度的发展，一个系统完备、科学规范、运行有效的中国特色社会主义制度体系逐步成型。2010 年，胡锦涛在庆祝中国共产党成立 90 周年大会的讲话中，第一次提出了"中国特色社会主义制度"的命题。2012 年，中共十八大报告对中国特色社会主义制度做出科学的概括，并阐述了其与中国特色社会主义道路、中国特色社会主义理论体系的关系，指出："中国特色社会主义道路是实现途径，中国特色社会主义理论体系是行动指南，中国特色社会主义制度是根本保障，三者统一于中国特色社会主义伟大实践。"[1]2019 年，中共十九届四中全会将中国特色社会主义制度分为根本制度、基本制度、重要制度三个层次，并对中国特色社会主义制度的构成做了新的概括，主要有：党的领导制度体系、人民当家作主制度体系、中国特色社会主义法治体系、中国特色社会主义行政体制、社会主义基本经济制度、繁荣发展社会主义先进文化的制度、统筹城乡的民生保障制度、共建共治共享的社会治理制度、生态文明制度体系、党对人民军队的绝对领导制度、"一国两制"制度体系、独立自主的和平外交政策、党和国家监督体系。中

---

① 中共中央文献研究室编：《十八大以来重要文献选编》(上)，中央文献出版社 2014 版，第 10 页。

共二十大又增加了国家安全体系。"中国特色社会主义制度是党和人民在长期实践探索中形成的科学制度体系。"①

任何一种制度的成熟都有一个逐步发展和完善的过程，不可能突然就搬来一座政治制度上的"飞来峰"。中国特色社会主义制度是中国共产党和中国人民在坚持和发展中国特色社会主义实践中的伟大创造，这一制度是特色鲜明、富有效率的，但还不是尽善尽美、成熟定型的，当然需要随着中国特色社会主义事业的不断发展而不断完善，使之更加完备、规范、高效。这一制度在中国特色社会主义的实践中已经显示了其明显的制度优势和强大的自我完善能力。"中国特色社会主义政治制度之所以行得通、有生命力、有效率，就是因为它是从中国的社会土壤中生长起来的。中国特色社会主义政治制度过去和现在一直生长在中国的社会土壤之中，未来要继续茁壮成长，也必须深深扎根于中国的社会土壤。"②

中国特色社会主义制度"是具有鲜明中国特色、明显制度优势、强大自我完善能力的先进制度"③，是当代中国发展进步的根本制度保障，它为建设社会主义现代化强国、实现中华民族伟大复兴奠定了坚实的制度基础。

四、发展了中国特色社会主义文化

人类社会发展的历史，既是人类生命繁衍、财富创造的物质文明发展史，更是人类文化积累、文明传承的精神文明发展史。文化深深熔铸在民族的血脉之中，始终是民族生存发展和国家繁荣振兴取之不尽、用之不竭的力量源泉。中华民族在数千年的发展历程中，虽然屡遭磨难却仍然生生不息，一个重要原因就是有着深厚的文化传统和强烈的文化认同。

近代以来，中华民族传统文化遭遇西方工业文明的严峻挑战，传统与现代的文化选择成为中华民族能否自立于世界民族之林的一项重大课题。洋务运动、戊戌变法、辛亥革命、新文化运动的相继失败，证明了照搬西方科学技术、政治制度和文化无法使中华民族摆脱国家蒙辱、人民蒙难、文明蒙尘的困境。五四运动后马克思主义的广泛传播，扭转了这一被动局面，以先进思想引

---

① 《中国共产党第十九届中央委员会第四次全体会议文件汇编》，人民出版社2019年版，第18页。

② 习近平：《在庆祝全国人民代表大会成立60周年大会上的讲话》，人民出版社2014年版，第16页。

③ 习近平：《在庆祝中国共产党成立95周年大会上的讲话》，人民出版社2016年版，第13页。

领社会变革，推动先进文化生成发展由此有了新的起点。正如毛泽东指出的：
"自从中国人学会了马克思列宁主义以后，中国人在精神上就由被动转入主
动。"①在运用马克思主义指导中国新民主主义革命的伟大实践中，形成了民族
的科学的大众的新民主主义文化。"这种中国人民的文化，就其精神方面来说，
已经超过了整个资本主义的世界"②，不仅为新民主主义革命的胜利提供了强
劲的动力，也为新中国的社会主义建设提供了深厚的先进文化土壤。

　　中华人民共和国成立后，中国进入从新民主主义社会向社会主义社会过渡
的新阶段，政治上与经济上的社会主义因素空前增多，必然要求发展与之相适
应的文化。1949 年 9 月，毛泽东在中国人民政治协商会议第一届全体会议的开
幕词中郑重宣告："随着经济建设的高潮的到来，不可避免地将要出现一个文
化建设的高潮。中国人被人认为不文明的时代已经过去了，我们将以一个具有
高度文化的民族出现于世界。"③

　　社会主义文化的确立，始自对旧文化的清理、批判和改造，包括审查电
影、戏曲等文艺作品，接管领受外国津贴和资助的大中小学校，如对电影《清
宫秘史》《武训传》的批判、关于反对《红楼梦》研究中唯心主义思想的斗争、批
判胡适唯心主义思想的斗争、开展基督教和天主教的自立革新运动、戏曲改
革，等等。在清理旧文化的同时，确立以"为人民服务"为文化教育方针。《共
同纲领》规定："中华人民共和国的文化教育为新民主主义的，即民族的、科学
的、大众的文化教育。人民政府的文化教育工作，应以提高人民文化水平、培
养国家建设人才、肃清封建的、买办的、法西斯主义的思想、发展为人民服务
的思想为主要任务。"④相应地，在全国开展扫除文盲活动，开办工农业余学
校，在中等以上学校设立人民助学金，开设干部文化补习学校、工农速成中学
和与之相匹配的大学预科，使广大工农干部、劳动模范、产业工人受到了比较
正规的中等教育和高等教育，使广大群众提高了文化水平。在全国范围内树立
马克思主义的主导地位是发展社会主义文化的必然要求。刘少奇郑重宣布：我
们要"真正做到在全国范围内和全体规模上来宣传马列主义，用马列主义教育

---

①　中共中央文献研究室、中央档案馆编：《建党以来重要文献选编（一九二一——一九
四九）》第 26 册，中央文献出版社 2011 年版，第 721 页。

②　中共中央文献研究室、中央档案馆编：《建党以来重要文献选编（一九二一——一九
四九）》第 26 册，中央文献出版社 2011 年版，第 721 页。

③　《毛泽东文集》第 5 卷，人民出版社 1996 年版，第 345 页。

④　中共中央文献研究室、中央档案馆编：《建党以来重要文献选编（一九二一——一九
四九）》第 26 册，中央文献出版社 2011 年版，第 766 页。

人民，提高全国人民的阶级觉悟和思想水平，为在我国建设社会主义和实现共产主义打下思想基础"①。为此，中共中央进行了教育制度改革，在高等院校开设马克思主义理论教育与思想品德课程，并多次掀起群众性的学习马列主义理论、社会发展史、中国革命思想理论的热潮，确立了以马克思主义为指导的、以社会主义为指向的民族的科学的大众的新的文化价值体系，从而巩固了新生的人民民主政权，促进了新中国的经济恢复和社会改革，推进了新民主主义向社会主义的转变，奠定了中国共产党执政的思想文化基础。

伴随着社会主义改造的基本完成，我国进入社会主义社会。在社会主义文化建设上，中共中央着眼于对传统文化的伟大超越，提出了吸收国外先进文化的问题。毛泽东在《论十大关系》中指出，"我们的方针是，一切民族、一切国家的长处都要学，政治、经济、科学、技术、文学、艺术的一切真正好的东西都要学"②；同时强调："对外国的科学、技术和文化，不加分析地一概排斥，和前面所说的对外国东西不加分析地一概照搬，都不是马克思主义的态度，都对我们的事业不利。"③以此为指导，毛泽东明确提出"百花齐放、百家争鸣"方针，指出：让各种思想得到充分的发表，经过充分的平等自由的讨论，让人们在比较中鉴别，社会主义因素才能得到确立和发展，非社会主义的因素才能逐步得到克服和消除，并使其积极因素被吸收。

中共十一届三中全会以后，伴随着改革从农村到城市、从经济体制到政治体制的深入进行，所有制结构、就业方式、分配方式、利益格局和社会阶层结构等都发生了深刻变化，不可避免地带来了各种思想、文化的交流、冲突和融合，面向世界、面对多样性成为中国社会主义文化的时代特征。在继承毛泽东文化思想的基础上，中共中央纠正了"文化大革命"中"文艺为政治服务"的片面性，确定了文化和文艺"为人民服务、为社会主义服务"的方向，并把真正坚持和贯彻执行"双百"方针、尊重思想文化的多样性作为拨乱反正、调整文化政策的一件大事提到全党面前。邓小平指出："我们要在建设高度物质文明的同时，提高全民族的科学文化水平，发展高尚的丰富多彩的文化生活，建设高度的社会主义精神文明。"④中共十二大报告将建设社会主义精神文明作为一个"关系到社会主义的兴衰和成败"的战略方针问题予以高度重视，明确指出："社会主义精神文明是社会主义的重要特征，是社会主义制度优越性的重要表现。"社会

---

① 《刘少奇选集》下卷，人民出版社1985年版，第91页。
② 《毛泽东外交文选》，中央文献出版社、世界知识出版社1994年版，第236页。
③ 《毛泽东外交文选》，中央文献出版社、世界知识出版社1994年版，第238页。
④ 《邓小平文选》第2卷，人民出版社1994年版，第208页。

主义精神文明建设分为文化建设和思想建设两个方面：文化建设是指教育、科学、文学艺术、新闻出版、广播电视、卫生体育、图书馆、博物馆等各项文化事业的发展，思想建设是"革命的理想、道德和纪律"①。1986 年中共十二届六中全会通过了《中共中央关于社会主义精神文明建设指导方针的决议》，进一步明确指出了社会主义精神文明建设的根本任务是适应社会主义现代化建设的需要，培养有理想、有道德、有文化、有纪律的社会主义公民，提高整个中华民族的思想道德素质和科学文化素质，强调"对外开放作为一项不可动摇的基本国策，不仅适用于物质文明建设，而且适用于精神文明建设"②。

中共十三届四中全会以后，面向新的世纪，经济全球化趋势日益增强，包括文化在内的综合国力的竞争越来越激烈，文化在综合国力中的地位越来越突出，文化的交流和传播越来越成为各国相互间关系的重要内容，文化上的矛盾和冲突也越来越成为国际竞争和国际冲突的一个重要方面。为应对经济全球化浪潮对中国文化的新挑战，以构建先进文化为核心，中共十五大首次提出了建设"有中国特色社会主义的文化"任务，指出："建设有中国特色社会主义的文化，就是以马克思主义为指导，以培育有理想、有道德、有文化、有纪律的公民为目标，发展面向现代化、面向世界、面向未来的，民族的科学的大众的社会主义文化。"③有中国特色社会主义的文化，应"渊源于中华民族五千年文明史，又植根于有中国特色社会主义的实践，具有鲜明的时代特点"及"博采各国文化之长"④。

新世纪之交，中共中央站在全面建设小康社会全局和实现中华民族伟大复兴的高度，提出要在推进社会主义物质文明和政治文明建设的同时，更加自觉地推进社会主义文化建设。中共十六大报告指出："当今世界，文化与经济和政治相互交融，在综合国力竞争中的地位和作用越来越突出。文化的力量，深深熔铸在民族的生命力、创造力和凝聚力之中。"⑤报告要求全党"牢牢把握先

---

① 中共中央文献研究室编：《十二大以来重要文献选编》（上），人民出版社 1986 年版，第 25～30 页。

② 中共中央文献研究室编：《十一届三中全会以来重要文献选读》下册，人民出版社 1987 年版，第 1156 页。

③ 中共中央文献研究室编：《十五大以来重要文献选编》（上），人民出版社 2000 年版，第 19 页。

④ 中共中央文献研究室编：《十五大以来重要文献选编》（上），人民出版社 2000 年版，第 35、37 页。

⑤ 中共中央文献研究室编：《十六大以来重要文献选编》（上），中央文献出版社 2005 年版，第 29 页。

进文化的前进方向。在当代中国，发展先进文化，就是发展面向现代化、面向世界、面向未来的，民族的科学的大众的社会主义文化，以不断丰富人们的精神世界，增强人们的精神力量"①，提出要"立足于改革开放和现代化建设的实践，着眼于世界文化发展的前沿，发扬民族文化的优秀传统，汲取世界各民族的长处，在内容和形式上积极创新，不断增强中国特色社会主义文化的吸引力和感召力"②。为凝聚社会共识、引导国家前进方向、保持国家团结统一，中共十六届六中全会明确提出构建社会主义核心价值体系，并将和谐文化作为构建社会主义和谐社会的重要任务予以高度重视，指出必须坚持以中国特色社会主义共同理想引领社会思潮，尊重差异，包容多样，最大限度地形成社会思想共识。中共十七大首次将文化作为实现综合国力提升的"软实力"提出来，以建设社会主义核心价值体系作为文化建设的首要任务，"推动社会主义文化的大发展大繁荣"，进一步推动了中国特色社会主义文化的创新发展。

伴随着中国特色社会主义进入新时代，我国社会主要矛盾的转化，对中国特色社会主义文化建设提出了新要求。以习近平同志为核心的党中央高度重视文化在建设中国特色社会主义现代化强国、实现中华民族伟大复兴中的作用，指出："文化是一个国家、一个民族的灵魂。文化兴国运兴，文化强民族强。没有高度的文化自信，没有文化的繁荣兴盛，就没有中华民族伟大复兴。"③中共十八大报告提出了建设社会主义文化强国的目标，指出："必须走中国特色社会主义文化发展道路，坚持为人民服务、为社会主义服务的方向，坚持百花齐放、百家争鸣的方针，坚持贴近实际、贴近生活、贴近群众的原则，推动社会主义精神文明和物质文明全面发展，建设面向现代化、面向世界、面向未来的，民族的科学的大众的社会主义文化。"④中共十九大系统总结了中国特色社会主义文化的内涵，指出："中国特色社会主义文化，源自于中华民族五千多年文明历史所孕育的中华优秀传统文化，熔铸于党领导人民在革命、建设、改革中创造的革命文化和社会主义先进文化，植根于中国特色社会主义伟大实践。发展中国特色社会主义文化，就是以马克思主义为指导，坚守中华文化立

① 中共中央文献研究室编：《十六大以来重要文献选编》(上)，中央文献出版社 2005年版，第 29 页。

② 中共中央文献研究室编：《十六大以来重要文献选编》(上)，中央文献出版社 2005年版，第 29～30 页。

③ 习近平：《决胜全面建成小康社会 夺取新时代中国特色社会主义伟大胜利——在中国共产党第十九次全国代表大会上的报告》，人民出版社 2017 年版。第 40～41 页。

④ 胡锦涛：《坚定不移沿着中国特色社会主义道路前进 为全面建成小康社会而奋斗——在中国共产党第十八次全国代表大会上的报告》，人民出版社 2012 年版，第 30～31 页。

场，立足当代中国现实，结合当今时代条件，发展面向现代化、面向世界、面向未来的，民族的科学的大众的社会主义文化，推动社会主义精神文明和物质文明协调发展。要坚持为人民服务、为社会主义服务，坚持百花齐放、百家争鸣，坚持创造性转化、创新性发展，不断铸就中华文化新辉煌。"①

　　文化自信是一个国家、一个民族发展中更基本、更深沉、更持久的力量，增强文化自信是新时代中国特色社会主义文化建设的突出特色。2015 年 10 月 15 日，习近平总书记在文艺工作座谈会上的讲话中指出："增强文化自觉和文化自信，是坚定道路自信、理论自信、制度自信的题中应有之义。"②2016 年 5 月 17 日，在哲学社会科学工作座谈会上的讲话中，习近平总书记进一步明确了文化自信的重要性，指出："坚定中国特色社会主义道路自信、理论自信、制度自信，说到底是要坚定文化自信。"③2016 年 7 月 1 日，习近平总书记在庆祝中国共产党成立 95 周年大会上的讲话中将"坚持中国特色社会主义道路自信、理论自信、制度自信、文化自信"作为一个有机整体明确提出，强调："在 5000 多年文明发展中孕育的中华优秀传统文化，在党和人民伟大斗争中孕育的革命文化和社会主义先进文化，积淀着中华民族最深层的精神追求，代表着中华民族独特的精神标识。"④中共十九大报告围绕如何坚定文化自信指出："必须坚持马克思主义，牢固树立共产主义远大理想和中国特色社会主义共同理想，培育和践行社会主义核心价值观，不断增强意识形态领域主导权和话语权，推动中华优秀传统文化创造性转化、创新性发展，继承革命文化，发展社会主义先进文化，不忘本来、吸收外来、面向未来，更好构筑中国精神、中国价值、中国力量，为人民提供精神指引。"⑤

　　坚定文化自信，建设具有中国气派、中国风格的中国特色社会主义文化，客观认识中华优秀传统文化进而结合新的时代条件推进其创造性转化和创新性发展是题中之义。中华优秀传统文化是中华民族的突出优势，是中华民族在世界文化激荡中站稳脚跟的根基。习近平总书记指出："中华优秀传统文化是中华民族的文化根脉，其蕴含的思想观念、人文精神、道德规范，不仅是我们中

---

① 习近平：《决胜全面建成小康社会　夺取新时代中国特色社会主义伟大胜利——在中国共产党第十九次全国代表大会上的报告》，人民出版社 2017 年版，第 41 页。

② 习近平：《在文艺工作座谈会上的讲话》，人民出版社 2015 年版，第 25 页。

③ 习近平：《在哲学社会科学工作座谈会上的讲话》，人民出版社 2016 年版，第 17 页。

④ 习近平：《在庆祝中国共产党成立 95 周年大会上的讲话》，人民出版社 2016 年版，第 12～13 页。

⑤ 习近平：《决胜全面建成小康社会　夺取新时代中国特色社会主义伟大胜利——在中国共产党第十九次全国代表大会上的报告》，人民出版社 2017 年版，第 23 页。

国人思想和精神的内核，对解决人类问题也有重要价值。"①中国共产党从成立之日起，既是中国先进文化的积极引领者和践行者，又是中华优秀传统文化的忠实传承者和弘扬者。在新时代要把弘扬中华优秀传统文化同坚持马克思主义立场观点方法结合起来，推动中华优秀传统文化创造性转化、创新性发展。

站在全面建设社会主义现代化国家、以中国式现代化全面推进中华民族伟大复兴的历史新起点上，继续推动文化繁荣、建设文化强国、建设中华民族现代文明成为中国共产党在新时代新的文化使命。2023 年 6 月 1 日，习近平总书记在文化传承发展座谈会上阐述了中华优秀传统文化所塑造的中华文明突出特性，指出：中华文明具有突出的连续性，从根本上决定了中华民族必然走自己的路；中华文明具有突出的创新性，从根本上决定了中华民族守正不守旧、尊古不复古的进取精神，决定了中华民族不惧新挑战、勇于接受新事物的无畏品格；中华文明具有突出的统一性，从根本上决定了中华民族各民族文化融为一体，即使遭遇重大挫折也牢固凝聚，决定了国土不可分、国家不可乱、民族不可散、文明不可断的共同信念，决定了国家统一永远是中国核心利益的核心，决定了一个坚强统一的国家是各族人民的命运所系；中华文明具有突出的包容性，从根本上决定了中华民族交往交流交融的历史取向，决定了中国各宗教信仰多元并存的和谐格局，决定了中华文化对世界文明兼收并蓄的开放胸怀；中华文明具有突出的和平性，从根本上决定了中国始终是世界和平的建设者、全球发展的贡献者、国际秩序的维护者，决定了中国不断追求文明交流互鉴而不搞文化霸权，决定了中国不会把自己的价值观念与政治体制强加于人，决定了中国坚持合作、不搞对抗，决不搞"党同伐异"的小圈子。

在此基础上，习近平总书记深入指出：把马克思主义基本原理同中国具体实际、同中华优秀传统文化相结合是中国特色社会主义的必由之路，是中国共产党在探索中国特色社会主义道路中得出的规律性的认识、取得成功的最大法宝。第一，"结合"的前提是彼此契合；第二，"结合"的结果是互相成就，造就了一个有机统一的新的文化生命体，让马克思主义成为中国的，中华优秀传统文化成为现代的，让经由"结合"而形成的新文化成为中国式现代化的文化形态；第三，"结合"筑牢了道路根基，让中国特色社会主义道路有了更加宏阔深远的历史纵深，拓展了中国特色社会主义道路的文化根基；第四，"结合"打开了创新空间，让中国共产党掌握了思想和文化主动，并有力地作用于道路、理论和制度；第五，"结合"巩固了文化主体性，创立新时代中国特色社会主义思想就是这一文化主体性的最有力体现。

---

① 《习近平谈治国理政》第 3 卷，外文出版社 2020 年版，第 314 页。

在讲话中，习近平总书记明确提出"建设中华民族现代文明"的历史任务。他指出，在新的历史起点上继续推动文化繁荣、建设文化强国、建设中华民族现代文明，要坚定文化自信，坚持走自己的路，立足中华民族伟大历史实践和当代实践，用中国道理总结好中国经验，把中国经验提升为中国理论，实现精神上的独立自主。他同时强调，要秉持开放包容，坚持马克思主义中国化时代化，传承发展中华优秀传统文化，促进外来文化本土化，不断培育和创造新时代中国特色社会主义文化。要坚持守正创新，以守正创新的正气和锐气，赓续历史文脉、谱写当代华章。[①]

习近平总书记围绕中国共产党在新时代新的文化使命进行的如上阐述，指明了中华优秀传统文化与中华民族现代文明的关系，阐明了把马克思主义基本原理同中国具体实际、同中华优秀传统文化相结合的历史必然性，进一步深化了对中国特色社会主义文化建设的规律性认识，表明中国共产党的历史自信、文化自信达到了新高度，在传承中华优秀传统文化中推进文化创新的自觉性达到了新高度。

第三节　民族复兴的发展前景

以历史为镜鉴、以现实为基础，展望未来，坚定不移地沿着中国特色社会主义现代化道路奋勇前进，是中华民族伟大复兴的梦想成真的关键所在。中国特色社会主义现代化蕴含着复兴中华文化、传承中华文明的使命，也承担着面向世界展示悠久灿烂的中华文化，为世界和平与人类进步做出更大贡献的重要使命。

一、以实现中国特色社会主义现代化为目标

现代化是指经济落后国家以现代工业和科学技术为推动力，实现传统农业社会向现代工业社会转变，赶上世界先进水平的历史过程。[②] 经济文化落后的中国，只有在现代化的基础上才有可能实现国家富强、民族振兴、人民幸福，因而，实现现代化必然成为中华民族伟大复兴的重要目标。近代中国在现代化

---

① 《习近平在文化传承发展座谈会上强调　担负起新的文化使命　努力建设中华民族现代文明》，载《人民日报》，2023 年 6 月 3 日。

② 参见罗荣渠：《现代化新论——世界与中国的现代化进程》，北京大学出版社 1993年版，第 9 页。

道路的选择上，经历了一个曲折的历程。在鸦片战争后的一百多年间，无数仁人志士为实现国家的现代化殚精竭虑，历尽艰辛，但他们的努力迭遭挫折，中国现代化的进程举步维艰。在中华人民共和国成立以前，旧中国的各派社会力量始终未能找到一条符合中国实际的自己的现代化道路。

在中国现代化的历程中，在很长一段时间里，现代化主要是指工业化。在一个落后的农业国，工业化必然成为现代化的首要目标。中国共产党从一开始就选择了社会主义工业化道路。在新民主主义革命时期，中国共产党就未雨绸缪，着手筹划未来的工业化建设蓝图。1945 年，毛泽东在中共七大的报告中提出："中国工人阶级的任务，不但是为着建立新民主主义的国家而斗争，而且是为着中国的工业化和农业近代化而斗争。""在新民主主义的政治条件获得之后，中国人民及其政府必须采取切实的步骤，在若干年内逐步地建立重工业和轻工业，使中国由农业国变为工业国。"①在新民主主义即将取得全面胜利的前夜，毛泽东在中共七届二中全会的报告中第一次将工业化与社会主义联系起来，明确提出"使中国稳步地由农业国转变为工业国，把中国建设成一个伟大的社会主义国家"的目标。

中华人民共和国成立后，中国共产党团结和带领全国各族人民开始了建设一个强大的社会主义现代化国家的征程。在 70 多年的奋斗中，中国共产党提出的现代化目标经历了一个由"社会主义工业化"到"四个现代化"再到"富强民主文明和谐的社会主义现代化国家"的发展过程。

中国共产党最初提出的现代化目标是"实现国家的社会主义工业化"。在中华人民共和国成立之初，起着临时宪法作用的《共同纲领》提出"发展新民主主义的人民经济，稳步地变农业国为工业国"的现代化目标，并初步规划了重工业与轻工业并举的国家工业化发展思路："应以有计划有步骤地恢复和发展重工业为重点，例如矿业、钢铁业、动力工业、机器制造业、电器工业和主要化学工业等，以创立国家工业化的基础。"②1953 年，中国共产党在过渡时期总路线中，明确提出了"逐步实现国家的社会主义工业化"的目标。当时的设想是，用三个五年计划的时间，实现国家的工业化，同时完成社会主义改造，使中国在工业化的基础上过渡到社会主义社会。这种设想虽然脱离实际，因为在中国这样一个落后的农业大国，实现国家的工业化需要一个长期奋斗的过程，但反映了中国共产党对于实现现代化的迫切愿望。毛泽东在 1954 年 9 月召开的第

---

① 《毛泽东选集》第 3 卷，人民出版社 1991 年版，第 1081 页。

② 中共中央文献研究室编：《建国以来重要文献选编》第 1 册，中央文献出版社 1992 年版，第 9 页。

一届全国人民代表大会第一次会议上充满激情地宣布："我们现在是处在新的历史时期。一个六万万人口的东方国家举行社会主义革命，要在这个国家里改变历史方向和国家面貌，要在大约三个五年计划期间内使国家基本上工业化，并且要对农业、手工业和资本主义工商业完成社会主义改造，要在大约几十年内追上或赶过世界上最强大的资本主义国家。"①在这个讲话中，毛泽东提出了"使国家基本上工业化"的目标。第一个五年计划的执行和超额完成，实现了国民经济的快速增长，为国家工业化奠定了初步基础。

随着中国进入全面建设社会主义时期，毛泽东等党和国家领导人开始集中探讨"中国工业化的道路问题"，毛泽东在《论十大关系》《关于正确处理人民内部矛盾的问题》等重要讲话中，明确提出要走出一条既不同于欧美资本主义国家，也不同于苏联东欧国家的中国式的社会主义工业化道路。但是，这种正确的探索没有能够坚持下来。由于缺乏社会主义建设的经验，急于求成，夸大了主观意志和主观努力的作用，中共八大二次会议错误地提出"鼓足干劲、力争上游、多快好省地建设社会主义"的总路线，不切实际地提出在主要工业产品的产量方面在十年内超过英国、十五年内赶上美国的目标，轻率地发动了以生产1070万吨钢为中心任务的"大跃进"运动，导致国民经济比例失调，造成严重的经济困难，使社会主义工业化建设受挫。

20世纪50年代中期以后，中国共产党意识到现代化不只是单一的工业化，"工业国的提法不完全"，"国民经济体系不仅包括工业，而且包括农业、商业、科学技术、文化教育、国防各个方面"②，开始对现代化目标和内涵进行调整。周恩来在第一届全国人民代表大会第一次会议上所做的《政府工作报告》中就提到，如果我们不建立起强大的现代化的工业、现代化的农业、现代化的交通运输业和现代化的国防，我们就不能摆脱落后和贫困。这是中国共产党关于"四个现代化"的最初表述。此后，毛泽东、刘少奇等人也多次提到"四个现代化"的问题，并分别使用了"工业现代化、农业现代化、科学文化现代化、国防现代化"和"工业现代化、农业现代化、科学技术现代化、国防现代化"等不同的表述。1964年11月，根据毛泽东的提议，周恩来在第三届全国人民代表大会第一次会议上所做的《政府工作报告》中正式向全国人民公布了"四个现代化"的奋斗目标和"两步走"的战略部署，提出"要在不太长的历史时期内，把我国建设成为一个具有现代农业、现代工业、现代国防和现代科学技术的社会主义强

---

① 《毛泽东文集》第6卷，人民出版社1999年版，第392页。
② 《周恩来经济文选》，中央文献出版社1993年版，第519页。

国，赶上和超过世界先进水平。为了实现这个伟大的历史任务，从第三个五年计划开始，我国的国民经济发展，可以按两步来考虑：第一步，建立一个独立的比较完整的工业体系和国民经济体系；第二步，全面实现农业、工业、国防和科学技术的现代化，使我国经济走在世界的前列"①。"四个现代化"目标的提出，是中国共产党现代化战略的第一次重大调整，它不再是单一的工业化目标，而是一个包括农业、工业、国防和科学技术的综合性目标。但由于"文化大革命"全面爆发，中国的现代化进程遭遇严重挫折。

进入改革开放新时期后，随着党和国家的工作重心转移到经济建设上来，中国共产党和中国人民对实现现代化有一种强烈的紧迫感，"大干四化"成为当时最鼓舞人心的口号，社会又开始表现出急于求成的心态。在这种背景下，邓小平从分析中国的国情和实际出发，提出要"走出一条中国式的现代化道路"的思想，并思考调整中国的现代化战略目标和战略部署问题。随后，他又以"小康之家""小康"取代了"四个现代化"的概念，提出"经过二十年的时间，使我国现代化经济建设的发展达到小康水平，然后继续前进，逐步达到更高程度的现代化"②的设想。1982 年，中共十二大提出到 20 世纪末分"两步走"实现工农业总产值翻两番，进入小康社会的设想，不再使用"四个现代化"的提法。

1987 年，中共十三大正式提出"为把我国建设成为富强、民主、文明的社会主义现代化国家而奋斗"的目标，这是一个比"四个现代化"更加全面的现代化目标，也是中国共产党现代化战略目标的又一次重大调整，表明了中国共产党和中国人民对于社会主义现代化认识的深化。中共十三大还确立了"三步走"的战略部署：第一步，从 1981 年到 1990 年实现国民生产总值比 1980 年翻一番，解决人民的温饱问题，这个任务已经基本实现；第二步，从 1991 年到 20世纪末，使国民生产总值再翻一番，达到小康水平；第三步，到 21 世纪中叶，国民生产总值再翻两番，达到中等发达国家水平，基本实现现代化，然后在这个基础上继续前进。到 1995 年，随着"八五"计划胜利完成，我国提前实现"三步走"战略的第二步目标。1997 年，中共十五大对实现第三步战略目标做出具体部署，即在 21 世纪的第一个十年，实现国民生产总值比 2000 年翻一番，使人民的小康生活更加富裕，形成比较完善的社会主义市场经济体制，再经过十年的努力，到中国共产党成立 100 周年时，使国民经济更加发展，各项制度更加完善，到 21 世纪中叶中华人民共和国成立 100 周年时，基本实现现代化，

---

① 《周恩来选集》下卷，人民出版社 1984 年版，第 439 页。
② 《邓小平文选》第 2 卷，人民出版社 1994 年版，第 356 页。

建成富强民主文明的社会主义国家，第一次将现代化目标与"两个一百年"奋斗目标结合起来。2002 年，中共十六大提出全面建设小康社会的目标，要求在21 世纪的头二十年，集中力量，全面建设惠及十几亿人口的更高水平的小康社会，使经济更加发展、民主更加健全、科教更加进步、文化更加繁荣、社会更加和谐、人民生活更加殷实。2006 年，中共十六届六中全会首次将"和谐"列入现代化建设的奋斗目标，提出"要把我国建设成为富强民主文明和谐的社会主义现代化国家"。一年后，这一目标被正式写进了中共十七大报告，标志着中国共产党现代化战略目标的完善。

　　"富强民主文明和谐"是中国建设社会主义现代化国家的总体目标，包括物质、制度、文化、社会四个层面的现代化。"富强"是物质层面的现代化目标，是要在发展生产力的基础上，实现国家繁荣昌盛、人民共同富裕，民富国强是国家现代化的基础，是近代以来中华民族梦寐以求的夙愿。"民主"是制度层面的现代化目标，其实质和核心是人民当家做主，坚持党的领导、人民当家做主和依法治国三者的有机统一是中国社会主义民主政治的鲜明特色。民主是社会主义的生命，也是创造人民美好幸福生活，实现中华民族伟大复兴的政治保障。中共十八届三中全会提出"推进国家治理体系和治理能力现代化"的要求，将国家治理现代化明确为社会主义现代化的重要目标。"文明"是文化层面的现代化目标，以建设面向现代化、面向世界、面向未来的，民族的科学的大众的社会主义文化，增强中华文化的国际影响力，建设社会主义文化强国为主要任务，是实现中华民族伟大复兴的精神支撑。"和谐"是社会层面的现代化目标，追求学有所教、劳有所得、病有所医、老有所养、住有所居、社会公平正义、生态环境友好、人与自然和谐相处的美好社会生活。社会和谐既是现代化建设追求的重要目标，也是推进社会主义现代化建设，实现中华民族伟大复兴的重要保证。这是一个中国特色社会主义的现代化目标，"承载着全体中华儿女的共同向往，昭示着国家富强、民族振兴、人民幸福的美好前景"[①]。中共十八大之后，中国共产党将"实现中华民族伟大复兴的中国梦"与建设富强民主文明和谐的社会主义现代化国家的目标结合起来，指出："中国梦的本质是国家富强、民族振兴、人民幸福。我们的奋斗目标是，到二〇二〇年国内生产总值和城乡居民人均收入在二〇一〇年基础上翻一番，全面建成小康社会。到本世纪中叶，建成富强民主文明和谐的社会主义现代化国家，实现中华民族伟大复兴

---

①　中共中央文献研究室编：《十八大以来重要文献选编》(上)，中央文献出版社 2014年版，第 277 页。

的中国梦。"①

围绕加快实现建设富强民主文明和谐的社会主义现代化国家的目标,十八大以来,中国共产党做出全面战略部署,形成经济建设、政治建设、文化建设、社会建设、生态文明建设"五位一体"的总体布局,积极推进全面建成小康社会、全面深化改革、全面依法治国、全面从严治党的战略布局,提出"创新、协调、绿色、开放、共享"五大发展理念。为实现第二个百年奋斗目标,习近平总书记在中共十九大报告中又做出了两个阶段的战略安排:"第一个阶段,从二〇二〇年到二〇三五年,在全面建成小康社会的基础上,再奋斗十五年,基本实现社会主义现代化""第二个阶段,从二〇三五年到本世纪中叶,在基本实现现代化的基础上,再奋斗十五年,把我国建成富强民主文明和谐美丽的社会主义现代化强国"②。

经过长期的艰辛探索和努力奋斗,中国共产党和中国人民找到了把中国建设成为一个伟大的社会主义现代化国家的正确道路,中国共产党把这条道路称为"中国式现代化"。2022年10月,习近平总书记在中共二十大报告中指出,"在新中国成立特别是改革开放以来长期探索和实践基础上,经过十八大以来在理论和实践上的创新突破,我们党成功推进和拓展了中国式现代化",并在总结我国社会主义现代化建设历史经验的基础上,第一次对中国式现代化的内涵、特点、本质要求做出了理论阐释,指出:"中国式现代化,是中国共产党领导的社会主义现代化,既有各国现代化的共同特征,更有基于自己国情的中国特色。"中国式现代化是人口规模巨大的现代化,是全体人民共同富裕的现代化,是物质文明和精神文明相协调的现代化,是人与自然和谐共生的现代化,是走和平发展道路的现代化。中国式现代化的本质要求是"坚持中国共产党领导,坚持中国特色社会主义,实现高质量发展,发展全过程人民民主,丰富人民精神世界,实现全体人民共同富裕,促进人与自然和谐共生,推动构建人类命运共同体,创造人类文明新形态"。报告重申了全面建成社会主义现代化强国的"两步走"的"总的战略安排",提出了全面建设社会主义现代化国家必须牢牢把握的重大原则:坚持和加强党的全面领导,坚持中国特色社会主义道路,坚持以人民为中心的发展思想,坚持深化改革开放,坚持发扬斗争精神。习近平总书记充满豪情地宣布:"从现在起,中国共产党的中心任务就是团结带领全

---

① 《习近平关于实现中华民族伟大复兴的中国梦论述摘编》,中央文献出版社2013年版,第7页。

② 习近平:《决胜全面建成小康社会 夺取新时代中国特色社会主义伟大胜利——在中国共产党第十九次全国代表大会上的报告》,人民出版社2017年版,第28~29页。

国各族人民全面建成社会主义现代化强国、实现第二个百年奋斗目标，以中国式现代化全面推进中华民族伟大复兴。"①

二、以传承中华文明为使命

"人类文明每一次升华，无不伴随着文化的历史性进步。"②文化是民族生存和发展的重要力量，一个国家、一个民族的强盛，总是以文化兴盛作为支撑。历史上任何一个大国的崛起，不仅伴随着经济的腾飞和综合国力的强盛，而且必然伴随着其文化的兴盛。如果没有自己独特文化的支撑，任何一个民族的发展都不可能持久，会被湮没在历史的长河中。中华民族复兴不仅只是追求国家富强、人民幸福的目的，还必然担负着复兴中华文化、传承中华文明的使命。国家的繁荣富强只是奠定民族复兴的基础，文化复兴才是民族复兴的标志，只有实现中华文化的复兴，才是中华民族真正伟大的复兴。

文明是文化的内在价值，文化是文明的外在形式，文明的内在价值通过文化的外在形式得以展现。人类历史上的每一种文明，都是通过其独特的文化形式而得以彰显。中华文明，亦称华夏文明，是世界上最古老的文明之一，也是世界上持续时间最长的文明。中华文明同样是通过其外在形式即中华文化而影响中国和世界的。古代中华文明对于世界的影响力，不仅在于当时国家的富足与综合国力的强大，更重要的在于中华文化远播海外，为人类文明的进步与发展做出了卓越贡献。"2000多年前，中国就出现了诸子百家的盛况，老子、孔子、墨子等思想家上究天文、下穷地理，广泛探讨人与人、人与社会、人与自然关系的真谛，提出了博大精深的思想体系。"③习近平总书记指出："中华民族之所以在世界有地位、有影响，不是靠穷兵黩武，不是靠对外扩张，而是靠中华文化的强大感召力和吸引力。"④法国启蒙思想家狄德罗主编的《百科全书》中的"中国"条目，称赞"中国民族，其历史之悠久，文化、艺术、智慧、政治、哲学的趣味，无不在所有民族之上"，正是倾倒于中华文化的"强大感召力和吸

---

① 习近平：《高举中国特色社会主义伟大旗帜 为全面建设社会主义现代化国家而团结奋斗——在中国共产党第二十次全国代表大会上的报告》，人民出版社2022年版，第22～24、26～27、21页。

② 中共中央文献研究室编：《十八大以来重要文献选编》（中），中央文献出版社2016年版，第119页。

③ 习近平：《在布鲁日欧洲学院的演讲》，载《人民日报》，2014年4月2日。

④ 中共中央文献研究室编：《十八大以来重要文献选编》（中），中央文献出版社2016年版，第119页。

引力"。

中华优秀传统文化是中华民族的"根"和"魂",记载了中华民族自古以来在建设家园的奋斗中开展的精神活动、进行的理性思维、创造的文化成果,反映了中华民族的精神追求,积淀着中华民族的文化基因,是中华民族生生不息、发展壮大的丰富滋养。它对中华文明形成并延续发展几千年而从未中断,对形成和维护中国团结统一的政治局面,对形成和巩固中国多民族和合一体的大家庭,对形成和丰富中华民族精神,对激励中华儿女维护民族独立、反抗外来侵略,对推动中国社会发展进步、促进中国社会利益和社会关系平衡,都发挥了十分重要的作用。"在几千年的历史流变中,中华民族从来不是一帆风顺的,遇到了无数艰难困苦,但我们都挺过来、走过来了,其中一个很重要的原因就是世世代代的中华儿女培育和发展了独具特色、博大精深的中华文化,为中华民族克服困难、生生不息提供了强大精神支撑。"[1]中华优秀传统文化是中华民族的突出优势和最深厚的文化软实力。

近代以后,中华文化因欧风美雨的冲击和自身的局限而陷入困境。一方面,作为中华文化重要组成部分的儒学,向来是中国封建文化的核心和封建君主专制统治的精神支柱,长期以来禁锢着人们的思想,阻碍着中国社会的进步,近代以后更成为中国走向现代化的精神桎梏,因而遭到中国先进知识分子的严厉批判甚至全盘否定。另一方面,近代以后,在农耕文明基础上形成的中华文化面临着强势的西方工业文明的巨大冲击,在历史大变局下,探索国家出路的先行者们由于无以从中华传统文化中找到抗击"数千年未有之强敌"的有效资源,不得不选择"师夷智""师夷之长技"。以西学抗衡西力的有效性,进一步推动了向西方学习潮流的兴起,一部分人甚至因此动摇了文化自信心,认为是整个中华文化出了问题,中华文化不如西方文化优越,出现了崇洋媚外、全盘西化的倾向,这使中华文化一度陷入日渐衰微的境地。近代中国的衰落,伴随着近代中华文化的衰落,近代中华民族的危机,是国家与文化的双重危机。因此,中华民族的复兴也内在地包含着中华文化的复兴,而文化复兴更被视为民族复兴的重要标识。

戊戌变法时期,以康有为为代表的资产阶级维新派,最早意识到中华文化遭遇的危机,他们提出的"保国"主张,即捍卫民族独立,"保圣教之不失",即保卫中华文化传承,但影响皆不著。1904 年冬,邓实等人倡议设立国学保存

---

① 中共中央文献研究室编:《十八大以来重要文献选编》(中),中央文献出版社 2016 年版,第 119 页。

会，并于 1905 年在上海正式成立，以研求国学、保存国粹为宗旨，创办《国粹学报》，痛陈欧风东渐、国学沦亡的文化危机，欲起风雨之疾声、救国学于水火，发起中国的"古学复兴"运动。他们认为，"昔西欧肇迹，兆于古学复兴之年；日本振兴，基于国粹保存之论"，所以中国"欲谋保国，必先保学"①。他们倡言"学"为"国"本，强调"国魂者，原于国学者也。国学苟灭，国魂奚存"②，呼吁保存国学，并预言"十五世纪为欧洲古学复兴之世，而二十世纪则为亚洲古学复兴之世"③。他们将文化的复兴与国家的兴亡联系起来，强调在效法西方改革中国政治的同时，必须立足于复兴中国的固有文化，从传统文化中发掘为中国现代化所需要的东西。他们的主张是抵制西方列强的文化侵略，鼓吹中华文化复兴的最早声音，但他们并没有找到实现中华文化复兴的正确路径。在辛亥革命后，他们逐渐蜕化为复古保守势力。

新文化运动中的文化保守主义者，针对当时全盘西化的思潮，认为中国本土固有的儒家文化和人文思想有着永恒的价值。他们把民族复兴的重心归结为中华文化的复兴，尤其是儒家文化的复兴，明确提出"中国文化复兴"的口号，主张返宗儒家，援西学入儒，融合中西哲学，建立新儒学，实现儒学复兴，并预言世界未来文化就是中国文化的复兴，中国文化的复兴就是儒家文化的复兴。新儒家复兴儒学的努力，对于儒家思想的传承和中华文化的复兴产生了积极作用，但他们同样没有寻到实现中华文化复兴的正确道路。

中华文化的复兴，当然要以继承优秀传统文化为基础。胡适曾将新文化运动称为中国的文艺复兴运动，并说"文艺复兴是我们祖宗有了这个资本，到这个时候给我们来用，由我们来复兴它"；"我们老祖宗已经做的事体我们拿来提倡，我们学他们的样子，我们来发扬光大"④。他强调的是新文化运动与中国优秀传统文化的承继关系。但中华文化复兴不是复古，亦不是简单地恢复传统文化，而是文化传承与创新的统一，是有扬弃的继承，要在继承中发展，在发展中继承。建立在农耕文明基础上的中华传统文化，必须在中华民族走向现代化的过程中，实现创造性转化和创新性发展。从这个意义上来说，正是新文化运动真正激活了近代以来中华文化复兴的潮流。一方面，新文化运动荡涤了中国几千年来的封建旧礼教、旧道德、旧思想、旧文化；另一方面，新文化运动为中华文化注入了科学与民主这一新的现代价值理念，将中华优秀传统文化与

---

① 邓实：《拟设国粹学堂启》，载《国粹学报》，第 26 期，1907 年。
② 许之衡：《读〈国粹学报〉感言》，载《国粹学报》，第 6 期，1905 年。
③ 邓实：《古学复兴论》，载《国粹学报》，第 9 期，1905 年。
④ 《疑古与开新——胡适文选》，上海远东出版社 1995 年版，第 133～134 页。

现代文明的发展方向结合起来。这一"破"一"立",奠定了中华文化复兴的基础。

随着五四运动后马克思主义在中国的广泛传播,"中国产生了完全崭新的文化生力军,这就是中国共产党人所领导的共产主义的文化思想,即共产主义的宇宙观和社会革命论"①,形成了以共产主义文化思想为指导的中华民族的新文化,即民族的、科学的、大众的新民主主义文化。这种文化不同于以往的旧文化,它是反帝、反抗民族压迫,主张民族独立与解放,提倡民族的自信心,正确把握民族的实际与特点的文化;是反封建、反专制、反独裁、反压迫人民自由的思想习惯与制度,主张民主自由、民主政治、民主生活与民主作风的文化;是反对武断、迷信、愚昧、无知,拥护科学真理,把真理当作自己实践的指南,提倡能把握真理的科学与科学的思想,养成科学的生活与科学的工作方法的文化;是反对拥护少数特权者压迫剥削大多数人、愚弄欺骗大多数人、使大多数人永远陷于黑暗与痛苦的贵族的特权者的文化,而主张代表大多数人利益的、大众的、平民的文化。② 新民主主义文化的形成,是中华文化复兴过程中一次脱胎换骨的更新,开辟了中华文化复兴的正确道路,推动了中华文明的更新,成为中国反帝反封建的新民主主义革命取得胜利的强大精神动力,也为中国特色社会主义文化的形成奠定了基础。

中华人民共和国成立之初,毛泽东在中国人民政治协商会议第一届全体会议上致开幕词时说:"随着经济建设的高潮的到来,不可避免地将要出现一个文化建设的高潮。中国人被人认为不文明的时代已经过去了,我们将以一个具有高度文化的民族出现于世界。"③这是一个庄严的承诺,中国共产党和中国人民历史地肩负起了复兴中华文化,传承中华文明的使命。

在以社会主义思想为核心推进中华文化建设的过程中,中国共产党和中国人民深刻认识到:优秀传统文化是一个国家、一个民族传承和发展的根本,如果丢掉了,就割断了精神命脉。"中华文明延续着我们国家和民族的精神血脉,既需要薪火相传、代代守护,也需要与时俱进、推陈出新。"④经过 70 多年的社会主义文化建设,虽然其间也经历过曲折和失误,中华文化在实现中华民族伟大复兴的征程中终于迎来了由复苏到兴盛的新发展。中华文化创新发展最突出的成果是在立足中国现实、继承中华优秀传统文化、汲取人类文明有益成果的

---

① 《毛泽东选集》第 2 卷,人民出版社 1991 年版,第 697 页。
② 参见《张闻天文集》第 3 卷,中共党史出版社 1994 年版,第 38～39 页。
③ 《建国以来毛泽东文稿》第 1 册,中央文献出版社 1987 年版,第 7 页。
④ 习近平:《在哲学社会科学工作座谈会上的讲话》,人民出版社 2016 年版,第 17 页。

基础上，形成和发展了面向现代化、面向世界、面向未来的，民族的、科学的、大众的中国特色社会主义文化，培育和弘扬了富强、民主、文明、和谐、自由、平等、公正、法治、爱国、敬业、诚信、友善的社会主义核心价值观。与此同时，在"古为今用、推陈出新"①的文化方针指导下，中国要既坚守根本又不断与时俱进，充分挖掘和阐发中华优秀传统文化，维护民族文化的基本元素，使中华民族最基本的文化基因与当代文化相适应、与现代社会相协调，把弘扬优秀传统文化和发展现实文化有机统一起来，推动中华文化的创造性转化和创新性发展，激活其生命力，"让中华文明在现代化进程中焕发出新的蓬勃生机"②。

文化是一个民族的血脉，是人民的精神家园，是根脉所系、魂魄所在。一个没有魂魄的民族是没有生命力的。因而，"没有中华文化繁荣兴盛，就没有中华民族伟大复兴。一个民族的复兴需要强大的物质力量，也需要强大的精神力量。没有先进文化的积极引领，没有人民精神世界的极大丰富，没有民族精神力量的不断增强，一个国家、一个民族不可能屹立于世界民族之林"③。习近平总书记深刻指出："我们说要坚定中国特色社会主义道路自信、理论自信、制度自信，说到底是要坚定文化自信。文化自信是更基本、更深沉、更持久的力量。"④在5000多年的文明发展中孕育的中华优秀传统文化，在中国共产党和中国人民实现民族复兴的伟大斗争中孕育的革命文化和社会主义先进文化，积淀着中华民族最深层的精神追求，代表着中华民族独特的精神标识，是中华民族自立于世界民族之林的精神力量，是今天中华民族和中国人民最强大的文化自信。

复兴中华文化，传承中华文明是实现中华民族伟大复兴的使命，中华民族创造了博大精深的中华文化，也一定能够重铸中华文化新的辉煌。我们不仅要坚守中华文化立场，实现中华文化复兴，而且要提炼展示中华文明的精神标识和文化精髓，加快构建中国话语和中国叙事体系，形成同我国综合国力和国际地位相匹配的国际话语权，推动中华文化更好走向世界，深化文明交流互鉴，"让中华文明同各国人民创造的多彩文明一道，为人类提供正确精神指引"⑤。

---

① 习近平：《在纪念孔子诞辰 2565 周年国际学术研讨会暨国际儒学联合会第五届会员大会开幕会上的讲话》，人民出版社 2014 年版，第 11 页。

② 习近平：《在庆祝中国共产党成立 95 周年大会上的讲话》，人民出版社 2016 年版，第 4 页。

③ 中共中央文献研究室编：《十八大以来重要文献选编》（中），中央文献出版社 2016 年版，第 121 页。

④ 习近平：《在哲学社会科学工作座谈会上的讲话》，人民出版社 2016 年版，第 17 页。

⑤ 习近平：《在哲学社会科学工作座谈会上的讲话》，人民出版社 2016 年版，第 17 页。

中共二十大发出了全面建成社会主义现代化强国的动员令，社会主义现代化强国必须是文化强国，"全面建设社会主义现代化国家，必须坚持中国特色社会主义文化发展道路，增强文化自信，围绕举旗帜、聚民心、育新人、兴文化、展形象建设社会主义文化强国，发展面向现代化、面向世界、面向未来的，民族的科学的大众的社会主义文化，激发全民族文化创新创造活力，增强实现中华民族伟大复兴的精神力量"[1]。

三、以贡献人类社会为己任

世界是在人类各种文明的交流交融中发展起来的。人类历史上曾经出现过的每一种文明，都对人类文明的进步做出过积极贡献，世界上每一种成熟的文明都负有贡献人类社会的使命和责任。"中华民族以勤劳智慧的民族品格、不懈进取的创造活力、自强不息的奋斗精神创造了辉煌的中华文明，为人类文明进步作出了重大贡献。"[2]

"大道之行也，天下为公。"中华民族自古以来就是一个具有天下意识和人类关怀的伟大民族。即使在近代中国遭受西方列强的侵略沦为半殖民地半封建社会的逆境下，探索民族复兴道路的先进中国人，仍然高度关注着人类的命运和中华民族对于世界的责任。戊戌变法时期，康有为、谭嗣同等人阐述的大同思想，主张把世界引向"至平、至公、至仁"的"大同太平之道"，将建立"全人类之爱的大同社会"视作自己的使命。[3]

孙中山虽然主张民族主义，但同样具有博大的人类关怀，重视中华民族对于世界的"大责任"。他曾提出，中华民国国民的天职是"促进世界的和平"，中华民国政府和人民要"同尽天职"，"使中华民国从今而后，得享文明之进行，使世界舞台从今而后得享和平之幸福"[4]。他强调了中华民族对世界的责任："我五大种族皆爱和平，重人道，若能扩充其自由、平等、博爱之主义于世界人类，则大同盛轨，岂难致乎？"[5]他还特别提到："我们今日在没有发达之先，

---

① 习近平：《高举中国特色社会主义伟大旗帜　为全面建设社会主义现代化国家而团结奋斗——在中国共产党第二十次全国代表大会上的报告》，人民出版社2022年版，第42～43页。

② 中共中央文献研究室编：《十七大以来重要文献选编》(上)，中央文献出版社2009版，第393页。

③ 吴雁南、冯祖贻、苏中立等主编：《中国近代社会思潮(1840—1949)》第1卷，湖南教育出版社1998年版，第507页。

④ 《孙中山全集》第2卷，中华书局1982年版，第317～318页。

⑤ 《孙中山全集》第2卷，中华书局1982年版，第439页。

立定扶倾济弱的志愿，将来到了强盛时候，想到今日身受过了列强政治经济压迫的痛苦，将来弱小民族如果也受这种痛苦，我们便要把那些帝国主义来消灭，那才算是治国平天下。我们要将来能够治国平天下，便先要恢复民族主义和民族地位。用固有的道德和平做基础，去统一世界，成一个大同之治，这便是我们四万万人的大责任。"①

20世纪初，在中国知识界曾兴起世界主义思潮，不少早期马克思主义者都曾经是世界主义的倡导者，陈独秀、李大钊、毛泽东、瞿秋白、蔡和森、萧楚女等人都曾受过世界主义的影响。例如，李大钊便曾提出：美洲各国组成全美联邦、欧洲各国组成全欧联邦、亚洲各国组成全亚联邦，合欧、美、亚三洲组成世界联邦，"合世界人类组织一个人类的联合，把种界国界完全打破。这就是我们人类全体所馨香祷祝的世界大同！"②

五四新文化运动时期，中国激进的民主主义知识分子和广大爱国青年，在关注民族解放、思想启蒙的同时，也高度关注"世界革命"和"人类解放"问题。1919年成立的问题研究会，在所列的"本会研究之问题"中，不仅包括当时中国的各种社会问题，还包括民族自决问题、海洋自由问题、军备限制问题、国际联盟问题、自由移民问题、人种平等问题等关乎人类命运的世界性问题，以及俄国问题、德国问题、奥匈问题、印度自治问题、爱尔兰独立问题、土耳其分裂问题、埃及骚乱问题、重建比利时问题、飞渡大西洋问题、飞渡太平洋问题、白令英吉利直布罗陀三峡凿隧通车问题等。③ 毛泽东、蔡和森等人创办的新民学会，明确以"改造中国和世界"为宗旨。毛泽东在1920年给蔡和森的信中曾提到，新民学会会员大多倾向于世界主义，这种主义就是愿意自己好，也愿意别人好的主义，就是社会主义。这表明近代以来探索民族复兴之路的先进的中国人不是狭隘的民族主义者，他们对于民族复兴的追求是与对人类的关怀和世界责任联系在一起的。

20世纪三四十年代，在人类面临法西斯的威胁和蹂躏时，处于苦难深重境地的中华民族勇敢地承担起了大国责任，以巨大的民族牺牲率先高举起反法西斯战争的旗帜，并与世界反法西斯同盟国军队和人民以及各种反法西斯力量"携手跨进同一条战壕，汇聚起挽狂澜于既倒的强大力量"，"作为世界反法西斯战争的东方主战场，中国人民抗日战争为世界反法西斯战争胜利作出了重大

---

① 《孙中山全集》第9卷，中华书局1986年版，第253页。
② 《李大钊文集》（上），人民出版社1984年版，第625～626页。
③ 参见《毛泽东早期文稿(1912.6—1920.11)》，湖南出版社1990年版，第292、397～398页。

贡献"①，使中华民族赢得了世界爱好和平人民的尊敬，也由此重新确立了中国在世界上的大国地位。

中国共产党是一个以共产主义为最终奋斗目标的政党，它既为实现中华民族的伟大复兴而奋斗，也为全人类的共同利益而奋斗。中国共产党人既是爱国主义者，又是国际主义者。中国共产党领导的中华民族伟大复兴的事业，不仅仅局限于本国与本民族的发展，而是将本国本民族的发展与世界各国各民族的发展联系在一起，并以贡献人类社会为责任和追求。

在新民主主义革命胜利的前夕，毛泽东在《论人民民主专政》一文中，就探讨到了"人类进步的远景的问题"②。中华人民共和国成立时，毛泽东在中国人民政治协商会议第一次全体会议的开幕词中表示：随着中华人民共和国的成立，"我们的民族将从此列入爱好和平自由的世界各民族的大家庭，以勇敢而勤劳的姿态工作着，创造自己的文明和幸福，同时也促进世界的和平和自由"③。这是新中国对全世界的庄严承诺：中华民族不仅为创造自己的文明和幸福而奋斗，也为促进世界的和平与自由而奋斗。1956年8月，毛泽东在中共八大第一次预备会议上谈到了中华民族对人类的贡献问题，他说道："过去人家看我们不起是有理由的。因为你没有什么贡献……我们这个国家建设起来，是一个伟大的社会主义国家，将完全改变过去一百多年落后的那种情况，被人家看不起的那种情况……如果不是这样，那我们中华民族就对不起全世界各民族，我们对人类的贡献就不大。"④随后，他在为纪念孙中山诞辰90周年而写的《纪念孙中山先生》一文中明确提出："进到二十一世纪的时候，中国的面目更要大变。中国将变为一个强大的社会主义工业国。中国应当这样。因为中国是一个具有九百六十万平方公里土地和六万万人口的国家，中国应当对于人类有较大的贡献。而这种贡献，在过去一个长时期内，则是太少了。这使我们感到惭愧。"⑤后来，他又多次谈道："中国不仅要自己料理自己，自己过生活，还应该对别的国家和民族进行帮助，对世界有些益处。同别的国家一样，不仅要为自己而且还要对世界做些贡献。"⑥毛泽东的这些谈话表明了中国共产党和中国人民的这样一种信念：我们不仅要实现中华民族的复兴，还应当对于人类有

---

① 习近平：《在纪念中国人民抗日战争暨世界反法西斯战争胜利70周年招待会上的讲话》，载《人民日报》，2015年9月4日。

② 《毛泽东选集》第4卷，人民出版社1991年版，第1469页。

③ 《建国以来毛泽东文稿》第1册，中央文献出版社1987年版，第6页。

④ 《毛泽东文集》第7卷，人民出版社1999年版，第88～89页。

⑤ 《毛泽东文集》第7卷，人民出版社1999年版，第156～157页。

⑥ 《毛泽东文集》第8卷，人民出版社1999年版，第71页。

较大的贡献。

　　进入改革开放新时期以后，中国与世界的联系日趋密切。邓小平、江泽民、胡锦涛、习近平继承并发展了毛泽东关于中国应对人类有较大贡献的思想，并将这一思想运用于中国的发展战略上。邓小平把中国的发展与中国对人类的贡献联系起来，指出中国只有发展起来，才能"对人类作出比较多一点的贡献"①。他强调："衡量我们是不是真正的社会主义国家，不但要使我们自己发展起来……而且要能够随着自己的发展，对人类做更多的贡献。"②江泽民明确把对人类做出更大贡献同实现中华民族伟大复兴联系起来，他指出："中国作为疆域辽阔、人口众多、历史悠久的国家，应该对人类有较大贡献。中国人民所以要进行百年不屈不挠的斗争，所以要实行一次又一次的伟大变革、实现国家的繁荣富强，所以要加强民族团结、完成祖国统一大业，所以要促进世界和平与发展的崇高事业，归根到底就是为了一个目标：实现中华民族的伟大复兴，争取对人类作出新的更大的贡献。"③1995 年 10 月，在联合国成立 50 周年特别纪念会议上，江泽民代表中国政府向世界宣告："中国发展和强大起来，也绝不谋求霸权，绝不会对任何国家构成威胁，而且中国作为维护世界和平与稳定的重要力量，必将对人类作出更大贡献。"④进入新世纪新阶段，随着中国综合国力的显著增强、人民生活水平的明显提高，胡锦涛多次谈道："中国人民有信心、有能力建设好自己的国家，也有信心、有能力为世界作出自己应有的贡献。"⑤他强调，随着全面建成小康社会目标的达成，"我们的国家将更加繁荣富强，人民的生活将更加幸福安康，中华民族将为人类作出更大贡献"⑥。

　　建设一个什么样的世界、如何建设世界是人类社会的永恒命题。中共十八大以来，以习近平同志为核心的党中央，将中国对人类和世界做出更大贡献作为重要的执政理念，注重向世界展示中国"坚持和平发展、促进共同发展、维护国际公平正义、为人类作出贡献的负责任大国形象"⑦。习近平多次指出：

————————

　　①　《邓小平文选》第 2 卷，人民出版社 1994 年版，第 237 页。

　　②　中共中央文献研究室编：《邓小平思想年谱（1975—1997）》，中央文献出版社 1998 年版，第 70 页。

　　③　《江泽民文选》第 2 卷，人民出版社 2006 年版，第 63 页。

　　④　《江泽民文选》第 1 卷，人民出版社 2006 年版，第 481 页。

　　⑤　中共中央文献研究室编：《十七大以来重要文献选编》（中），中央文献出版社 2011 年版，第 234 页。

　　⑥　中共中央文献研究室编：《十六大以来重要文献选编》（上），中央文献出版社 2005 年版，第 493 页。

　　⑦　《提高软实力　实现中国梦》，载《人民日报（海外版）》，2014 年 1 月 1 日。

"中国发展壮大，带给世界的是更多机遇而不是什么威胁。我们要实现的中国梦，不仅造福中国人民，而且造福各国人民。"①2015年9月，习近平在第七十届联合国大会一般性辩论时的讲话中，提出各国携手构成合作共赢新伙伴，同心打造人类命运共同体的主张。2017年1月，他在联合国日内瓦总部发表演讲，倡导各国共同构建人类命运共同体。这一重大倡议，深刻回答了在世界百年未有之大变局的背景下，世界向何处去、人类应该怎么办的重大命题，高举起了构建人类命运共同体的旗帜，体现了中国共产党和中国人民为人类文明进步做出新贡献的博大情怀。

自中华人民共和国成立以来，特别是改革开放以来，中国共产党和中国人民实现民族复兴的奋斗始终坚持以贡献人类社会为己任。中国的发展壮大，也为世界各国的发展带来了机遇，不仅造福于中国人民，也造福于世界人民。中国越发展，对人类、对世界的贡献就越大。中华民族的复兴是推动人类和平和世界各国共同发展的伟大复兴。

中国人民在实现民族复兴的征程中探索出来的发展道路，为世界其他国家提供了一种落后国家崛起的新的发展模式。中国道路，既是具有中国特色的中国之路，又是具有世界意义的中国之路。讲它是具有中国特色的中国之路，是因为它具有中国的历史特点、民族特点、文化特点；讲它又是具有世界意义的中国之路，是因为它向人类，特别是向发展中国家提供了不同于西方国家发展道路的中国方案，也为人类对更好的社会制度的探索提供了中国方案。"这个方案向世界表明，一个近百年来受列强压迫和侵略的民族，一个曾经落后于西方发达国家的民族，完全可以依靠自己的力量，建立与自己民族特点相符合的制度和发展道路，走上民族伟大复兴之路。"②这正是中华民族复兴之路的世界意义。

中国人民在实现民族复兴的征程中，走出了一条和平发展的道路，为避免重蹈"国强必霸"的"修昔底德陷阱"，构建人类文明史上的新型大国关系做了积极的探索。所谓"修昔底德陷阱"，源自古希腊历史学家修昔底德的观点：一个新崛起的大国必然要挑战现存大国，而现存大国也必然回应这种威胁，这样战争就变得不可避免。随着中国改革开放以来在经济、政治、军事等综合实力方面的崛起，美国等西方国家制造"中国威胁论"，认为中国的崛起会威胁到美国等现在世界上的大国的利益，企图遏制中国的发展或在国际舞台上孤立中国。

---

① 《习近平谈治国理政》，外文出版社2014年版，第275页。
② 陈先达：《历史唯物主义与中国道路》，载《光明日报》，2016年9月7日。

对此，中国做出明确回应：西方国家这种自陷"修昔底德陷阱"的心态，是绝对荒谬的。中华民族血液中没有侵略、称霸世界的基因，中国人民不接受"国强必霸"的逻辑，将坚持走和平发展的道路，也将推动世界各国共同坚持和平发展。

事实上，中华人民共和国自成立以来，始终不渝地坚持走和平发展的道路，决不走一些国家通过战争、殖民、掠夺等方式实现现代化，给广大发展中国家人民带来深重苦难，损人利己、充满血腥罪恶的老路。我们坚定站在历史正确的一边，站在人类文明进步的一边。毛泽东曾指出："中国党是个马列主义的政党，中国人民是爱好和平的。我们认为，侵略就是犯罪，我们不侵犯别人一寸土、一根草。我们是爱好和平的，是马克思主义的。在国际上，我们反对大国主义。"[①]1974 年，邓小平在联合国大会第六届特别会议上的发言中，向全世界宣告中国政府和中国人民不接受"国强必霸"的强权逻辑。他说："如果中国有朝一日变了颜色，变成一个超级大国，也在世界上称王称霸，到处欺负人家，侵略人家，剥削人家，那么，世界人民就应当给中国戴上一顶社会帝国主义的帽子，就应当揭露它，反对它，并且同中国人民一道，打倒它。"[②]改革开放以来，中国高举和平、发展、合作、共赢的旗帜，坚持把中国人民的利益同各国人民的共同利益结合起来，坚定不移地致力于维护世界和平、促进共同发展，开创了"不冲突不对抗，相互尊重，合作共赢"的新型大国关系，为维护现有国际秩序与构建新国际秩序，打造人类命运共同体奠定了基础，对人类和平与发展事业做出了重大贡献。

中华民族的复兴，给世界各国的发展带来了机遇。改革开放以来，中国始终遵循合作共赢的发展理念，坚持走共同发展道路，在追求本国利益时兼顾他国合理关切，在谋求本国发展中促进各国共同发展，在力所能及的范围内承担更多国际责任和义务，做全球发展的贡献者，将自身的发展经验和机遇同世界各国分享，欢迎各国搭乘中国发展的"顺风车"。中国政府先后出台了一系列惠及世界各国特别是发展中国家的重大战略举措。为了资助金砖国家及其他发展中国家的基础设施建设，中国倡议成立金砖国家新开发银行。为了促进亚洲经济持续稳定发展，推动亚洲互联互通建设和经济一体化进程，中国发起建立亚洲基础设施投资银行，为包括东盟国家在内的亚洲地区发展中国家的基础设施建设提供资金支持。中国政府还做出推动共建"丝绸之路经济带"和"21 世纪海

---

① 《毛泽东文集》第 7 卷，人民出版社 1999 年版，第 123 页。
② 《中华人民共和国代表团团长邓小平在联大特别会议上的发言》，载《人民日报》，1974 年 4 月 11 日。

上丝绸之路"的重大战略决策,本着互利共赢的原则同沿线国家开展合作,打造开放、包容、均衡、普惠的区域合作架构,"彰显人类社会共同理想和美好追求","是一项造福世界各国人民的伟大事业"。① 中国坚定奉行互利共赢的开放战略,不断以中国新发展为世界提供新机遇,推动建设开放型世界经济,更好惠及各国人民。在国际事务中,中国充分展现负责任大国的担当,推动构建新型国际关系,坚定维护国际公平正义,积极参与全球治理体系改革和建设,全面开展抗击新型冠状病毒感染疫情的国际合作,赢得广泛国际赞誉,使中国的国际影响力、感召力、塑造力显著提升。"中国人民深知,中国发展得益于国际社会,愿意以自己的发展为国际发展作出贡献。中国对外开放,不是要一家唱独角戏,而是要欢迎各方共同参与;不是要谋求势力范围,而是要支持各国共同发展;不是要营造自己的后花园,而是要建设各国共享的百花园。"②历史和现实已经证明并将继续证明,中华民族的复兴,不仅造福中国人民,而且造福世界人民。"中国梦"不仅是属于中国的,也是属于世界的。

当前,世界之变、时代之变、历史之变正以前所未有的方式展开。一方面,和平、发展、合作、共赢的历史潮流不可阻挡,人心所向、大势所趋决定了人类前途终归光明。另一方面,霸权主义国家恃强凌弱、巧取豪夺、零和博弈等霸权霸道霸凌行径危害深重,和平赤字、发展赤字、安全赤字、治理赤字加重,人类社会面临前所未有的挑战。在这个人类文明发展的重要时期,中国坚定站在文明进步的一边,坚决维护世界和平、促进共同发展,致力于推动构建人类命运共同体。中共二十大庄严承诺,"中国的发展是世界和平力量的增长,无论发展到什么程度,中国永远不称霸、永远不搞扩张",真诚呼吁世界各国弘扬和平、发展、公平、正义、民主、自由的全人类共同价值,促进各国人民相亲相知,尊重世界文明多样性,以文明交流超越文明隔阂、文明互鉴超越文明冲突、文明共存超越文明优越,共同应对各种全球性挑战。"我们所处的是一个充满挑战的时代,也是一个充满希望的时代。中国人民愿同世界人民携手开创人类更加美好的未来!"③

① 中共中央文献研究室编:《十八大以来重要文献选编》(中),中央文献出版社 2016年版,第 443 页。

② 习近平:《在庆祝中国共产党成立 95 周年大会上的讲话》,人民出版社 2016 年版,第 21 页。

③ 习近平:《高举中国特色社会主义伟大旗帜 为全面建设社会主义现代化国家而团结奋斗——在中国共产党第二十次全国代表大会上的报告》,人民出版社 2022 年版,第 60~61、63 页。

思考题：

1. 结合近现代中国历史进程，说明国家富强与民族复兴的关系是什么，为什么。

2. 结合近现代中国历史进程，说明社会发展与民族复兴的关系是什么，为什么。

3. 结合近现代中国历史进程，说明人民幸福与民族复兴的关系是什么，为什么。

4. 站在新的历史起点，为什么说实现中华民族伟大复兴有着坚实的现实基础？

5. 结合近现代中国历史进程与人类社会未来前景，请阐述中华民族伟大复兴所承担的重大使命。

参考文献

1. 孙中山：《建国方略》，中华书局 2011 年版。

2. 李大钊：《Bolshevism 的胜利》，载《新青年》第 5 卷第 5 号，1918 年 11 月 15 日。

3. 蔡和森：《蔡林彬给毛泽东》(1920 年 8 月 13 日)，见《蔡和森文集》(上)，人民出版社 2013 年版。

4. 陈独秀：《谈政治》，载《新青年》第 8 卷第 1 号，1920 年 9 月 1 日。

5. 毛泽东：《反对本本主义》(1930 年 5 月)，见《毛泽东选集》第 1 卷，人民出版社 1991 年版。

6. 毛泽东：《论持久战》(1938 年 5 月)，见《毛泽东选集》第 2 卷，人民出版社 1991 年版。

7.《关于若干历史问题的决议》(1945 年 4 月 20 日)，见中共中央文献研究室、中央档案馆编：《建党以来重要文献选编(一九二一——一九四九)》第 22 册，中央文献出版社 2011 年版。

8. 毛泽东：《论联合政府》(1945 年 4 月 24 日)，见《毛泽东选集》第 3 卷，人民出版社 1991 年版。

9. 储安平：《失败的统治》，载《观察》第 1 卷第 3 期，1946 年 9 月 14 日。

10.《中国民主同盟与各民主党派领导人通电全国响应中共筹开新政协》(1948 年 5 月 6 日)，见中国民主同盟中央文史资料委员会编：《中国民主同盟历史文献(1941—1949)》，文史资料出版社 1983 年版。

11. 毛泽东：《论人民民主专政》(1949 年 6 月 30 日)，见《毛泽东选集》第 4 卷，人民出版社 1991 年版。

12. 毛泽东：《论十大关系》(1956 年 4 月 25 日)，见《毛泽东文集》第 7 卷，人民出版社 1999 年版。

13. 毛泽东：《学习马克思主义的认识论和辩证法》(1963—1965 年)，见《毛泽东文集》第 8 卷，人民出版社 1999 年版。

14. 邓小平：《解放思想，实事求是，团结一致向前看》(1978 年 12 月 13 日)，见中共中央文献研究室编：《三中全会以来重要文献选编》(上)，人民出版社 1982 年版。

15.《中国共产党中央委员会关于建国以来党的若干历史问题的决议》(1981年6月27日中国共产党第十一届中央委员会第六次全体会议一致通过)，见中共中央文献研究室编：《三中全会以来重要文献选编》(下)，人民出版社1982年版。

16. 邓小平：《建设有中国特色的社会主义》(1984年6月30日)，见《邓小平文选》第3卷，人民出版社1993年版。

17. 邓小平：《总结历史是为了开辟未来》(1988年9月5日)，见《邓小平文选》第3卷，人民出版社1993年版。

18. 邓小平：《在武昌、深圳、珠海、上海等地的谈话要点》(1992年1月18日—2月21日)，见《邓小平文选》第3卷，人民出版社1993年版。

19. 江泽民：《在庆祝中国共产党成立八十周年大会上的讲话》(2001年7月1日)，见《江泽民文选》第3卷，人民出版社2006年版。

20. 胡锦涛：《在庆祝中国共产党成立九十周年大会上的讲话》(2011年7月1日)，见《胡锦涛文选》第3卷，人民出版社2016年版。

21. 习近平：《中国梦，复兴路》(2012年11月29日)，见中共中央文献研究室编：《十八大以来重要文献选编》(上)，中央文献出版社2014年版。

22. 习近平：《在庆祝中国共产党成立100周年大会上的讲话》(2021年7月1日)，人民出版社2021年版。

23.《中共中央关于党的百年奋斗重大成就和历史经验的决议》(2021年11月11日中国共产党第十九届中央委员会第六次全体会议通过)，载《人民日报》，2021年11月17日。

24. 习近平：《高举中国特色社会主义旗帜　为全面建设社会主义现代化国家而团结奋斗——在中国共产党第二十次全国代表大会上的报告》(2022年10月16日)，人民出版社2022年版。

后　记

　　《中国近现代史基本问题研究》是中华人民共和国教育部马克思主义理论学科核心教材。在编写、修订过程中，本书得到了教育部马克思主义理论研究和建设工程重点教材审议委员会的指导，得到了中共中央宣传部、中共中央党校、中共中央编译局、求是杂志社、中国社会科学院等有关部门和有关专家学者的支持，同时，广泛听取了高校教师和学生的意见建议。

　　本教材由纪亚光主持编写、修订，姬丽萍、张福运协助。具体承担者如下：绪论，纪亚光；第一章，周云；第二章，张福运；第三章，姬丽萍；第四章，林绪武；第五章，秦立海；第六章，张健、李朝阳；第七章，宋俭。在编写过程中，沙健孙、陈占安、逄锦聚、梅荣政等人对写作提纲进行了审议并提出了修改意见，王顺生、王炳林、仝华、逄锦聚、刘景泉对教材初稿进行了审阅并提出了修改意见，在此一并致谢。

编　者

2023 年 12 月

图书在版编目(CIP)数据

中国近现代史基本问题研究/纪亚光主编. —2 版. —北京：
北京师范大学出版社，2024.7
马克思主义理论学科研究生系列教材：第 2 版
ISBN 978-7-303-29836-5

Ⅰ. ①中… Ⅱ. ①纪… Ⅲ. ①中国历史－近现代－研究生
－教材 Ⅳ. ①K25

中国国家版本馆 CIP 数据核字(2024)第 038657 号

营 销 中 心 电 话 010-58805385
北 京 师 范 大 学 出 版 社
主题出版与重大项目策划部

ZHONGGUO JINXIANDAISHI JIBEN WENTI YANJIU
出版发行：北京师范大学出版社 www.bnupg.com
北京市西城区新街口外大街 12-3 号
邮政编码：100088
印　　刷：北京盛通印刷股份有限公司
经　　销：全国新华书店
开　　本：710 mm×1000 mm　1/16
印　　张：19.75
字　　数：350 千字
版　　次：2024 年 7 月第 1 版
印　　次：2024 年 7 月第 1 次印刷
定　　价：58.00 元

策划编辑：祁传华　　　　责任编辑：曹欣欣　祁传华
美术编辑：王齐云　　　　装帧设计：王齐云
责任校对：陈　民　　　　责任印制：马　洁　赵　龙